BUSINESS APPLICATION AND LEGAL PRACTICE OF BIG DATA

科技法律系列丛书

大数据商业应用与法律实务

主编◎朱鹿杰
执行主编◎夏海波

知识产权出版社
全国百佳图书出版单位
—北京—

图书在版编目（CIP）数据

大数据商业应用与法律实务／朱鹿杰主编．—北京：知识产权出版社，2020.1
（科技法律系列丛书）
ISBN 978-7-5130-6656-3

Ⅰ.①大… Ⅱ.①朱… Ⅲ.①商业信息—科学技术管理法规—研究—中国
Ⅳ.①D922.174

中国版本图书馆CIP数据核字（2019）第283811号

责任编辑：唱学静　　**责任校对**：谷　洋
封面设计：张新勇　　**责任印制**：刘译文

科技法律系列丛书
大数据商业应用与法律实务
朱鹿杰　主编
夏海波　执行主编

出版发行：知识产权出版社有限责任公司　　**网　址**：http：//www.ipph.cn
社　址：北京市海淀区气象路50号院　　**邮　编**：100081
责编电话：010-82000860转8112　　**责编邮箱**：ruixue604@163.com
发行电话：010-82000860转8101/8102　　**发行传真**：010-82000893/82005070/82000270
印　刷：北京建宏印刷有限公司　　**经　销**：各大网上书店、新华书店及相关专业书店
开　本：720mm×1000mm　1/16　　**印　张**：21.25
版　次：2020年1月第1版　　**印　次**：2020年1月第1次印刷
字　数：330千字　　**定　价**：89.00元
ISBN 978-7-5130-6656-3

本书编委会

主　　编：朱鹿杰

执行主编：夏海波

编　　委：张　宇　金震华　李　旻

陆　裕　蒋　霞　李聃冉

朱玲龄　王　威　梁邵东

前言

本书的缘起是上海汉盛律师事务所内设的科技法律中心研究团队在人工智能、大数据科技领域与企业法律风险防范跨界研究和实践经历中的观察和思考。大数据是万物的数字刻画，以及对万物普遍联系的全面记录。更简洁地说，大数据是万物及万物“普遍联系”的全景式记录。现代大数据行业是数据信息密集型行业，信息科技的演进为金融业以及相关行业提供了持续的创新活力。而以大数据为主要特征的科技以其强大的信息能力助力各大行业发展，为提升金融效率、降低信息不对称问题带来了曙光。大数据的概念早已深入人心并被全社会广泛接受。大数据的快速发展，正悄无声息地改变着各行各业的业务流程、商业模式，甚至挑战传统的企业经营思维。然而，大数据发展面对的考验却一直没有停止，甚至还将受到更大的锤炼。

2018年5月25日，欧盟出台的《通用数据保护条例》（*General Data Protection Regulation*，GDPR）毫无悬念地将对相关企业、行业和机构产生重大影响。《通用数据保护条例》不仅对个人用户在隐私数据方面享有的权利做了非常翔尽的说明，而且对企业违法行为的惩处力度非常大。虽然《通用数据保护条例》仅在欧盟国家适用，但其在个人数据保护方面有着里程碑式的重要创新，对世界各国有着深远的影响。

虽然我国目前没有对个人数据信息保护专项法律的规定，但是根据数据信息权利法律属性及权利主体的不同，数据信息权利的保护可散见于《中华人民共和国网络安全法》《中华人民共和国侵权责任法》《中华人民共和国合同法》《中华人民共和国刑法修正案（九）》《中华人民共和国消费者权益保护法》等法律规范中。2015年，党的十八届五中全会首次提出“国家大数据”战略，《促进大数据发展行动纲要》发布；2016年，《政务信息资源共享管理暂行办法》出台；2017年，《大数据产业发展规划（2016—2020年）》实施。故此，在大数据时代背景下，在“国家大数据”战略的要求下，对数据信息保护是大势所趋。若企业违法违规地进行信息数据的采集、存储、清洗、处理、加工和使用，则其将面临着高法律风险的不利境地。

本书主要对我国大数据在商业应用中存在的法律问题进行研究。首先，本书对大数据的定义及六大特性进行了独到的阐释，并论证大数据权利主体及法律保护的合理性；其次，本书针对中国及其他国家企业有关用户数据信息操作不当导致侵权的典型案例进行分析，着力发现大数据在医疗健康、物联网、金融等行业具体商业应用中存在的法律问题；再次，本书以企业保护用户数据信息为视角，对国内外有关大数据的法律法规及政策发展进行了系统梳理；最后，针对不同行业的企业在商业运用中就如何防范法律风险提出了具体制度设计和法律建议。本研究旨在将大数据不法应用消灭在萌芽阶段或者减少泄露用户数据信息的严重后果发生，保护人们的合法权益，强化社会对数据权、隐私权、财产权意识，营造企业自律保护用户数据信息的社会氛围，践行十九大报告“人民美好生活需要”，其理论、制度与实务研究均具有前瞻性。

本书共九章，由朱鹿杰担任主编、夏海波担任执行主编，由夏海波、陆裕、李旻、张宇、金震华、蒋霞、李聃冉、朱玲龄、王威、梁邵东共同编写。本书分别从三个部分阐述了大数据带来的影响及其在商业应用中的法律风险防范。

第一部分为第一至四章，总述大数据的定义、理论基础及内涵与外延，结合相关法理及司法实践，分析了大数据在不同行业中可能涉及的数据垄断、跨境传输及隐私侵犯引发的共性问题。

第二部分为第五至八章，分述大数据在不用行业领域的应用，具体包括医疗健康领域、物联网领域、金融领域，并总结不同领域的企业对数据信息的风险防范的共性和个性问题，从企业内部威胁的管控、跨境传输、隐私保护以及金融行业等方面就企业可能面临的数据信息风险和问题进行实务探讨和建议，为企业提供有针对性的预防性法律服务。

第三部分为第九章，专注于以案例作为研究对象，分析信息保护目前在国内的裁判现状，对于信息保护案例进行分类，并对其进行类型化梳理，分为民事、刑事和行政三种类型，总结每种类型的裁判要旨，为自然人、法人及其他组织在信息保护中提出专业建议和意见，旨在以案例为对象的研究结果能为企业和律师同行提供帮助和参考。

大数据的商业运用与法律实务横跨科技和法律两大领域，因此本书的读者群也非常广泛，具体包括："互联网+"的从业机构、企业及组织的中高层管理人员、具体业务负责人，为"大数据+"提供解决方案的技术公司工作人员，对数据信息权利保护感兴趣的法律监管部门、教学科研部门的专家学者及研究人员以及律师同行。

在本书的撰写过程中，参考了许多中外有关研究者的文献和著作，借鉴了大量国内外的出版物和网上资料，在此一并致谢。由于时间仓促、文中体例限制等原因，参考文献中有个别未予列出，在此谨向诸多学者、同人表示由衷的敬意和感谢。此外，还要感谢江国强、陈军、柴安琪、周晶、朱珠、刘玲、朱晓洁、余正康、宋凯、崔然、汪成杰、唐娜、郑泽爽等律师和同事在本书撰写过程中提供的支持和帮助；感谢所有关心、支持和帮助过我们的朋友、同事和家人，在此一并致谢！

"大数据+"是一个新生事物，也是一个不断创新的领域，许多模式尚在发展和探讨之中，观点的不同、体系的差异在所难免。由于我们的水平有限及科技法律领域的特殊性，内容新、范围广，书中难免有不尽如人意和错误的地方，真诚地希望能得到专家、同人和读者的指正，以利于今后修改和订正，便于进一步完善。

科技法律，未来已来。让我们一起拥抱"Tech Law"的新时代！

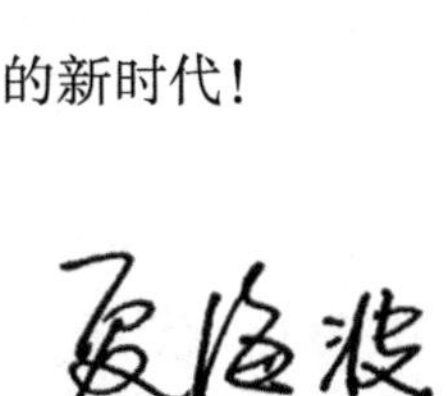

2019年10月22日

目录

第一章　认识大数据 001

第一节　什么是大数据 / 001

一、大数据的定义 / 001

二、大数据的六大特性 / 005

三、如何理解大数据（Big Data）中的"Big" / 009

第二节　大数据与数据信息、个人隐私和传统数据的关系 / 010

一、大数据与数据信息的关系 / 010

二、大数据与传统数据的不同 / 014

第三节　大数据权利归属的法律分析 / 015

一、大数据权利的主体 / 016

二、大数据权利的属性 / 020

三、大数据权利的特征 / 022

四、大数据权利的法律保护 / 024

第二章　大数据与垄断 030

第一节　大数据杀熟及其带来的思考 / 030

第二节　数据驱动型经济特性与平台企业市场力量 / 033

一、网络自增强效应是网络数据经济的本质特征 / 033

二、数据的排他性、稀缺性影响数据的使用价值 / 037

第三节　数据垄断行为的相关司法实践 / 038
一、数据驱动的互联网企业并购申报及审查问题 / 039
二、数据驱动企业滥用市场支配地位的行为表现 / 046
三、数据可能便利企业达成和实施共谋行为 / 052
第四节　数据竞争相关市场的界定 / 054

第三章　大数据与跨境传输　056

第一节　大数据跨境传输的概述 / 056
一、大数据跨境传输的含义 / 056
二、大数据跨境传输的方式 / 057
第二节　大数据跨境传输的商业需求 / 058
一、大数据跨境传输的应用业务场景 / 058
二、大数据跨境的必要性 / 061
第三节　大数据跨境传输的限制 / 063
一、大数据跨境传输的数据主权困境 / 063
二、大数据跨境传输的安全风险 / 065
三、数据本地化 / 066
第四节　大数据跨境传输的国内立法现状 / 067
一、《网络安全法》/ 068
二、两个指南、一个条例及一个办法 / 068
三、其他相关立法及行业规定 / 072
第五节　其他法域对大数据跨境传输的法律规制及其评价 / 074
一、欧盟《通用数据保护条例》/ 074
二、新加坡《个人数据保护法》/ 076
三、韩国《个人信息保护法》/ 077

第四章　大数据与隐私　078

第一节　大数据与个人隐私的关系 / 078
一、隐私的分类 / 079
二、大数据时代的个人隐私 / 080
第二节　从比较法视野看隐私权的法律保护 / 082
一、各国隐私权法律保护的发展沿革 / 082
二、各国对隐私权法律保护的差异与趋同 / 084
第三节　数据处理活动中的个人信息和隐私 / 085
一、个人信息权与隐私权 / 085
二、个人隐私信息 / 088
三、Cookie / 089
第四节　数据处理透明原则 / 092
一、告知 / 092
二、访问权 / 093
三、删除权 / 094
四、更正权 / 095
五、选择权 / 095
第五节　数据处理活动中的隐私合规 / 097
一、我国对数据处理活动中隐私权保护的法律规定 / 097
二、数据处理活动中涉及的隐私问题 / 101

第五章　大数据与医疗健康　106

第一节　大数据在医疗场景中的应用 / 106
一、健康医疗大数据协助临床治疗和医学研究 / 106
二、健康医疗大数据推进医疗体系的重大变革 / 108
三、健康医疗大数据助力公共卫生监测 / 109
四、健康医疗大数据助力医疗人工智能开发 / 110
五、健康医疗大数据加强个人健康管理 / 111

第二节　我国健康医疗大数据的法律和政策发展 / 111
第三节　健康医疗大数据法律定义的发展 / 116
第四节　《服务管理办法》对健康医疗大数据的主要规定 / 117
一、标准管理 / 118
二、安全管理 / 119
三、服务管理 / 119
第五节　健康医疗大数据法律风险的防范建议 / 120

第六章　大数据与物联网　132

第一节　物联网的概念 / 132
一、物联网的定义 / 132
二、物联网的特征 / 133
三、物联网与互联网大数据的区别 / 133
四、物联网大数据的应用 / 135
第二节　物联网大数据的安全 / 138
一、物联网中大数据面临的安全问题 / 138
二、物联网中数据存在的安全风险及防范措施 / 139
第三节　物联网大数据的法律问题 / 142
一、物联网大数据的主要法律问题 / 142
二、物联网大数据的特殊法律责任 / 143
第四节　物联网大数据法律风险的应对策略 / 152
一、构建科学合理的法律规则体系 / 152
二、提高物联网数据管理的安全性 / 153
三、解决客户知情权 / 153
四、政府部门设立专门的监管机构并加强监管力度 / 154
五、加强网络犯罪监管惩戒 / 154
第五节　物联网大数据的立法现状以及建议 / 155
一、立法现状 / 155
二、物联网大数据保护未来的立法路径 / 156

第七章 大数据与金融 157

第一节 大数据在各金融场景中的应用现状 / 157
一、大数据在商业银行中的应用 / 158
二、大数据在保险中的应用 / 160
三、大数据在第三方支付中的应用 / 162
第二节 大数据与金融信息安全 / 165
一、金融信息安全的含义与特征 / 165
二、大数据给金融信息安全带来的挑战与风险 / 167
三、大数据背景下中国对金融信息安全保护的现状 / 169
第三节 大数据背景下中国金融企业面临的法律风险 / 172
一、中国金融信息安全事件 / 172
二、中国金融企业面临的法律问题 / 180
三、大数据背景下金融企业的安全保障义务 / 182
四、大数据背景下金融消费者保护义务 / 186
第四节 大数据背景下金融信息安全保护建议 / 188
一、金融信息安全保障体系构建 / 188
二、加强个人金融信息保护立法 / 189
三、大数据时代数据安全的法律综合保护 / 190

第八章 数据信息的风险防范和实务建议 194

第一节 企业内部信息安全的管控及防范 / 194
一、内部威胁 / 194
二、企业或组织内部员工管理的制度设计和管理防范 / 197
三、商业伙伴合作中的数据安全保护途径和措施 / 204
第二节 数据跨境传输的风险防范建议 / 216
一、依法进行跨境数据传输的安全评估工作 / 217
二、做好信息本地化的技术准备 / 219

三、建立完善的企业内部制度 / 220
第三节 金融企业对隐私保护的法律风险防范建议 / 221
一、客户信息保护层面 / 222
二、金融企业内部制度层面 / 227

第九章 大数据与信息保护案例分析 231

第一节 引言 / 231
第二节 样本说明 / 231
一、样本来源 / 231
二、样本概况 / 232
第三节 样本梳理 / 237
一、行政诉讼 / 237
二、刑事诉讼 / 247
三、民事诉讼 / 262
第四节 建议 / 304

参考文献 306

一、中文著作类 / 306
二、中文论文类 / 310
三、外文著作类 / 311
四、电子文献类 / 312

附录 隐私政策模板及编写要求（仅供参考） 320

第一章
认识大数据

第一节　什么是大数据

一、大数据的定义

1997 年，美国国家航空航天局科学家发表的一篇论文首次记载了“大数据”（Big Data）一词，描述了他们在可视化（计算机图形学）方面遇到的问题，即大数据为计算机系统提供了一个有趣的挑战，因为大数据的数据集通常体量相当大，对内存、本地磁盘甚至远程磁盘的容量造成负担，故又被称为大数据问题。2008 年，美国一些著名的计算机科学家推广了这个术语，并纷纷预测“大数据计算”将“改变公司、科研人员、医疗从业人员的活动，以及整个国家的国防和情报业务”①。然而，“大数据”及“大数据计算”这两个术语在论文中从未被定义过。

《牛津英语词典》（OED）对“大数据”进行了定义：“指非常大的数据集，通过计算分析，可以揭示人类行为及交互中相关的模式、趋势和关联。”②《牛津英语词典》指出大数据容量大的特点。“大数据”一词在《剑桥词典》中指的是非常大的数据集，这些数据是由于人们使用互联网产生的，这些数据只能在特殊的工具和方法的帮助下被存储、理解和使用。③《剑

---

① BRYANT R，KATZ R，LAZOWSKA E. big - data computing：creating revolutionary breakthroughs in commerce［J］. Science and Society，2008：1 - 7.

② OED Online. Big data［EB/OL］.［2019 - 01 - 25］. https：//en. oxforddictionaries. com/definition/big_ data.

③ CAMBRIDGE DICTIONARY. Big data［EB/OL］.［2019 - 01 - 25］. https：//dictionary. cambridge. org/dictionary/english/big - data.

桥词典》除了指出大数据容量大的特点之外，还指出大数据是在使用互联网时产生的。欧美 IT 业者通常认为，大数据就是用现有的一般技术难以管理的大量数据的集合。这里的“用现有的一般技术难以管理”是难以准确刻画的，但是可以通过具体例子予以说明。例如，用关系数据库无法进行管理的，数据结构复杂超出了关系数据库的表示能力，或者查询和处理的响应时间超出了可允许范围，等等。如果数据超过传统数据库系统处理能力，对数据规模和传输速度要求很高，或数据自身结构不适合传统的关系数据库系统，那么这些数据的数据集就可以看成是大数据。为了获取大数据中的价值，就必须选择另一种可行的方式来处理它。对于企业来说，它们的大数据中可能隐藏着极其具有商业价值的模式和信息，而传统意义上的一般技术往往需要大量的时间和成本才能提取这些信息。幸运的是，当前的相关技术和资源，如计算机硬件、云架构和开源软件都能够使大数据的处理更为方便和廉价。

“维基百科”中“大数据”的定义和《牛津英语词典》及欧美 IT 业者的看法类似，都指的是所涉及的资料数据量规模巨大和复杂到无法通过目前主流软件工具在合理时间内分析、撷取、搜索、共享、存储、传输、可视化和更新的数据集。① 前述定义多被大数据研究员使用，同时它与美国国家航空航天局研究人员 1997 年的定义相似，即认为大数据是指数据容量特别巨大的数据集，并显示了大数据概念的瑕疵点。因为对于那些掌握“传统”数据类型或因新的、非“传统”技术而得到“更多资源”的 IT 供应商来说，“Big”是一个相对且模棱两可的概念。

2011 年，麦肯锡全球研究院对上述大数据定义提出了不同的看法，其将“大数据”定义为“大数据是超出了典型数据库软件工具捕获、存储、管理和分析的能力大数据集”。同时，麦肯锡全球研究院的研究人员承认，“一个数据集需要有多大容量才能被视为大数据是带有主观因素的”。麦肯锡全球研究院研究的所有定量分析汇总都与数字数据有关，但仍无法估量企业存储多少容量的数据（或“数据集”）是大数据。②

---

① Big data [EB/OL]. [2019 - 01 - 25]. https：//en. wikipedia. org/wiki/Big_ data.

② McKinsey Global Institute. Big data：The next frontier for innovation，competition，and productivity，2011 [EB/OL]. [2019 - 01 - 25]. https：//www. mckinsey. com/business - functions/digital - mckinsey/our - insights/big - data - the - next - frontier - for - innovation.

维克托·迈尔－舍恩伯格和肯尼思·库克耶在《大数据时代——生活工作与思维的大变革》中指出“大数据没有严格的定义”①，但与此同时他们指出了数据可以做些什么，以及数据的大小为何重要。通过大数据，企业或个人可以在更大的空间内完成一些在小范围内不能完成的事情，以获取新的洞察力或创造新的价值形式。

我国国务院在2015年发布了《促进大数据发展行动纲要》，该纲要提及大数据是以容量大、类型多、存取速度快、应用价值高为主要特征的数据集合，正快速发展为对数量巨大、来源分散、格式多样的数据进行采集、存储和关联分析，从中发现新知识、创造新价值、提升新能力的新一代信息技术和服务业态。

上述无论哪种定义皆认为大数据本质是海量数据的集合。

美国白宫政府工作文件中关于大数据的两种描述，有助于理解大数据的属性。该工作文件在B. 15段中提到：“大多数关于大数据的定义反映了获取、汇总和处理更大数量、速度和各种数据的不断增长的技术能力。”即“数据提供的速度更快，数据覆盖范围更广，其中还包括以前无法观测和测量新类型的数据”②。更准确地说，大数据集是“从仪器、传感器、互联网交易、电子邮件、视频、点击流生成的量大、多样、复杂、纵向和/或分布式数

---

① MAYER－SCHONBERGER V，CUKIER K. Big Data：A revolution that will transform how we live，work，and think [EB/OL]. [2019－01－25]. https：//watermark. silverchair. com/kwu085. pdf? token = AQECAHi208BE49Ooan9kkhW_ Ercy7Dm3ZL_ 9Cf3qfKAc485ysgAAAjswggI3 BgkqhkiG9w0-BBwagggIoMIICJAIBADCCAh0GCSqGSIb3DQEHATAeBglghkgBZQMEAS4wEQQMALecj17 DtNRPscBjA-gEQgIIB7r5nPiwpoCSw3qsUk6T2FWaFSqV88dT_ DRyCeiAQyu5Q3GOY43KW2Q3yyF9Eb6 k21mUJ53-gKR1jd2Lal－c0UYghEc7TX8r－BN8Twft91bgRmlvXb5OroEgl4k1tUPxYoGjHaGiWuH－p467428 gzz34b-5FzDHoGBi－PbFij5e_ _ Lpgz6q0ssjOyq9pMzJX5IljfTs06D－lzfnQO0AnKEHcXghsfO4KMj5rBoL DsOvP1DbERZ4_ IvHqYMRHi3lniBua6hLCDKrD4QAVeqeXGI5ns_ k23nJ30J0uJoQli1d_ knB6XDkCbmd uVPKPlIT8A2pN95HRpgr37YXdsZ8ssOQeR7meKwWUnXPyUGlBY_ SaylAxHk94CLcbduHekUc－95omU vWMR_ EcP3w5TJoCL9I61TNv－_ f9KGGji_ zOmRW－hkE1wRaLF6ASXSM－Ef0eVHQ8pRkfpTYTvo 5OheHGpe5bWsPKTkEXUn58pUgSJWst3mxFKg4K0_ jplz5M6vqYPGj7dePuQIeoAx8ki8Ybabh－073kDgm ZxcjgmyY0spjlEakmjvyqE92SNMqrg0SoVvt－xmFAtv5jPjxExndvdVd11tOE8FMC0B4BjOsK3f4JOnRDWby woB_ Zlx5xCCxrZYd1JeAGxjKwSsfuEy34zI0.

② EINAV L，LEVIN J. The Data Revolution and Economic Analysis，Working Paper，No. 19035，National Bureau of Economic Research，2013 [EB/OL]. [2019－01－25]. https：//www. nber. org/papers/w19035. pdf.

据集”[①]。B. 16 段对此作了补充：“大数据”一词是指从各种不同来源中以高速产生的大量不同类型的数据。处理当今高度可变和实时的数据集需要新的工具和方法，如强大的处理器、软件和算法，超越传统的“数据挖掘”工具，而传统工具主要用于处理低变化、小规模和静态数据集，通常是手动的。2016 年 1 月 6 日，美国联邦交易委员会公布报告《大数据：吸纳或排他的工具?》（*Big Data：A Tool for Inclusion or Exclusion*?），报告中给出了“大数据”的定义：“大数据是经过对海量数据的处理技术（该处理技术包括收集、汇编与整合、挖掘与分析、使用）而生成的有价值的数据。”即美国政府认为大数据的本质是海量数据经过“加工”处理后产生的数据。[②]

目前，我国学界对“大数据”这个词还没有一个明确、标准且统一的定义。一个已被广泛使用的大数据的定义是由 Gartner IT Glossary 给出的，大数据是指需要经济有效和创新处理模式才能具有更强的决策力、洞察发现力和流程优化能力的海量、高增长率和多样化的信息资产。[③]

其实，大数据本身并不是一种新的产品，也不是一种新的技术，只是数字化时代出现的一种现象。[④] 当海量的数据集合在一起时，由量变发生质变，海量数据本身或者通过海量数据为“原始数据”加工处理后产生新的数据信息，其可利用价值和经济价值骤增。故此，大数据应当由海量数据及海量数据为“原始数据”加工处理后产生的新数据信息两部分组成，即大数据是以容量大、类型多、存取速度快、应用价值高为主要特征的数据集合以及对海量数据收集、汇编与整合、挖掘与分析、使用，从而生成有价值的新数据信息。

---

① National Science Foundation. Solicitation 12 – 499：core techniques and technologies for advancing big data science & engineering（BIGDATA），2012［EB/OL］.［2019 – 01 – 25］. http：//www. nsf. gov/pubs/2012/nsf12499/nsf12499. pdf.

② Federal Trade Commission . Big Data ：A Tool for Inclusion or Exclusion?［M］. Understanding the Issues，Washington，DC ，2016：1 – 30.

③ Gartner IT glossary. Big data［EB/OL］.［2019 – 01 – 25］. http：//www. gartner. com/it – glossary/big – data.

④ WIGGINS L. If big data and analytics exist in a silo，does the outcome matter? IBM Big Data and Analytics Hub［EB/OL］.［2019 – 01 – 25］. http：//www. ibmbigdatahub. com/blog/if – big – data – and – analytics – exist – silo – doesoutcome – matter.

二、大数据的六大特性

加州大学伯克利分校数据科学专业的研究人员估计，1999 年世界上产生了大约 15 亿千兆的信息，在 2003 年的一次研究中发现，这一数字在 3 年内翻了一番。数据已经变得越来越大，大约在 2001 年，麦塔集团（META Group，现为高德纳）分析师道格·莱尼（Doug Laney）在研究报告《3D 数据管理：控制数据数量、速度及种类》中指出，“数据激增的挑战和机遇是三维的，不仅仅在我们通常所理解的数据量（Volume）层面，还包括数据进出的速度（Velocity）以及数据种类范围（Variety）”。他将“3V”（体积、品种和速度）描述为企业面临的关键“数据管理挑战”，几乎所有试图定义或描述大数据的人都在过去的 9 年中使用了同样的“3V”。①

到目前为止，从来自国内外很多相关资料的分析（见表 1－1）来看，大数据的特征可以用 6 个“V”开头的英文关键词来描述。

表 1－1　研究人员对“大数据”特性的理解②

<table>
<tr><th>研究人员</th><th>主要观点</th></tr>
<tr><td>麦塔集团（META Group，现为高德纳）分析师道格·莱尼（Doug Laney）</td><td rowspan="2">归纳为规模性（Volume）、高速性（Velocity）和多样性（Variety），简称“3V”</td></tr>
<tr><td>麦肯锡全球研究院
（Mckinsey Global Institute，MGI）</td></tr>
<tr><td>国际数据公司
（International Data Corporation，IDC）</td><td rowspan="2">在“3V”上增加价值性（Value），构成“4V”</td></tr>
<tr><td>中国工程院院士李国杰
中国科学院计算技术研究所副所长程学旗
中国工程院院士倪光南</td></tr>
<tr><td>IBM 商业价值研究院</td><td>在“3V”上增加准确性（Veracity），构成“4V”</td></tr>
</table>

① Gil Press. 12 big data definitions: what's yours? [EB/OL]. [2019－01－25]. https://www.forbes.com/sites/gilpress/2014/09/03/12－big－data－definitions－whats－yours/#57d6b6f513ae.

② 大数据战略重点实验室．大数据概念与发展［J］．中国科技术语，2017，19（4）：47－48.

续表

研究人员	主要观点
佛罗斯特研究公司（Forrester Research）分析师 布赖恩·霍普金（Brian Hopkins） 鲍里斯·埃韦尔松（Boris Evelson）	在“3V”上增加易变性（Variability），构成“4V”
英特尔中国研究院原首席工程师吴甘沙	概括为“大（Volume）、杂（Variety）、快（Velocity）、真（Veracity）、值（Value）”，即“大杂快真值”，构成“5V”
国家统计局统计科学研究所原所长潘璠	在“3V”上增加应用价值大（Value）、数据获取与发送的方式自由灵活（Vender）、准确性（Veracity）及处理和分析难度非常大（Complexity），构成“6V + 1C”

（1）Volume（规模性），也就是我们大多数人的第一印象所理解的数据量。目前，大数据的规模尚是一个不断变化的指标，单一数据集的规模范围从几十太字节（TB）到数拍字节（PB）不等，各方研究者虽然对大数据量的统计和预测结果并不完全相同，但一致认为大数据的数据容量很大，且已达到了用现有技术无法管理的数据量。随着信息技术的迅猛发展，数据的量级将会发生不断的变化。从现状来看，大数据当前的数据量大概指的是从“TB”（1TB =1024GB）到“PB”（1PB =1024TB）的数量级。但是，也许在短短几年以后只有“EB”（艾字节）（1EB =1024PB）数量级的数据量才能够称得上是大数据了。波士顿咨询集团估计，每天的总增长率为2.5兆字节，相当于25亿千兆字节。[①] 来自互联网数据中心的报告预测称，到2020年全球数据量将扩大50倍。[②] 据相关资料估计，截至目前，人类生产的所有印刷材料的数据量大约是200拍字节，而历史上全人类说过的所有的话的数据量大约是5艾字节。

① SOUZA R, TROLLINGER R, KAESTNER C, et al. How to get started with big data, BCG perspectives, The Boston Consulting Group [EB/OL]. [2019 - 01 - 25]. https://www.bcg.com/publications/2013/advanced-analytics-how-get-started-big-data.aspx.

② IDC：全球数据存储量未来十年增长50倍 [EB/OL]. [2019 - 01 - 25]. https://www.doit.com.cn/p/80841.html.

就计算机硬件存储设备而言，目前典型的个人计算机硬盘的容量为 TB 量级，而一些领先大企业的数据量已经接近 EB 量级。就数据源而言，大数据与互联网的关系很紧密，两者既交叉又相对独立，比如 BAT（百度、阿里巴巴、腾讯）企业产生线上数据，政府和国企产生线下数据，两者的数据是基于不同应用场景的数据源。目前，百度拥有的数据量接近 EB 级别，阿里、腾讯存储的数据总量达到了上百拍字节量级。此外，电信、医疗、金融、公共安全、交通、气象等各领域保存的数据量也都达到数十或者上百拍字节量级。由于存储成本的降低和基于云的服务的可用性，保存非常大的数据集的可能性越来越大。这些数据集可能太大，无法使用“传统”方法（如 MS Excel 电子表格、关系数据库和 SQL 查询）进行分析，但已经开发了新的工具来分析这些数据集，如 NoSQL 和开放源码软件 Hadoop。

（2）Variety（多样性），这是大数据的第二特征。除了传统关系型数据库的结构化数据，所采集和分析的数据还包括非结构化的数据，如网站运营日志数据、呼叫中心通话记录、Twitter 和 Facebook 等社交媒体中的文本数据。一些需要分析的数据可能还包括智能手机的 GPS（全球定位系统）位置信息、实时生成的传感器数据，甚至还有图片和视频等。这些多样化类型的数据如果采用当前主流的关系型数据库是很难存储的。而且，这些多样化类型的大数据并不只是存储起来就万事大吉了，我们真正需要的是对其进行分析，并从中获得有用信息，萃取大价值。一些人认为，多样性是大数据最重要的特征。这一观点表明，如果一家公司正在分析自己的客户数据库，即使该数据库特别大，它也不一定会在分析或数据保护方面提出任何新的问题。然而，当它将自己的信息与外部来源的数据（无论是否来自可公开访问的源）组合在一起时，它就在做一些在质量上不同的事情。①

（3）Velocity（高速性），指的是大数据产生、更新和处理的速度很快，这是衡量大数据的一个重要特征。数据的增长速度快，以及要求数据访问、处理、交付等操作速度快。数据创建、处理和分析的速度持续加快，应归因

---

① Information Commissioner's Office. Big data and data protection [EB/OL]. [2019 - 01 - 25]. https://rm. coe. int/big - data - and - data - protection - ico - information - commissioner - s - office/1680591220.

于数据创建的实时性属性，以及需要将流数据结合到业务流程和决策过程中的要求。速度影响数据时延——从数据创建或获取到数据可以访问的时间差。目前，数据以传统系统不可能达到的速度在产生、获取、存储和分析。对于对时间敏感的流程（如实时欺诈监测或多渠道“即时”营销），某些类型的数据必须实时地分析，以对业务产生价值。根据 IMS Research 关于数据创建速度的调查报告显示，预测到 2020 年全球将拥有 220 亿部互联网连接设备。Facebook 每天处理的数据超过 10 太字节；淘宝网每天的登录用户大约有 6000 万人，页面浏览量约 20 亿次；新浪微博每天上传的微博数超过 1 亿条。在当前基于高速网络的时代，通过实现软件性能优化的高速计算机处理器和服务器，创建实时数据流已成为流行趋势。企业不仅需要了解如何快速创建数据，还必须知道如何快速处理、分析数据并返回给用户，以满足他们的实时需求。

（4）Veracity（真实性），或称准确性，包括可信性、真伪性、来源和信誉的有效性和可审计性等子特征。一方面，对于网络环境下如此大量的数据需要采取措施确保其真实性、客观性，这是大数据技术与业务发展的迫切需求；另一方面，通过大数据分析，真实地还原和预测事物的本来面目也是大数据未来发展的趋势。IBM 商业价值研究院在发布的《分析：大数据在现实世界中的应用》报告中指出，追求高数据质量是一项重要的大数据要求和挑战，但是，即使最优秀的数据清理方法也无法消除某些数据固有的不可预测性，如天气、经济或者客户最终的购买决定。不确定性的确认及规划需求是大数据的一个维度，这是随着高管需要更好地了解围绕在他们身边的确定性而引入的维度。数据真伪难辨将会是大数据应用的最大挑战。

（5）Value（价值性），指大数据价值密度低，需要从大数据所包含的大量的不相关的信息中挖掘和萃取出大价值，帮助对未来趋势与模式做可预测分析。①

（6）Variability（易变性），指的是大数据具有多层结构。佛罗斯特研究公司（Forrester Research）分析师布赖恩·霍普金（Brian Hopkins）和鲍里斯·埃韦尔松（Boris Evelson）指出，大数据具有多层结构，这意味着大数

---

① 大数据战略重点实验室．大数据概念与发展［J］．中国科技术语，2017，19（4）：47－48.

据会呈现出多变的形式和类型。[①] 相较传统的业务数据，大数据存在不规则和模糊不清的特性，造成很难甚至无法使用传统的应用软件进行分析。

三、如何理解大数据（Big Data）中的“Big”

很多人对大数据有个误区，认为数据经过一定量的积累（海量数据/巨量资料[②]）就是大数据，其实大数据与海量数据在概念上存在很大的差别。大数据通常是海量的，而对于海量的数据，如果现有的一般技术能够管理和处理，则其还不能称得上是大数据。从英文翻译的角度来看，“Big Data”翻译为“大数据”，而“Massive Data”“Large - Scale Data”或“Vast Data”则翻译为“海量数据/巨量资料”。从数据的组成分析，海量数据包括结构化和半结构化的交易数据，而大数据除此以外还包括非结构化数据和交互数据（主要得益于互联网的飞速发展）。正是因为大数据涵盖了包括交易和交互数据集在内的所有数据集，所以就其规模或复杂程度而言，采用常用技术已经无法捕捉、管理及处理这些数据集了。

因此，大数据由海量非结构化数据、海量交互数据和海量数据处理三大主要的技术趋势汇聚而成数据的存储方式，由早期的应用程序直接管理的文件存储方式，到后来的基于关系数据模型的数据库数据存储技术，再到具有面向主题、集成性、时变性和非易失性特点的数据仓库的过程中，数据存储的方式逐渐变得复杂、多样化，可以支持数据分析和联机分析。随着互联网的普及和包括微博在内的 Web 2.0 网站的兴起，基于 Web 的数据库和非关系型数据库等数据存储技术应运而生，数据的类型更加复杂和多样化。加之智能手机和社交网络的广泛使用，多样化的各种类型的数据产生呈指数增长，

---

① HOPKINS B，EVELSON B. Expand your digital horizon with big data［EB/OL］.［2019 -01 -31］. http：//www. asterdata. com/newsletter - images/30 - 04 - 2012/resources/forrester_ expand_ your_ digital_ horiz. pdf.

② 相较大陆地区学者，我国台湾地区学者对大数据（Big Data）中的“Big”的认知更多地停留在数据体量大的层面，不少学者在文章中直接将“大数据”释义为巨量资料，可在台湾地区论文数据库华艺线上图书馆（类似“中国知网”）网站检索：蔡博坤．智慧联网时代巨量资料法制议题研析：以美国隐私权保护为核心［J］．科技法律透析，2013，25（10）：46 -62；徐彪豪．美国白宫公布巨量资料追踪报告与政策建议［J］．科技法律透析，2014，26（9）：5 -6；王艾云．英国提出巨量资料下之个人资料保护应遵循资料保护法之原则［J］．科技法律透析，2015，27（1）：9 -10.

渐渐超出了传统关系型数据库的处理能力，数据中隐藏的潜在关系和规则则越来越难被发现。大数据技术很好地解决了这个难题，可以采用分布式技术框架对多样化的海量数据进行异质性处理，进而通过数据挖掘与分析，从大量化、多类别的数据中提取价值。毫无疑问，大数据技术将是 IT 领域的一种新的技术与架构。

第二节　大数据与数据信息、个人隐私和传统数据的关系

一、大数据与数据信息的关系

2012 年，查尔斯·杜希格（Charles Duhigg）曾在《纽约时报》上发表过一篇小文章《公司如何了解你的秘密》，该故事主要讲述的是一位父亲来到一家商店，抱怨商店给他的高中女儿寄来了婴儿用品折扣券。几天后，父亲打电话向商店经理道歉，原来他十几岁的女儿怀孕了，她只是还没来得及告诉她父亲！商店是怎么知道这个女孩怀孕的，她甚至还没告诉她爸爸？简单来说，通过观察人们的购物习惯，对客户的历史购买记录进行分析和预判，商店和许多其他零售商可以对人们的生活做出精准的预测。商店的研究表明，怀孕是打破旧习惯和形成新习惯的最佳时机之一，无味洗剂和维生素的销量增加与怀孕有关。把这两个事实结合起来，商店可以预测谁是孕妇，谁没有怀孕，让那些可能怀孕的人使用优惠券和代金券，并在此过程中尝试为个人顾客创造新的购物习惯。

这家商店曾收集了有关其女儿购买商品历史的数据，这些数据包含了 25 种独特的产品。通过对这些产品的分析，商店预测出其女儿怀孕。女儿自愿向商店提供关于她购买物品的信息；她有能力限制获取信息的机会，而且她确实控制了信息的流动。然而，她可能还没有意识到，商店可以通过收集她的个人信息和创造关于她的新信息来窥探她的私生活，而这些信息都不是她自愿提供给商店的。虽然她确实控制了她提供给商店的信息，但她无法控

制商店根据她提供给商店的信息所产生的新信息。

上述小故事探讨了零售业中的行为科学和大数据预测分析①。而随着大数据成为主流，企业和国家机构应用大数据预测分析来生成有关客户和公民的新信息和知识。比如，通过个人移动的轨迹数据可以推断出用户的工作单位和家庭地址，掌握用户的位置信息甚至出行规律；通过社交网络数据可以了解用户的交友和社会关系，进而根据文本信息推断其真实姓名和喜好；医疗数据的开放可能暴露用户的病患等隐私；电商平台留有用户的购物数据；此外，通过收集到的各种业务数据知道用户的手机、邮箱等敏感信息。通过关联分析将网络上的上述虚拟信息直接关联到同一用户，得到用户的住址、工作地址、收入水平、健康状况、社交关系等敏感信息的完整链条，进一步准确地刻画用户的身份、性格、偏好，这些隐私信息如果泄露，对用户安全的威胁不言而喻。显然，大数据时代个人信息的收集、处理尤其需要关注，同时也将给用户的隐私保护带来极大的挑战。大数据和预测分析对公众来说慢慢变得具体，人们开始意识到个人数据信息实际上是在信息帝国和数据经手人之间出售和交易的商品。

目前，我国对个人数据内涵的认识尚处于初步探索阶段，我国法律中没有对其进行明确定义，但我国对个人信息内涵的认识经历了一个不断完善的过程。2013 年 4 月 23 日，最高人民法院、最高人民检察院、公安部共同发布的《关于依法惩处侵害公民个人信息犯罪活动的通知》明确规定，公民个人信息包括公民的姓名、年龄、有效证件号码、婚姻状况、工作单位、学历、履历、家庭住址、电话号码等能够识别公民个人身份或者涉及公民个人隐私的信息、数据资料。根据这一规定，个人信息包括两类：一类为能够识别公民个人身份的信息、数据资料；另一类为涉及公民个人隐私的信息、数据资料。

而 2013 年 7 月 16 日颁布的《电信和互联网用户个人信息保护规定》对此做了细化和拓展，该规定第 4 条规定："本规定所称用户个人信息，是指电

① DUHIGG C. How companies learn your secrets [EB/OL]. [2019-01-31]. https://www.nytimes.com/2012/02/19/magazine/shopping-habits.html.

信业务经营者和互联网信息服务提供者在提供服务的过程中收集的用户姓名、出生日期、身份证件号码、住址、电话号码、账号和密码等能够单独或者与其他信息结合识别用户的信息以及用户使用服务的时间、地点等信息。”据此，个人信息中的“识别”包括了“单独识别”和“与其他信息结合识别”，并且个人信息范畴还包括了“用户使用服务的时间、地点等信息”。但是规定没有提及涉及个人隐私的信息、数据资料。

2016 年 11 月 7 日颁布的《中华人民共和国网络安全法》（以下简称《网络安全法》）则规定，个人信息是指以电子或者其他方式记录的能够单独或者与其他信息结合识别自然人个人身份的各种信息，包括但不限于自然人的姓名、出生日期、身份证件号码、个人生物识别信息、住址、电话号码等。该规定同样以“单独或与其他信息结合识别”作为“识别”的内涵，并且在列举上增加了“个人生物识别信息”这一类别。

值得注意的是，以上规定均采用了范围定义加个别列举的方式来确定个人信息的范围，同时都以“识别个人身份”作为判断标准，只是在“单独识别”还是“与其他信息结合识别”，以及具体列举上存在细微的区别。本质上，其均从信息能否识别出某一特定个体的角度来判断相关信息是否属于个人信息。

而 2017 年 5 月 8 日《最高人民法院　最高人民检察院关于办理侵犯公民个人信息刑事案件适用法律若干问题的解释》第 1 条明确规定：“刑法第二百五十三条之一规定的‘公民个人信息’，是指以电子或者其他方式记录的能够单独或者与其他信息结合识别特定自然人身份或者反映特定自然人活动情况的各种信息，包括姓名、身份证件号码、通信通讯联系方式、住址、账号密码、财产状况、行踪轨迹等。”根据这一规定，个人信息的范围更加立体，不仅包括能够识别特定个体的信息，还包括直接从特定个体出发反映特定自然人活动情况的各种信息，其中最为明显的即为特定自然人的行踪轨迹。

2017 年 12 月 29 日发布的《信息安全技术　个人信息安全规范》（GB/T 35273—2017）沿用了上述司法解释的定义，并将前述从信息到个体再从个体到信息的判断逻辑解释得更为清楚——判定某项信息是否属于个人信息，应考虑以下两条路径：一是识别，即从信息到个人，由信息本身的特殊性识别出特定自然人，个人信息应有助于识别出特定个人；二是关联，即从个人到信息，如已知特定自然人，则由该特定自然人在其活动中产生的信息（如个人位置信息、个人通话记录、个人浏览记录等）。符合上述两种情形之一的信息，均应判定为个人信息。除此之外，该规范还以附录的方式列举了个人基本资料、个人身份信息、个人生物识别信息、网络身份标识信息、个人健康生理信息、个人教育工作信息、个人财产信息、个人通信信息、联系人信息、个人上网记录、个人常用设备信息、个人位置信息以及其他信息这 13 类个人信息。

"信息"（Information）和"数据"（Data）是使用频率很高的两个词汇，经常被许多政府规范性文件甚至法律视为同一概念。目前在各国的个人信息保护立法中，多数国家将"个人信息"视为"个人数据"。例如，欧盟的《个人数据保护指令》第 2 条（a）规定，个人数据是指"可以识别的自然人（数据主体）身份的相关任何信息"；法国的《数据处理、数据文件及个人自由法》第 2 条第 1 款规定，个人数据是指"可以通过身份证号码、一项或多项个人特有因素被肢解或间接识别的自然人相关的任何信息"；德国的《联邦数据保护法》第 3 节规定，个人数据是指"任何关于一个已识别的或者可识别的个人（数据主体）的私人或者具体状态的信息"。

《通用数据保护条例》（*General Data Protection Regulation*，GDPR）第 4 条对"个人数据"（Personal Data）的定义是，"个人数据"指的是任何已识别或可识别的自然人（数据主体）相关的信息；可识别的自然人是能够被直接或间接识别的个体，特别是通过诸如姓名、ID 号、位置数据、网上标识，或者与该自然人的身体、生理、遗传、心理、经济、文化或社会身份有关的一个或多个因素。

《通用数据保护条例》第 4 条"个人数据"定义中英文原文中的"information relating to an identified or identifiable natural person"可被认为是"Personal Identifiable Information"（PII）。一般而言，个人隐私敏感性信息称为个人可标识信息（PII）。要被认为是 PII，该信息必须是特定地与某个自然人相关联，而 PII 广泛存在于从电子邮件和社交平台到人力资源（HR）、人力资本管理（HCM）和顾客关系管理（CRM）系统中，这是数据控制者和处理者最敏感和最应当规制的信息源。该款中的“data subject”（数据主体）也意味着“an individual about whom information is stored in a computer - based system”。

综上所述，上述国家立法和欧盟《通用数据保护条例》中所谓的“个人数据”，实质上是个人的“网络信息”或“电子信息”。网络与信息法中的“个人数据”（Personal Data）与“个人信息”（Personal Information）有所不同，前者是附着在电子信息系统载体的客观事物记录，是未经过处理的个人原始记录，其不能脱离电子信息系统载体而独立存在，如个人体检在医院电子信息系统留下的原始记录；后者是指个人数据经过加工处理后，形成的具有使用价值的内容——信息，而且可以脱离电子信息载体而独立存在，如个人体检的电子数据经过医生的分析和系统的处理，形成的具有使用价值的体检报告，其存在的形式可以是电子状态，也可以是纸质状态。但在实践操作中，对个人信息和个人数据一般不作严格区分，即无论是个人数据还是个人信息均视为同一概念。故从大数据商业应用角度出发，本书下称的数据或者信息或者数据信息皆为同一概念。

二、大数据与传统数据的不同

比尔·弗兰克斯（Bill Franks）曾提出以下观点：大数据不同于传统数据。第一，大数据可以是全新的数据来源。例如，大多数人都拥有在网上购物的体验，但在线上进行的交易与传统交易有着显著的差异。一个企业可以收集用户在线交易的相关信息，但这与传统数据收集的信息相同（如购买记录）。然而，在用户做出交易行为前，收集的用户浏览记录（例如，如何在站点上导航）则会创建新的基本数据。

第二，数据输入的速度已经提高到了足以成为新数据源的程度。例如，前几年，电表可能每个月都会被手动读取一次。但是现在有了一种智能仪表，它每 10 分钟自动读取一次。虽然相较之前的读取数据方法得到的仍是相同的数据，但智能仪表读取的数据频率很高，可以提供一个非常不同且更深入的分析水平，这样的数据实际上是一个新的数据源。

第三，越来越多的半结构化和非结构化数据出现。大多数传统数据源处于结构化领域。结构化数据包括来自杂货店的收据、薪水单上的数据、电子表格上的会计信息，以及几乎所有可以很好地适应关系数据库的数据。它所包含的每一段信息都是提前知道的，以指定的格式出现，并以指定的顺序出现。这使得数据使用起来很容易。非结构化数据源是指对其格式几乎或根本没有控制的数据源。文本数据、视频数据和音频数据都属于这一类。使用非结构化数据是很复杂的，因为字节与字节之间的含义不是预先定义的。在结构化数据和非结构化数据之间是半结构化数据。半结构化数据是指可能不规则或不完整的数据，其结构可能会迅速或不可预测地发生变化。它通常有一些结构，但不符合固定的模式。Web 日志是半结构化数据的一个很好的例子，半结构化数据确实有一个潜在的逻辑。①

第三节　大数据权利归属的法律分析

因大数据具有非常大的价值，故又可以被称为“新时代的石油”。那么大数据该归谁所有？大数据的权利主体遭到侵害要如何救济？怎样合理地限制大数据的使用？……一系列问题就油然而生了。如果不能及时解决这些问题，那么大数据行业将面临高法律风险的不利境地，必将影响大数据行业的发展。为了解决在大数据发展过程中所面临的问题，更好地保护数据权利，在本节将从法律的视角出发去进一步研究大数据，尝试为大数据提供法律上的保障，促进大数据行业更好的发展。

法律上的权利义务必有其主体，亦必有其客体。主体为权利义务之所属，客体为权利义务之所附；主体非人莫属，客体则依权利的种类不同而不同。②对于大数据权利的分析，也应当从数据权利的主体和客体来进行分析。

---

① SU X M. Introduction to big data，institutt for informatikk og e – læring ved NTNU，[EB/OL].[2019 – 01 – 25]. https：//www. ntnu. no/iie/fag/big/lessons/lesson2. pdf.

② 梁慧星，陈华彬. 物权法［M］. 北京：法律出版社，2005：22.

一、大数据权利的主体

（一）数据主体对大数据的权利及其限制

根据前文对大数据的定义，个人数据应当是大数据的组成部分，作为个人数据的生产者，在此我们将其称为数据主体或者数据原权利人。在个人数据被归入大数据之前，数据主体毫无疑问对其享有完整的权利，但是当个人数据成为大数据的一部分时，数据主体和大数据控制者共同对该部分数据享有权利。数据主体此时所拥有的是受限制的权利，对于数据主体权利的限制程度取决于大数据的收集过程是否经过了数据主体的同意、数据主体是否知情。如果是经过数据主体授权收集的数据，数据主体对其享有的权利受到的限制就比较大，享有的权利就较少；反之，数据控制者受到的权利限制就比较大。一般而言，对于经授权收集的数据，数据控制者按照之前的约定对其使用就不会侵害数据主体的权利，而数据主体除了会受到约定的限制之外，还可能受到法律规定的限制，根据《通用数据保护条例》的规定，为履行数据控制者的法定义务而必须对数据进行处理的，可以不经数据原权利人同意。① 对于未经数据主体同意获取的数据，数据控制者在对其进行利用时，除有法律规定的例外情形存在（如基于公共利益和国家安全需要等），都需要获取数据主体的授权，而数据主体则享有是否同意的权利。

数据主体对个人数据享有隐私权。个人数据不论以何种方式收集，对其的使用都有可能涉及隐私保护问题。可能由于数据控制者的不当使用，也可能因为数据控制者未尽到合理的保障义务使得数据泄露，大数据中所包含的个人信息也会遭受侵害。一旦个人信息遭到侵害，带来的后果将十分严重，

---

① 《通用数据保护条例》第6条第1款规定："仅在适用以下至少一项的情况下，处理视为合法：(a) 数据主体同意其个人数据为一个或多个特定目的而处理；(b) 处理是数据主体作为合同主体履行合同之必要，或者处理是因数据主体在签订合同前的请求而采取的必要措施；(c) 处理是控制者履行法律义务之必要；(d) 处理是为了保护数据主体或其他自然人的重要利益；(e) 处理是为了执行公共利益领域的任务或行使控制者既定的公务职权之必要；(f) 处理是控制者或者第三方为了追求合法利益之必要，但此利益与被要求保护个人数据的数据主体的利益或基本权利自由相冲突的除外，尤其是数据主体为儿童的情形下。前款 (f) 项不适用于公权力机构在履行其职责时进行的处理。"京东法律研究院.《一般数据保护条例》GDPR 评述及实务指引 [M]. 北京：法律出版社，2018：230-231.

比如之前轰动一时的“徐玉玉案”[①]，就是大数据泄露给个人带来危害的典型案例。保护隐私是数据主体享有的一项基本权利，这也是保护人格权的基本要求。

数据主体享有撤销权。撤销权又称为撤销同意权，是指数据主体有权撤销自己对数据控制者的授权，使数据控制者丧失对大数据所包含的个人数据的权利，此时数据主体对个人数据的权利再次恢复到圆满状态。但数据主体行使撤销权需要满足一定的条件，应当受到法律和公共秩序的制约。数据主体一旦行使了撤销权，数据控制者必须按照要求对数据进行删除处理。

数据主体对成为大数据组成部分的数据仍享有权利，即数据原权利人的权利。数据原权利人享有的权利因数据类型和来源不同而存在较大差异。数据原权利人的权利因法律规定和有效协议的存在受到一定的限制，这种限制是大数据控制者权利保护和大数据开发利用的需要。在大数据开发利用中，数据原权利人的权利受到一定限制有利于大数据开发利用的顺利进行，而大数据控制者合法依约使用大数据则是数据原权利人权利的保证。数据原权利人和大数据控制者在权利分配和义务承担上需要有一个合理的平衡点，而该平衡点就是数据原权利人和大数据控制者权利保护底线的交汇点，以二者利益都能实现而又不损害对方合法利益为其判断标准。[②]

（二）大数据控制者享有大数据的权利

大数据控制者是大数据生成的主导者。对于大数据的生成，个人的力量往往是薄弱的，所以实践中大数据的控制者往往是企业。企业积极投入大量的技术、资金和人力成本是大数据得以形成和运营的关键前提。[③] 从民商法的角度来说，企业或者其他大数据的控制者不仅占有数据，而且在数据收集、存储、加工、管理等环节都投入了一定成本，成本的投入为企业合法权利的产生打下了基础，为其合法权利得到法律认可、受到法律保护提供了依据。

起初，在大数据的财产化理论中并未提到过数据控制者的权利。美国学

① 山东省临沂市中级人民法院（2017）鲁13刑初第26号刑事判决书。

② 王玉林，钟敏．数据原权利人的权利与限制［J］．情报理论与实践，2017，40（1）：36－40.

③ 龙卫球．再论企业数据保护的财产权化路径［J］．东方法学，2018（3）：50－63.

者劳伦斯·莱斯格首次完整地提出了数据财产化①，在他的理论中由数据主体享有数据所有权，这样有利于现代社会中发生的数据纠纷。但是，莱斯格的理论有一些片面性，只考虑了数据主体的权利，仅在数据主体和数据采集者之间进行了一次简单的权利判断，将所有数据权利都归于数据主体享有，却忽略了数据控制者所应有的权力地位和利益诉求。当然，莱斯格并非有意对于大数据的控制者视而不见，只不过他提出该理论的时期太早，当时大数据的发展还处于萌芽期。在当今这个大数据时代下，大数据的控制者在大数据行业发展中扮演着核心角色。大数据进程的五个阶段包括大数据形成阶段（又称数据收集阶段、数据源层）、大数据存储阶段、大数据处理分析阶段、大数据交易阶段、大数据应用阶段，每一个阶段都离不开大数据控制者的投入与付出。

数据控制者的权利取得是一个依次递进的过程。首先，通过线下数据采集或服务平台取得用户的初始数据，成为被授权人或受供给者，根据企业和个人间的约定享有对数据的基本权利。企业进一步通过对初始数据的整合与加工，使初始数据汇集成大数据，同时企业也成为大数据的占用者、数据产品的加工者和持有者，数据资产的经营者和获益者等。其次，从数据经济的过程来说，存在从数据收集、集合、加工、利用到数据资产交易的动态性。开始是数据采集，原初数据交易处于这一环节；然后是数据整理、利用、加工等活动，其中基于数据整理或加工，通常也成为大数据或者数据库的形成环节。最后是大数据使用或者交易，大数据控制者对于其数据资产进行应用或交易，以实现大数据的使用价值或交易价值，取得效益或收益。

前文在分析个人享有的大数据权利时，提到了个人权利应当受到数据控制者权利的限制，与此相同的是数据控制者所享有的权利也不是毫无约束的。权利的制约是相互的，在数据采集过程中，大数据的控制者与数据主体通过签订协议将部分数据权利转让出去，该协议或合同在限制数据主体权利的同时，对于数据控制者的权利限制也是一样的。数据控制者必须按照合同规定

---

① SCHWARTZ P M. Beyond lessing's code for internet privacy：cyberspace filter，privacy - control，and fair information practices［J］. Wisconsin Law Review，2000（743）：746.

的内容来对数据进行处理和使用，不得超出合同的授权范围。此外，大数据控制者还应当承担对数据的妥善保管义务，防止数据泄露引起不利后果。同时，各个国家的法律可能还会对大数据控制者规定一定的义务，如使用者不得违背公序良俗、不得损害公共利益、不得危害国家安全等，这些也是对大数据控制者的权利限制。

总的来说，大数据控制者的权利来源是有合法依据的，大数据控制者对于其所掌控的大数据享有使用收益的权利，当权利受侵害时应当受到法律的保护。但由于当前对于大数据的财产属性规定并不明确，所以权利救济的具体途径尚不明确，有关于大数据权利的保护后文有详细阐述。

（三）国家享有的大数据权利

国家对大数据享有数据主权。大数据意味着海量的数据，也意味着更复杂、更敏感的数据，特别是关系国家安全和利益的数据，如国防建设数据、军事数据、外交数据等，极易成为网络攻击的目标。如果包含有国家安全信息的大数据遭遇别国侵犯，势必给受害国带来不可磨灭的伤害，甚至引起两国争端。所以，对于确立国家大数据主权是当今时代的要求，是对数据强国实行数据垄断的限制，是对本国主权的维护。关于大数据主权所涵摄的范围，理论界有以下两种不同的声音：一种观点认为，在一国网络系统中产生的数据为该国所有，由该国对其享有使用支配的权利，不受其他国家的干涉和侵犯；另一种观点认为，只要是一国国民在网络生活中产生的数据都属于该国数据主权所应涵摄的范围。本书认为，大数据主权所包含的范围应当同时覆盖两个方面，这样更有利于国家安全的维护。

让·博丹在其《主权论》中明确指出：国家主权是一个国家的固有属性，是一种以国家为范围的对内最高统治权和对外独立权。国家主权以国家的地理疆界为界限，不可转让、不可分割、不受限制。[①] 那么从国家主权的角度来解析国家数据主权，国家享有的大数据主权的内涵应当包括大数据管辖权、大数据独立权、大数据自卫权、大数据平等权。大数据管辖权是指一国对本国内的所有数据享有管辖权；大数据独立权表明一个国家可以独立自

---

① 博丹．主权论［M］．李卫海，钱俊文，译．北京：北京大学出版社，2008：2－43．

主地行使大数据权利，不受其他任何国家和组织的干涉；大数据自卫权主要是指国家为了保证大数据独立权不受外来干涉与侵害而采取的保护、抵御和反击的权力；大数据平等权是指国家不分大小、强弱、制度形式和发展模式，平等地享有对本国数据的权利和权力。国家的数据主权主要是用来解决国与国之间的关系，在国际竞争领域中会凸显数据主权的价值。①

国家享有大数据主权也是公民个人和该国企业享有大数据权利的前提，只有从国家层面维护好大数据主权，才能为个人和企业层面上享有的大数据权利提供有力的保障。如果一国不能有效地管控本国境内大数据的流通，大数据主权就会面临严峻的挑战，个人数据就会面临被国外不良组织掌握的风险，企业的商业秘密等也时刻面临着威胁。

目前数据主权已经引起了各个国家的高度重视，如果国家的重要数据遭到他国侵害，将给该国带来难以想象的危机。为争夺数据信息网络的主导权，各国间的数据主权博弈日益加剧。我们必须明确我国的大数据主权，将其提到战略高度，通过科技和法律手段保护我国享有的大数据主权，在大数据时代为我国在国际竞争中保驾护航。

二、大数据权利的属性

（一）财产权属性

财产权是指以财产利益为内容，直接体现财产利益的民事权利。财产权是可以以金钱计算价值的，一般具有可让与性，受到侵害时需以财产方式予以救济。财产权既包括物权、债权、继承权，也包括知识产权中的财产权利。如果大数据权利具有经济价值、权利可以转移和以财产为客体，就具有财产权属性。

就权利转移这个角度而言，我们从实践层面着手分析，不难发现世界范围内已经成立了很多大数据交易所，比如总部位于美国华盛顿州西雅图的实时数据交易市场 BDEX，2013 年 4 月日本富士通公司建立的自己的“大数据”交易市场“Data Plaza”等，这些交易中心的存在为大数据权利的拥有

① 吕廷君．数据权体系及其法治意义［J］．中共中央党校学报，2017，21（5）：81－88．

者进行交易提供了便利，实现了大数据的价值变现。自 2014 年 2 月以来，我国地方建立了大量的数据交易所、数据交易中心等①，为我国大数据行业的发展提供了诸多便利。

实践中，2017 年年初，贵阳数据投行有限公司对北京舆讯科技有限公司进行数据投资，以价值 200 万元的数据使用权为对价，取得舆讯科技 15% 的股权。根据《中华人民共和国民法总则》（以下简称《民法总则》）第 125 条"民事主体依法享有股权和其他投资性权利"的规定，股权是民事权利，股权具有财产属性。因此，数据与股权进行对价已充分证明了数据具有经济价值。

大数据权利的转让通常是通过交易完成的。数据如能交易就意味着其权利可以转移。2015 年国务院发布了《促进大数据发展行动纲要》，明确了发展大数据、促进大数据交易的要求，还颁布了地方的交易规则。这些交易场所的运行及交易规则充分证明了数据权利是可以转移的。② 综上，不论是从社会实践层面，还是从国家出台的法律法规来看，毫无疑问，大数据权利中都具有财产权的属性。

（二）国家主权属性

传统的国家主权观念在大数据的时代背景之下受到了新的冲击，国家主权的范围进一步拓展到了人造网络空间——"领网"。"领网"是指由信息基础设施、计算机信息系统、软件系统等要素组成的虚拟空间，其在表述方式上借鉴了"领土"和"领空"，形象描述了"网络空间内的国家疆界"。③ 而大数据作为网络空间的核心内容，那么大数据权利中必然包含着国家主权的属性，由此诞生的数据主权是国家主权在网络时代下的自然延伸，其内涵是

---

① 中关村数海大数据交易平台、贵阳大数据交易所、长江大数据交易所、武汉东湖大数据交易中心、徐州大数据交易所、河北大数据交易中心、哈尔滨数据交易中心、江苏大数据交易中心、上海大数据交易中心、湖北长江大数据交易所、陕西西咸新区大数据交易所、浙江大数据交易中心等十余家大数据交易平台与中心。

② 2014 年中国大数据产业规模大约为 1038 亿元，2015 年产业整体规模达到 1692 亿元。随着各项政策的配套落实及推进，到 2020 年，中国大数据产业规模或达 13626 亿元的高点。对大数据交易，除国家政策文件之外，贵州省率先出台了具有法律效力的地方性法规《贵州省大数据发展应用促进条例》（2016 年 3 月 1 日起施行），各交易平台也相继出台了大数据交易行业规范。

③ 祝高峰．大数据时代国家信息主权的确立及其立法建议［J］．江西社会科学，2016，36（7）：191－197.

主权国家拥有对大数据的管辖权。国家数据主权强调的是独立自主占有、处理和管理本国信息并排除他国和其他组织干预的国家最高权力，国家对其本国数据进行管控是行使其国家数据主权的体现。

三、大数据权利的特征

大数据权利属于无体财产权。大数据权利作为一种无实体财产权是由数据权客体“大数据”自身的属性所决定的。数据没有特定的实体、无色、无味、无质量、不占有空间、不具备可感性。① 因此大数据只能借助于现实中的载体进行固定和存储，在无实体这一层面上大数据权利有些类似于知识产权。但大数据权利在其他方面却与知识产权存在着巨大的差异。

知识产权作为一种无实际客体的财产权，在法律上确立了其独立于物权和债权的财产权地位。这体现了现代社会财产权观念的演进，财产权的客体不再是具象化、有实体的物，而是可以表现为无形的智力成果。

由于大数据权利的无体性，有观点主张，将“数据”纳入知识产权法律制度进行规范，在《民法总则》的制定过程中，在草案中曾将“数据信息”作为知识产权的一项内容，但最终 2017 年出台的《民法总则》也未将数据信息确认为知识产权客体。立法过程中，对于“数据信息”态度的变化也说明了知识产权客体包括大数据这一观点的不合理。大数据权利与知识产权虽有交叉之处，但两者不是包含关系，知识产权不能包含数据财产权，其区别具体如下：

首先，大数据权利客体“数据”不需要具有“独创性”。著作权保护下的作品以独创性为首要条件，独创性是作者自己选择、取舍、安排、设计的结果，不是依既定程序、程式、手法推理、运算而来的②，强调选择和编排的独创性。而大数据却不一定具有独创性，在大数据的组成内容中，最原始的数据库是由一些个人数据或者事实信息所构成的，仅仅是对客观事实的一种数据化记载。这些基础的原始数据经过特定程序的计算，再通过人工的整合分类处理，就形成了最终我们所称的大数据。在整个过程中，或许有一部大数据的产生需要借助于大数据从业人员的智慧，但大多数的大数据都不具有

---

① 李爱君. 数据权利属性与法律特征 [J]. 东方法学，2018 (3)：64 - 74.

② 冯晓青. 知识产权法 [M]. 北京：中国政法大学出版社，2008：107.

独创性的特点。据著名咨询公司 IDC（国际数据公司）的统计，仅在 2011 年全球被创建和复制的数据总量为 1.8ZB，其中 75% 来自个人（主要是图片、视频和音乐）。

其次，大数据权利不具有期限性和地域性。根据我国法律的规定，不同种类的知识产权所受法律的保护期限是不同的。根据《中华人民共和国著作权法》（以下简称《著作权法》）第 20 条的规定，作者的署名权、修改权、保护作品完整权的保护期不受限制；根据《中华人民共和国商标法》第 39 条的规定，注册商标的有效期为十年，自核准注册之日起计算；根据《中华人民共和国专利法》第 42 条的规定，发明专利权的期限为二十年，实用新型专利权和外观设计专利权的期限为十年，均自申请日起计算。知识产权大部分是有期限限制的，一旦超过了保护期限，权利人就不再享有专有权，智力成果也就成为社会公共财富的一部分。而大数据权利却不一样，数据随着时间的推移而无期限地“动态”变化且不受地域影响。因此，在法律上不需要对大数据权利进行期限的限制。

最后，大数据权利的取得不需要经过法定程序。知识产权客体是智力劳动成果，具有商业价值，知识产权也必须有法律的授予，而大数据权利的取得不需要经过任何法定的程序。

大数据权利不同于一般物权。大数据的权利客体——数据，是一种不同于具有物质形态之“物”的客体，便于复制、不易损耗，对大数据的使用支配具有非排他、非损耗的特点。例如个人数据，数据主体可以使用，与此同时，企业通过合理途径获得了个人数据也可以使用，政府机构出于社会管理和公共服务的目的也可以和个人、企业在同一时间使用相同数据。这三个主体对相同数据的支配并不彼此排斥，数据的使用价值和价值也没有因被使用而产生损耗。因此，大数据与《中华人民共和国物权法》上的“物”在属性上有明显差异。数据所承载的财产权的具体权利之归属和支配不同于有形物的占有和支配模式，适用于有形物的物权制度无法被套用在数据上。与物权相比，大数据权利具有复杂性。在前文对大数据主体的分析中我们发现根据数据主体的不同，对于同一份大数据享有的权利也不同，因而大数据权利包含的内容比较复杂，不仅包含财产权，还具有国家主权属性。这主要是由于大数据具有无形性和可无限复制特性。同样的一份数据往往会同时掌握在不同主体的手里，发挥着不同的功能。同时，也因为大数据具有上述特性，导致大数据权利受侵害与物权遭遇侵害的情形也不同。大数据权利遭遇侵害与其权利客体是否灭失并无直接联系；而对于物权而言，权利遭受侵害往往伴随的是标的物的毁损灭失或者被转移而脱离了权利主体的控制。对于大数据权利而言，大数据如果被侵权人删除必然会引起权利人权利的丧失；但常见的大数据侵权纠纷中，权利主体并没有丧失对大数据的控制，侵权人往往是借助非法手段将大数据进行复制、传播，此时大数据权利人丧失了对于大数据的独占性，将会导致自己的权益贬值。

四、大数据权利的法律保护

由于大数据权利具有不同的法律属性，所以其所对应的权利主体也不相同，就大数据权利的保护而言，也应当从三个不同的方面进行分析。

（一）对于数据主体的权利保护

大数据的组成部分中往往包含着大量的个人信息，无论这些信息通过何种途径获取，数据主体对其都应当享有一定的权利。当大数据被泄露时，个人数据就会被他人掌握，此时对于数据主体来说，个人隐私权就遭到了侵害，那么应当如何对此种权利进行合理有效的保护就成了数据主体维权的过程中必须要去思考的问题。就依据国内的现行法律和当前的司法实践而言，数据主体主要可以通过以下几种途径来依法维护自己的权利。

第一，根据《中华人民共和国侵权责任法》（以下简称《侵权责任法》）的规定。《侵权责任法》第 2 条和第 36 条①分别将隐私的保护与网络用户和网络服务提供者的网络侵权责任纳入规制范围。

---

① 《中华人民共和国侵权责任法》第 2 条规定："侵害民事权益，应当依照本法承担侵权责任。本法所称民事权益，包括生命权、健康权、姓名权、名誉权、荣誉权、肖像权、隐私权、婚姻自主权、监护权、所有权、用益物权、担保物权、著作权、专利权、商标专用权、发现权、股权、继承权等人身、财产权益。"第 36 条规定："网络用户、网络服务提供者利用网络侵害他人民事权益的，应当承担侵权责任。网络用户利用网络服务实施侵权行为的，被侵权人有权通知网络服务提供者采取删除、屏蔽、断开链接等必要措施。网络服务提供者接到通知后未及时采取必要措施的，对损害的扩大部分与该网络用户承担连带责任。网络服务提供者知道网络用户利用其网络服务侵害他人民事权益，未采取必要措施的，与该网络用户承担连带责任。"

第二，根据《中华人民共和国合同法》（以下简称《合同法》）的规定。在个人数据采集的过程中，网络用户往往会与软件的供应商签订协议，从《合同法》的角度而言，该协议属于数据采集者所提供的包含格式条款的合同。根据该合同的内容，数据采集者可以得到数据主体的授权，但对于采集到的个人数据的适用不得超出合同约定的范围。同时，数据主体还可以在签订合同的过程中规定数据采集者的妥善保管义务。当大数据中个人数据遭遇侵害时，受害者可以依据《合同法》第 107 条和第 113 条①，要求大数据的实际控制者赔偿损失。

第三，对于大数据中个人权利遭受侵害，在满足一定条件下可以通过刑法对侵权人定罪量刑。《中华人民共和国刑法修正案（九）》（以下简称《刑法修正案（九）》，其他刑法修正案简称以此类推）第 17 条将《中华人民共和国刑法》（以下简称《刑法》）第 253 条之一修改为："违反国家有关规定，向他人出售或者提供公民个人信息，情节严重的，处三年以下有期徒刑或者拘役，并处或者单处罚金；情节特别严重的，处三年以上七年以下有期徒刑，并处罚金。违反国家有关规定，将在履行职责或者提供服务过程中获得的公民个人信息，出售或者提供给他人的，依照前款的规定从重处罚。窃取或者以其他方法非法获取公民个人信息的，依照第一款的规定处罚。单位犯前三款罪的，对单位判处罚金，并对其直接负责的主管人员和其他直接责任人员，依照各该款的规定处罚。"

此外，在 2017 年出台的《最高人民法院 最高人民检察院关于办理侵犯公民个人信息刑事案件适用法律若干问题的解释》中，对于侵犯公民个人信息犯罪进行了补充和完善，更有利于对于公民个人信息的保护。

除了上述三种途径外，对于大数据权利中数据主体的保护还可以借助其他的法律法规，比如 2012 年 10 月 26 日修订实施的《中华人民共和国未成年

---

① 《中华人民共和国合同法》第 107 条规定："当事人一方不履行合同义务或者履行合同义务不符合约定的，应当承担继续履行、采取补救措施或者赔偿损失等违约责任。"第 113 条规定："当事人一方不履行合同义务或者履行合同义务不符合约定，给对方造成损失的，损失赔偿额应当相当于因违约所造成的损失，包括合同履行后可以获得的利益，但不得超过违反合同一方订立合同时预见到或者应当预见到的因违反合同可能造成的损失。经营者对消费者提供商品或者服务有欺诈行为的，依照《中华人民共和国消费者权益保护法》的规定承担损害赔偿责任。"

人保护法》第39条明确规定："任何组织或者个人不得披露未成年人的个人隐私。对未成年人的信件、日记、电子邮件，任何组织或者个人不得隐匿、毁弃；……" 2013年9月1日实施的《电信和互联网用户个人信息保护规定》则为电信业务经营者以及互联网信息服务提供者在个人信息收集、使用规范和安全保障措施等方面设定了明确的准则和要求。诸如此类的相关法律规定还有很多，在此就不一一列举了。

（二）对于大数据控制者的权利保护

对于大数据控制者而言，其享有的大数据权利主要是指大数据权利中的财产权部分，在前文中对于大数据权利特征的探讨中，我们发现大数据在某种程度上与知识产权和商业秘密存在着一些共同之处，因此，对于大数据控制者权利的保护也可以从法律对于上述两种权利的保护中借鉴一些宝贵的经验。可以从以下几个方面出发，考虑对大数据控制者的权利保护。

第一，依据《侵权责任法》的相关规定。大数据权利毫无疑问具有财产权属性，可以将大数据权利作为财产权在《侵权责任法》中找到其保护依据，即第2条和第36条不仅可以作为维护数据主体权利的依据，对于大数据控制者权利的维护也同样适用。

第二，《中华人民共和国反不正当竞争法》（以下简称《反不正当竞争法》）第9条[①]规定了对于商业秘密的保护，有一些企业的商业秘密以数据的形式存储于网络空间中，此类大数据如遭受侵害，企业的商业秘密也就遭到了侵害，权利人就可以以上述法条作为依据，请求侵权人依法赔偿损失。同时，根据《刑法》中对于"侵犯商业秘密罪"的规定还可以判断侵权人是否

① 《中华人民共和国反不正当竞争法》第9条规定："经营者不得实施下列侵犯商业秘密的行为：（一）以盗窃、贿赂、欺诈、胁迫或者其他不正当手段获取权利人的商业秘密；（二）披露、使用或者允许他人使用以前项手段获取的权利人的商业秘密；（三）违反约定或者违反权利人有关保守商业秘密的要求，披露、使用或者允许他人使用其所掌握的商业秘密。第三人明知或者应知商业秘密权利人的员工、前员工或者其他单位、个人实施前款所列违法行为，仍获取、披露、使用或者允许他人使用该商业秘密的，视为侵犯商业秘密。本法所称的商业秘密，是指不为公众所知悉、具有商业价值并经权利人采取相应保密措施的技术信息和经营信息。"

构成刑事犯罪。此外，《刑法》第285条和第286条①还规定了“非法侵入计算机信息系统罪”和“破坏计算机信息系统罪”，在对于侵权人行为的分析时，还可以此作为参考，判断其行为是否符合上述两罪的构成要件。

第三，根据《著作权法》的相关规定。大数据中不仅包含由数据主体提供的原始数据以及对于基本事实的记录数据，还包含数据收集者或者说大数据的实际控制者根据基础数据进行加工所衍生出来的数据。故根据《著作权法》第10条，大数据能成为作品受著作权法保护，一般分为两种情形，即对大数据内容的选择和编排达到了汇编作品的要求，因而成为汇编作品，或者该数据不单纯为数字，其在表现形式上达到了作品独创性要求而成为作品。

（三）对于大数据主权的法律保护

大数据主权是指从国家主权的角度来分析作为一个国家对于本国大数据所享有的权利，对于大数据主权的保护可以从国际和国内两个层面来寻求依据。首先，从国际方面来看，大数据主权应该被包含在一国主权的范围之内。1955年4月，在第一次没有殖民主义国家参加的亚非会议上，在首个亚非国家联合发表的《关于促进世界和平与合作的宣言》中，就正式确立了互相尊重国家主权原则。《联合国宪章》第2条一开始就规定“本组织系基于各会员国主权平等之原则”。第2条最后规定“本宪章不得认为授权联合国干涉在本质上属于任何国家国内管辖之事件”。后来联合国又先后通过了《国际法原则宣言》《各国经济权利和义务宪章》等众多文件，其中心思想都是强

① 《中华人民共和国刑法》第285条规定：“违反国家规定，侵入国家事务、国防建设、尖端科学技术领域的计算机信息系统的，处三年以下有期徒刑或者拘役。违反国家规定，侵入前款规定以外的计算机信息系统或者采用其他技术手段，获取该计算机信息系统中存储、处理或者传输的数据，或者对该计算机信息系统实施非法控制，情节严重的，处三年以下有期徒刑或者拘役，并处或者单处罚金；情节特别严重的，处三年以上七年以下有期徒刑，并处罚金。提供专门用于侵入、非法控制计算机信息系统的程序、工具，或者明知他人实施侵入、非法控制计算机信息系统的违法犯罪行为而为其提供程序、工具，情节严重的，依照前款的规定处罚。单位犯前三款罪的，对单位判处罚金，并对其直接负责的主管人员和其他直接责任人员，依照各该款的规定处罚。”第286条规定：“违反国家规定，对计算机信息系统功能进行删除、修改、增加、干扰，造成计算机信息系统不能正常运行，后果严重的，处五年以下有期徒刑或者拘役；后果特别严重的，处五年以上有期徒刑。违反国家规定，对计算机信息系统中存储、处理或者传输的数据和应用程序进行删除、修改、增加的操作，后果严重的，依照前款的规定处罚。故意制作、传播计算机病毒等破坏性程序，影响计算机系统正常运行，后果严重的，依照第一款的规定处罚。单位犯前三款罪的，对单位判处罚金，并对其直接负责的主管人员和其他直接责任人员，依照第一款的规定处罚。”

调主权平等及主权不容干涉。可见，主权原则乃是国际交往中的主导原则。在当今大数据的时代背景下，大数据主权逐渐发展为国家主权的一部分。根据国际条约，大数据主权也是国家不可分割的一部分，应当受到国家条约的保护。其次，从国家立法层面也可以保护大数据主权。通过国家立法对外宣示本国享有的大数据主权，还可以对大数据的流通进行规制，以防本国数据外流造成危害国家安全的风险。此外，大数据主权作为国家主权的一种，对于个人侵犯大数据主权的行为还应当纳入危害国家安全犯罪之列。

（四）国外对于大数据权利保护的现状以及对于我国大数据权利保护的立法建议

结合当前的国际形势来看，各个国家对大数据资源的重视程度都已经达到了战略高度，在新时代的国际竞争中，对于数据资源的竞争扮演着举足轻重的角色。

目前，世界上很多国家都已经展开了数据保护活动，其中影响力最大的要数欧盟的《通用数据保护条例》。在该条例中，规定了数据保护影响评估，用于对高风险的数据活动进行实现预防；依据该条例，数据主体的权利受到了充分保障，数据主体享有知情权、访问权、反对权以及两种新型的权利类型，分别为数据可携权（第 20 条）和被遗忘权（第 17 条）；此外，还严格规定了数据处理者的责任，增强了监管机构的执法权，完善了跨境数据流动机制等。[①] 上述一系列措施从多方面着手，对于大数据权利的保护十分完善，在国际上有着深远的影响，对于我国的立法在许多方面都具有值得借鉴的地方。

同时，在其他国家也有一些相应的保护条例已经开始发挥作用。比如，2003 年 2 月 14 日，美国公布了《确保网络空间安全的国家战略》报告；俄罗斯议会于 2014 年 7 月通过的《个人数据法》规定，俄罗斯公民的个人数据必须保存在俄境内的服务器上。[②]

对于我国而言，虽然也可以借助现行的一些法律法规对大数据权利进行

---

① 王融．《欧盟数据保护通用条例》详解［J］．大数据，2016，2（4）：93－101．

② 中国互联网法律政策研究报告（2014 年）［EB/OL］．（2015－09－06）［2019－01－28］．http：//www. 100ec. cn/detail－－6275824. html.

一些保护，但由于大数据权利属性的特殊性，包含的权利种类比较多，所以当前的法律对于大数据权利的保护并不完善，还存在很多缺陷。

目前，我国在大数据保护方面的政策法规还付之阙如，建章立制并非朝夕之间即可完成，但基本原则的统帅和指导却不可或缺。该基本原则包括数据主权原则、数据保护原则、数据自由流通原则和数据安全原则。[①] 对大数据进行保护的目的在于实现数据的保护与数据自由流通、合理利用这两大利益之间的平衡。一方面在于创设规则，确认数据之上的权利；另一方面在于创设和搭建数据平台，促进数据的自由流通和利用。随着大数据的不断发展，为了更好地维护国家的大数据主权，保护数据主体的个人权利，促进数据行业更好地发展，我国应当尽早根据社会的实际需要以及当前的一些有关的司法实践，以基本原则为核心完成数据方面的立法。

---

① 齐爱民，盘佳．数据权、数据主权的确立与大数据保护的基本原则［J］．苏州大学学报（哲学社会科学版），2015，36（1）：64－70，191.

第二章 大数据与垄断

第一节　大数据杀熟及其带来的思考

2019年第一个月末尾，一篇名为“搜索引擎百度已死”的文章突然将“魏则西事件”后沉寂已久的百度又拖上了热搜①，文章中指责百度搜索结果的首页一半以上会指向百度自家产品“百家号”，而百家号中充斥着大量营销和质量低劣的内容。另外，搜索结果中除了百家号外，还有大量的广告推送。作为已占据“国民应用”地位的百度，是否存在滥用垄断地位问题，引起了公众广泛注意。

互联网平台型企业在数据驱动技术带动下，经过多轮行业整合及兼并，已出现少数企业占据细分市场主导地位的现象，随之而来的是对国内反垄断问题的法律规制，已到了需要重新完善的阶段。

2018年3月，几则新闻图片几乎在一天之内被各大新闻平台转载，引起了广大网友的热议。有网友发现，同一段路程，打车软件对两部手机的报价却不一样②。

以“滴滴”为代表的互联网企业是否涉嫌“大数据杀熟”的新闻，首次引起了公众的警觉③。

---

① 方可成．搜索引擎百度已死［EB/OL］．（2019－01－22）［2019－02－01］．https：//www. toutiao. com/a6649300825724158477.

② “大数据杀熟”刷屏，一群网友亲测后气炸，你中招了吗？［EB/OL］．（2018－03－26）［2019－02－01］．http：//www. sohu. com/a/226425596_ 99966586.

③ 何可．消费者质疑滴滴出行存在“杀熟”现象［EB/OL］．（2018－05－10）［2019－02－01］．http：//www. cqn. com. cn/zgzlb/content/2018－05/10/content_ 5760131. htm.

所谓“大数据杀熟”，有人将其定义为互联网厂商利用自己所拥有的综合性用户数据，经过特定算法等大数据分析方式，对经常性用户（老用户）进行价格歧视的行为。通俗来讲，就是同样的商品或服务，老客户看到的价格反而比新客户要贵。

此新闻被各大媒体广泛报道后，很多网友在网络社区中分享了自己被大数据“杀熟”的经历。在出行交通、酒店预订、电影购票、网购电商等网络平台上，消费者购买同样的网络服务或商品，老用户看到的价格比新用户要贵的情形屡见不鲜。

各大型互联网平台企业运用大数据技术，通过对海量数据的深入挖掘、分析，在商业领域可以根据用户的上网轨迹数据和日常消费习惯，给用户进行“消费者画像”（见图2－1），进而实现精准营销、个性化推荐等，以提高成交率，降低营销成本，提升消费体验。随着时代的进步，大数据技术已

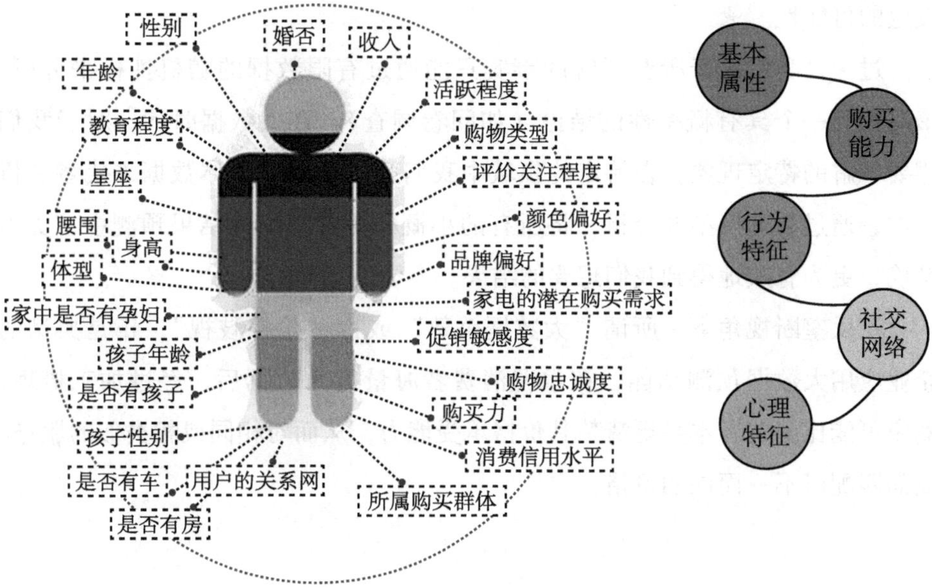

图2－1　消费者画像①

① 慕课网．如何看待大数据“杀熟”？[EB/OL]．(2018－06－22)[2019－02－01]．https：//www.imooc.com/article/37865.

成为一项具有实用性的信息工具，如果善加利用，会给商家和消费者带来很大益处，实现双赢。

但是，大数据也是一把技术“双刃剑”，如果遭到商家滥用，随意超越边界，就会损害到消费者利益。网友和媒体曝光的商家利用大数据“杀熟”的丑闻，就是滥用技术的结果。商家过于追求利润，利用消费者对商家的信赖和消费习惯，采取信息不对称报价，以获得更高的价格差收入，这忽视了消费体验和公平原则，令老客户承担超出正常范围的价格。

标榜“去中心化”的互联网正在因“平台垄断”变得越来越中心化，作为互联网巨头“兵家必争之地”的大数据在反垄断视角下如何规制，随着互联网行业集中度加剧，已经成为一个无法回避的话题①。

“大数据的核心是预测，它通常被视为人工智能的一部分，或者更确切地说，被视为一种机器学习，是把数学算法运用到海量的数据上来预测事情发生的可能性。”②

过去，我们对于所要了解的事实只能通过有限数据的随机抽样来分析，最终得到一个具有概率性的结论（如问卷调查）。在大数据时代，对于我们想要了解的特定现象，在特定的领域中我们几乎可以用全体数据来代替随机样本，通过数理模型的分析，将所有的小概率事件都纳入结果预测中，更为精确、更为有效地得到我们想要的结果。

在反垄断视角下，所谓“大数据杀熟”或称“价格歧视”，正是典型的企业应用大数据预测功能，在掌握消费者海量行为数据后，经过加工梳理，商家可能比消费者本身更清楚其价格承受能力，从而对相同或相类似的服务/商品匹配以不一而同的价格。

---

① 南都大数据研究院反垄断课题组．南都发布《中国互联网行业竞争与垄断观察报告》[EB/OL]．（2018-12-26）[2019-02-04]．http：//news. southcn. com/nfdsb/content/2018-12/26/content_184597496. htm.

② 迈尔-舍恩伯格，库克耶．大数据时代：生活、工作与思维的大变革[M]．盛杨燕，周涛，译．杭州：浙江人民出版社，2013：16.

第二节　数据驱动型经济特性与平台企业市场力量

一、网络自增强效应是网络数据经济的本质特征

（一）数据驱动型业务模型的正向激励循环

与以往传统实体企业相比，互联网企业可以利用在线上服务中自动汇集的用户数据，持续性改进用户体验。在此视角下，互联网市场区别于其他传统领域，具有独特的网络效应、封锁效应及传导效应。

由数据驱动的新型商业模式首先具有明显的网络效应（见图2－2）。

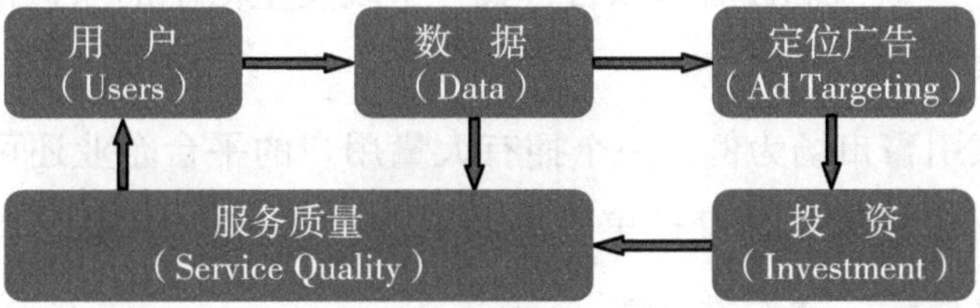

图2－2　网络效应①

一个产品的用户越多，则此产品对用户的价值越大，而且越能吸引更多用户使用此产品。同时，此产品的价值跟用户数的增长成二次方关系，即著名的梅特卡夫定律（Metcalfe's Law）：网络的价值等于用户数量的平方——互联网本身就具有这样的特性。

例如，社交产品是典型的具有网络效应的产品，比如微信。对一个用户来说，使用微信的朋友越多，微信对他的价值越大，也会吸引越多的人来使用微信。所以社交产品会具有“天然垄断”的特性。

当场景切换为双边市场时（一个由两个独立用户群体组成的交易场所，淘宝就是一个由消费者和商家组成的双边市场——虽然有的时候商家也会是消费者，但大体上区别比较明显），这个时候会出现两种网络效应：同边网络效应

① OECD. Big Data：Bringing Competition Policy to the Digital Era［EB/OL］．［2019－02－01］．https：//one. oecd. org/document/DAF/COMP（2016）14/en/pdf.

(Same - Side Network Effect) 和跨边网络效应 (Cross - Side Network Effect)。

同边网络效应实际上就是前文所说的网络效应。而通常所说的"双边网络效应"实际上多指"跨边网络效应",即市场一边的用户在市场中获取的价值取决于另一边的用户的数量,经济学上称其为"需求"端和"供给"端联动。

以"滴滴打车""美团打车"这类典型的双边市场为例,乘客的用户价值与司机的多少构成正相关效应,即需求端,同一时点上平台上接单的司机越多,接单速度越快,乘客等待时间可能就越短,乘客的用户体验则越好;而供给端,司机的价值取决于乘客的多少(乘客越多,司机空驶率越少),也就是说,这两者会互相加强。

所以,双边网络效应通常会导致强者越强,很容易最终出现寡头垄断或者"赢家通吃"现象。读者可以自行找一下现实生活中的双边市场,多数都没有几个玩家①。

再以搜索引擎市场为例,一个拥有大量用户的平台企业还可以收集更多的数据提升服务质量(如设计更先进的算法),优化用户体验,进而获得更多的用户,这属于"使用者反馈"。

通过分析用户数据来改善广告定位(例如,算法驱动的精准推荐),从广告服务中获利,继而投资研发和改进功能,以获得更多用户,这属于"获利反馈"。在这种模式下,新进入者很难与拥有大量用户的现有企业进行竞争。以 Google(谷歌)、百度、360 等搜索引擎为例,越多消费者使用一个搜索引擎,该搜索引擎就越容易受到广告商欢迎。获得的利润可被用于吸引更多的用户,而其所收集的数据则可被用于优化搜索的结果。

如果一种搜索工具每天的搜索访问量过小,缺乏足够的数据来调整搜索结果,搜索结果在相关性和准确性上偏弱,则无法吸引更多的用户使用,进而也无法吸引更多的广告商投放广告,导致缺少可观的广告收入。长此以往,缺乏足够的资金再投入到搜索服务的优化中,也无法提升搜索工具的性能。

所以,综上所述,数据驱动型的新型商业模式常常会导致规模经济,叠

---

① 什么是双边网络效应?[EB/OL].[2019 - 02 - 01]. https://www.zhihu.com/question/21314614/answer/93266854.

加跨边网络效应后，就可能导致赢者通吃的结果，甚至出现较高的进入壁垒，形成自然垄断。在网络经济中，对信息和网络建设的持续投资，不仅可以获得一般的投资报酬，还可以获得信息累积的增值报酬。

2013 年 3 月 20 日，广东省高级人民法院对北京奇虎科技有限公司（以下简称“奇虎公司”）诉腾讯科技（深圳）有限公司（以下简称“腾讯公司”）、深圳市腾讯计算机系统有限公司（以下简称“腾讯计算机公司”）滥用市场支配地位案做出一审判决[①]。2014 年 10 月 16 日，最高人民法院宣判上诉人奇虎公司与被上诉人腾讯公司、腾讯计算机公司滥用市场支配地位纠纷一案，法院裁定驳回奇虎公司上诉，维持原判。

此案由腾讯与奇虎因互联网安全软件领域的恶性竞争而引发，腾讯在 2010 年 11 月 3 日要求其 QQ 软件用户删除奇虎 360 软件，否则即无法使用 QQ 软件。这种“二选一”的做法引发各界媒体及用户的广泛批评，把两家的恶性竞争称为“3Q 大战”。“奇虎 360 诉腾讯滥用市场支配地位”一审和二审案件已是著名的“3Q”大战中的第三场诉讼和第四场诉讼，也被媒体称为互联网领域的反垄断第一案。

此案中，腾讯将 QQ 等即时通信工具作为吸引海量用户的入口，用以推广其互联网增值服务、网络游戏、网络视频、在线支付服务等高营利性收费服务的分销机制，在通过不断改善 QQ 会员服务水平的同时将最低级别的资费始终维持在较低水平，并推广 Q 币体系使之与财付通衔接，在一定程度上实现 Q 币双向交易的做法，进而敢于进行捆绑安装并要求用户“二选一”等行为，在一定程度上是互联网传导竞争效应的例证。如果互联网公司在某一细分领域掌握了市场优势，如缺乏相关法律规制，通过“纵向一体化”联营布局就有可能转化为开拓其他细分领域的竞争能力。

（二）互联网企业收集和使用数据具有趋于零的边际成本结构

边际成本是指每多生产或者多卖一件产品，所带来的总成本的增加。边际成本的结构性改变是互联网经济对传统经济最重要的一个冲击。下面列出几个传统行业与数据驱动型平台企业对比的典型案例。[②]

---

① 广东省高级人民法院（2011）粤高法民三初字第 2 号民事判决书。

② 互联网世界五大基本定律：边际成本［EB/OL］.（2018－08－02）［2019－02－01］. https://www.jianshu.com/p/f138674d357f.

案例一：苏宁 VS 京东

苏宁的门店，只能服务半径 20 公里以内的用户，想要服务更多用户，就只能在 20 公里外再开一家店。把单店的运营成本摊薄在每次销售上，“边际成本”一定不为零。所以，单店是否赢利非常重要。

但京东不同，它理论上可以覆盖全中国，甚至覆盖全世界（只要确保物流畅通）。京东商城前期投入巨大，一直不赚钱，但投资人依然对京东有很大的信心，是因为京东商城所能覆盖的用户数理论是无上限的，所以“边际成本”会不断递减，最终接近于零。9000 万元不赚钱，那 1.2 亿元呢？1.5 亿元呢？总有一个数字，最终会让京东赚钱。从那一天开始，京东每卖一样商品，它的边际成本几乎为零。

（1）苏宁单店覆盖的用户数有限，运营成本摊在销售上的“边际成本”不为零。

（2）京东商城能覆盖的用户数理论是无上限的，故“边际成本”几乎为零。

（3）互联网带来的“边际成本”几乎为零，给传统企业带来了成本的结构性冲击。

（4）若你可以利用互联网把商品生产销售的边际成本降为零，你将有机会挑战传统经营模式，并获得巨大收益。

案例二：优步或滴滴 VS 传统出租车公司

优步或滴滴都应用了“共享”的新经济概念。司机及其车辆都是独立的经济运营个体，与优步或滴滴不存在雇佣关系或所有权关系，优步或滴滴仅仅提供了一个与乘客建立交易的网络平台，甚至连线下的客户服务中心都人员极少，多数以在线智能客服为主，所以每增加一名提供服务的司机及其车辆，所对应增加的成本微乎其微。

综上所述，网络平台处理和使用数据的成本结构有特殊性，即高的前期沉没投入成本和接近零的边际成本，这种特殊的成本结构易导致数据的集中。互联网企业在发展中后期由于只有极低的变动成本，因此随着用户数量的不断增加，边际成本逐渐下降并无限趋于零（见图 2 - 3）。随着边际成本的降低，平均成本曲线也呈现递减趋势。

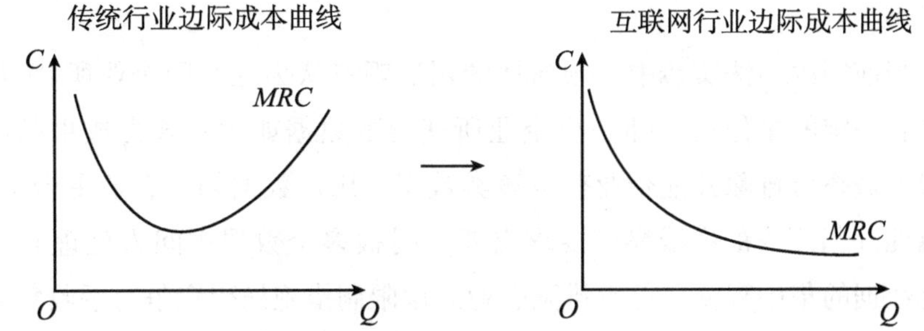

注：C 代表成本；Q 代表变化量；MRC 代表边际资源成本。

图 2－3　传统行业边际成本曲线与互联网行业边际成本曲线①

在大数据产业中，企业前期需要高昂的投入来存储和处理数据，包括建设数据中心、采购服务器、分析软件、网络链接、防火墙以及招聘高技术人才等。一旦这种商业模式运转起来，新增加的数据可以较低成本改进算法，提升产品质量。这种成本结构具有高度的规模经济和范围经济的特性，可能导致数据集中于少数几家企业手中。

由于大数据的价值密度很低，只有达到一定规模后才能从中获取经济价值，所以，能有效处理大数据的企业需要有雄厚的资本，因此可能存在市场进入壁垒，具体包括资金壁垒、技术壁垒、人才壁垒等。

二、数据的排他性、稀缺性影响数据的使用价值

在淘宝（中国）软件有限公司诉安徽美景信息科技有限公司、大众点评诉百度等不正当竞争案中，国内法院普遍确认相关涉案数据产品系网络平台企业经过长期经营积累而形成，能为原告公司带来市场竞争优势，对其享有竞争性财产权益。这就代表这些数据在未获得原告公司许可的情形下，其他企业是无权加以二次开发使用的。而这类已拥有海量特定数据的企业如自行设立关联公司或授权特定企业进行二次开发，则在该类衍生行业中具有了先发优势。

所以，数据能否成为市场扩张或市场进入的实质障碍，与数据有无排他性、稀缺与否至关重要。如果该类数据可以多种渠道广泛获取，那么竞争对手也可以轻易获得并相应产生效率，故此数据给特定企业独特竞争优势的可

① 阮飞，李明，董纪昌，等．我国互联网企业并购的动因、效应及策略研究［J］．经济问题探索，2011（7）：69－72.

能性较小。

在当前国内司法实践中，倾向性的司法观点认为互联网企业所获得的大数据具有一定的排他性，即一个企业所获得的数据如为其智力成果的积累，即有很大概率可排除其他企业获得该类数据。用户数据如在企业平台上存在多归属性（指用户的在线操作要求需要同时被多个数据中间人处理），也可能弱化数据的集中程度，但不排除企业采取限制措施妨碍竞争对手收集数据，造成数据的人为稀缺，即数据的非排他性不等于数据不会被企业独家控制和占有。海外案例如Facebook要求未经其同意，其他企业不得收集其平台上用户的数据。再如，Google限制广告活动的可携带性（Portability），要求第三方网站与其签订搜索广告的排他性协议，这种行为会阻碍竞争对手使用相关数据资源。因此，对数据的排他性、稀缺性的分析除了在个案中评估数据类型和特征外，还得结合企业的行为，判断是否有人为故意造成数据稀缺的情况存在。

第三节　数据垄断行为的相关司法实践

2016年8月1日，占有中国网约车市场最大订单份额的滴滴出行与优步中国宣布合并，随后受到相关部门的反垄断调查并被多次约谈。当年9月，商务部表示正对滴滴优步合并案进行反垄断调查。

2018年11月15日，国家市场监督管理总局反垄断局局长吴振国表示，市场监督管理总局正在运用《中华人民共和国反垄断法》（以下简称《反垄断法》）对滴滴优步合并案进行反垄断调查，全面分析、评估该交易案对市场竞争和行业发展的影响，以及对损害消费者利益的垄断行为，这是官方对于滴滴优步合并案的最新表态。①

自2008年《反垄断法》生效至今，我国反垄断执法机构审结的2283个案件经营者集中案中没有一例是中国互联网巨头的并购案，相关并购案经过各交易方的海外VIE架构层层嵌套后，最终均未向反垄断执法机构申报，事

---

① 北大学者："滴滴优步合并案"反垄断调查的四个难点［EB/OL］.（2018-12-03）［2019-02-01］. http://www.sohu.com/a/279357936_115479.

后也并未有查处的结果发生①。

目前，涉数据垄断行为的司法实践案例不仅国内尚属少见，即使在国外司法管辖区也屈指可数。在数字经济领域的多个重要并购案中，欧盟已经考虑了数据集中问题对于行业竞争度的影响。

除了并购交易申报及反垄断执法外，与大数据应用相关的共谋和滥用市场支配地位行为也开始被广泛讨论，尤其是在《中华人民共和国电子商务法》颁布后，所涉及的“滥用市场支配地位，排除、限制竞争”的条文如何与《反垄断法》相衔接，值得探讨。

一、数据驱动的互联网企业并购申报及审查问题

（一）反垄断审查中的并购申报“规避”

中国、德国和法国的反垄断申报程序如图 2－4 和图 2－5 所示。

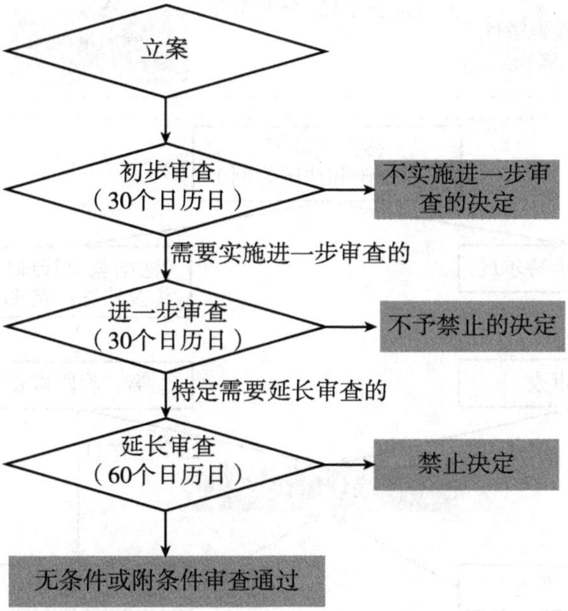

图 2－4　中国现有反垄断申报普通程序②

① 滴滴合并优步中国反垄断调查为何两年无果［EB/OL］.（2018－08－30）［2019－02－01］. https：//auto. qq. com/a/20180830/049523. htm.

② 朱永春，赖海燕，鲍抒，等．跨境交易观察之反垄断申报实操指引［EB/OL］.（2018－10－10）［2019－02－01］. http：//www. zhonglun. com/Content/2018/10－10/1057134345. html.

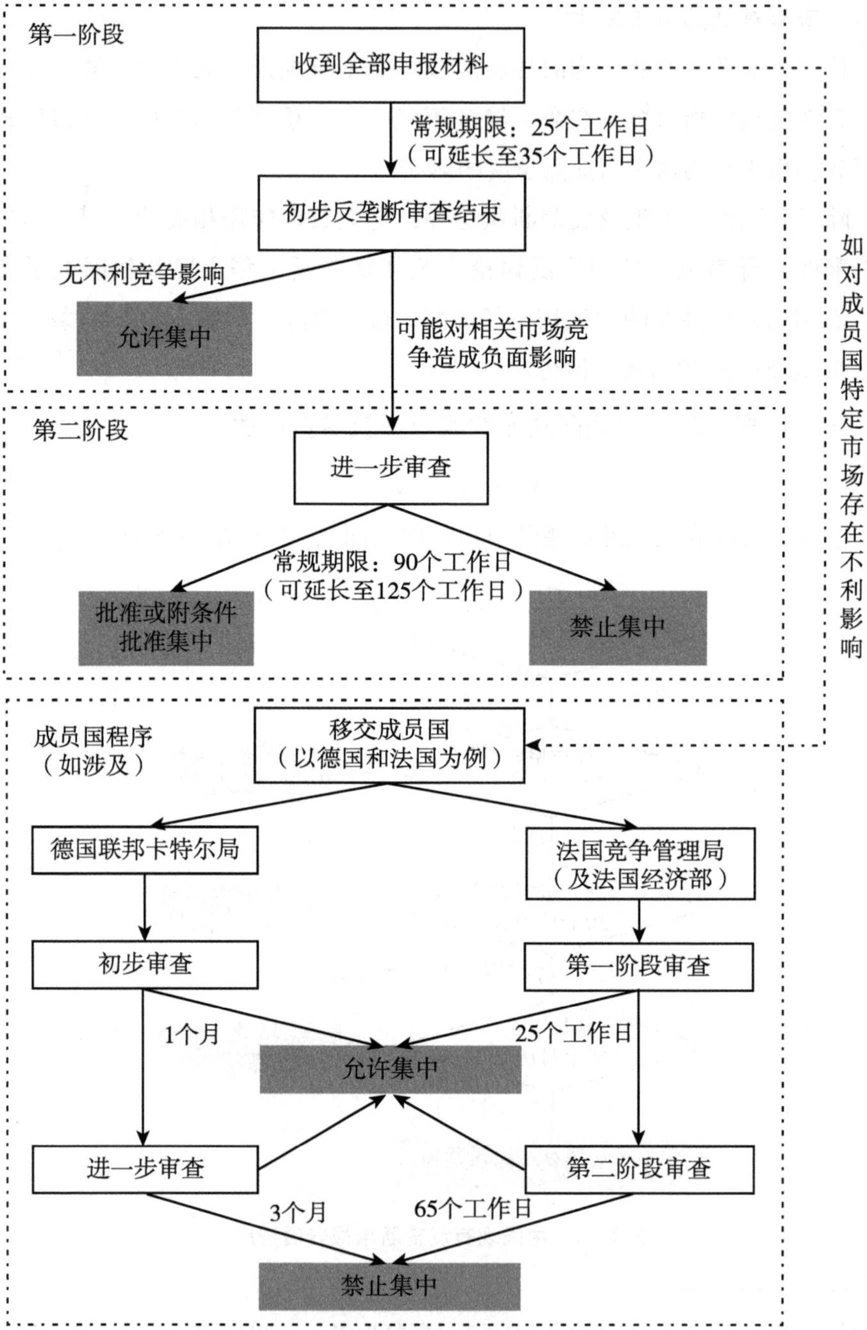

图 2－5　德国、法国两国反垄断申报程序

国内企业市场并购申报的标准为，参与集中的所有经营者上一会计年度在中国境内的营业额合计超过20亿元人民币，并且其中至少两个经营者上一会计年度在中国境内的营业额均超过4亿元人民币（《国务院关于经营者集中申报标准的规定》第3条第2款）。

2016年，滴滴收购优步后，以两家公司合并后年收入少于100亿元人民币，且优步中国在上一个会计年度也以营业额未达到申报标准为由，宣称并未触及反垄断申报门槛，因此没有申报收购案①。同时，有反垄断领域的专家称涉及VIE架构的，监管部门不对其是否应该进行经营者集中申请表态也是常态。但《反垄断法》条文本身及其配套指引中，并未存在这样的例外规定。

1. 这种申报模式是否值得商榷

从国际视角来看，多数司法管辖区通过设定申报门槛来筛选需要申报的并购交易，这些申报门槛主要也是以营业收入为标准，但仅按收入标准来认定并购交易申报会使一些行业巨头交易得以豁免。

我国反垄断立法时也注意到了此问题，在《国务院关于经营者集中申报标准的规定》第4条设置了“按照规定程序收集的事实和证据表明该经营者集中具有或者可能具有排除、限制竞争效果的，国务院反垄断执法机构应当依法进行调查”的条款。但《反垄断法》生效已10年，商务部仍未公开适用该条调查过一个未达申报标准的案件。

2. 对防御性收购的审查

数字经济时代，被收购对象通常都是初创型的企业，虽然这些创新型企业没有盈利甚至亏损（滴滴、优步或原来的快的均存在巨额补贴以换取快速占领市场），但因其已经掌握大量用户和数据或者拥有创新的商业模式或技术，因而收购方仍愿意开出高价实施并购，动机可能是为获得数据、用户或创新技术，这种收购战略可以被称为防御性收购，欧盟各成员国反垄断机构对此类并购行为一直保持着高度关注，在Facebook收购WhatsApp交易中欧

---

① 滴滴收购优步考验反垄断执法［EB/OL］．（2016－08－01）［2019－02－01］．http：//www. legaldaily. com. cn/index/content/2016－08/01/content_ 6744416. htm？ node＝20908.

盟的反垄断审查是基于“一站式”案件移送制度（Referral System）[①] 的启动，如果仅依赖“营业收入”这一申报门槛，欧盟委员会就无法审查该案。

虽然 WhatsApp 当时的营业收入规模并不大，但 Facebook 仍然愿意支付 190 亿美元的价格对其进行收购，以便获得其高达 4.5 亿的全球用户以及每日超过 100 万人的用户增速[②]，所以 Facebook 可能更看重的是对方的未来价值和商业潜力，也可能是基于消灭潜在竞争对手或封堵全球其他巨头的目的[③]。

在此类数字经济领域中的重要交易，特别是当并购方可能以获得数据为目标时[④]，要使这些交易落入申报门槛内的一个有效解决方式是修订申报门槛，如增加以并购交易价为标准的门槛，如德国在 2017 年修订的《反限制竞争法》中增设“并购交易价格”的标准，将交易价值的申报标准设定为 4 亿欧元[⑤]。这样就有可能识别出一个并购交易是否有意消灭潜在的破坏性创新者，防止各大互联网巨头以非常规性的高价收购损害具有创新能力的初创企业。

但增设“并购交易价格”的标准是否确实有助益还待考量，国内互联网

---

① 《欧共体理事会关于企业之间并购控制的第 139/2004 号条例》第 4.5 条规定，符合第 3 条所规定的一项并购，不具有第 1 条所规定的共同体规模，但应接受至少三个成员国的并购审查的，第 2 款所规定的个人或企业，在向适格主管机关申报前，可以向委员会提交附理由申请书，告知委员会该并购宜由委员会审查。委员会应毫无迟延地将该附理由申请书转送给所有成员国。任何根据成员国竞争法有权审查该并购的成员国，可以在收到该附理由申请书后的 15 个工作日内，对该案件移送申请予以反对。如果至少一个成员国根据第 3 项在收到附理由申请书后的 15 个工作日内表示反对的，该案件不得移送委员会审查。委员会应将所有该类反对意见毫无迟延地通知所有成员国以及有关个人和企业。

② 190 亿美元买下 4.5 亿用户，脸谱下血本收购 WhatsApp［EB/OL］．［2019－02－01］．http：//business. sohu. com/20140221/n395415286. shtml.

③ WhatsApp 值 190 亿美元的五个主要原因［EB/OL］．［2019－02－01］．http：//3g. forbeschina. com/review/201402/0031348. shtml.

④ Facebook 首次因数据泄密丑闻遭罚款：金额 66.4 万美元［EB/OL］．［2019－02－01］．http：//usstock. jrj. com. cn/2018/07/11222524801743. shtml. 欧盟反垄断监管者 2017 年对 Facebook 罚款 1.22 亿美元。欧盟竞争专员认为，这家社交网络公司在 2014 年收购聊天应用 WhatsApp 时针对其隐私承诺提供误导性信息。

⑤ 企业合并控制：并购交易背景下欧盟与德国反垄断申报的营业额标准［EB/OL］．［2019－02－01］．https：//blog. tsp－law. com/zh/企业合并控制% EF% BC% 9A 并购交易背景下欧盟与德国反垄断．

行业为避免反垄断申报及海外上市等筹划，多采用 VIE 架构多次嵌套，其真实的并购交易价格如何确定，可能存在潜在困难。

（二）跨界并购的数据集中效应

数据的生产要素属性越强，越可能涉及纵向垄断的问题。南都大数据研究院发布的《中国互联网行业竞争与垄断观察报告》指出主营电商的阿里巴巴、主营社交和游戏的腾讯、主营搜索的百度分别在金融、物流、影视、外卖、出行、医疗、旅游、物流、影视、音乐、文学等领域开展了广泛跨界布局，在其 40 个并购样本案例中，没有 BAT 背景参与的仅有 3 例[①]。

在纵向并购中，需要审查合并主体是否有能力和动机排除竞争对手获得参与竞争所必要的投入品，并评估这种封锁是否足以阻碍竞争。如果一个企业获得其他企业进入相关市场所需要的数据，而且该数据属于企业与合并主体开展有效竞争不可缺少的产品，则并购可能有阻碍竞争的效果。

为了保持竞争优势，企业会采取数据驱动战略限制竞争者进入数据，不与他人分享数据，从而提高新进企业的市场准入难度；同时，拥有庞大数据的企业通过数据还可以对本行业以及同行竞争者的发展态势进行分析，要么将它们兼并（Facebook 收购 WhatsApp），要么就扼杀在摇篮中以解决潜在的危险。

在微软 31 亿美元收购领英案中，欧盟审查了并购后微软有无能力和动机阻碍竞争对手获得领英的数据库，从而阻碍其他公司开发更先进的用户软件。但最终欧盟认为这桩并购不太可能使微软有能力将 Salesforce、甲骨文、SAP 这样的竞争对手排除在 CRM 市场之外。欧盟最终裁定能否访问完整的领英的数据库，不会影响到其他公司在这个市场的竞争度。

国务院反垄断委员会专家咨询组成员、中国政法大学副校长时建中认为，数据是一种资源，是一种资产，在经营集中审查时需要考虑数据资源标准，否则数据公司合并就会成为一个法外之地[②]。

---

① 南都大数据研究院反垄断课题组．南都发布《中国互联网行业竞争与垄断观察报告》［EB/OL］．（2018 - 12 - 26）［2019 - 02 - 01］．http：//news. southcn. com/nfdsb/content/2018 - 12/26/content_ 184597496. htm.

② 反垄断法实践面临数字经济的挑战：数字经济时代公平竞争与反垄断研讨会观点综述［EB/OL］．［2019 - 02 - 01］．http：//silkroad. news. cn/2019/0109/127198. shtml.

（三）数据集中降低了企业隐私保护动力

反垄断法保护市场公平竞争、预防和制止垄断行为是手段，但最终的立法目的是“维护消费者利益和社会公共利益”。

2008 年 Yahoo、Google 等几大搜索引擎公司为了吸引更多用户，曾经争相打出隐私保护牌。但时至今日，当各细分互联网市场被几大巨头瓜分完毕，在获得绝对市场支配地位后，各互联网平台企业是否还有动力或压力去保护用户隐私？这一顾虑在以数据驱动的互联网并购案中尤为突出。

大数据带来的损害涉及消费者福利减损或经济效率降低时，反垄断法是一项重要的救济手段，特别是如今对消费者隐私的保护逐渐成为企业竞争的重要方面，企业降低消费者隐私的保护实际上是竞争被弱化的结果。如果企业间的竞争激烈，企业为获得用户会重视对隐私的保护，从这个角度看，消费者隐私保护确实是企业之间非价格竞争的因素之一。

在 Facebook 收购 WhatsApp 并购案时，大批活跃用户从 WhatsApp 转投 Telegram 恰恰是因为其对 Facebook 的收购后的隐私保护存在顾虑。WhatsApp 创始人一直抵制挖掘用户数据放广告营收的诱惑，而出售给 Facebook 被该款应用的消费者视为背离初衷。后续发生的 Facebook 被欧盟反垄断机构罚款 1.1 亿欧元的事件也证实用户的顾虑并非空穴来风。

也有人提出相反的观点，主张消费者保护法和数据保护法才是解决隐私的正确选择，反垄断法应当是用来保护竞争的。而且，若将隐私视为非价格竞争的方式，在竞争评估中可能产生以下几方面的问题。

其一，至今仍无反垄断机构找到合适方式在并购交易中测量隐私降低程度。

其二，隐私保护程度对于每一个个体用户而言有不确定性，因人而异。反垄断执法机构难以确定隐私保护最优的水平或判断隐私降低的可接受程度。

其三，设定隐私保护的准入门槛，可能对市场参与者产生潜在不公平的限制进而损害竞争。

但是，反垄断法对市场力量的审查不仅仅限于对价格的影响，也应考虑包括产品质量降低、服务质量降低等非价格因素。对于消费者而言，隐私保护也是一种产品和服务质量。美国联邦贸易委员会审查 Google 收购

DoubleClick 案时，考虑了该交易对非价格竞争，如消费者隐私带来不利影响的可能性。欧盟审查微软收购领英案时，也在竞争评估中考虑了隐私问题，并指出隐私是消费者在选择职业社交网络服务时的重要考虑。①

（四）反垄断结构性救济和行为性救济应用

救济措施是反垄断经营者集中控制制度中的重要内容，也是国内外反垄断理论研究和实践发展的热门领域。在经营者集中审查时，合适的救济措施既能避免禁止集中可能产生的过度干预，又能防止无条件批准带来的干预不足，已成为各国反垄断机构执法中的常用选择。

传统反垄断理论中，通常有结构性救济和行为性救济两种措施。

结构性救济措施是指可以影响市场结构的救济方式，主要是指剥离参与集中的经营者的部分业务、部分资产，或者要求其转让部分股权。有时也将这种救济措施直接称为“资产剥离”或“剥离承诺”，通过剥离集中经营者的业务或资产出售给第三人，力图使第三人通过获得剥离资产或剥离业务后形成一个具有竞争力的新的竞争主体，可以与集中之后的经营者形成新的竞争格局，消除或减少集中后的经营者排除、限制竞争所带来的结果。

行为性救济措施是指通过限制经营者的竞争行为来达到对竞争态势的救济，通常是要求经营者集中后不得采取滥用市场优势地位或者其他破坏市场竞争秩序的行为，力图将经营者集中对竞争的不利影响限制到最小，主要有防火墙条款、公平交易条款、透明度条款及其他类型的行为性条款。

我国商务部在现行《关于经营者集中附加限制性条件的规定（试行）》中也规定了针对有条件核准的经营者集中结构性条件、行为性条件以及结构性条件 + 行为性条件的综合性条件三种审批方式。

针对数据驱动型互联网企业，实践中使用过的解决数据集中问题的结构性救济方式是一次性剥离数据库。

但是大数据的一个特质是可以存在非排他性使用，即可同时被多个主体使用，这与剥离有形财产就有所不同，复制数据并不会影响原始所有者的竞争能力。同时，考虑到数据可能需要不断更新，仅一次剥离数据库可能无法

① 韩伟，李正．反垄断法框架下的数据隐私保护［J］．中国物价，2017（7）：34－37.

使得购买数据库的企业后续参与竞争，此时可能需要伴随一些行为性救济手段，如提供定期更新的数据库等，以保证竞争的充分性和有效性。

当经营者集中案所涉数据是相关市场的基本公共品时，如在纵向合并中，结构性救济可能无法充分解决竞争问题，此时可能需要行为性救济，这种救济不必然要求剥离业务，但可能要求降低进入门槛，典型例子如许可知识产权。行为性救济直接要求企业能实施何种行为和不得实施何种行为，关涉大数据的反竞争行为的救济方式可能包括：要求停止某种行为，如终止独家条款；要求履行某种行为，如保证数据的可携性（Portability）或要求企业承诺不降低隐私保护水平等。要求企业分享数据可以作为一项救济方式，即让潜在竞争者在下游市场中克服主要的进入门槛。①

二、数据驱动企业滥用市场支配地位的行为表现

大规模、多种类的数据集中有助于提高生产效率和实现产品创新，但也可能给控制数据的企业明显的竞争优势。收集和控制大量数据的行为本身并不违法，但利用大数据提高市场进入壁垒或滥用市场支配地位排除、限制竞争则属于违法。

（一）拒绝开放数据是否构成滥用市场支配地位

在讨论拒绝开放数据的强势企业是否会构成滥用市场支配地位前，首先要解决两个问题。

1. 数据控制者是否享有数据处分权

“对于自身产品或服务中的数据享有一定的处分权，是数据控制者能够实施垄断行为的基本前提。”②

---

① 高富平，余超．欧盟数据可携权评析［J］．大数据，2016（4）：102－107．数据可携权主要包括3个方面的内容：其一，当数据控制者基于数据主体的同意或者基于合同的约定，并且以自动化的方式处理个人数据时，数据主体有权获得相关的数据副本，并有权将副本传输给其他控制者，即数据主体有权下载其个人数据，如微博用户有权下载微博收集的有关其自身的个人数据；其二，在技术条件允许的情况下，数据主体行使前述权利时，可以直接要求控制者将有关其自身的个人数据传输给另一控制者；其三，当数据处理是执行公众利益任务所必需或者是经官方授权时，不适用数据可携权，并且对于该项权利的行使，不得对他人的权利和自由产生不利影响。

② 数据垄断案件的几个焦点问题［EB/OL］．［2019－02－01］．https：//www.chinacourt.org/index.php/article/detail/2018/12/id/3598572.shtml.

从国内的既有判例看，从大众点评诉百度不正当竞争、淘宝（中国）软件有限公司诉安徽美景信息科技有限公司不正当竞争、深圳市谷米科技有限公司诉武汉元光科技有限公司等标志性不正当竞争案件中，我国法院普遍认为，相关涉案数据信息系原告公司经过长期经营积累而形成的，且普遍投入了大量的智力劳动成果、人力及物力成本所转化的“衍生类数据产品”，该类产品能为原告公司带来市场竞争优势，原告对其享有“竞争性财产权益”。

2. 该等数据是否带来市场支配地位

数据控制者因其衍生类数据产品的开发及使用，常常能及时、准确地掌握用户/消费者的基本动态，给用户进行“消费者画像”，进而实现精准营销、个性化推荐等，综合性改良自己的产品或服务，最终产生提高运营效率、增强用户黏度、提升盈利机会等积极效果，有利于数据控制者增强或巩固自身的竞争优势。

但是，大部分可替代性较强的产品或服务的运营模式、客户群体往往相类似，故属于同一相关市场的产品或服务的经营者之间一般并不存在一方独占数据、另一方难以获取同类数据的可能性。例证之一就如：当滴滴出行遭受媒体“价格歧视”质疑时，美团迅速进入了打车出行领域，并快速追赶上了滴滴的市场步伐。由此看来，数据对于数据控制者市场力量的影响是需要通过经营者持续性改善产品功能或提高服务这一环节进行的，并不必然意味着数据控制者在相关市场内可长期占据市场支配地位。

对于可替代性较弱的产品或服务而言，存在一方所获取数据为另一方进入相关市场的基本前提的情形。

领英公司目前拥有5亿用户，微软公司在2016年12月以262亿美元进行了收购。在领英网站上，用户可以自行选择注册不同等级的隐私保护体系，包括完全公开、对联系人公开、关系网公开等，如果用户选择完全公开信息，则其资料可以向领英以外的人士公开。另外，领英允许如Google在内的全网搜索引擎收录信息。

hiQ Labs（以下简称“hiQ”）作为一家为客户提供雇员评估服务的公司，主要依托于微软旗下的职业社交网站领英的公开数据，它的商业模式完全建立在对领英用户的数据分析之上，因为这家公司认为领英是职业关系网领域内的绝对支配者。hiQ 为市场提供两类产品：一是为雇主分析哪些员工存在高离职风险的“监控者服务”；二是提供个体技能拥有者信息的技能地图。从某种角度看，如果没有领英的数据，就不会有 hiQ。

2017 年 5 月，领英向 hiQ 发函，要求其停止非授权性数据抓取以及其他违反领英用户协议的行为，禁止 hiQ 继续获取领英用户的公开信息。领英同时还通过系列技术手段阻止 hiQ 的自动数据收集技术获取相关数据。领英认为，hiQ 未获授权进入领英的计算机系统抓取相关信息违反了《计算机欺诈与滥用法》（CFAA）。领英认为，hiQ 的数据收集行为威胁了领英用户的隐私。领英指出，即使那些选择公开其档案信息的用户，仍保留控制其数据的使用与可见性方面的利益。尤其是，有些用户可能具有防止雇主或他人追踪其档案变更的利益[①]。

令人意外的是，hiQ 提出动议请求法院针对领英的行为做出临时禁令（Preliminary Injunction）。2017 年 8 月 14 日，美国加利福尼亚北区联邦地区法院法官 Edward M. Chen 针对领英的行为颁布了临时禁令。

法院最终裁定的结果是：

（1）被告领英公司不得阻止 hiQ 进入、复制并使用领英网站的公开信息，亦不得采取法律或技术措施进行阻碍。若有，则必须在 24 小时内撤除。

（2）在临时禁止令期间，被告领英公司须撤回并禁止再向 hiQ 发送禁止其使用数据的法律声明。

加利福尼亚联邦法院法官指出，《谢尔曼法》禁止企业传导其垄断力量去“封锁竞争或获得竞争优势，或者摧毁竞争对手”。hiQ 提供的证据证明，领英正试图进入数据分析市场与 hiQ 展开直接竞争。此外，法院也考虑了公共利益问题，美国反垄断法基本精神存在“必要设施原则”（Essential Facilities Doctrine），该原则禁止具有垄断地位或试图垄断的企业拒绝将其控制的必要设施向其竞争对手开放。由于领英行为可能属于违反加利福尼亚《反不正当竞争法》（UCL）的反竞争行为，因此做出临时禁令有利于公共利益。

---

① hiQ v. LinkedIn 数据争议案中的竞争法问题［EB/OL］.［2019-02-01］. https://mp.weixin.qq.com/s?__biz=MzA3NTMwMTkxNA%3D%3D&idx=3&mid=2656564795&sn=1d05ed981c50d6d7be85155cd16decfb.

分析数据相关的拒绝交易行为，其中一个重要话题是数据是否属于必须投入品，是否应当适用“必要设施原则”。未来，大数据在商业策略中将扮演越来越重要的角色，采用了“深度学习”技术及商业模式后，企业进入和参与市场竞争的情况已与过去不同。对于新进入者而言，企图通过破坏性创新对现有企业施加竞争压力并非易事。当数据成为企业开展经营活动必不可少的投入品（input）时，数据是否可以适用必要设施原则强制开放值得探讨。若适用，还得证明这些大数据是无法被竞争者复制的。在 2019 年年初国内召开的“互联网平台治理与竞争政策前沿问题研讨会”上，已有学者引用 Bishop & Walker 的关键设施界定的五项原则，尝试界定数据驱动型互联网产品的基础设施性。①

综合来看，数据资源能否被视为一种必需设施得结合个案进行分析。根据欧洲法院的判例，也仅在个别案件中存在强制权利人与竞争对手分享必要设施的结论，原则上各个国家仍旧秉持具有市场支配地位的企业并无义务促进竞争对手的发展。

值得注意的是，解决数据的拒绝交易问题时，即使采取救济措施，也还是可能引发其他问题，如强制分享用户的数据可能损害用户的隐私利益。由于目前数据的权属不明，还会涉及数据的所有权争议，因而存在反垄断法与隐私保护法或不正当竞争法之间的冲突及竞合。

（二）歧视性市场措施

Google 2008 年发布文章《中文搜索：公正性是实现准确性的根本》，近期在互联网上被人挖了出来。原因就是百度在“魏则西事件”后，再次因为搜索数据库、算法的公平性问题遭受了质疑。

“搜索公正性”，按 Google 的定义，就是搜索页面最宝贵的“黄金三角区”（第一页最前面五个搜索结果），不应由广告价码来决定，而应由信息本身的质量决定。在中国还应加上两点补充，即保护用户对搜索结果信息的知情权和不滥用自身的市场地位。因为对于用户来说，“黄金三角区”相当于

---

① 互联网平台的竞争与垄断：微信、微博等新型软件平台是否构成关键基础设施？[EB/OL].[2019－03－21]. http://www.yidianzixun.com/article/0LN0Vwd1.

当年纸质媒体头版头条的地位，用户期待在这里看到最准确也是他们最需要的信息。

但是，一篇《搜索引擎百度已死》的文章揭露，当用户使用百度搜索时，百度会将搜索结果频繁引流向百度的自家产品，尤其是百家号。而百家号作为一个自媒体平台，其质量参差不齐，许多文章质量堪忧，甚至充斥着各类谣言。

在被称为国内互联网反垄断首案的“人人公司诉百度公司”案中，虽然法院最终未认定百度具有国内搜索引擎的“市场支配地位”，但人人公司拿出的《中国证券报》刊载的《百度坐拥中国搜索市场近 2/3》及百度自行发布的文章中承认其“稳稳占据 70% 以上的搜索引擎市场份额”，说明其国内搜索引擎第一的地位毋庸置疑①。

提供搜索服务的百度，已经被国内媒体冠以“国民搜索引擎”“国民应用”等头衔②，但当企业产品强大到已成“国民应用”的时候，公众即使颇有微词，也很难找到合适的替代品，“要弃用百度，最终却无奈地发现，竟然没有更好的搜索引擎可用”。如果百度事实上已经作为一种“必要设施原则”存在于民众日常生活中，则理应平等地对待互联网上所有的信息“供应商”，让他们有平等的概率在网络上被民众找到。

更需关注的是，国家网信办在“魏则西事件”后发布的《互联网信息搜索服务管理规定》第 10 条已明确要求“互联网信息搜索服务提供者应当提供客观、公正、权威的搜索结果……”第 11 条要求“醒目区分自然搜索结果与付费搜索信息……”在此意义上，我们认为国家已变相认可了网络搜索服务的“必要设施”的属性。

---

① 《中华人民共和国反垄断法》第 19 条规定，“有下列情形之一的，可以推定经营者具有市场支配地位：（一）一个经营者在相关市场的市场份额达到二分之一的……”通过“推定”来证明市场支配地位的，法院要求原告承担标准较高的举证责任。法院认为“原告应当对被告市场份额的计算或证明方式提供充足的证据支持”。而人人公司未能提供“计算方式、方法及有关基础性数据”。

② 百度搜索已死？暴露壁垒问题，专家称平台互相屏蔽已伤及用户利益［EB/OL］.［2019 - 02 - 01］. https：//rsstoutiao. oeeee. com/mp/toutiao/BAAFRD000020190124133800. html? tt_ from = weixin&tt_ group_ id = 6649862198602498567.

（三）排他/联合抵制行为

在“3Q大战”期间，腾讯曾与金山公司、百度公司、傲游天下和可牛杀毒四家与奇虎在不同相关市场上具有竞争关系的经营者通过在2010年10月27日发起《反对360不正当竞争及加强行业自律的联合声明》，禁止各自与奇虎发生任何形式的业务合作[①]。这属于《反垄断法》第13条第5款所禁止的“联合抵制”行为，除非被证明是符合消费者利益的必要措施，否则即构成“排除、限制竞争的垄断协议”受禁止。

（四）数据驱动下的捆绑/搭售

《反垄断法》第17条第5款“没有正当理由搭售商品，或者在交易时附加其他不合理的交易条件”视为“滥用市场支配地位”的行为。

《中华人民共和国电子商务法》（以下简称《电子商务法》）第19条相关条款也可视为对可能的数据搭售行为进行了限制[②]。

一个企业可以通过数据以反竞争的方式增强其在另一个市场的市场力量，这种搭售可能在某些情况下能增加效率，但也可能减少竞争，因为拥有数据资源的企业具有竞争者所没有的竞争优势，搭售可能会排挤竞争对手。在“3Q大战”期间，腾讯借助即时通信服务上的绝对优势，通过软件捆绑来推广自己的网络安全软件，可以看作搭售行为的表现，但并非“数据搭售”。

（五）数据分析下的价格歧视

《反垄断法》第17条第6款规定的“没有正当理由，对条件相同的交易相对人在交易价格等交易条件上实行差别待遇”，可视为“价格歧视”的具体表现。

消费者在线上行为痕迹和搜索历史记录，甚至是在某个图标上的悬停时间，为网络提供了大量的数据，以数据为驱动的互联网企业通过收集、分析用户的数据获得用户的消费偏好，便于评估用户对某种产品或服务的支付意愿，根据这些数据信息就可以对消费者实施价格差异策略。大数据最基本的

---

① 刘旭．奇虎诉腾讯滥用市场支配地位案中的市场支配地位认定 参考德国和欧盟经验简析广东省高级法院一审判决［J］．电子知识产权，2013（4）：30－41．

② 《中华人民共和国电子商务法》第19条规定：“电子商务经营者搭售商品或者服务，应当以显著方式提请消费者注意，不得将搭售商品或者服务作为默认同意的选项。”

功能是预测问题，而企业对用户的付费意愿进行评估就是大数据预测功能的一种。

若企业在相关产品市场中拥有市场支配地位，则能通过这种数据为不同客户群体设定不同的价格以获得超额利润。如滴滴并购优步中国时，就有人提出两家在线平台合并后可能出现一家独大的情形（根据艾瑞咨询数据，合并后的 2017 年滴滴一家独大，占超 90% 的网约车市场份额①），加上两个平台拥有大数据优势，可能实施价格歧视的行为来获得垄断利润。

越来越多的卖家已习惯于通过“追踪”（shadow）用户行为来收集行为数据。敏锐的市场参与者甚至有能力去监控客户活动，并以前所未见的速度对市场变化做出反应。同时，计算机算法可能被用于优化行为广告、个性化促销和有针对性地实施差别定价。

三、数据可能便利企业达成和实施共谋行为

（一）大数据时代的“共谋”便利

数据的收集和使用将增加整个互联网市场（包含 PC 端或移动端）更大的透明度，这种透明度对于市场功能的发挥有两方面作用。

从正面来看，消费者可能从更大的市场透明度中获益，因为可以比较不同竞品之间的价格、功能和品质，如在淘宝网或京东电商平台上，不同商家通过平台向消费者出售相同或类似商品，消费者可以对比不同商家的交易价格和交易条件。若有其他进入者掌握了较多消费者喜好方面的信息，则更大的透明度可以推动新竞争者更好地进入市场。

但从负面而言，由大量数据带来的信息特别是关于竞争对手的定价信息，可能被企业利用来降低竞争，更透明的市场可能愈加强化企业共谋的便利性，有利于共谋的达成和实施，最终可能导致同一或类似商品价格趋同，甚至出现商家供货渠道也逐渐统一的现象。

（二）大数据与算法、人工智能结合的共谋规制

人工智能的前景极大地推动了人类的想象力。可以自主学习和独立运作

① 滴滴反垄断调查两年仍无结论［EB/OL］.［2019 - 02 - 01］. http：//tech. qq. com/a/20180828/015871. htm.

的计算机的发展，也引发了一些具有挑战性的问题，甚至也与反垄断法的实施有关。复杂的计算机对当前及未来市场上的竞争力极为重要。随着人工智能的加速发展，它们可能改变竞争格局以及限制竞争的性质，这些问题需要执法当局予以应对。

（1）通过改变透明度与互动频率等结构性特征，算法可能让市场更容易出现合谋。

（2）通过为企业提供自动化工具来实施无须直接沟通的合谋协议，从而促进默示合谋替代明示合谋①。

2015 年，美国司法部（DOJ）针对一起通过 Amazon 电商平台在美国销售招贴画（poster）的价格固定计划经调查后提出了指控。据美国司法部发言人称，合谋者为实施协议，对招贴画的销售采用了特别的价格算法，协调各自的价格变动，同时编写了服务于价格算法软件的计算机代码，以便设定与协议一致的价格。“我们不会容忍反竞争行为，不管它发生在烟雾缭绕的房间里还是通过复杂的定价算法出现在互联网上。”美国司法部总检察长助理 Bill Baer 如此说道。在以数字化算法为基础的市场中，卖家不但能“追踪”（shadow）用户行为并收集行为数据，甚至卖家之间也可能建立起信息共享机制，大数据时代给共谋规制提出了新的挑战。随着数据导向的交易模式的兴起，企业逐渐开始使用那些在数据处理过程中能自主学习的计算机算法。这类算法的操作方式是，通过输入示例建立一种模型，借此做出预测或决定，而不是完全依照静态的程式指令。

反垄断法实施的主要目标是企业，法律是基于“人为性”去判定违法行为的性质。相应地，法律干预的重点是，相互勾结的企业之间是否达成了反映其一致意见的协议。在反垄断语境下，出现了“信使”类合谋、“轴辐”类合谋、“预测”类合谋、“自主”类合谋。

“信使”类合谋：在这种最初级的情形中，人类利用计算机直接执行其指令。这种利用行为可能符合共谋的传统方式。人类借助计算机实施勾结，

---

① OECD“算法与合谋”论坛摘要［EB/OL］．［2019－02－01］．http：//www.ctoutiao.com/1027031.html.

同样可能达成一项协议或协同行为。在这类合谋中，人类是卡特尔的策划者，是“主人”，计算机算法只是充当了“信使”的角色，其按照人类设置的程序去帮助实施、监督卡特尔并惩罚欺骗行为。

“轴辐”类合谋：可能导致横向合谋的情形，指的是同一种计算机算法被多家企业用于去决定市场价格或对市场变化做出反应。当这种算法被用于给多家企业提供服务时，可能会产生反竞争效果。多家企业将同一算法作为“纵向投入品”（A Vertical Input），会导致横向垄断协议产生的问题。

“预测”类合谋：作为一种更为微妙的商业策略的组成部分，每家企业独立地使用计算机算法，目的是增强市场透明度和预测他人行为。计算机算法的全行业使用却改变了市场现实，使有意识的独立行为和更高的价格成为可能。在新的市场条件下，承担着“智能体”（Agents）角色的算法，使得市场可能更容易达成默示协议，并察觉违背协议的行为，进而对偏离共同政策的行为施以一致惩罚。默示共谋的自然结果，可以归入对市场特征的理性反应。那么，这种反应是否需要反垄断法的干预？

“自主”类合谋：假定计算机的目标已被设定，比如利润最大化、市场行为优化，且计算机算法独立运作，以实现目标。算法的行为只受到有限的原则限制，主要是不得从事违法行为，如价格固定或市场分割。但是，自主学习及持续性试验是被允许的。在这类合谋中，自主学习机器发现最优策略是增强市场透明度并因此维持有意识的独立行为或促使价格上涨的可能性。重要的是，一旦默示的协调行为实施了，它并不是人类明确设计的结果，而是来自于机器的进化、自主学习和自主执行。

第四节　数据竞争相关市场的界定

根据国务院反垄断委员会2009年《关于相关市场界定的指南》的定义，“相关市场的界定”通常是对竞争行为进行分析的起点。任何竞争行为或反竞争行为均发生在一定的市场范围内。如未界定相关市场，就无法明确经营者竞争的市场范围，也就无法顺利开展禁止经营者达成垄断协议、禁止经营者滥用市场支配地位、控制具有或者可能具有排除、限制竞争效果的经营者集中等反垄断执法工作。

根据上述反垄断分析方法，如果数据没有被实际交易过，则难以为“数据交易”界定一个相关市场。如在 Facebook 收购 WhatsApp 案中，欧盟委员会就拒绝为大数据界定一个相关市场，因为当事方没有一家企业向第三方提供数据。企业大数据交易主要存在以下几个方面的问题。

（1）数据所有权尚不明晰。

（2）交易可能侵犯用户隐私。

（3）数据交易欠缺统一标准，难以定价和估值。①

在反垄断执法实践中，相关市场范围的大小主要取决于商品（地域）的可替代程度，这种界定方法的前提是存在一个向客户销售产品或服务的市场，这样客户才会对不同产品产生需求替代；但目前尚未出现单独认定数据构成一个相关市场的先例。

① 曾雄．数据垄断相关问题的反垄断法分析思路［J］．竞争政策研究，2017（6）：40－52.

第三章
大数据与跨境传输

第一节　大数据跨境传输的概述

一、大数据跨境传输的含义

大数据是随着互联网和人工智能发展而兴起的，也是互联网和人工智能快速发展的支撑，缺失大数据的互联网和人工智能将犹如鸟失去两翼，车失去两轮，无法获得多角度、深层次的发展。伴随着跨境电商的日益繁荣，大数据的作用更是凸显，大数据的跨境传输作为跨境电商的刚性需求被使用得更加频繁。对于大数据的定义在本书的第一章已做详细阐明，本章主要针对大数据的跨境传输进行论述。关于大数据跨境传输的含义，就目前而言，无论是国际上还是国内，理论界还是实务界，始终都还未有统一的说法。最早使用跨境数据传输概念的是经济合作与发展组织（OECD），将其定义为：数据跨越国境的移动。联合国跨国公司中心对跨境数据传输的界定是：跨越国界对存储在计算机中的机器可读的数据进行处理、存储和检索。[①] 我国国家互联网信息办公室于2017年4月颁布的关于《个人信息和重要数据出境安全评估办法（征求意见稿）》将数据跨境流动定义为网络运营者将中华人民共和国境内运营中收集和产生的个人信息和重要数据提供给位于境外的机构、组织和个人。李思羽认为数据跨境流动广义上可以定义为数据在国家之间的电子移动。根据数据承载内容的不同，数据可以分为个人数据、商业数据、

① 石月．数字经济环境下的跨境数据流动管理［J］．信息安全与通信保密，2015（10）：101－103.

技术数据和组织（公共）数据，相应需要法律予以调整的问题也不同。[①] 正如 Christopher Kuner 在《跨境数据流动和隐私保护法》（*Transborder Data Flows and Data Privacy Law*）一书中所言，由于互联网、云计算等新技术发展以及跨国企业商业模式的变化，对数据的传输和流动等概念的界定一直处于发展和争议之中，之前各国执法者也会结合实际案例采取较为务实的考虑。上述的定义都还只是针对数据的跨境流动做界定，非真正地站在大数据的视角上看跨境传输，对大数据跨境传输下定义。大数据跨境传输应是指个人、企业或国家产生的数字化信息的总和通过互联网或是其他电子流动的形式提供给境外的机构、组织或是个人。

二、大数据跨境传输的方式

古往今来，数据传播对政治、经济、文化的传播交流都具有极其重要的意义，而随着全球化各项合作的加强、跨国企业数量的增长及全球跨境电子商务的崛起，政府、企业均需要跨境传输的数据分别作为政府决策、消费者心理分析的依托，从而达到国家稳定富强、企业兴盛的目的。而大数据跨境传输的方式也随着科技的进步不断地发生着变化。

19 世纪之前，数据跨境传输通常为数据文字记录于实质载体后再通过轮船或车马方式运送数据载体，进而实现数据传输的目的。此种数据跨境传输方式不仅传输时间漫长，载体所能承载数据量小，载体数量大，需要耗费大量的人力、物力，而且传输过程中极有可能导致数据载体毁损，进而产生无法成功进行跨境传输数据的情况。此外，因数据传输时间漫长，极有可能导致数据传输完成后丧失时效性；另外，实质载体进行数据传输为数据的整合分析带来了一定的难度，检索、分析同样需要大量的人力参与其中，导致大量数据获取后所能创造的价值较低。

19 世纪之后到 20 世纪 90 年代，电报的发明逐步改变了数据跨境传输的方式，在一定程度上解决了数据跨境传输时间漫长的问题，但采用电报方式数据承载量小，数据传输大多精简字数后发送，造成数据获取者一旦采取错误的解读方式，可能导致数据信息传输失败，再加上我国引进上述设备时间

---

① 李思羽．数据跨境流动规制的演进与对策［J］．信息安全与通信保密，2016（1）：97－101.

相对滞后，设备分布不均，电报传输费用较高，导致数据跨境传输在此阶段仍需依靠实质载体的传输方式。

21 世纪之后，科学技术与互联网的迅速发展提供了越来越多的数据跨境传输方式，目前常见的数据跨境传输方式为光盘、硬盘及互联网等方式，互联网方式的数据跨境传输在极大程度上解决了数据传输时间漫长、人力物力消耗大、承载数据容量小及数据传输中损毁的问题，且数据检索分析更加便利，但仍存在数据被黑客窃取的可能性。

随着互联网技术的快速发展及普及，大数据跨境传输可分为主动传输和被动传输。主动传输是指互联网信息企业将收集的信息向境外的企业、组织或个人等进行传输，譬如跨境电商为了精准定向营销产品而将相关信息向境外传输；被动传输是指境外企业、组织或个人收集境内的信息内容并存储于境外服务器。无论是主动传输还是被动传输，随着互联网技术的发展，尤其在光电网络技术不断提升的基础上，网络传输速度不断提高，信息更加不易丢失，并能实现点对点、端对端的大容量传输。

第二节　大数据跨境传输的商业需求

自 20 世纪 70 年代开始，人类社会形成三大变革趋势，即政治领域保障人权的复兴、经济领域全球化的浪潮和科技领域信息网络的发展。在此过程中，数据跨境传输进入人们的研究视野。1980 年 OECD 颁布《隐私保护和个人数据跨境流动指南》（以下简称《指南》），跨境数据传输在过去 30 多年中正成为一个在经济、政治、社会领域日益重要的术语。大数据在今天已成为全球经济的主要原始资源。电子商务蓬勃发展，为世界经济增长带来了积极影响，更是促进和增长了大数据跨境传输的商业需求。

一、大数据跨境传输的应用业务场景

1. O2O 跨境电商业务的大数据跨境传输

跨境电商是指分属不同国境的交易主体，通过电商平台达成交易、进行

支付结算，并通过跨境物流送达商品、完成交易的一种国际商业活动。跨境电商是基于网络发展起来的，网络空间相对于物理空间来说是一个新空间，是一个由网址和密码组成的虚拟但存在的世界。网络空间独特的价值标准和行为模式深刻地影响着跨境电商，使其不同于传统的交易方式而呈现出自己的特点。① 随着海外业务的发展，单一的国内数据中心模式无法满足业务的需求，因此需要通过在海外建立数据中心承担业务处理工作，以保证跨国交易的有效完成。在电商业务运营过程中存在大量国内商家和海外用户、海外商家和国内用户的业务数据实时交互流动的情形。

2. 云计算业务的大数据跨境传输

云计算（Cloud Computing）是基于互联网的相关服务的增加、使用和交互模式，通常涉及通过互联网来提供动态易扩展且经常是虚拟化的资源。尽管大型云计算公司在全球主要国家建设数据中心，但是也不能确保数据中心覆盖所有用户的国家，云平台用户（企业/个人）基于自身业务需要主动进行数据存储地选择导致的数据跨境传输也是业务常态。其中跨境传输的数据内容主要包含用户个人数据以及企业运营数据。

在云计算业务中，对用户托管、存储于云平台的数据进行跨境迁移，从国际云服务商的实践来看，用户数据的存储位置和跨境迁移都由用户来指定。例如，AWS 在全球部署数据中心，以集群形式将数据中心建立在全球 11 个不同国家，把在某一国的数据中心集群称为“分区”，用户可以根据自身需要选择不同分区的云计算服务。阿里云等主流公有云基本都赋予了用户对其自身数据的所有权和控制权，阿里云计算根据用户提出的需求可以将数据在不同的数据中心进行迁移。

3. 第三方支付业务的大数据跨境传输

第三方支付（Third – Party Payment）是指由具备一定实力和信誉保障的第三方独立机构居中于买卖家之间进行收付款作业的交易方式。第三方支付机构一般是采用与各大银行签约的方式，提供与银行支付结算系统接口的交

---

① 孙爱婷，孙美莹．基于大数据技术的 O2O 跨境电商客户信息研究［J］．中国管理信息化，2016（21）：154 – 155.

易支持平台的网络支付模式。随着跨境电商业务的发展，以 PayPal、支付宝为代表的第三方支付成为跨境电子商务支付的重要手段。在跨境“第三方支付”模式中，买方选购海外卖家的商品后，使用第三方平台提供的账户进行货款支付，并由第三方通知海外卖家货款到账、要求发货；国内买方收到货物，并检验商品、进行确认后，就可以通知第三方付款给海外卖家，第三方再将款项转至海外卖家账户上。第三方支付作为目前主要的网络交易手段和信用中介，最重要的是起到了在网上商家和银行之间建立起连接，实现第三方监管和技术保障的作用。目前，第三方支付在海外支付业务的拓展也在加速。

在第三方支付业务中，出口支付主要是为海外买家购买中国商户的商品提供跨境支付手段；进口支付主要是为国内买家购买海外商户的商品提供跨境支付手段，支付业务是支持跨境交易的基础性业务，交易的跨国性必然导致支付过程中产生必要的数据跨境流动。

4. 物流平台业务的大数据跨境传输

跨境电商物流服务平台是通过整合全链路的物流状态数据，将跨境物流中的全程信息流打通，并利用大数据提升物流效率和消费者的网购体验。作为服务于用户、商户、承运商的跨境电商物流平台，通过大数据将三方之间的信息流打通是跨境电商物流平台的首要任务。因此，信息的跨境流动是开展跨境物流业务的基本需要，以确保跨境物流供应链的有效运转。

跨境物流平台合作伙伴包括国内物流与海外物流，因此进出口业务中物流相关的发货、收货的商户和用户的信息，以及涉及商品的信息和物流状态信息都会需要由跨境物流平台作为信息中转方，与国内、海外的物流合作伙伴进行数据的跨境传输。由于进口业务和出口业务的差别，卖家和用户的信息在出境和入境的流向上会存在区别：出口业务中商户信息会跨境传输到海外合作伙伴数据中心，进口业务中用户的姓名等信息会传输到海外合作伙伴数据中心，且根据各国海关要求的差别，用户个人数据在提供时也存在数据范围的差异。无论是进口业务还是出口业务，商品信息和物流状态信息都将通过物流系统发送给国内外的物流合作伙伴，都会存在跨境传输的情况。目前有些跨境物流平台还未建立海外数据中心，所有业务数据都存储在国内数据中心。但是，由于跨境物流中会有合作伙伴——物流承运商的介入，以及物流业务的性质，所以相关物流数据也会存储到合作伙伴的数据中心。

5. 广告精准投放业务的大数据跨境传输

网络号（NSID）精准广告投放系统可以根据广告主和广告内容，在网络号系统平台上选择特定的目标用户和区域，采用文字、图片或视频三种形式精准地将广告投放到用户网络号的首页、后台或即时视频的显示窗，不受人数、时间和区域的限制。精准广告投放系统作为辅助O2O跨境电商业务的必要工具，随着O2O跨境电商规模的不断扩大，数据分析的结果也越来越准确可靠，采取这种广告精准投放方式，可以为O2O跨境电商平台带来可观的利益。客户在获取广告信息后，再到跨境电商O2O体验店进行体验，觉得满意再下单购买，这样一种模式，减少了退货率，也激发了消费者的购买欲，实现了线上线下的完美结合。但是要达到精准广告投放的效果，其关键还在于大量的用户数据信息，比如说用户画像、用户网络浏览习惯、用户的互联网交易记录等数据。因此，当网络精准广告投放系统辅助跨境电商业务进行实际使用时，就需要大数据的跨境传输，有将国内大数据传往境外的需要，也有将境外大数据传往境内的需要，属于两者交互传输需求。

二、大数据跨境的必要性

（1）业务模式决定。O2O跨境电商业、云计算、第三方支付、物流平台、广告精准投放业务出口支付若是涉及为海外买家购买中国商户的商品提供跨境服务，那么交易的跨国性必然导致支付过程中产生必要的数据跨境流动。

（2）集中运维的需要。跨境企业的国内数据中心会同时将存储的国内数据与海外用户的业务数据交互，或者是将国内的数据向境外组织、机构或是个人进行数据交易，即所有海外用户的业务数据均会入境存储到国内数据中心或是境内收集的数据被存储到境外，然后进行统一运维。跨境业务的业务分析运营和系统运营工作由国内员工处理，因此原始运营数据（如业务系统日志）均入境存储到国内的数据中心。运维需要企业运营数据、技术运维数据等进行跨境传输。如阿里云的数据中心部署在国内，云服务商在经营活动中需要将企业海外数据中心的运营数据、运维数据传输回国内。伴随业务发展，云服务商会有在海外部署运维中心来支撑海外数据中心的云产品的可能，届时也会存在国内运维中心和海外运维中心之间的数据流动可能。

（3）提升用户体验的需要。海外用户带来了更佳的实时业务体验。在海外多中心的部署模式下，业务数据全量存储在海外数据中心，这也意味着国内用户的业务交互数据会出境存储在海外数据中心。对用户托管、存储于云平台的数据进行跨境迁移，从国际云服务商的实践来看，用户数据的存储位置和跨境迁移都由用户来指定。例如，AWS 在全球部署数据中心，以集群形式将数据中心建立在全球 11 个不同国家，把在某一国的数据中心集群称为“分区”，用户可以根据自身需要选择不同分区的云计算服务。阿里云等主流公有云基本都赋予了用户对其自身数据的所有权和控制权，阿里云计算根据用户提出的需求可以将数据在不同的数据中心进行迁移。基于收集的信息对用户的偏好、习惯、位置作特征分析和用户画像，以便展示、推送更适合用户的定制化信息、商品、服务，或进行安全保障和风险防范，如通过某种平台展现或推荐相关程度更高（而非普遍推送）的搜索结果、信息流或者广告/推广信息结果。

（4）创新服务需要。无论是 O2O 跨境电商业、云计算、第三方支付、物流平台还是广告精准投放业务，一旦跨境且想要获得更为高效的运营，都需要基于全量实时业务数据，借助于有效的商业决策模型迅速制订适用于海外国家/地区的商业计划，极大地促进本行业的发展，满足自己的商业需求。随着跨境交易频繁的展开，在反洗钱、反恐怖主义融资、反欺诈等领域的风控业务成为各类跨境业务的创新领域，风控业务需要不同国家和地区展开协作，因此需要进行数据的跨境交换。

总体来看，O2O 跨境电商业、云计算、第三方支付、物流平台以及广告精准投放业务都有着直接或间接的刚性业务驱动进行跨境数据流动，全球主要的公有云服务商基本是在当地开展服务，但是基于用户自主选择和平台运营需要，云服务平台的跨境数据流动也不可避免。

第三节 大数据跨境传输的限制

互联网技术、云计算技术的快速发展，让海量数据的处理成为可能，也让数据中所蕴含的巨大价值得以被发掘，数据已经成为企业最重要的资产。[①]控制与处理信息的能力随之成为最基础的力量之一，为了获得更多、更高质量的信息，数据的交易、共享成了越来越常见的选择。而基于互联网跨境连接以及数据可无损耗复制的特点，数据的交易、共享通常会跨越国界。大数据、云计算、互联网等科技手段的广泛应用，使得数据处理和传输愈加便捷，但也增加了监控和管理的难度。数据可能在 A 地收集、B 地处理、C 地存储、D 地使用，跨境因素的介入使得数据保护问题变得更加错综复杂。一些大型跨国企业的服务外包业务（特别是外包机构位于数据保护水平较差地区）使得数据安全问题愈加严峻。而作为执法部门的数据监管机构却因为涉及境外数据控制者或处理者，其调查及制裁程序难以开展及执行。如何在大数据、云计算等新技术背景下促进数据的跨境流动并确保顺利、安全、有效地传输，协调各国数据保护法制的差异性，是一个亟待解决的现实困境。[②]

一、大数据跨境传输的数据主权困境

对于数据主权如何定义，尚未有法律定义，理论界对其更是莫衷一是。如何保障一个国家的数据主权仍然是一个存有争议的问题。有学者将其定义为：数据主权主要是指主权国家在网络数据领域的自主权和独立权[③]；还有的学者将数据主权定义为：数据主权是特定国家的最高权力在本国数据领域的外化，其以独立性、自主性和排他性为根本特征，现阶段数据主权的核心逻辑是在网络空间和数据领域延伸、拓展传统国家主权理念的各项基本价值

① 史宇航．主权的网络边界：以规制数据跨境传输的视角［J］．情报杂志，2018（9）：160.
② 张继红．个人数据跨境传输限制及其解决方案［J］．东方法学，2018（6）：37－38.
③ 杨泽伟．国际法析论［M］．北京：中国人民大学出版社，2003：166.

追求，进而确保国家对本国数据享有独立自主开发、占有、管理和处置的最高权力。[①] 本书认为，数据主权应是国家主权在网络空间的体现和延伸，应当类比国家主权理论，然后与时俱进，赋予其具有时代性和历史性的定义。数据主权应是一国在网络信息领域具有的对本国数据的产生、存储、流动、共享的管理、控制、保护的最高权力和独立自主行使权力以参与国际信息活动，表现为数据控制权、信息管辖权、信息共享权。

（一）数据控制权

数据资源被誉为当今世界的石油和黄金，谁拥有数据资源，谁就可以在新一轮的资源争夺中占得先机。数据控制权是维护国家数据主权的基础，也是国家数据主权的核心。自数据主权这一概念被提出以来，来自数据强国和技术强国的“数据无主权”“数据自由”的声音就此起彼伏。数据强国虽然鼓吹数据自由理论，但是其中的大多数国家也在本国国内建立了严格的数据审查制度，对哪些数据可以自由流动、哪些数据受到严格的管制，甚至是管制的等级都是有明确的标准的，所以其支持的自由理论是出于国家利益的需要在数据领域建立的双重标准，是不符合大多数国家利益的。国家如果不能独立自主地在数据领域掌握对数据的控制权，将是对国家主权的弱化。但问题是，在当今时代，国家主权有时候都难以保障，那么对于一个新兴的事物，其数据主权如何去保障？这至今依然是个难题，有些国家甚至为了保障自己对本国产生的数据进行有效的控制，会禁止本国大数据向境外传输或是经政府审批才能向境外传输，这就给大数据跨境传输造成重大的困境。

（二）信息管辖权

大数据带来的不同于以往的信息存储和传递方式，使得因跨境的信息流动而产生的权责关系复杂化。因为只要有网络接入就会时时刻刻产生数据，普通的用户端已不能满足大量数据存储的需要，数据的存储必须借助云服务，这就使提供云服务的提供商也介入了数据关系。数据的产生者（包括个人、

---

① 吴沈括．数据跨境流动与数据主权研究［J］．新疆师范大学学报（哲学社会科学版），2016（5）：112.

企业及组织和政府)、云服务商和政府间权利义务关系不明确，而且我国信息产业起步晚、技术不完善，大部分云服务提供商是外国企业且云服务设备在国外，同时基于网络没有物理边界的特性，导致不同国家在行使信息主权管辖权力时会出现冲突。

(三) 信息共享权

数据的生命在于流动，独占信息资源并不能使之发挥应有的价值。互联网的发展为人类社会创造了共同财富，任何一个实体主权国家都不可能对其享有独立所有权。① 因为网络具有即时性的特点，在同一时间、不同地点的网民共享信息已是常态，想要对流动、无形的信息进行排他性的占有是不可能实现的。在共享信息时应做好以下基本的几点：一是要根据信息的内容和性质做好分类，设定好等级，据此作为信息共享和流动范围的参照；二是要在信息共享时抵御文化侵略、信息侵略，保持自己文化的独立性和社会意识的完整性；三是要积极参与规则制定，维护国家在国际层面对信息主权的话语权。共享的前提是控制，若不能控制，任凭数据随意传播，最终也许会导致信息主权的丧失。

二、大数据跨境传输的安全风险

大数据的生命在于流动、在于传输，但是数据一旦进行跨境传输，势必将大数据置于一个不安全且不稳定的状态，带来隐私泄露、黑客攻击、数据被截取的巨大风险。

(一) 隐私泄露的风险大幅度提升

在大数据时代，大数据的来源变得越来越丰富，数据的开放性极强，管理员的管理工作无法真正发挥作用。当大量的数据高度集中在一起时，用户隐私信息泄露的风险就会增加许多，一旦被犯罪分子获得，甚至会影响到用户的人身安全。尤其是将大数据进行跨国传输，用户隐私泄露的风险更是大幅度提升，因为跨境传输的数据经济价值高，这将使得个人隐私面临国际性范围的泄露。但对于隐私信息的保护，我国目前还未做出明确的规定，因此，

---

① 杜志朝，南玉霞. 网络主权与国家主权的关系探析 [J]. 西南石油大学学报（社会科学版），2014 (6)：79-80.

对于隐私数据的所有权和使用权还没有形成明确的界定；在对一些大数据进行分析时，并未充分地重视个人隐私的问题。

（二）黑客攻击意图更加明显

黑客是随着互联网的发展而产生的，当计算机和网络受到黑客的攻击时，会受到比较严重的影响，对信息安全的威胁也比较大[①]。在大数据时代，数据量大增，而且数据获取的方式变得更加广泛，数据非常复杂，这样一来，大数据就很可能存在一定的漏洞，给黑客的攻击提供了便利条件。在数据量大增的发展趋势下，更多的黑客将目光聚集在数据中的漏洞，黑客的攻击一旦成功，他们就会获得大量的数据信息，这些数据信息有可能给黑客带来可观的经济收益，越来越多的黑客因此热衷于攻击数据信息，严重地影响了信息的安全。

（三）对安全防护措施的影响

在大数据时代，存储数据采用的方式为集中存储，在存储过程中会出现混淆的现象。比如有些数据为企业的生产数据，但是在选择存储位置时，需要选择经营数据存储位置，这在一定程度上使得企业的信息安全受到影响[②]。对于数据安全，企业都会采取相应的防护措施。但由于存储方式的改变，大数据进行跨境传输，使得原有的安全防护措施受到了一定的影响，进而导致安全防护的作用受到很大程度的限制。而安全防护措施之所以会受到影响，主要是因为数据量的非线性增长速度过快，安全防护的更新升级速度无法跟上其脚步，最终导致大量的安全漏洞出现，影响了信息安全。

三、数据本地化

针对跨境数据传输问题，为了实现对本国公民个人数据的保护，很多国家及地区都在某种程度上追求数据收集、存储和利用本地化，限制或禁止数据的跨境流动。这里，数据跨境传输的限制形式有所差异，有些要求数据输入地区达到“充分保护”标准，有些则对受益方施加特定要求，如履行合同

① 陈钟．云计算、大数据时代网络与信息安全的新视角、新挑战［J］．保密科学技术，2014（5）：4－9.

② 冯伟．大数据时代面临的信息安全机遇和挑战［J］．中国科技投资，2012（34）：49－53.

义务、取得同意或附加其他条件等[①]。数据本地化（data localization）存储与数据跨境流动相对，指的是一国政府制定政策或规则，限制数据流出国境。[②]在我国现行法律体系中，数据本地化存储要求并非没有先例。我国于2016年11月颁布的《网络安全法》[③]因其“网络空间基本法”的地位，对数据本地化做出了一般性规定，在颁布之初，由于我国以正式的法律确定了数据本地化的规则，而受到国内外各界的广泛关注。但是，在互联网时代，数据天然地跨国界流动，数据因传输而获得价值，数据流能引领技术流、资金流、人才流，已经成为基本共识[④]，数据本地化存储要求似乎与之背道而驰。反对数据本地化的人不仅将其看成贸易壁垒，甚至上升到破坏互联网全球互联互通的特性，进而推翻现有世界秩序的高度。但实际上除中国外，国际上还有不少国家都或多或少地做出了数据本地化的要求。数据本地化一定是实现了什么价值，否则为何采取本地化措施的既有发达国家，也有发展中国家，且地域上遍布各大洲？如果数据本地化确实起到了某些作用，又应该如何确保其不矫枉过正？换言之，数据本地化存储的合理界限在哪里？这也是当前大数据跨境传输的一大难解之困境。

第四节　大数据跨境传输的国内立法现状

相较欧美等国，虽然我国网络技术起步晚，但由于我国网络技术发展迅速，由此产生的问题并不比欧美等国少。近些年来，我国立法机关针对大数据跨境传输的问题逐渐完善相关的规定，争取早日解决因大数据跨境

① 张继红．个人数据跨境传输限制及其解决方案［J］．东方法学，2018（6）：38.

② CHANDER A，UYÊN P L. Data nationalism［J］. Emory Law Journal，2015（64）：677－739.

③《中华人民共和国网络安全法》第37条规定：“关键信息基础设施的运营者在中华人民共和国境内运营中收集和产生的个人信息和重要数据应当在境内存储。因业务需要，确需向境外提供的，应当按照国家网信部门会同国务院有关部门制定的办法进行安全评估；法律、行政法规另有规定的，依照其规定。”

④ 习近平．把我国从网络大国建设成为网络强国［EB/OL］．［2019－02－01］．http：//www.cac.gov.cn/2014－04/24/c_126430399.htm.

传输产生的问题，本节主要内容是我国大数据跨境传输立法现状的总结和介绍。

一、《网络安全法》

《网络安全法》第 37 条规定："关键信息基础设施的运营者在中华人民共和国境内运营中收集和产生的个人信息和重要数据应当在境内存储。因业务需要，确需向境外提供的，应当按照国家网信部门会同国务院有关部门制定的办法进行安全评估；法律、行政法规另有规定的，依照其规定。"从此条款中可知，目前我国针对跨境数据传输的限制集中在关键信息基础设施的领域，原则上针对此类数据信息要求数据本地化，确需向境外传输时，信息必须进行安全评估，评估合格后方能进行境外传输。

但是，一是因立法者虽概括列举了关键信息基础设施的类别，但未对关键信息基础设施的具体范围进行界定，而将具体范围的界定权力给到国务院且国务院亦尚未出台正式文件对关键信息基础设施的范围予以说明，导致凡是涉及大数据传输服务的网络运营者都可能被列入规制范围之内；二是《网络安全法》中保护的数据以个人信息和国家秘密保护为主，然而大数据的跨境传输的客体已不仅仅是一个单纯的数据集，而是容纳了大量数据集的数据集合体，因其体量巨大的特征导致难免其中的数据会被《网络安全法》中规定的关键信息基础设施的内容所包含，致使网络运营者不得不耗费一定的人力、物力对数据内容进行评估；三是《网络安全法》中规定传输的数据需要评估，但安全评估的具体实施办法却迟迟未出台，虽然国家互联网办公室于 2017 年发布了《个人信息和重要数据出境安全评估办法（征求意见稿）》，但至今仍未出台正式的实施办法，导致网络运营者或消极地应对跨境传输的数据，无视《网络安全法》的规定，对跨境传输的数据不予评估，抱着"法无禁止即自由"的心态传输数据，或仅针对目前刑事犯罪领域明确规制的数据信息进行评估，对其他类型的数据信息不予评估，或过于谨慎，对所有的跨境传输数据均进行评估，结果造成网络运营成本大幅提高。

二、两个指南、一个条例及一个办法

《信息安全技术　公共及商用服务信息系统个人信息保护指南》（GB/Z

28828—2012）（以下简称《保护指南》）作为互联网的部门工作文件已于2013年2月开始生效实施，而《信息安全技术　数据出境安全评估指南》（以下简称《评估指南》）、《关键信息基础设施安全保护条例》（以下简称《保护条例》）以及《个人信息和重要数据出境安全评估办法》（以下简称《评估办法》）虽然目前均在修改阶段，但对大数据跨境传输的网络运营者具有极大的参考意义。

《保护指南》的文件内容主要是针对个人信息数据进行保护，结合其中第5.2.2条①、第5.2.7条②、第5.4.5条③的规定分析可知，针对涵盖个人信息的大数据跨境传输，提高了网络运营者的责任，一方面需要网络运营者针对个人信息的主体进一步分类（第5.2.7条着重强调无行为能力人或未满16周岁的未成年人等限制行为能力人的个人数据信息的特殊保护——不能直接向其取得个人数据信息且需要取得法定监护人的明示同意），另一方面要求网络运营者在传输前不仅需要明确告知个人信息主体转移的目的以及接受个人信息获得者的名称、地址、联系方式等信息，而且还要取得个人信息主体的明示同意。

《评估指南》草案对数据出境的评估流程、评估要点以及对收发数据双方的技术和管理能力做了详细的规定，其中第4.2条④规定网络运营者在大数据跨境传输前必须先制订数据出境计划，在此之后进行数据出境计划的双重审核，一是审核数据出境计划的合法性和正当性，二是审核评估数据出境

---

① 《信息安全技术　公共及商用服务信息系统个人信息保护指南》第5.2.2条规定：“……（i）如需将个人信息转移或委托于其他组织和机构，要向个人信息主体明确告知包括但不限于以下信息：转移或委托的目的、转移或委托个人信息的具体内容和使用范围、接受委托的个人信息获得者的名称、地址、联系方式等。”

② 《信息安全技术　公共及商用服务信息系统个人信息保护指南》第5.2.7条规定：“不直接向未满16周岁的未成年人等限制民事行为能力或无行为能力人收集个人敏感信息，确需收集其个人敏感信息的，要征得其法定监护人的明示同意。”

③ 《信息安全技术　公共及商用服务信息系统个人信息保护指南》第5.4.5条规定：“未经个人信息主体的明示同意，或法律法规明确规定，或未经主管部门同意，个人信息管理者不得将个人信息转移给境外个人信息获得者，包括位于境外的个人或境外注册的组织和机构。”

④ 《信息安全技术　数据出境安全评估指南》第4.2条规定：“制定数据出境计划　网络运营者应首先制定数据出境计划，计划的内容包括但不限于：a）数据出境目的、范围、类型、规模；b）涉及的信息系统；c）中转国家和地区（如存在）；d）数据接收方及其所在的国家或地区的基本情况；e）安全控制措施等。”

计划是否风险可控（见图3－1和图3－2）。其中第5条的各项规定分别详细介绍了数据出境需要审查评估的范围及要点，其一要求评估个人信息的数据进行跨境传输前需要对个人数据的信息类别、敏感度、信息数量、脱敏处理以及个人信息传输范围是否符合最小化原则；其二对于重要数据跨境传输前需要对数据进行类型评估、传输内容的脱敏处理；其三需要审查评估境内网络运营者所具备的技术与管理能力；其四审查评估跨境数据接收方的安全保护能力；其五审查评估接收方所在地域的政治法律环境等内容。《评估指南》的附录A针对各行业划分认定重要数据的范围，附录B介绍了个人信息和重要数据跨境传输的安全风险评估方法。

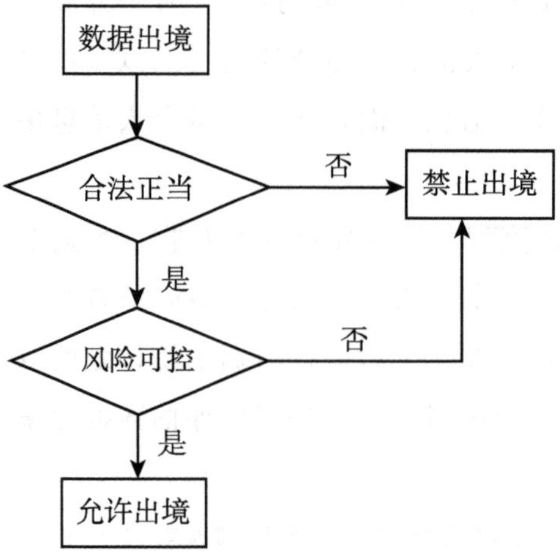

图3－1　数据出境安全评估原理

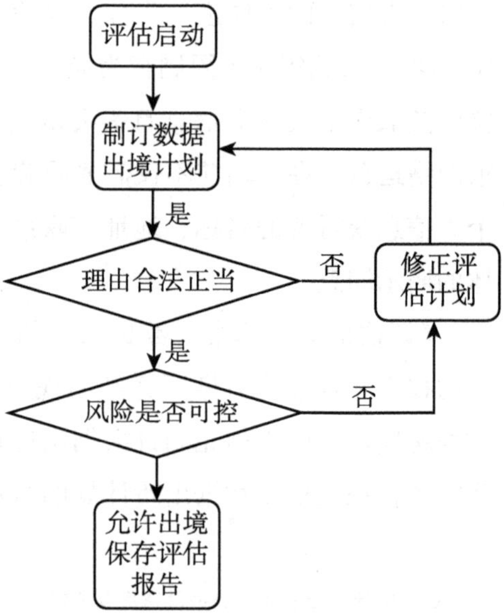

图3－2　数据出境计划评估流程

《保护条例》的征求意见稿中第18条[①]不完全列举了关键信息基础设施的范围，其中第1款第2项明确将提供大数据的单位范围纳入其中，因此一

① 《关键信息基础设施安全保护条例》第18条规定："下列单位运行、管理的网络设施和信息系统，一旦遭到破坏、丧失功能或者数据泄露，可能严重危害国家安全、国计民生、公共利益的，应当纳入关键信息基础设施保护范围：（一）政府机关和能源、金融、交通、水利、卫生医疗、教育、社保、环境保护、公用事业等行业领域的单位；（二）电信网、广播电视网、互联网等信息网络，以及提供云计算、大数据和其他大型公共信息网络服务的单位；（三）国防科工、大型装备、化工、食品药品等行业领域科研生产单位；（四）广播电台、电视台、通讯社等新闻单位；（五）其他重点单位。"

旦《保护条例》正式施行，从事大数据传输服务的网络运营者必将经历翻天覆地的变化。

《评估办法》的征求意见稿相较《保护指南》，除对个人信息数据跨境传输予以保护外，还增加了对数据跨境传输的安全评估内容及需要报请行业主管或监管部门组织安全评估情况的不完全列举。其中第7条强调网络运营者在数据出境前应先自行评估并对此结果承担责任①；第8条主要介绍了数据跨境传输的主要评估内容②，即对出境目的、个人信息数据、重要数据、接收方情况、出境过程中及出境后可能出现的风险以及可能给国家、社会和个人合法利益带来的风险等内容进行重点评估；第9条需要报请行业主管或监管部门组织进行安全评估的情况③中，其中第1款第2项中数据量超过1000GB的规定在很大程度上会影响到大数据的跨境传输，因为大数据的数据量很容易突破此限制，导致大数据必须经过多次拆分、评估后方能进行跨境传输；第11条不完全列举出数据不得出境的情况④，总体来看禁止出境的情况集中于数据出境是否取得个人信息主体的同意或者数据出境是否会对国家利益、社会公共利益或个人利益带来风险或者侵害。

---

① 《个人信息和重要数据出境安全评估办法》第7条规定："网络运营者应在数据出境前，自行组织对数据出境进行安全评估，并对评估结果负责。"

② 《个人信息和重要数据出境安全评估办法》第8条规定："数据出境安全评估应重点评估以下内容：（一）数据出境的必要性；（二）涉及个人信息情况，包括个人信息的数量、范围、类型、敏感程度，以及个人信息主体是否同意其个人信息出境等；（三）涉及重要数据情况，包括重要数据的数量、范围、类型及其敏感程度等；（四）数据接收方的安全保护措施、能力和水平，以及所在国家和地区的网络安全环境等；（五）数据出境及再转移后被泄露、毁损、篡改、滥用等风险；（六）数据出境及出境数据汇聚可能对国家安全、社会公共利益、个人合法利益带来的风险；（七）其他需要评估的重要事项。"

③ 《个人信息和重要数据出境安全评估办法》第9条规定："出境数据存在以下情况之一的，网络运营者应报请行业主管或监管部门组织安全评估：（一）含有或累计含有50万人以上的个人信息；（二）数据量超过1000GB；（三）包含核设施、化学生物、国防军工、人口健康等领域数据，大型工程活动、海洋环境以及敏感地理信息数据等；（四）包含关键信息基础设施的系统漏洞、安全防护等网络安全信息；（五）关键信息基础设施运营者向境外提供个人信息和重要数据；（六）其他可能影响国家安全和社会公共利益，行业主管或监管部门认为应该评估。行业主管或监管部门不明确的，由国家网信部门组织评估。"

④ 《个人信息和重要数据出境安全评估办法》第11条规定："存在以下情况之一的，数据不得出境：（一）个人信息出境未经个人信息主体同意，或可能侵害个人利益；（二）数据出境给国家政治、经济、科技、国防等安全带来风险，可能影响国家安全、损害社会公共利益；（三）其他经国家网信部门、公安部门、安全部门等有关部门认定不能出境的。"

两个指南、一个条例及一个办法虽然不完全列举了关键信息基础设施的认定范围，但在一定程度上明确指出《网络安全法》中的具体实施范围，网络运营者也可参照标准来为自身定性，且在评估流程上进行细化说明，包括在评估流程上设置审核标准以及补救办法等，方便网络运营者及时调整数据传输的内容。虽然除《保护指南》外，其他文件截至目前尚未生效，但其对网络运营者跨境数据传输的业务具有极高的参考价值。

三、其他相关立法及行业规定

鉴于大数据所涵盖的信息可能涉及国家秘密、商业秘密及公民隐私信息，一部法律无法处理大数据跨境传输过程中所造成的所有法律问题。因此，在我国其他法律和行业规定中，也设有相关的法律规定及行业规则等。

（一）法律法规的相关规定

根据《中华人民共和国宪法》（以下简称《宪法》）第53条[①]的规定，我国要求每位公民需承担保守国家秘密的责任；根据《中华人民共和国保守国家秘密法》（以下简称《保守国家秘密法》）第26条[②]、第28条[③]的规定可知，我国禁止含有国家秘密的数据跨境传输，网络运营者发现其传输的数据中涉及泄露国家秘密时，应立即停止传输，保留相关记录并向公安、国安或保密行政部门报告；根据《互联网信息服务管理办法》第17条[④]的规定可知，国家对经营性互联网信息行业提出更高标准的要求，不论是互联网服务的提供者申请境内外上市，还是将要涉及外商投资，不仅需要满足国家对外

---

① 《中华人民共和国宪法》第53条规定："中华人民共和国公民必须遵守宪法和法律，保守国家秘密，爱护公共财产，遵守劳动纪律，遵守公共秩序，尊重社会公德。"

② 《中华人民共和国保守国家秘密法》第26条规定："禁止非法复制、记录、存储国家秘密。禁止在互联网及其他公共信息网络或者未采取保密措施的有线和无线通信中传递国家秘密。禁止在私人交往和通信中涉及国家秘密。"

③ 《中华人民共和国保守国家秘密法》第28条规定："互联网及其他公共信息网络运营商、服务商应当配合公安机关、国家安全机关、检察机关对泄密案件进行调查；发现利用互联网及其他公共信息网络发布的信息涉及泄露国家秘密的，应当立即停止传输，保存有关记录，向公安机关、国家安全机关或者保密行政管理部门报告；应当根据公安机关、国家安全机关或者保密行政管理部门的要求，删除涉及泄露国家秘密的信息。"

④ 《互联网信息服务管理办法》第17条规定："经营性互联网信息服务提供者申请在境内境外上市或者同外商合资、合作，应当事先经国务院信息产业主管部门审查同意；其中，外商投资的比例应当符合有关法律、行政法规的规定。"

商投资比例的规定，而且还需获得国务院信息产业主管部门的审查同意；根据《中华人民共和国反恐怖主义法》第19条[①]的规定可知，国家要求互联网信息服务者不仅对传输数据的安全性负责，还要求其对可能含有的恐怖信息、极端主义等内容进行及时拦截、删除，并向有关部门报告。

（二）行业领域的相关规定

《征信业管理条例》第20条[②]要求信息的使用者应当与个人信息主体约定信息用途，且只能在约定的用途内使用信息，另外，当信息提供给第三方机构时需得到信息主体的同意。实践中的具体体现为信息主体本人在办理贷款等相关业务时，银行等机构会先取得客户本人授权后才能提取客户相关个人信息；《银行业金融机构数据治理指引》第24条[③]要求银行业金融机构须对数据划分安全等级，设置访问及拷贝权限，牵涉个人信息时需要符合国家标准；《人口健康信息管理办法（试行）》第10条[④]规定人口健康信息不能在境外服务器存储且不能托管、租赁境外服务器，此条是《网络安全法》中数据本地化的具体体现；《电子病历应用管理规范（试行）》第8条[⑤]表明虽然电子病历等数据允许共享，但是必须满足保障信息安全的前提；《人类遗传

① 《中华人民共和国反恐怖主义法》第19条规定："电信业务经营者、互联网服务提供者应当依照法律、行政法规规定，落实网络安全、信息内容监督制度和安全技术防范措施，防止含有恐怖主义、极端主义内容的信息传播；发现含有恐怖主义、极端主义内容的信息的，应当立即停止传输，保存相关记录，删除相关信息，并向公安机关或者有关部门报告。网信、电信、公安、国家安全等主管部门对含有恐怖主义、极端主义内容的信息，应当按照职责分工，及时责令有关单位停止传输、删除相关信息，或者关闭相关网站、关停相关服务。有关单位应当立即执行，并保存相关记录，协助进行调查。对互联网上跨境传输的含有恐怖主义、极端主义内容的信息，电信主管部门应当采取技术措施，阻断传播。"

② 《征信业管理条例》第20条规定："信息使用者应当按照与个人信息主体约定的用途使用个人信息，不得用作约定以外的用途，不得未经个人信息主体同意向第三方提供。"

③ 《银行业金融机构数据治理指引》第24条规定："银行业金融机构应当建立数据安全策略与标准，依法合规采集、应用数据，依法保护客户隐私，划分数据安全等级，明确访问和拷贝等权限，监控访问和拷贝等行为，完善数据安全技术，定期审计数据安全。银行业金融机构采集、应用数据涉及到个人信息的，应遵循国家个人信息保护法律法规要求，符合与个人信息安全相关的国家标准。"

④ 《人口健康信息管理办法（试行）》第10条规定："责任单位应当结合服务和管理工作需要，及时更新与维护人口健康信息，确保信息处于最新、连续、有效状态。不得将人口健康信息在境外的服务器中存储，不得托管、租赁在境外的服务器。"

⑤ 《电子病历应用管理规范（试行）》第8条规定："电子病历使用的术语、编码、模板和数据应当符合相关行业标准和规范的要求，在保障信息安全的前提下，促进电子病历信息有效共享。"

资源管理暂行办法》第 4 条[①]、第 14 条[②]、第 16 条[③]明确国家对重要遗传信息的重视，对于相关信息的出口必须经过有关部门的许可，经报批通过后方能进行数据出境，且以实质载体形式传递时，还需如实向海关进行申报。

第五节　其他法域对大数据跨境传输的法律规制及其评价

一、欧盟《通用数据保护条例》

欧盟于 2018 年 5 月 25 日出台了《通用数据保护条例》，意在提升数据流动的安全性，扩大监管数据处理者的范围，加强对数据主体的权利保护。

《通用数据保护条例》第 5 条[④]设定了数据处理的基本原则，即合法性、公平性、透明性、目的限制、数据最小化、准确性、存储限制、完整性和机

① 《人类遗传资源管理暂行办法》第 4 条规定："国家对重要遗传家系和特定地区遗传资源实行申报登记制度，发现和持有重要遗传家系和特定地区遗传资源的单位或个人，应及时向有关部门报告。未经许可，任何单位和个人不得擅自采集、收集、买卖、出口、出境或以其他形式对外提供。"

② 《人类遗传资源管理暂行办法》第 14 条规定："重要人类遗传资源严格控制出口、出境和对外提供。已审核批准的国际合作项目中，列出人类遗传资源材料出口、出境计划的，需填写申报表，直接由中国人类遗传资源管理办公室办理出口、出境证明。因其他特殊情况，确需临时对外提供人类遗传资源材料的，须填写申报表，经地方主管部门或国务院有关部门审查同意后，报中国人类遗传资源管理办公室，经批准后核发出口、出境证明。"

③ 《人类遗传资源管理暂行办法》第 16 条规定："携带、邮寄、运输人类遗传资源出口、出境时，应如实向海关申报，海关凭中国人类遗传资源管理办公室核发的出口、出境证明予以放行。"

④ 《通用数据保护条例》第 5 条规定："1. 个人数据信息应：(a) 以合法、公正、透明的方式处理（'合法性、公平性和透明性'）；(b) 为特定的、明确的、合法的目的收集，不符合以上目的不得以一定的方式进一步处理；为公共利益、科学或历史研究或者统计目的而进一步处理，应符合本条例第 89 条第 1 款规定，不应被视为不符合初始目的（'目的限制'）；(c) 充分、相关，及以个人数据处理目的之必要为限度进行处理（'数据最小化'）；(d) 准确、必要、及时；以个人数据处理目的为限，应采取一切合理步骤确保不准确的个人数据被及时地处理、删除或修正（'准确性'）；(e) 允许以数据主体可识别的形式保存数据的时间不得超过数据处理目的之必要；为了保护数据主体的权利和自由，依据本条例第 89 条第 1 款已采取实施本条例所要求的适当技术性和组织性措施，仅以实现公共利益、科学或历史研究、数据统计目的而处理的，个人数据能被以较长时间存储（'存储限制'）；(f) 以确保个人数据适度安全的方式处理，包括使用适当的技术性或组织性措施以防止未经授权的、非法的处理、意外遗失、灭失或损毁（'完整性和保密性'）。2. 控制者应该负责，并能够证明符合第 1 款（'问责制'）。" 京东法律研究院．《一般数据保护条例》GDPR 评述及实务指引[M]．北京：法律出版社，2018：230.

密性。大数据采集和处理须在满足上述原则的前提下，方能进行跨境传输的工作。而针对个人信息数据的跨境传输内容主要规定在第五章，其中第45条①的规定与我国《网络安全法》类似，均规定了数据跨境传输前须经评估，但不同之处是我国规定数据跨境传输的网络运营者可选择自行评估，而欧盟则是由专门的委员会对跨境信息进行评估，并根据评估结果确认是否允许数据跨境传输，同时委员会还负责监控传输的第三国或国际组织；《通用数据保护条例》第46条第1款②规定缺少第45条第3款的充分性决定，控制

---

① 《通用数据保护条例》第45条规定："1. 当欧盟委员会决定第三国、第三国境内的地区一个或者多个特定行业或者国际组织能确保充分的保护水平时，个人数据可以向该第三国或国际组织传输。该传输不应需要特别授权。2. 当评估保护水平的充分性时，欧盟委员会应当特别地考虑以下的因素：(a) 法律规则，基于对人权和基本自由的尊重，相关的立法（普遍的和部门的），包括相关的公共安全、防御、国家安全、刑法及公共权力机构获得个人数据资料的途径，以及这些立法数据保护规则、专业规则、安全措施的执行，包括向其他第三国或其他国际组织的继续传输，符合第三国或者国际组织规定的规则、判例法、有效可执行的数据主体权利以及适用于被传输个人数据的数据主体的有效行政、司法救济。(b) 第三国或者国际组织的一个或多个独立的监管机构的有效运行和存在，有责任保证和执行使得数据保护规则得以充分的执行；帮助和建议数据主体行使权利；与成员国的监管机构合作。(c) 有关的第三国以及国际组织已经达成的国际承诺，或者其他有法律约束的国际公约和法律文件以及其在多边区域体系的参与而导致的义务，尤其当其与个人数据保护有关。3. 欧盟委员会在评估了数据保护的充分性水平后，可以通过实施法案的方式决定，第三国、第三国境内地区或一个或者多个特定行业或者国际组织在本条第2款的范围内确保充足的保护水平。该实施法案应当提供一种定期审查的机制，至少每4年一次。该审查应当考虑到在该第三国或者国际组织的所有相关的发展。该法案应当规定适用的领域和部门，并且当可适用时，确定本条第2款(b)项所述的一个或多个监管机构。该实施法案应当根据本条例第93条第2款前述的检查程序通过。4. 欧盟委员会应当持续地监督第三国以及国际组织可能影响依据本条第3款或根据指令95/46/EC第25条第6款规定通过的决定的运行进展。5. 欧盟委员会应在可用信息披露时，特别是在本条第3款所述的定期审查后发现，第三国、第三国境内地区或一个或多个行业或国际组织不能在本条第2款的范围内确保充分的保护水平时，在必要的情况下，通过实施细则的方式不溯及既往地撤销、修改，或者中止本条第3款所述的决定。该等实施细则应当根据本条例第93条第2款所述的检查程序通过。在正当紧急的情况下，欧盟委员会应当立即根据本条例第93条第3款所述的程序通过可适用的实施细则。6. 欧盟委员会应当就为补救根据第5款的决定导致的情形，与第三国以及国际组织进行磋商。7. 根据本条第5款的决定应当不影响根据本条例第46～49条向第三国、第三国境内地区或一个或者多个特定行业或者国际组织的个人数据的传输。8. 欧盟委员会应当在《欧盟官方公报》及其网站上发布第三国、第三国境内地区或特定行业和国际组织的清单。在该清单中列明欧盟委员会决定其能或者不再能提供充分水平的保护。9. 欧盟委员会在指令95/46/BC第25条第6款规定的基础上通过的决定，应当在欧盟委员会根据本条第3款或者第5款通过的决定修订、替换、废除之前，保持有效。"

② 《通用数据保护条例》第46条第1款规定："若缺少本条例第45条第3款的充分性决定，控制者或者处理者当且仅当其提供了适当的保障，且已提供可执行的数据主体的权利和给予数据主体的有效的法律救济的情况下，可以将个人数据传输给第三国及国际组织。"京东法律研究院.《一般数据保护条例》GDPR评述及实务指引［M］. 北京：法律出版社，2018：226－292.

者或处理者仅能在其提供合理保障措施、可执行的数据主体权利以及其他有效的法律救济途径时，方能将个人数据传输给第三国及其国际组织；与此同时，《通用数据保护条例》第47条[①]第2款的14项规定中，欧盟对互联网等信息企业提出了高标准的要求，企业需要确保数据信息在每个时间节点、传输过程、存储和加工的每个环节都能充分被保障；此外，针对跨境传输法院、审判组织的判决以及行政机构决定，根据《通用数据保护条例》第48条[②]的规定，首先要求不得违反本章的其他规定，再者仅能在双方存在国际条约且存在法律互助协定的情况下进行传输。

二、新加坡《个人数据保护法》

新加坡于2012年11月20日通过了《个人数据保护法》，该法的主要目的在于对机构收集、使用和披露个人数据的活动进行规制。其中，第26条规定：

1. 机构不得将任何个人数据转移给新加坡国家以外的国家或地区，除非按照本法规定的要求，确保机构为所转让的个人数据提供的保护标准，与本法规定的保护相当；

2. 对于机构根据第1款就该机构个人数据任一转移而订立的要求，委员会可应任何机构的申请，书面通知其免除；

3. 根据第2款作出的豁免：

(a) 可能受委员会书面指明的条件约束；及(b) 不得在宪报刊登，并可能在任何时候被委员会撤销；

4. 委员会可能随时增加、更改或撤销任何一项本部分规定的条件。[③]

---

① 《通用数据保护条例》第47条第2款第2项规定："数据传输或者一系列数据传输，包括个人数据的种类、处理类型、处理目的、受影响的数据主体的种类以及所述的一个或多个第三国识别。"京东法律研究院.《一般数据保护条例》GDPR评述及实务指引[M]. 北京：法律出版社，2018：226-292.

② 《通用数据保护条例》第48条规定："根据第三国法庭或者审理委员会的判决和行政机构的决定，要求控制者或者处理者传输或者披露个人数据的，当且仅当提出要求的第三国与欧盟或成员国之间存在有效的国际条约且不影响本章规定的其他传输依据时（比如双边互助法律条约），判决和决定才可以被承认或者执行。"京东法律研究院.《一般数据保护条例》GDPR评述及实务指引[M]. 北京：法律出版社，2018：226-292.

③ 李爱君，苏桂梅. 国际数据保护规则要览[M]. 北京：法律出版社，2018：413-414.

三、韩国《个人信息保护法》

韩国于2011年3月29日公布《个人信息保护法》，该法的主要目的在于规范个人信息的处理方式，保护个人的隐私免受未经授权的收集、泄露、滥用或误用，以加强公民权益，进一步实现个人的尊严和价值。其中主要有两个条文涉及对数据跨境传输行为的规制。一是第17条第3款规定，个人信息处理者向海外第三方提供个人信息时，应通知数据主体第2款①中的任何一项，并获得数据主体的同意。个人信息处理者不得违反该法规定订立跨境转移个人信息的合同。二是第18条第2款第8项规定，为了执行条约或其他国际公约，向外国政府或国际组织提供个人信息之必要。

---

① 韩国《个人信息保护法》第17条第2款规定："个人信息处理根据第1款第1项获得同意时，应通知数据主体。发生以下任何变更同样适用：(1) 个人信息的接收者；(2) 上述接收者使用个人信息的目的；(3) 提供的个人信息的详情；(4) 个人信息由上述接收者保留和使用的期间；以及 (5) 数据主体有权拒绝同意的事实，以及因拒绝同意而导致的不利影响。"李爱君，苏桂梅．国际数据保护规则要览［M］．北京：法律出版社，2018：446－479.

第四章
大数据与隐私

第一节　大数据与个人隐私的关系

隐私的概念最早可追溯至1868年的法国，当时，在报纸上刊登私生活的行为违法，并将被处以500法郎的罚金。① 此后，隐私的概念逐步进入大众探讨范围。对于注重隐私权保护的美国，直到19世纪末才将隐私权作为一项法律权利予以认可，1881年出现了首次以侵犯隐私权为案由的侵权案件，该案中德玛丽因罗伯茨未经同意观看自己生育过程而诉至密歇根高等法院并获得该法院支持。②

隐私从观念转变为法律权利的标志是1890年布兰代斯与沃伦在《哈佛法律评论》第四期发表《隐私权》一文。文章从普通法对版权的保护这一角度中引申出保护隐私的原则，强调版权法对个人思想和情感的保护只不过是在保护个人一种更加普遍的权利，即独处权。③ 版权法对个人作品的保护，不仅保护了私人财产，而且还保护个人人格神圣不受侵犯。保护个人作品、智慧和情感的原则正是隐私权的根据。《隐私权》通过论述保护隐私权的可取性以及在既有的规范体系中尚不存在能完全揽括隐私权的规范基础，因而得出隐私权是一项新兴的与名誉权、著作权等权利成立基础、涵盖范围截然不同的独立人格权。④

---

① 布兰代斯，沃伦．隐私权［M］．宦盛奎，译．北京：北京大学出版社，2014：3-28.

② 艾伦，托克音顿．美国隐私法：学说 判例与立法［M］．冯建妹，石宏，郝倩，等编译．北京：中国民主法制出版社，2004：28-31.

③ 杨帆．从比较法的视野分析现代隐私权及其权利位阶［J］．私法，2006（2）：143-191.

④ 布兰代斯，沃伦．隐私权［M］．宦盛奎，译．北京：北京大学出版社，2014：3-28.

一、隐私的分类

布兰代斯与沃伦把个人隐私分为信息隐私、通信隐私、空间隐私和身体隐私四类，如表 4－1 所示。

表 4－1　个人隐私分类①

类　型	含　义	示　例
信息隐私	个人数据的管理和使用	包括身份证号、银行账号、收入和财产状况、婚姻和家庭成员、医疗档案、消费和需求信息（如购物、买房、车、保险）、网络活动踪迹（如 IP 地址、浏览踪迹、活动内容）等
通信隐私	个人使用各种通信方式和其他人的交流	包括电话、QQ、E－mail、微信等通信工具中涉及的相关信息
空间隐私	个人出入的特定空间或区域	包括家庭住址、工作单位以及个人出入的公共场所
身体隐私	保护个人身体的完整性，防止侵入性操作	如药物测试

根据来源的不同，数据中的隐私类别大致分为监视带来的隐私、披露带来的隐私和歧视带来的隐私三类，如表 4－2 所示。

表 4－2　按来源划分数据中的隐私类别②

隐私类别	特　点	保护手段
监视带来的隐私	监视是指通过非法的手段跟踪、收集个人或者团体的敏感信息。例如，网站利用 Cookie 技术跟踪用户的搜索记录、利用视频监视系统窥视他人的行为等	这类隐私常利用问责系统或者法律手段来保护

① 大数据战略重点实验室．大数据概念与发展［J］．中国科技术语，2017，19（4）：47－48.

② 孟小峰，张啸剑．大数据隐私管理［J］．计算机研究与发展，2015，52（2）：265－281.

续表

隐私类别	特　　点	保护手段
披露带来的隐私	数据披露是指故意或无意中向不可信的第三方透露或遗失数据	该类隐私通常利用匿名化、差分隐私、加密、访问控制等技术来保护
歧视带来的隐私	这里的歧视是指由于大数据处理技术的不透明性，普通人无法感知和应用，会在有意或无意中产生歧视结果，进而泄露个人或者团体的隐私	该类隐私通常利用法律法规手段来保护

综合来看，个人隐私（又称私人生活秘密或私生活秘密）包括私人生活安宁不受他人非法干扰，私生活秘密、私人信息保密不受他人非法收集、刺探和公开两个方面。① 隐私具有三种特征：隐私的主体是人，隐私的客体是个人事务与个人信息，隐私的内容是主体不愿意泄露的事实或者行为。个人隐私与数据信息呈交叉关系，即有的个人隐私属于数据信息，而有的个人隐私则不属于数据信息；有的数据信息特别是涉及个人私生活的敏感信息属于个人隐私，但也有一些数据信息因高度公开而不属于隐私。

二、大数据时代的个人隐私

人们在进行日常活动时会有意或无意地透露个人数据信息。此外，许多人还会选择在社交网站上透露有关其私人生活的信息。虽然后者可能被称为“隐私大赠送”② 或“媒体展示主义”③，但本节讨论的数据信息仅指在不得已的情况下所透露的个人信息以及数据主体在执行大多数日常活动时向数据经纪人和大数据组织者提供的信息，无论他们是个人、企业还是政府机构。这些个人信息通常是在自愿的基础上揭示的，因为人们在与数字实体互动时

① 张新宝．隐私权的法律保护［M］．2版．北京：群众出版社，2004：7；王利明．隐私权概念的再界定［J］．法学家，2012（1）．

② ALLEN A L. An ethical duty to protect one’s own information privacy?［J］. Alabama Law Review，2013，64（4）：845－866.

③ NISSENBAUM H. Privacy in context：Technology，policy，and the integrity of social life［EB/OL］.［2019－01－31］. https：//crypto. stanford. edu/portia/papers/privacy_ in_ context. pdf［Accessed：Jan. 31，2019］.

愿意提供个人信息。在某些情况下，人们甚至可能明确同意收集其个人信息，由此可以合理地认为人们放弃了有关该信息的隐私权。

需要注意的是，随着大数据时代的到来，个人隐私保护问题有了新的特点。因为在大数据时代，一方面，数据的获取速度和分析速度相当快，如果相关数据涉及个人隐私，则个人隐私被侵犯的速度也将大大加快；另一方面，大数据在处理大量碎片化、弱相关的数据时，会产生镶嵌理论效应，即信息拼版的价值高于其组成部分各自价值的总和。因此，原本并非“个人隐私”范畴的信息通过大数据的分析，最终可能获得“个人隐私”，具体如图 4－1 所示。

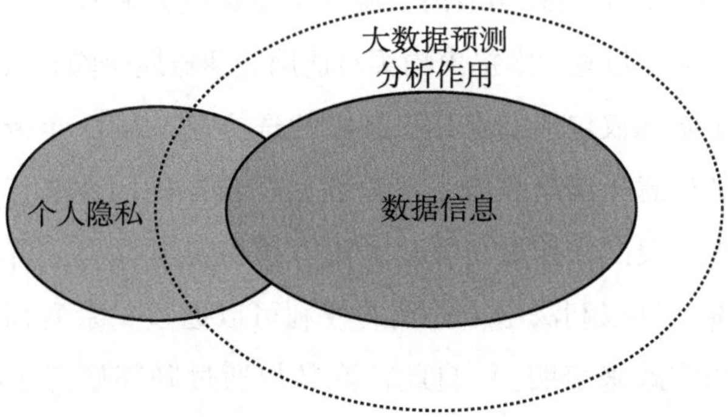

图 4－1　大数据与个人隐私、数据信息之间的作用关系

综合上述分析可以看出，隐私可被视为限制获取信息或控制个人信息流动的能力。而在大数据时代，企业和组织面临的一个重要问题是如何通过预测分析产生新的个人信息以获取更大的商业利益。因此，大数据时代下对个人隐私保护的焦点应从对披露自己的信息的关注转移到对其他人基于已有数据所能产生的新信息的关注，即大数据对数据收集和数据处理的预测分析应作为个人隐私保护问题关注的核心。

大数据时代对个人隐私的保护并非一蹴而就，各国对于个人隐私法律保护的历史沿革为当代新型隐私保护的发展起到了不可磨灭的作用。在隐私形式多元化的今天，个人隐私保护被赋予了新的意义，保障人权亦是亘古不变的追求。隐私权是一种“人生而为人则应当享有的权利”，还是在历史沿革中为促进生产进步而逐渐发展而来的独立权利，从各国隐私权的历史沿革出发，以比较法视野看隐私权的法律保护，对大数据时代隐私权保护的发展大有裨益。

第二节　从比较法视野看隐私权的法律保护

一、各国隐私权法律保护的发展沿革

（一）美国

20 世纪中后期，美国联邦最高法院逐渐意识到隐私权的重要意义，其在 1965 年的宾夕法尼亚州避孕案提出购买与适用避孕器属于隐私权范畴，1973 年堕胎案则肯定了隐私权包括妇女终止妊娠的选择权，2003 年劳伦斯诉得克萨斯州案裁定隐私权意味着州政府不能处罚私下自愿的同性恋行为。在宾夕法尼亚州避孕案中，美国联邦最高法院大法官道格拉斯提出了著名的“权利伴影”理论，在宪法和权利法中未提及的权利可以通过一系列判例对这些权利予以肯定的宪法实践来表明。① 自此，隐私权通过联邦最高法院在司法判例中的宪法解释正式获得宪法地位，对隐私权的法律保护得以发展。

美国宪法意义上的隐私权概念可归为三类：一是自主性隐私权，此类隐私权通过一系列宪法判例得以保障；二是防止政府侵入个人家庭与人格的隐私权，主要由《美国宪法第四修正案》获得保护；而第三类信息隐私权则是最少获得宪法保护的隐私权，并提出现代技术已经置信息隐私于前所未有的风险之中。②

（二）德国

1949 年《德意志联邦共和国基本法》规定，人的尊严神圣不可侵犯。德国在保障人格尊严的基础上，逐渐形成了隐私权的概念。到 20 世纪 60 年代

---

① 艾伦，托克音顿．美国隐私法：学说　判例与立法［M］．冯建妹，石宏，郝倩，等编译．北京：中国民主法制出版社，2004：28－31．

② 方流芳．罗伊判例：关于司法和政治分界的争辩——堕胎和美国宪法第 14 修正案的司法解释［J］．比较法研究，1998（1）：3－32．

末，德国从保护隐私入手，开始关注个人资料处理带来的社会问题，德国黑森州于1970年率先制定出世界上第一部个人信息保护法。德国隐私权转向人格权源于1983年著名的人口普查案。联邦政府在1982年颁布了《人口普查法》，计划在全国范围内对公民进行资料收集，拟订收集的资料范围包括人口、职业、住所和工作等资料。法案一经颁布即引起了民众的不满，有民众提起宪法诉讼要求宣告《人口普查法》违宪，德国联邦宪法法院在判决中指出"《人口普查法》的不足之处在于，没有将收集个人信息的目的与使用个人信息的目的区分开来，而这种混淆目的的行为是违反宪法的"①。德国联邦宪法法院在这份里程碑式的判决中明确指出"公民具有防止他人不合法录音和传播个人资料的权利，其属于一般人格权的范围"。以信息自决权的概念使个人资料权利成为一项明确的宪法权利。

（三）法国

与德国相较，法国对隐私权的保护趋于私权保护，这个私权直接来源于《法国民法典》，而德国的一般人格权理论则主要通过《德意志联邦共和国基本法》发展而来，如"人格尊严不受侵犯"等条款。法国隐私权法的发展是一个引人注目的"非成文"进程，法国法院基本上完全凭借侵权法上的责任原则创设出了隐私权这一公民权利，达到限制法国媒体公开他人私人事务行为的目的。

法国在1804年颁布的《法国民法典》中并没有对隐私权做出明确、具体的规定，只有在第1382条有关"侵权行为"的规定中可以寻得某些影踪。②《法国民法典》的诞生标志着法国的隐私保护走向成熟。该法典第9条将对隐私权的保护由过错责任转向了过错推定责任，涵盖了一般意义上的隐私权范畴，其规定，"任何人均享有其私生活受到尊重的权利。在不影响对所受损害给予赔偿的情况下，法官得规定采取诸如对有争议的财产实行保管、扣押或其他适用于阻止或制止妨害私生活隐私的任何措施如情况紧急，得依紧急审理命令之。"③

---

① 蒋舸．个人信息保护法立法模式的选择：以德国经验为视角［J］．法律科学（西北政法大学学报），2011（2）：48－55.

② 拿破仑法典［M］．李浩培，吴传颐，孙鸣岗，译．北京：商务印书馆，1979：1.

③ 法国民法典［M］．罗结珍，译，北京：北京大学出版社，2010：351－352.

二、各国对隐私权法律保护的差异与趋同

在法律直接保护隐私权的国家中，当公民个人的隐私权受到侵害时，受害人可以以侵犯隐私或隐私权作为独立的诉因，诉诸法院请求法律保护与救济。根据美国、德国、法国三国的个人信息保护立法，可以将其分为两类：以美国为代表的以“隐私权”为核心的、“国家立法和行业自律相结合”的保护模式，以及以德国为代表的以“一般人格权”为核心的、统一立法的保护模式。①

法国和德国关于个人隐私的保护相类似，这源于其相近的历史背景。欧洲人对于“二战”期间纳粹政权收集个人的出生、种族等个人信息用于种族屠杀等侵犯个人基本权利的历史印象深刻，因此，对不加限制的个人信息收集行为天然持一种怀疑和担忧态度，他们担心这会导致对个人权利和自由的侵犯。

欧洲和美国对私生活保护采取了不同的立法保护模式。从法律文化的角度看，其根源在于二者对隐私有着不同的哲学观。欧洲隐私概念的核心是人格尊严和得到尊重的权利。美国隐私概念的核心是建立在自由基础之上的。美国的隐私法是在自由价值这一轨道上运行，欧洲的隐私法则是在尊严的轨道上行进；前者更担心国家对私人的侵害，后者则更关注涉及公众尊严的问题。②

美国、德国和法国的隐私权内容、保护方式和发展背景都不尽相同，但是相同之处是通过宪法的一般价值性条款来容纳各种新型隐私权，包括随着时代发展应运而生的网络隐私权。

诚然，隐私权的界定应保有开放性，不论是美国、德国还是法国，宪法隐私权的发展过程都反映了隐私权概念的时代变迁特性，隐私权因技术、社会发展等原因而总体上居于动态发展过程中，从各国学者对隐私权的定义便可见一斑（见表4－3）。

---

① 李延舜．从隐私到信息的立法梳理：基于美、德、法三国的比较考察［J］．学习论坛，2016（2）：72－76.

② WHITMAN J Q. The two western cultures of privacy：dignity versus liberty［J］. Yale Law Journal，2004（4）.

表 4－3　各国学者对隐私权的定义

学者/书籍	隐私权定义观点
[美] 威尔廷 (Wiltin)	隐私权是指个人、团体或组织拥有决定在何时、以何种方式、在何种程度上将自己的信息传达给他人的权利
[英] 威廉·班尼 (William Benny)	隐私权的内涵与一个人的人格尊严有极大的关系。使一个人的私生活受到干扰，将他的姓名、照片、肖像等未经同意而公开刊布，使他在精神上感到不安、痛苦、羞耻或惭愧，显然其人格尊严已受到侵害
吕光	隐私权是对个人私生活的保护，使每个人能安宁居住，不受干扰，未经本人同意者，其与公共事务无关的私人事务不得刊布或讨论，其个人姓名、照片、肖像等非事前获得本人同意，不得擅自使用或刊布，尤不得作商业上的用途
王利明	隐私权是自然人就个人私事、个人信息等个人生活领域内的事情不为他人知悉、禁止他人干涉的权利
张新宝	隐私权是指自然人享有的私人生活安宁与私人信息秘密依法受到保护，不被他人非法侵扰、知悉、收集、利用和公开等的一种人格权
何孝元	秘密权者，乃就是生活上或工业上所不欲人知之事实，有不使他人得知之权利也
《不列颠百科全书》	隐私权是民事侵权行为法和美国宪法上的一个概念。在侵权行为中，隐私权是一种不受这样一些行为给予的精神上的伤害的权利；这些行为的目的是要通过将被害人的私生活向公众曝光或通过侮慢和骚扰他人的宁静使他处于极度紧张的状态
《牛津法律大辞典》	隐私权是不受他人干扰的权利，关于人的私生活不受侵犯或不得将人的私生活非法公开的权利要求

第三节　数据处理活动中的个人信息和隐私

一、个人信息权与隐私权

全球每天有超过 60 亿的互联网账户，在通过各种网络平台发送或接收文件资料、图片图像、音频视频等结构化、半结构化和非结构化的数据。巨大的网络平台用户群体将产生巨量的个人信息，其所蕴含的潜在经济价值促使大数据行业通过多种技术手段收集和开发利用个人信息，进行成体系的窃取、倒卖。而最令人担忧的是，这些个人信息中的一些敏感信息，与隐私权所保护的私生活秘密相重叠。人们在与互联网交换信息的过程中，或多或少地忽略了被收集的个人信息中涉及隐私的部分敏感信息，正如 Shaun B. Spencer 所言，“科技所取得的每一个小进步都会对公民的生活造成一些小的侵犯，但这些侵犯太小了，以至于公民不会去关注它们。久而久之，公民都在内心接受了这些小侵犯，他们甚至没有意识到，这些不起眼的小侵犯也有可能削弱自己享有的隐私权。当这些小侵犯积累到一定程度时，随之而来的是对公民隐私权的巨大打击，并且人们面对这些打击束手无策。”①

个人信息与个人的私生活密切相关，同时也是个人事务的组成部分，只要不涉及公共利益，个人信息的私密性应该被尊重和保护，而法律保护个人信息在很大程度上就是维护个人信息不被非法公开和披露。个人信息和个人生活安宁有直接关联，私密的个人信息被非法公开可能会对个人生活安宁造成破坏。② 大数据时代的信息挖掘技术可以根据已知的非敏感信息推断出个人敏感信息，这对个人信息以及隐私的保护提出了新挑战，如何正确处理个人信息权与隐私权之间的关系显得尤为重要。

个人信息和隐私存在诸多相似之处，二者都具有自主性，体现个人对其私人生活的自主决定。二者在客体上具有交错性，许多未公开的个人信息本身就属于隐私的范畴。③ 二者在侵害后果上还具有竞合性，随意散播具有私密性特征的个人信息，可能也会同时涉及对隐私的侵犯。尽管个人信息权和隐私权的关联相当紧密，但两者并非浑然一体，而是在性质、客体等方面存在较明确的界分（见表 4 - 4），明确这一点，无论对人格权制度的完备，还是对个人信息的保护，均有相当重要的意义。

---

① 比斯利．确立公共场所隐私权的必要性：论科技发展对公共场所隐私权的影响［M］．凌玲，译//张民安．公共场所隐私权研究：公共场所隐私权理论的产生、发展、确立、争议和具体适用．广州：中山大学出版社，2016：57 - 88.

② 王利明．论个人信息权的法律保护：以个人信息权与隐私权的界分为中心［J］．现代法学，2013（4）：62 - 72.

③ 张新宝．信息技术的发展与隐私权保护［J］．法制与社会发展，1996（5）：16 - 25.

表 4－4　隐私权与个人信息权的区别

项目	个人信息权	隐私权
主体	自然人	自然人
内容	包括个人对信息被收集、利用等的知情权，以及自己利用或者授权他人利用的决定权等内容	主要防范个人秘密不被非法披露
客体内涵（主流观点）	与特定个人相关联的、反映个体特征的、具有可识别性的符号系统	个人不愿意公开披露且不涉及公共利益的私密信息或私人活动
权利性质	集人格利益与财产利益于一体的综合性权利	主要是一种精神性的人格权
权利功能	对个人信息的支配和自主决定	保护个人私人生活的安宁与私密性，个人私生活自主决定
可识别性	具有可识别性，能直接或间接指向某个特定的个人	不都具有可识别性，单个的私密信息或者私人活动并不直接指向自然人的主体身份
私密性	不都具有私密性，如个人信息涉及公众利益	具有私密性，仅涉及个人
侵害表现形式	侵害主要体现为未经许可而非法收集、利用、存储、加工或倒卖个人信息等行为形态	侵害主要体现为非法侵扰、知悉、收集、利用和公开他人的私生活等行为形态
损害的可逆性	个人信息可以被反复利用，对个人信息的侵害所造成的损害通常具有可恢复性	隐私一旦被披露就不再是隐私，披露他人隐私造成的损害后果常常具有不可逆性
存在形态	必须以固定化的信息方式表现出来，通常需要记载下来或以数字化的形式表现出来	不限于信息的形态，可以以个人活动、个人私生活等方式体现，且无须记载下来
保护方式	注重预防；被侵害时除采用精神损害赔偿的方式外，也可以采用财产损害赔偿的方式加以救济	注重事后救济；被侵害时主要采用精神损害赔偿的方式加以救济

二、个人隐私信息

基于AI大数据的运作方式，互联网平台必须大量地收集个人隐私数据，并且在很大程度上会有过分收集的可能性。随着移动互联网的迅猛发展，各种手机应用软件的数量激增。大量的手机App都存在过度收集、违规利用个人隐私信息的行为，大量个人隐私信息被窃取，乃至各种信息诈骗等刑事案件频发。2017年12月百度公司因涉嫌违法获取个人信息被江苏省消费者权益保护委员会提起民事公益诉讼；支付宝年度账单中默认勾选“我同意《芝麻服务协议》”，允许支付宝收集用户的信息，包括同意第三方保存信息，而被网信办约谈要求做出专项整改；YouTube因允许广告商向儿童用户发布精准广告被多家机构指触犯了《儿童在线隐私保护法》，已向美国联邦贸易委员会提交投诉材料。①

据《移动金融用户个人信息安全测评报告》显示，在被测评的200款移动金融社交类App产品中，有6成App的“明示同意”过程很不规范。具体而言，有126款App未提供相关文本协议，直接收集用户的身份与财产信息；有28款App显示了协议但没有勾选框，用户想使用该App只能同意协议，没有拒绝的权利等。② 众多手机平台的违规操作，引发了大众对个人信息收集、使用及保存等操作的关注。使用大数据技术的互联网平台对个人隐私信息的收集主要涉及以下几个方面。

一是个人注册账户时向平台提供的信息。个人在注册账户或使用平台的服务时，向平台提供或修改的相关个人信息，如姓名、性别、籍贯、出生年月日、身份证号码、电话号码、传真号码、地址、通信地址、兴趣爱好、网名或银行卡号及相关附加信息（如用户所在的省份和城市、邮政编码）等。

二是平台在用户使用服务过程中收集和获取的信息。当用户浏览平台的网站时，平台都会收集一些信息，包括但不限于用户的IP地址、用户所使用的浏览器、使用的语言、访问日期和时间、电脑操作系统的相关信息、应用

---

① 张丹丹．大数据时代隐私权保护研究［J］．法制博览，2017（31）：86－87．

② 法治周末．默认勾选行为遭用户起诉　支付宝称该收集信息功能已下线［EB/OL］．（2018－04－02）［2019－01－28］．http：//www.sohu.com/a/227016691_999．

程序版本及展示给用户的网页记录等数据。如果用户使用的是移动设备，平台可能会读取与用户位置和移动设备相关的信息，包括但不限于收集标识用户的移动设备的数据、型号、设备识别码、操作系统、分辨率、电信运营商、特定设置、特性等详情。

此外，系统还会通过 Cookie 和匿名标示符等工具收集个人信息，根据不同的功能将 Cookie 分成两类。

功能型 Cookie：平台使用功能型 Cookie 来记录用户的偏好设置，例如，平台会记录用户预约咨询的服务种类、查询的信息类别以及浏览历史。

分析型 Cookie：平台用这些 Cookie 来了解访问者如何使用平台的网站，找出优势及劣势并做出优化和改进。平台收集的数据包括用户的网页浏览历史、进入/退出页面、平台类型、日期和时间标记信息，以及用户在某一页面上的点击次数、鼠标移动轨迹和滑动，还包括用户在使用网站时搜索的关键词和输入的文字等详细信息。平台也利用分析型 Cookie 作为在线营销活动的一部分，了解客户看到在线广告后与平台的互动情况。这些在线广告也包括第三方网站上的广告。

在数据处理活动过程中，Cookie 工具对平台网站的运行起着重要作用，它们可以增强网站功能，优化用户的用户体验，确保平台的网站内容有趣且与用户需求相关。然而 Cookie 追踪功能的日益强大也引发了数据主体对其可能侵犯个人隐私的普遍担忧。

三、Cookie

Cookie 具体是指用户浏览或访问网站时，各网站服务器在用户的本地设备（如计算机、手机）上安装和存储的小型文本文件，它通常包含标识符、站点名称、号码和字符。Cookie 技术实质上是一项计算机运行工具，能够让网站 Web 服务器把少量数据存储到客户端的硬盘或内存里，或是从客户端的硬盘里读取数据的一种数据。Cookie 机制最简单的应用就是记录登录信息。例如，Cookie 机制可以记录特定浏览器上的特定门户网站的用户名与密码，存储在特定文档中。当用户需要再次登录该门户网站时，该浏览器自然处于打开状态，自动调取用户名和密码，完成门户网站登录工作。Cookie 机制下，人们可以减少不必要的麻烦。并且这种机制的直观感让人们不用担心信息泄露，因为“当用户在访问某一网站时，该网站的服务器会通过用户的浏览器（IE、Firefox 等）在用户本地计算机上生成加密的、只由该网站可读的 Cookie 文件（保证不被其他网站读取，以保护用户信息安全）”。即不同存储路径下的信息除特定访问外，对其他访问具有封闭性。

Cookie 机制不仅可以应用于信息的简单存储，借助现代的大数据挖掘与分析，还可以通过大量的数据分布特点分析用户的偏好、需求。[①] 除前述服务功能性推送外，Cookie 机制还应用于商业营利性推送。正是这种商业营利性推送让 Cookie 机制备受诟病，似乎这是 Cookie 机制的原罪。“通过 Cookie 记录用户在该网站的点击行为和浏览历史，通过后台收到的 Cookie 文件并对其分析，向用户提供精准推荐服务，把用户可能感兴趣的信息推荐给用户，在提高用户体验的同时，也给网站带来更多的利益。”[②]

《通用数据保护条例》明确特定类型 Cookie 即构成个人数据。《通用数据保护条例》指出，网络设备、应用、工具、协议中留存的 Cookie 痕迹如果具有唯一指向性，这些 Cookie 痕迹可生成个人画像或档案，从而识别到具体自然人，即具有身份识别性。《通用数据保护条例》第 26 条前言说明[③]，当数据可被用来直接或间接识别自然人时，其就是个人数据/信息。

欧盟委员会的《隐私和电子通信条例》作为《通用数据保护条例》的特别法，旨在规制电子通信服务并保护与用户终端设备相关的信息，使这一领域的立法要求与《通用数据保护条例》相协调。《隐私和电子通信条例》规定，只有在使用 Cookie 是为用户提供服务所直接必需或者网站运营者已获得

---

① 迈尔-舍恩伯格．删除：大数据取舍之道［M］．袁杰，译．杭州：浙江人民出版社，2013：13.

② 方霞．Cookie 安全与用户隐私研究［J］．科技通报，2013（8）：36-40.

③《通用数据保护条例》第 26 条规定：“1. 当由多个控制者共同决定处理的目的和手段时，这些控制者为联合控制者。应以明确的方式确定联合控制者各自的责任，以遵守本条例规定的义务，特别是通过联合控制者之间的安排确定关于数据主体行使权利以及控制者们根据本条例第 13 条和第 14 条的规定履行提供信息的义务，除非联合控制者各自的责任由他们应遵守的欧盟或成员国法律规定。控制者可通过内部安排指定数据主体的一个联络人；2. 第 1 款所述的安排应充分反映联合控制者各自的角色及联合控制者与数据主体的对应关系。该安排的要点应告知数据主体；3. 无论是否涉及第 1 款所述的安排条款，数据主体都可以针对每个控制者行使本条例规定的权利。”

用户同意的情况下，网站才能访问用户的手机或计算机等设备、收集设备类型、浏览器型号等信息。

欧盟法律体系对 Cookie 数据规制严格，其明确了可以直接或与其他信息结合识别到特定自然人的 Cookie 数据即为个人数据。相较之下，我国理论界对 Cookie 数据的性质的争议居高不下，司法实践中，对个性化推荐服务即定向广告 Cookie 性质的界定存在认识上的分歧。2013 年的 Cookie 第一案反映了此种争议。原告诉称，其在使用百度搜索引擎搜索“减肥”“人工流产”“丰胸”等关键词并浏览相关内容后，在某些网站就会相应地出现与关键词高度相关的广告。原告认为百度公司未经其知情和选择，利用网络技术记录和跟踪所搜索的关键词，将其兴趣爱好等显露在相关网站上，并利用记录的关键词对其浏览的网页进行广告投放，侵害了其隐私权。

在一审法院认定个性化推荐服务属于个人隐私后，二审法院对此案做出与一审判决截然相反的终审判决，认定不构成侵犯原告的隐私权。其认为个性化推荐服务虽具有隐私性质，但不属于个人信息，网络用户通过使用搜索引擎形成的检索关键词记录，虽然反映了网络用户的网络活动轨迹及上网偏好，具有隐私属性，但这种网络活动轨迹及上网偏好一旦与网络用户身份相分离，便无法确定具体的信息归属主体，不再属于个人信息范畴。综合而言，两审法院的观点论证都存在明显不足，一审法院不适当地将个人隐私的概念泛化，而针对二审法院的裁判理由，其认为 Cookie 信息属于个人隐私而不属于个人信息的范畴，在理论上混淆了两者的概念，未能厘清两者之间的关系。Cookie 与网络用户身份的分离虽然不能直接指向个人，但是与 Cookie 同步收集的信息包括服务的使用情况、IP 地址、访问日期和时间、设备信息等，仍有可能与 Cookie 相结合，能够指向特定用户。

在当前的技术水平下，用户的网站浏览记录等追踪缓存信息与终端设备信息、账户信息等相结合即可很容易地识别到特定个人，可能会被认定为个人信息。在目前尚无针对 Cookie 的特殊规则的情况下，对个人信息进行收集、使用和任何处理，理论上均应遵守《网络安全法》《信息安全技术　个人信息安全规范》及其他相关法律法规、国家标准对个人信息保护的一般要求。这些要求主要包括，应当在收集个人信息时征得用户的同意，并遵循合法、正当、必要的原则，公开收集、使用规则，明示收集、使用信息的目的、方式和范围等。同时，不得泄露、篡改、毁损收集的个人信息；未经被收集者同意，不得向他人提供个人信息。此外，还应当采取技术措施和其他必要措施，确保收集的个人信息安全，防止信息泄露、毁损、丢失。①

第四节 数据处理透明原则

《信息安全技术 个人信息安全规范》中规定了公开透明原则，要求数据控制者开展数据处理活动时应以明确、易懂和合理的方式公开处理个人信息范围、目的、规则等，并接受外部监督。《网络安全法》第 41 条规定，网络运营者应当公开收集或使用个人信息的相关规则。《通用数据保护条例》第 5 条规定，对涉及数据主体的个人数据，应当以合法的、合理的和透明的方式来进行处理。数据处理透明原则中的告知、访问权和选择等构成了几乎所有涉及数据隐私的法律和规则的基础。企业要做好隐私合规，必须要理解这些原则，将其融入机构的实际数据收集和使用政策中。

一、告知

数据控制者的告知义务对数据主体来说即为知情权，是指收集和使用公民个人信息必须遵循合法、正当、必要原则，且目的必须明确并经用户的知情同意。告知本质上一直都是各国隐私法律、规章和准则的核心，其认为尽管告知的内容会因机构的实际操作而有所不同，但下列内容对向消费者发出恰当的通知至关重要。

（1）收集数据的实体。

（2）数据用途。

（3）潜在的接收方。

（4）所收集数据的性质及收集方式（如让消费者处于被动地位地通过电子监控的方式收集信息，或主动地请消费者提供相关信息）。

---

① 宁宣凤．你的 cookie“饼干”安全吗［J］．法人，2018（9）：76－79.

（5）提供请求数据属于自愿还是强制的，以及拒绝提供请求信息的后果。

（6）机构为确保数据的机密、完整和质量而采取的措施。[①]

数据活动透明化中的告知原则要求数据控制者收集个人信息必须给予个人充分的知情权。《网络安全法》第41条规定："网络运营者收集、使用个人信息，应当遵循合法、正当、必要的原则，公开收集、使用规则，明示收集、使用信息的目的、方式和范围，并经被收集者同意。……"美国《公平信用报告法》中规定，信息使用人具有告知义务，应当将信用报告的内容披露给当事人。

《信息安全技术　个人信息安全规范》对告知原则的具体内容作了详细规定，数据控制者在收集个人信息前，应向个人信息主体明确告知所提供产品或服务的不同业务功能分别收集的个人信息类型，以及收集、使用个人信息的规则（如收集和使用个人信息的目的、收集方式和频率、存放地域、存储期限、自身的数据安全能力、对外共享、转让、公开披露的有关情况）。

《通用数据保护条例》对告知原则内容的规定则更为多元化，该法第14条规定，数据控制者在收集与数据主体相关的个人数据时，应当告知数据主体，包括数据控制者的身份与详细联系方式；数据处理将涉及的个人数据的使用目的；相关个人数据的类型；处理个人数据的法律依据；个人数据的接收者或者接收者的类型；数据控制者期望将数据转移到第三国或国际组织、欧盟委员会做出或未做出的充足保护的认定时所采取的适当保障措施的参考资料、获取它们备份的方式等。

二、访问权

访问权主要包括两个方面的内容：一是信息主体能够访问数据控制者拥有的与该个人相关的数据；二是该数据主体有权要求数据控制者更正不准确的信息及定期删除不需要及存放不当的信息。大数据活动透明化中的访问原则对个人信息的准确性和完整性提出了较高的要求，数据主体可以通过访问相关数据，及时发现不准确的信息，以要求数据控制者更新或删除个人信息。

---

① 卡利瓦斯，奥弗利．大数据商业应用风险规避与法律指南［M］．陈婷，译．北京：人民邮电出版社，2016：53－57.

《信息安全技术 个人信息安全规范》设置了个人信息访问权，要求数据控制者应向数据主体提供访问三类信息的方法：一是其所持有的关于该主体的个人信息或类型；二是上述个人信息的来源、所用于的目的；三是已经获得上述个人信息的第三方身份或类型。如果个人信息主体提出访问非其主动提供的个人信息，个人信息控制者可在综合考虑不响应请求可能对个人信息主体合法权益带来的风险和损害，以及技术可行性、实现请求的成本等因素后，做出是否响应的决定，并给出解释说明。

《通用数据保护条例》专门规定了数据主体的访问权，即数据主体有权从数据控制者那里得知关于其个人数据是否正在被处理的真实情形，如果其数据正在被处理，数据主体应当有权访问个人数据并有权获知相关信息，如该数据处理的目的，相关个人数据的类型，个人数据已经被或将被披露给数据接收者或接收者的类型，个人数据将被存储的预期期限，数据主体要求控制者纠正或擦除个人数据、限制或反对对数据主体相关的个人数据进行处理的权利，向监管机构进行申诉的权利，当个人数据并非从数据主体处收集时的来源信息。

三、删除权

删除权又称被遗忘权，是指数据主体有权要求数据控制者及时删除其个人相关数据的权利。《网络安全法》第 43 条规定："个人发现网络运营者违反法律、行政法规的规定或者双方的约定收集、使用其个人信息的，有权要求网络运营者删除其个人信息；……"

《通用数据保护条例》第 17 条规定，数据主体有权要求控制者擦除关于其个人数据的权利，当个人数据对于实现其被收集或处理的相关目的不再必要或已经存在非法的个人数据处理等情形时，控制者有责任及时擦除个人数据；当数据控制者已经公开个人数据，并且负有擦除个人数据责任时，数据控制者应当考虑可行技术与执行成本，采取包括技术措施在内的合理措施告知正在处理个人数据的其他数据控制者，数据主体已经要求其擦除那些和个人数据相关的链接、备份等。

《网络安全法》中的删除权与《通用数据保护条例》第 17 条规定的被遗

忘权的实质在于，数据主体有权要求数据控制者及时删除与其有关的个人数据，且在特定情形下数据控制者有义务立即删除这些个人数据。

四、更正权

更正权是指信息主体有权要求个人信息控制者及时纠正与其相关的不准确个人信息。《网络安全法》第43条规定："个人……发现网络运营者收集、存储的其个人信息有错误的，有权要求网络运营者予以更正。网络运营者应当采取措施予以删除或者更正。"

《通用数据保护条例》第16条规定，在考虑处理目的的前提下，信息主体应当有权完善不充分的个人信息，包括通过提供额外声明的方式来进行完善。而《网络安全法》中的"个人信息的更正权"是指信息主体发现网络运营商收集、存储的其个人信息有错误或者有缺失的，有权要求其补充或更正。

《网络安全法》规定的"删除权"和"更正权"基本上采用了"避风港"规则，即在网络运营商被通知前提下的"通知、删除或更正"，这是《网络安全法》对网络运营商的一种宽容性规定。[①]

五、选择权

选择权是指信息主体能够选择信息控制者如何使用其收集到的个人信息。信息主体在提供信息进行个人账户注册或使用平台服务时，不一定意识到其所提供的这些个人信息会被用于营销、与第三方共享等。选择原则规定，信息主体有权知道个人信息被二次使用的时间，且必须向消费者提供不允许此类使用的权利。

数据收集和分析增加了出于某个目的而收集的信息被用于其他用途的可能性，塔吉特公司在"通过购物统计数据预测怀孕顾客案"造成负面影响之后，调整隐私政策，增加了对自己收集的信息，以及将包括消费记录在内的这些信息用作营销用途（如发送优惠券、内部通信、店内收据信息、电子邮件、短信和社交媒体通知）的介绍，还允许顾客选择不接收产品目录、优惠券和其他推销信息，不允许其与第三方共享顾客信息等。此事件引发了大众

① 王春晖．GDPR个人数据权与《网络安全法》个人信息权之比较［J］．中国信息安全，2018（7）：41－44．

对如何通过选择信息控制者使用其收集到的个人信息来保护隐私权的关注，使用个人信息进行大数据分析时，若分析的目的不同于最初收集数据时的目的，那么参与分析的企业应该在如何使用信息、消费者如何选择不接收促销信息以及不允许收集者与第三方共享信息且用于营销上做到透明。①

与数据处理活动有关的法律中，根据选择方式的不同，主要分为选择加入型和选择退出型。选择加入型法律要求信息主体采取积极的行动允许企业收集和使用信息；选择退出型法律要求信息主体采取积极的行动阻止企业收集和使用信息，反之则默认信息主体允许企业成为其信息控制者，使用相关信息。要求信息控制者在收集个人信息前，对其收集的个人信息类型，以及收集、使用个人信息的规则等应获得个人信息主体的授权同意；在间接获取个人信息时，应了解个人信息提供方已获得的个人信息处理的授权同意范围，包括使用目的，个人信息主体是否授权同意转让、共享、公开披露等，如本组织开展业务需进行的个人信息处理活动超出该授权同意范围，应在获取个人信息后的合理期限内或处理个人信息前，征得个人信息主体的明示同意。

《信息安全技术　个人信息安全规范》规定的选择加入时的同意与《通用数据保护条例》的标准相比较，后者更为详细。《通用数据保护条例》的选择加入必须是自愿做出的、特定的、具体的、知情的及明确的。该法第7条规定，当处理是建立在同意基础上的，控制者需要能证明，数据主体已经同意对其个人数据进行处理；如果数据主体的同意是在涉及其他事项的书面声明的情形下做出的，请求获得同意应当完全区别于其他事项，并且应当以一种容易理解的形式，使用清晰和平白的语言。任何违反该条例的声明都不具有约束力；数据主体应当有权随时撤回其同意。在撤回之前，对于基于同意的处理，其合法性不受影响，在数据主体表达同意之前，数据主体应当被告知这点。

美国的《公平信用报告法》则属于选择退出型法律，其禁止在未告知消费者且让消费者有机会选择退出的情况下适用和共享个人信息。根据《联邦

---

① 卡利瓦斯，奥弗利．大数据商业应用风险规避与法律指南［M］．陈婷，译，北京：人民邮电出版社，2016：53－57.

信用报告法》，消费者必须有不向第三方或关联机构透露信息用于市场、不向关联机构透露信用报告信息的选择。

我国有关大数据和隐私的各项法律法规正在逐步起草中，现行法律法规也在多方面践行数据处理透明化原则。以选择权为例，《网络安全法》第41条规定："网络运营者收集、使用个人信息，应当遵循合法、正当、必要的原则，公开收集、使用规则，明示收集、使用信息的目的、方式和范围，并经被收集者同意。……"《全国人民代表大会常务委员会关于加强网络信息保护的决定》第2条规定："网络服务提供者和其他企业事业单位在业务活动中收集、使用公民个人电子信息，应当遵循合法、正当、必要的原则，明示收集、使用信息的目的、方式和范围，并经被收集者同意，不得违反法律、法规的规定和双方的约定收集、使用信息。……"从这些规定中可观察出国家未来立法趋势及监管政策，企业应当逐步落实数据处理透明化，在初次收集信息时充分告知信息主体数据处理将涉及的个人数据的使用目的、处理个人数据的法律依据、相关个人数据的类型等信息；建立便捷的个人数据访问机制，使数据主体能及时更正或删除个人数据；尽可能地预见到潜在的大数据用途，避免在事后才去征得消费者同意。

第五节 数据处理活动中的隐私合规

一、我国对数据处理活动中隐私权保护的法律规定

（一）我国隐私权保护法律的发展沿革

我国在1982年《宪法》中规定了有关人权、身体权、人格权、住宅权、通信自由与秘密的条款，以此间接实现隐私权保护。虽然该基本大法中的条文体现了隐私保护的意味，但由于没有明确地提及"隐私"二字，在之后的法律体系完善过程中，其他部门法如1986年《中华人民共和国民法通则》《刑法》《中华人民共和国刑事诉讼法》等也缺乏对隐私权概念、侵权行为要件与责任承担方式的直接规定，同样借由保护其他人格权来实现对隐私权的

间接保护。

虽然未能在部门法中增设与隐私权相关的具体条文，对隐私权的定义、侵害隐私权行为的具体构成及法律后果加以固定与明确，但却出台了多部司法解释对此加以弥补，例如 1988 年出台的《最高人民法院关于贯彻执行〈中华人民共和国民法通则〉若干问题的意见（试行）》，其第 140 条将以书面、口头等形式宣扬他人隐私的行为认定为侵害公民名誉权。2001 年颁布的《最高人民法院关于确定民事侵权精神损害赔偿责任若干问题的解释》第 1 条规定："……违反社会公共利益、社会公德侵害他人隐私或者其他人格利益，受害人以侵权为由向人民法院起诉请求赔偿精神损害的，人民法院应当依法予以受理。"即便如此，隐私权始终未能与名誉权、荣誉权等民事权利并列，成为人格权中单独的一种，而是需要通过解释将其纳入其他人格权的保护范围，或者参照其他人格权的保护方式加以保护。直到 2005 年重新修订的《中华人民共和国妇女权益保障法》中，隐私权第一次被作为与名誉权、荣誉权、肖像权相对等的人格权受到法律的保护。在 2009 年出台的《侵权责任法》中，隐私权进一步被确定为我国公民的民事权益之一，这是"隐私权"第一次作为独立的民事权利，在我国的基本法律中被正式提及。而 2014 年出台的《最高人民法院关于审理利用信息网络侵害人身权益民事纠纷案件适用法律若干问题的规定》，对利用网络侵害他人隐私权的行为做出了更为具体的规定。2018 年《民法总则》第 110 条规定，自然人享有生命权、身体权、健康权、姓名权、肖像权、名誉权、荣誉权、隐私权、婚姻自主权等权利。《民法总则》延续了《侵权责任法》和前述司法解释的规定，赋予了隐私权基本民事权利的地位。

（二）大数据时代隐私权保护的法律规定

大数据时代的来临，隐私权的内涵愈加丰富，学界开始意识到数字化的个人信息同样包含个人隐私，网络这一虚拟空间也与现实空间一样，存在对隐私权的合理期待。过去的各种法律、法规、司法解释已不足以保护新语境下的个人隐私，为此，我国接连出台了多部与互联网、计算机应用管理中个人隐私保护相关的规章、条例、办法，以期改变我国在这方面的法律空白。①1997 年，公安部发布了《计算机信息网络国际联网安全保护管理办法》，通过保护互联网中的通信自由与通信秘密来保护公民的个人隐私。1998 年，国务院颁布了《中华人民共和国计算机信息网络国际联网管理暂行规定实施办法》，该办法直接对侵犯个人隐私的行为做出约束，严禁互联网用户在网络上散发恶意信息，冒用他人名义发出信息，侵害他人隐私。2000 年，全国人民代表大会常务委员会第十九次会议通过《全国人民代表大会常务委员会关于维护互联网安全的决定》，将利用、侵害个人隐私的行为上升到了犯罪的高度，决定对“利用互联网侮辱他人或者捏造事实诽谤他人；非法截获、篡改、删除他人电子邮件或者其他数据资料”的行为依法追究刑事责任。2009 年，《刑法修正案（七）》第 253 条进一步对非法获取、出售、非法提供公民个人信息犯罪做出了规制，然而该条文主要针对“国家机关或者金融、电信、交通、教育、医疗等单位的工作人员”这些特殊职业群体，没有司法解释对个人信息与隐私的关系进行厘清，致使适用范围仍然有限，直到 2015 年《刑法修正案（九）》将“违反国家有关规定，向他人出售或者提供公民个人信息”的行为定性为“非国家机关或者金融、电信、交通、教育、医疗等单位的工作人员”这些特殊职业群体的犯罪，自此开始打击侵犯公民信息触犯《刑法》的普遍行为。

针对新时期网络侵权频发的现状，《侵权责任法》第 36 条对网络侵权的救济与责任承担做出了较为细致的规定：“网络用户、网络服务提供者利用网络侵害他人民事权益的，应当承担侵权责任。网络用户利用网络服务实施侵权行为的，被侵权人有权通知网络服务提供者采取删除、屏蔽、断开链接等必要措施。网络服务提供者接到通知后未及时采取必要措施的，对损害的扩大部分与该网络用户承担连带责任。网络服务提供者知道网络用户利用其网络服务侵害他人民事权益，未采取必要措施的，与该网络用户承担连带责任。”《侵权责任法》第 36 条为我国公民保护网络活动中的个人隐私提供依据，被我国法学界称为“互联网专条”。

① 童拿云．大数据时代的个人隐私保护［D］．上海：上海师范大学，2015：5－62.

2013年，《电信和互联网用户个人信息保护规定》对电信业务经营者、互联网信息服务提供者收集和使用个人信息做出规定；同年，《中华人民共和国消费者权益保护法》（以下简称《消费者权益保护法》）首次将消费者个人信息列入保护范围，并设定民事、行政责任；2014年《最高人民法院关于审理利用信息网络侵害人身权益民事纠纷案件适用法律若干问题的规定》明确规定公开他人信息的侵权责任；2017年《网络产品和服务安全审查办法（试行）》明确了在审查网络产品和服务的安全性和可控性时，应考虑“产品和服务提供者利用提供产品和服务的便利条件非法收集、存储、处理、使用用户相关信息的风险”这一重要因素；同年，《网络安全法》确立了个人信息保护的原则“识别性”内涵、方式及责任，明确要求网络运营者建立健全用户信息保护制度；2018年《信息安全技术　个人信息安全规范》建立了一个完整的互联网信息通用规范，同年，《电子商务法》的出台系统地对网络交易中涉及的个人信息保护做出规定。

大数据时代，收集、分析个人信息的新型技术层出不穷，针对数据隐私保护的法规制度也在逐步完善中，2018年6月《国务院办公厅关于印发进一步深化“互联网+政务服务”推进政务服务“一网、一门、一次”改革实施方案的通知》中强调要加强数据共享安全保障，依法加强隐私等信息保护。加快完善相关法规制度。推动制定完善信息保护的法律制度，切实保护政务信息资源使用过程中的个人隐私和商业秘密。2018年12月《国务院办公厅关于推进政务新媒体健康有序发展的意见》中指出，严格执行《网络安全法》等法律法规，加强监测预警和应急处置，对于泄露后会危及国家安全、公共安全、经济安全、社会稳定的信息和国家秘密、商业秘密、个人隐私，要加强管理，确保不泄露。强化用户信息安全保护，不得违法违规获取超过服务需求的个人信息，不得公开损害用户权益的内容。

截至目前，我国的隐私权保护依旧存在许多问题，虽然《民法总则》《侵权责任法》明确规定对“隐私权”进行保护，但对何为隐私、隐私范围、隐私权、隐私权的外延包括哪些仍未规定，其他诸如对个人信息的隐私保护等则分散在不同的法律规范中。大数据环境下隐私的特殊性和该环境下具体的隐私侵权责任认定问题，对隐私保护提出了更高的要求，但现行民法规范尚未对其做出回应。隐私权规定的宽泛化和分散性反射到司法实践中，即导致法院在认定隐私侵权时，缺乏可直接援引的法律规定，无明确侵权要件予以适用，故无法对侵权行为及损害后果进行界定，以致人们难以寻求法律救济。最高人民法院关于精神损害赔偿的司法解释明确了侵犯隐私权的可诉性，但就大数据环境下隐私权的定义、客体范围、内容和构成要件尚未做出明确界定，赔偿范围标准等问题尚无细致规定。①新法创立、旧法完善还有很长的路要走，然而数据时代的高速发展使得隐私保护已经刻不容缓，尽量运用现有法律条文对大数据时代的隐私保护问题加以解决，是我们目前能够且必须要加以尝试的事情。

二、数据处理活动中涉及的隐私问题

（一）未经信息主体授权同意

根据《信息安全技术　个人信息安全规范》的规定，数据控制者在收集个人信息前，对其收集的个人信息类型以及收集、使用个人信息的规则等应获得个人信息主体的授权同意。前文提及的Cookie第一案中，一审法院认定百度侵犯用户个人隐私的理由在于，百度采取的是“默示同意”原则，不足以保障用户的知情权和选择权。判决书中阐述，由于百度公司在网站中默认的是网民同意百度网讯公司使用Cookie技术收集并利用网民的上网信息，网民可能根本就不知道自己的私人信息会被收集和利用，更无从对此表示同意，这就要求百度网讯公司在默认“选择同意”时要承担更多、更严格的说明和提醒义务，以便网民对百度网讯公司的行为有充分的了解，进而做出理性的选择。但百度网讯公司网页中的《使用百度前必读》标识，虽有说明和提醒的内容，但该字却放在了网页的最下方，不仅字体明显较小，而且还夹放在相关标识中间，实在难以识别并加以注意，无法起到规范的说明和提醒作用。二审法院认为百度提供的隐私权保护声明及退出机制已足以保障用户权利。此外，法院认为非敏感的个人信息的收集、使用仅需要适用默示原则，而百度通过Cookie技术收集的信息仅是网络碎片化信息，并不属于个人信息，因

① 郑天依．大数据环境下隐私保护的法律探索［J］．法制博览，2017（34）：230.

此更不需要适用明示同意原则。且不论司法实践中对 Cookie 计算收集信息是否属于隐私的争议，该案对明示同意原则的讨论引发了互联网企业对在数据处理活动过程中涉及的信息主体授权同意问题的关注。

《信息安全技术 个人信息安全规范》规定，收集个人敏感信息时，应取得个人信息主体的明示同意。应确保个人信息主体的明示同意是其在完全知情的基础上自愿给出的、具体的、清晰明确的愿望表示；收集年满 14 周岁的未成年人的个人信息前，应征得未成年人或其监护人的明示同意；不满 14 周岁的,应征得其监护人的明示同意。Cookie 第一案给互联网企业敲响警钟，在处理个人信息时，对涉及个人隐私的敏感数据要区别于其他非敏感性数据，对此类数据的收集和使用不仅要承担严格的说明和提醒义务，还要求向信息主体获得明示同意的授权。即个人信息主体通过书面声明或主动做出肯定性动作［包括主动做出声明（电子或纸质形式）、主动勾选、主动点击“同意”“注册”“发送”“拨打”等］，对其个人信息进行特定处理做出明确授权的行为。

此外，互联网企业还存在未获得用户授权同意擅自将信息提供给第三方等诸多问题。工信部在其《2018 年第一季度网络安全威胁态势分析与工作综述》中指出，部分移动应用程序存在未经明示收集使用用户信息、未履行安全保护义务、危害用户信息安全等问题。其中，移动应用程序“Wi-Fi 万能钥匙”和“Wi-Fi 钥匙”具有免费向用户提供使用他人 Wi-Fi 网络的功能，累计下载次数高达 19 亿次，涉嫌入侵他人 Wi-Fi 网络和窃取用户个人信息。工信部网络安全管理局组织网络安全专业机构进行分析认定，该移动应用程序具有共享用户所登录 Wi-Fi 网络密码等信息的功能，且用户可能共享了非本人所有的信息。

Wi-Fi 万能钥匙共享个人信息事件不仅让广大用户咋舌，还让利用共享方式提升企业经济价值的诸多互联网企业迎来当头棒喝。互联网企业若要将自己收集的用户个人信息提供给第三方应当获得用户的授权。《信息安全技术 个人信息安全规范》规定，间接获取个人信息时，应要求个人信息提供方说明个人信息来源，并对其个人信息来源的合法性进行确认；应了解个人信息提供方已获得的个人信息处理的授权同意范围，包括使用目的，个人信息主体是否授权同意转让、共享、公开披露等。如本组织开展业务需进行的个人信息处理活动超出该授权同意范围，应在获取个人信息后的合理期限内或处理个人信息前，征得个人信息主体的明示同意。

（二）未向信息主体充分告知

数据处理活动中，个人信息控制者多存在未向信息主体充分告知的情形，包括未明确告知用户享有权利，未公示用户个人信息收集使用规则，未告知查询更正信息的渠道，未告知用户访问、更正及删除等的渠道，未明确告知用户拒绝提供信息后带来的功能影响，未告知用户投诉处理方式等问题。

2018 年 1 月，北京百度网讯科技有限公司、浙江蚂蚁小微金融服务集团股份有限公司（支付宝）、北京字节跳动科技有限公司（今日头条），因存在用户个人信息收集使用规则、使用目的告知不充分的情况被工信部信息通信管理局约谈。工信部要求三家企业依照《网络安全法》《全国人民代表大会常务委员会关于加强网络信息保护的决定》《电信和互联网用户个人信息保护规定》的有关规定，本着充分保障用户知情权和选择权的原则立即进行整改，遵循合法、正当、必要的原则收集使用个人信息，不得收集服务所必需以外的用户个人信息，不得将信息用于提供服务之外的目的，不得非法向他人出售或提供个人信息，同时进一步优化服务协议、用户隐私政策和手机权限调用说明，维护用户合法权益。

无独有偶，2018 年 11 月，工信部对 62 家互联网企业 65 项互联网服务进行抽查，发现诸多知名互联网公司均存在未充分履行告知原则的情形，包括未公示用户个人信息收集使用规则、未告知查询更正信息的渠道、未提供账号注销服务的问题。抽查中存在问题的企业包括苏宁云商集团股份有限公司、北京猎豹移动科技有限公司、神州优车（福建）信息技术有限公司、首约科技（北京）有限公司等知名互联网公司。其中，苏宁云商集团股份有限公司、北京猎豹移动科技有限公司均存在未告知具体查询更正渠道，且北京猎豹移动科技有限公司还没有提供注销服务。神州优车（福建）信息技术有限公司、首约科技（北京）有限公司两家公司的产品均未公示用户个人信息收集、使用规则。工信部要求上述企业本着充分保障用户知情权和选择权的原则立即进行整改。

《网络安全法》第41条规定：“网络运营者收集、使用个人信息，应当遵循合法、正当、必要的原则，公开收集、使用规则，明示收集、使用信息的目的、方式和范围，并经被收集者同意。”

前文对告知原则的阐述中提及，《信息安全技术　个人信息安全规范》对告知原则的具体内容作了详细规定，个人信息控制者在收集个人信息前，应向个人信息主体明确告知所提供产品或服务的不同业务功能分别收集的个人信息类型，以及收集、使用个人信息的规则（例如，收集和使用个人信息的目的、收集方式和频率、存放地域、存储期限、自身的数据安全能力、对外共享、转让、公开披露的有关情况等）。按照法律的规定和工信部多次检查互联网企业的关注点，互联网企业还应当明确告知用户若拒绝提供相关信息，可能会带来的后果或是造成的可能影响，应当告知用户投诉处理的方式，以保障用户能够有渠道维护自己的权益。

（三）《隐私权保护政策》内容不充分

2018年10月，上海市消费者权益保护委员会对消费者反映集中及目前用户使用频度较高的“输入法、浏览器、综合视频”三类18款应用进行了规范核查。发现各类互联网企业多存在《隐私权保护政策》内容不充分、未充分告知用户信息收集的目的、用途等问题。各大互联网企业被要求对所属App进行整改，企业运营的企业通过完善《隐私权保护政策》、紧急下线、取消获取、功能优化、版本更新等形式进行整改。不仅如此，目前众多互联网企业的运营网站及手机App甚至存在尚未制定《隐私权保护政策》的问题。

《信息安全技术　个人信息安全规范》要求个人信息控制者应制定隐私政策，发布隐私信息政策是个人信息控制者遵循公开透明原则的重要体现，是保证个人信息主体知情权的重要手段，还是约束自身行为和配合监督管理的重要机制。隐私政策应清晰、准确、完整地描述个人信息控制者的个人信息处理行为。为便于互联网平台制定合规的隐私信息政策，规整隐私政策的主要内容如表4－5所示。

表4-5　隐私政策的内容

类　型	内　容
信息处理的目的	对外共享、转让、公开披露个人信息的目的，收集、使用个人信息的目的，以及目的所涵盖的各个业务功能，如将个人信息用于推送商业广告，将个人信息用于形成直接用户画像及其用途等
个人信息控制者的基本情况	包括注册名称、注册地址、常用办公地点和相关负责人的联系方式等
个人信息收集的情况	包括各业务功能分别收集的个人信息、收集方式和频率、存放地域、存储期限等个人信息处理规则和实际收集的个人信息范围、涉及的个人信息类型、接收个人信息的第三方类型，以及所承担的相应法律责任等
个人信息主体的权利和实现机制	如访问方法、更正方法、删除方法、注销账户的方法、撤回同意的方法、获取个人信息副本的方法、约束信息系统自动决策的方法等
纠纷处理机制	包括处理个人信息主体询问、投诉的渠道和机制，以及外部纠纷解决机构及联络方式等
风险及安全保护	遵循的个人信息安全基本原则，具备的数据安全能力，以及采取的个人信息安全保护措施，提供个人信息后可能存在的安全风险，以及不提供个人信息可能产生的影响
隐私政策发布方式	优先以逐一送达方式发布，当成本过高或有显著困难时，可以公告的形式发布，例如，在网站主页、移动应用程序安装页、社交媒体首页等显著位置设置链接
隐私政策标准	所告知的信息应真实、准确、完整
隐私政策更正方式	所载内容发生变化时，应及时更新隐私政策并重新告知个人信息主体
隐私政策内容要求	内容应清晰易懂，符合通用的语言习惯，使用标准化的数字、图示等，避免使用有歧义的语言，并在起始部分提供摘要，简述告知内容的重点

另附隐私政策模板供参考（见本书附录）。

第五章
大数据与医疗健康

第一节 大数据在医疗场景中的应用

健康医疗大数据作为大数据的一个分支和组成部分，随着医疗机构“互联网+”的建设，云计算、人工智能等技术的发展以及各种有关医疗健康的智能穿戴设备的进步和普及，近年来以爆炸式的速度持续增长，在个人信息被称为“新石油”的时代，健康医疗大数据更是新石油中最受关注的部分。

健康医疗大数据的分析和应用分为很多不同的方向，既有对医疗机构的研究和诊断方面的应用，也可应用于政府对疾病的控制和监管；既可以涉及对个人的疾病和健康管理与生活指导，也可以在患者和医院医生之间建立沟通的桥梁，甚至对整个医疗机构体系带来革命性的变革，优化配置，减少医疗成本，节约和充分利用现有的医疗资源，创造社会和经济价值。所以，健康医疗大数据在近年来也受到热烈追捧。

一、健康医疗大数据协助临床治疗和医学研究

在临床治疗方面，传统医疗机构对患者的医疗健康数据无法进行整合，不同医院之间的检查数据不能共享和相互认可，一方面存在着检查标准的不统一，另一方面医院和医院之间以及数据和数据之间都是独立、分散存储的，是一个个不能联通的信息孤岛。

在大数据技术的发展之下，可以利用统一的信息平台来集成患者的健康信息，包括患者的病史病历、体征数据、治疗方案、治疗效果以及对药物的副作用记录等信息，为医院的临床治疗提供决策的支持。不管患者在哪个地

区，哪个医院，由哪个医生进行治疗，患者之前在其他医院所做的检查结果和治疗方案等都可以为新的医院和医生所参考。而通过对患者诊疗数据的整理，建立相应的模型，利用计算机技术实现定性分析和定量分析，同时与现有案例、医学文献等知识库进行关联整合，甚至与该患者有关的直系或旁系的亲属等对于相关病情的历史和相关药物与治疗方法的反应都可以以大数据的方式汇总出来，一并为临床提供知识支撑和分析参考，这将大大增加医生对于患者在该病情和治疗方式以及药物效果等方面的了解，为正确诊断和有效诊治提供有力的协助，防止错误的诊断，避免医疗事故的发生。

和临床治疗同样重要的是，临床研究也需要医疗大数据的有力支持。医学研究领域最常用的研究方式就包括使用统计学的方法对于临床数据进行分析，加以归纳整理，而数据样本越大对于研究结果的确定越有利。以往医生在病历数据的收集和查询中存在很大的困难，如某一临床病例的数据不能共享，特殊病例数量少，科研课题所需的病例需要长时间的收集等，这也延长了医生的科研周期。另外，对一个案例的随访数据也同样重要，哈尔滨医科大学放疗科刘晖教授认为，医生要做临床研究，随访是一个非常核心的部分。如总生存期（overall survival，OS）、五年生存周期、不良反应等评判都需要长期的随访支撑，离开了随访的数据积累，临床研究价值根本无从谈起。①

通过大数据技术，对于医疗机构在疾病诊疗中获取的医疗信息进行整理，提供给医疗科研使用，同时通过平台的整合，各个医院也有可能做到数据共享，这就为医学研究提供了强大的数据基础，缩短研究成果诞生的周期，促进医学研究的进步。

大数据的监测还能帮助发现药物的副作用。传统的药品上市后的不良反应检测一般依赖于患者向医生、制药公司或者媒体提供的不良反应报告。该种方式不能全面反映药物真实的副作用，很多副作用的发生并不会被作为信息收集反馈给制药企业。如果通过一定的设备或者应用程序等，或者利用文本挖掘、数据挖掘技术从EHR、EMR、社交网络、搜索引擎中发现潜在药品导致不良反

① 打开临床诊疗与医学科研“数据通路”：大数据于临床医学价值的全景剖析［EB/OL］.［2019-02-02］. https：//vcbeat. net/NDIzNmFkOTZmYzVmMjE0Y2IwMmMxOWIwYWFmMDA3MmU.

应事件并收集有关数据，将大大提高制药企业对于药品反应的追踪，获取比例更高、更真实的副作用数据，从而更准确地确定该药物存在的副作用。

二、健康医疗大数据推进医疗体系的重大变革

在我国，医疗卫生机构包括医院、基层医疗卫生机构、专业公共卫生机构和其他机构。医院主要分为三级综合医院、二级综合医院和一级综合医院，除此之外，也有未定级医院。在医院中，三级综合医院的数量是最少的，最多的是未定级医院，主要分布在农村。而在整体的医疗卫生机构中，也是基层医疗卫生机构所占的比重最大，主要分布在农村的卫生院、门诊部和村卫生室。

但是，从诊治的水平来说，存在着医疗资源分布极为不平衡的情况，好的医生和医疗资源基本集中在大中型城市的二级以上的医院中。而社区医疗机构普遍存在医疗资金缺乏、全科医师人才空缺、群众对社区医疗缺乏信任等问题。

通过健康医疗大数据的整合和分析，可以为上述情况提供有效的解决方案。国务院办公厅于 2016 年 6 月 21 日印发的《国务院办公厅关于促进和规范健康医疗大数据应用发展的指导意见》中指出：实施健康中国云服务计划，建设健康医疗服务集成平台，提供远程会诊、远程影像、远程病理、远程心电诊断服务，健全检查检验结果互认共享机制。推进大医院与基层医疗卫生机构、全科医生与专科医生的数据资源共享和业务协同，健全基于互联网、大数据技术的分级诊疗信息系统，延伸放大医疗卫生机构服务能力，有针对性地促进“重心下移、资源下沉”。

我们可以预见，通过健康医疗服务集成平台的建设，大医院和基层的社区医疗结构将建立起互联网的桥梁，在数据共享和大数据模型分析指导的协助下，基层医院可以得到强有力的技术支持和指导，大大改善社区医院的医疗水平，重新建立患者对社区医疗机构的信任。很多常见病、初期判断、复诊、后期护理、随访等都可以在基层医疗机构完成，同时也将减小大医院的压力，改善医疗环境。中国工程院院士、浙江大学医学院附属第一医院的李兰娟认为，未来以大数据为基础的全新医疗云计算模式和以家庭为云终端的

健康服务将贯穿家庭、社区和医院，推动医学取得突破，帮助百姓获得实惠。目前，部分医改试点省份开展了医学检验检查结果互认共享的探索，这意味着在确保医疗质量的前提下避免不必要的重复检查，缓解“看病难、看病贵”问题①。

三、健康医疗大数据助力公共卫生监测

在公共卫生监测领域，健康医疗大数据更可以发挥其发现疾病、追踪和报告疾病方面的作用。1854 年时，霍乱横扫了整个伦敦，现代流行病学之父约翰·斯诺煞费苦心地记录了被感染家庭的具体方位。经过长期的艰苦研究，他认为宽街的抽水泵是霍乱疫情的源头，而当时他甚至还不知道引起霍乱的病原体是一种弧菌②。到了 2009 年美国的甲型 H1N1 流感爆发，Google 建立在对大数据的分析基础上做出了比美国疾病控制与预防中心更快、更早的流感指标，让全世界震惊于大数据分析这样一种在公共卫生监测领域的新型方式，并对其在未来人类社会中的运用充满信心③。

同样，《国务院办公厅关于促进和规范健康医疗大数据应用发展的指导意见》中也将大数据在公共卫生领域的应用提上一个重要的位置：加强公共卫生业务信息系统建设，完善国家免疫规划、网络直报、网络化急救、职业病防控、口岸公共卫生风险预警决策等信息系统以及移动应急业务平台应用功能，推进医疗机构、公共卫生机构和口岸检验检疫机构的信息共享和业务协同，全面提升公共卫生监测评估和决策管理能力。整合社会网络公共信息资源，完善疾病敏感信息预警机制，及时掌握和动态分析全人群疾病发生趋势及全球传染病疫情信息等国际公共卫生风险，提高突发公共卫生事件预警与应急响应能力。整合环境卫生、饮用水、健康危害因素、口岸医学媒介生物和核生化等多方监测数据，有效评价影响健康的社会因素。开展重点传染

---

① 健康医疗大数据将带来哪些“健康红利”［EB/OL］．［2019－02－02］．https：//www.cn－healthcare.com/article/20160703/content－483934.html.

② KHOURY M J，IOANNIDIS J P A. Big data meets public health［J］. Science，2014（346）：1054－1055.

③ 迈尔－舍恩伯格，库克耶．大数据时代：生活、工作与思维的大变革［M］．盛杨燕，周涛，译．杭州：浙江人民出版社，2013：20－23.

病、职业病、口岸输入性传染病和医学媒介生物监测，整合传染病、职业病多源监测数据，建立实验室病原检测结果快速识别网络体系，有效预防控制重大疾病。推动疾病危险因素监测评估和妇幼保健、老年保健、国际旅行卫生健康保健等智能应用，普及健康生活方式。

四、健康医疗大数据助力医疗人工智能开发

人工智能（AI）是和大数据一样同属2018年最火热的词汇之一。市场研究公司CB Insights，在2018年发布的《顶尖医疗类人工智能趋势观察报告》（*Top Healthcare AI Trends to Watch*）总结了全球人工智能医疗领域的现状。报告中指出，医疗已成为AI行业重要的研究和应用领域。2018年第二季度，医疗领域AI公司的股权融资已经触及历史最高位。在私有市场，医疗AI创业公司2013年以来通过576笔交易融资43亿美元，在AI领域融资方面领先于其他所有行业①。

对于AI来说，算法、算力和数据是人工智能快速发展的三个要素。而数据驱动的AI离不开大数据，大数据与AI形成一种共生关系：一方面，AI基础理论技术的发展为大数据机器学习和数据挖掘提供了更丰富的模型和算法，如深度网络衍生出的一系列相关技术（深度学习、强化学习、迁移学习、对抗学习等）和方法；另一方面，大数据为AI的发展提供了新的动力和燃料，数据规模大了之后，传统机器学习算法面临巨大挑战，要做并行化、要加速、要改进②。

苹果也在进行这个领域的尝试，自从2015年以来，苹果已经推出了ResearchKit和CareKit两个开源框架，以此帮助临床研究招募病人，并远程对其监控。这两个框架让研究人员可以设计各种医疗应用来监测病人的日常活动。例如，杜克大学的研究人员就开发了一款Autism & Beyond应用，可以使用iPhone的前置摄像头和人脸识别算法来筛查自闭症儿童。

---

① CB Insights. The AI industry series：top healthcare AI trends to watch [EB/OL]. [2019 - 02 - 02]. https：//www. cbinsights. com/research/report/ai - trends - healthcare/.

② 从阿尔法狗元（AlphaGo Zero）的诞生看终极算法的可能性 [EB/OL]. [2019 - 02 - 02]. https：//blog. csdn. net/dzjx2eotaa24adr/article/details/78315012.

类似地，大约有 1 万人使用 mPower 应用，它可以提供手指点击和步伐分析，从而判断病人是否患有帕金森综合征。而这些病人也都同意将自己的数据分享给更广泛的科研界使用①。

五、健康医疗大数据加强个人健康管理

对于个人来说，大数据也将在健康管理方面起到重要的作用。

一方面，随着移动健康设备和智能可穿戴设备的发展，个人用户的健康信息可以随时随地被采集并且上传，实现对个人健康状况的无间断的监控，这些健康信息的收集和监测形成数据库。监测的具体内容包括个人一般情况（性别、年龄等），目前健康状况和疾病家族史，生活方式（膳食、体力活动、吸烟、饮酒等），体格检查（身高、体重、血压等），近期血、尿实验室检查（血脂、血糖等）、疾病情况甚至死亡资料，工作生活中接触的各种健康危害因素。通过智能化设备实时监测、收集这些健康危险因素可以获得海量数据，而大数据技术则可以将检测数据传送并存储于云端，形成连续不断的全面的个人健康档案数据库②。

另一方面，结合了个人健康信息和大数据模型，通过应用和设备可以向用户提供健康指导和健康建议，相当于让用户拥有了一个私人的健康顾问团。从比较简单的对于个人体重和体脂含量的评测，到对糖尿病人根据其血糖数据的变化做出的饮食建议，从健身计划到牙齿检查的管理，让个人对自己的健康状况有随时的了解，提高其在个人健康管理上的参与度和积极性，从而提高自身的身体健康水平。

第二节 我国健康医疗大数据的法律和政策发展

面对健康医疗大数据这样一种具有极大价值的信息资源，其发展和规范

---

① CB Insights. The AI industry series：top healthcare AI trends to watch［EB/OL］.［2019 - 02 - 02］. https：//www. cbinsights. com/research/report/ai - trends - healthcare/.

② 郑末枝. 大数据与健康管理的关系及实践［EB/OL］.［2019 - 02 - 22］. http：//www. chinaqking. com/yc/2017/948706. html.

都关乎国计民生，国家对于作为国家重要基础性战略资源的健康医疗大数据的管理非常重视，目前，已陆续出台关于扶持健康医疗大数据发展的相关政策（见表5-1），初步构建了我国健康医疗大数据的发展方向。

表5-1 我国目前有关健康医疗大数据的法律法规和政策汇总

文件种类	颁布时间	颁布机关	文件名称
1. 行政法规	2015年8月31日	国务院	《促进大数据发展行动纲要》
2. 部门规章	2014年5月5日	国家卫计委	《人口健康信息管理办法（试行）》
	2016年6月21日	国务院办公厅	《国务院办公厅关于促进和规范健康医疗大数据应用发展的指导意见》
	2017年1月24日	国家卫计委	《"十三五"全国人口健康信息化发展规划》
	2018年4月25日	国务院办公厅	《关于促进"互联网+医疗健康"发展的意见》
	2018年7月12日	国家卫生健康委员会	《国家健康医疗大数据标准、安全和服务管理办法（试行）》
3. 地方法规规章	2016年10月10日	湖北省政府办公厅	《关于促进和规范健康医疗大数据应用发展的实施意见》
	2016年11月3日	云南省卫计委	《关于印发云南省"互联网+健康医疗"行动计划（2016—2020年）的通知》
	2016年11月4日	云南省政府办公厅	《关于促进和规范健康医疗大数据应用发展的实施意见》
	2016年11月7日	四川省卫计委、发展改革委和人保厅	《关于加快推进互联网+医疗健康服务的指导意见》
	2016年11月7日	河北省政府办公厅	《关于促进和规范健康医疗大数据应用发展的实施意见》
	2016年12月23日	重庆市政府办公厅	《重庆市健康医疗大数据应用发展行动方案（2016—2020年）的通知》

续表

文件种类	颁布时间	颁布机关	文件名称
4. 北京市地方法规规章及政策	2014 年 9 月 10 日	市卫计委	《关于印发落实深化医药卫生体制改革 2014 年重点工作安排任务分工方案的通知》
	2014 年 9 月 23 日	市政府	《关于促进健康服务业发展的实施意见》
	2014 年 9 月 29 日	市政府	《关于继续深化医药卫生体制改革的若干意见》
	2014 年 12 月 3 日	市卫计委	《关于印发〈首都卫生和计划生育领域知识产权管理工作指南（试行）〉的通知》
	2015 年 2 月 16 日	市政府办公厅	《关于加快推进中关村生物医药医疗器械及相关产业发展的若干意见》
	2015 年 4 月 30 日	市卫计委	《关于印发 2015 年人口健康信息化工作要点的通知》
	2015 年 6 月 23 日	市卫计委	《关于市委社会事业与社会治理体制改革专项小组改革实施规划（2014—2020 年）分工方案》
	2015 年 9 月 15 日	市卫计委	《关于印发〈2015 年大型医院巡查及改善医疗服务行动计划工作方案及有关实施细则〉的通知》
	2016 年 1 月 9 日	市政府	《关于积极推进"互联网 +"行动的实施意见》
	2016 年 6 月 14 日	市卫计委、市发改委、市教委、市经信委、市民政局、市财政局、市人保局、市金融局、市残联	《关于加强北京市康复医疗服务体系建设的指导意见》
	2016 年 8 月 3 日	市政府	《关于印发〈北京市大数据和云计算发展行动计划（2016—2020 年）〉的通知》
	2016 年 11 月 15 日	市卫计委	《关于开展健康体检电子信息采集工作的通知》
	2016 年 12 月 1 日	市政府	《关于印发〈北京市"十三五"时期信息化发展规划〉的通知》

续表

文件种类	颁布时间	颁布机关	文件名称
5. 上海市地方法规规章及政策	2014年9月19日	市政府	《关于促进本市生活性服务业发展的若干意见》
	2016年2月1日	市政府	《关于印发〈上海市推进“互联网+”行动实施意见〉的通知》
	2016年5月19日	市政府	《关于印发〈上海市深化医药卫生体制综合改革试点方案(2016—2020年)〉的通知》
	2016年8月5日	市政府	《上海市科技创新“十三五”规划》
	2016年9月15日	市政府	《关于印发〈上海市大数据发展实施意见〉的通知》
	2016年11月11日	市政府	《关于印发〈上海市推进智慧城市建设“十三五”规划〉的通知》
	2014年4月16日	市经信委	《上海工业及生产性服务业指导目录和布局指南(2014年版)》
	2015年4月3日	市卫计委	《上海关于印发〈上海市进一步改善医疗服务行动计划实施方案〉的通知》
6. 浙江省地方法规规章及政策	2014年5月16日	省政府	《关于促进健康服务业发展的实施意见》
	2014年12月19日	省卫计委、省发改委、省经信委	《关于促进健康信息服务业发展实施方案的通知》
	2015年4月8日	省卫计委	《关于印发2015年全省卫生计生规划与信息化工作要点的通知》
	2015年10月12日	省政府办公厅	《关于加快推进中医药健康服务发展的意见》
	2015年12月10日	省政府	《关于加快推进中药产业传承发展的指导意见》
	2016年1月14日	省政府	《关于印发浙江省“互联网+”行动计划的通知》
	2016年2月18日	省政府	《关于印发浙江省促进大数据发展实施计划的通知》
	2016年5月16日	省政府办公厅	《关于印发浙江省医疗卫生服务体系规划(2016—2020年)的通知》
	2016年6月3日	省政府	《关于印发浙江省深化医药卫生体制改革综合试点方案的通知》

2014 年 5 月 5 日，国家卫计委发布《人口健康信息管理办法（试行）》，规范了医疗机构对于人口健康信息的采集、利用、管理、安全和隐私保护的原则，将医疗卫生计生服务机构作为人口健康信息管理的责任单位。

2015 年，第十二届全国人民代表大会上李克强总理提出制定“互联网 +”行动计划，“互联网 + 医疗行业”进一步推动互联网与传统医疗行业的融合。

2016 年 6 月 21 日，国务院办公厅印发《国务院办公厅关于促进和规范健康医疗大数据应用发展的指导意见》，明确了健康医疗大数据的发展目标：到 2017 年年底，实现国家和省级人口健康信息平台以及全国药品招标采购业务应用平台互联互通，基本形成跨部门健康医疗数据资源共享共用格局。到 2020 年，建成国家医疗卫生信息分级开放应用平台，实现与人口、法人、空间地理等基础数据资源跨部门、跨区域共享，医疗、医药、医保和健康各相关领域数据融合应用取得明显成效；统筹区域布局，依托现有资源建成 100 个区域临床医学数据示范中心，基本实现城乡居民拥有规范化的电子健康档案和功能完备的健康卡，健康医疗大数据相关政策法规、安全防护、应用标准体系不断完善，适应国情的健康医疗大数据应用发展模式基本建立，健康医疗大数据产业体系初步形成、新业态蓬勃发展，人民群众得到更多实惠。

2016 年 10 月 22 日，为推进和规范健康医疗大数据的应用发展，福建省、江苏省及福州、厦门、南京、常州被确定为健康医疗大数据中心与产业园建设国家试点工程第一批试点省市。

2016 年 10 月 25 日，中共中央、国务院印发了《“健康中国 2030”规划纲要》，其中特别提到加强健康医疗大数据应用体系建设，推进基于区域人口健康信息平台的健康医疗大数据开放共享、深度挖掘和广泛应用。

2017 年 1 月 24 日，国家卫计委发布《“十三五”全国人口健康信息化发展规划》，将《国务院办公厅关于促进和规范健康医疗大数据应用发展的指导意见》中的发展目标进一步具体化，提出全民健康保障信息化工程、健康医疗大数据应用发展工程、基层信息化能力提升工程、智慧医疗便民惠民工程和健康扶贫信息支撑工程等几大重点工程。

2017 年 12 月 12 日，健康医疗大数据中心第二批国家试点启动。山东、安徽、贵州三个省成为健康医疗大数据中心第二批国家试点省。

2018年4月25日，国务院办公厅印发《关于促进“互联网+医疗健康”发展的意见》，在健全“互联网+医疗健康”服务体系和完善“互联网+医疗健康”支撑体系与加强行业监管和安全保障等方面均提出了具体的建设目标和任务，进一步推进健康医疗大数据的发展。

2018年7月12日，国家卫生健康委员会印发《国家健康医疗大数据标准、安全和服务管理办法（试行）》，首次明确了健康医疗大数据的外延不仅包含医疗机构的数据，也包括了其他企事业单位在健康医疗服务过程中产生的数据，将健康医疗大数据的责任单位的范围扩大到医疗机构以外的企事业单位，并针对健康医疗大数据的标准管理、安全管理、服务管理提出了较为翔尽的要求。

第三节　健康医疗大数据法律定义的发展

随着政策和法规的逐步出台和完善，我国对于健康医疗大数据的法律定义也经历了一个逐步发展、逐步完善的过程。

2014年5月5日，国家卫计委印发的《人口健康信息管理办法（试行）》将所涉及的人口健康信息限定在各级各类医疗卫生计生服务机构在服务和管理过程中所产生的人口基本信息和医疗卫生服务信息的范围内，同时，该办法肯定了符合法律法规规定的人口健康电子信息和纸质文本具有同等法律效力①。但各级各类医疗卫生计生服务机构之外的主体所收集的有关个人健康的医疗信息是否应当被包含进个人健康医疗信息中这个问题在该办法中并没有涉及。

2016年6月24日，国务院发布《国务院办公厅关于促进和规范健康医疗大数据应用发展的指导意见》，将推动健康医疗大数据资源共享开放作为重点任务和重大工程之一。该指导意见将健康医疗大数据的范围突破了医疗卫生计生服务机构的限制，扩大到可穿戴设备、智能健康电子产品、健康医

---

① 《人口健康信息管理办法（试行）》第3条规定：“本办法所称人口健康信息，是指依据国家法律法规和工作职责，各级各类医疗卫生计生服务机构在服务和管理过程中产生的人口基本信息、医疗卫生服务信息等人口健康信息。符合《中华人民共和国电子签名法》等有关法律法规规定的人口健康电子信息，与纸质文本具有同等法律效力。”

疗移动应用等产生的数据资源，大大增加了数据的来源，同时也在客观上扩大了个人健康医疗数据所涉及的采集存储和使用的主体①。

2016 年 11 月 7 日《网络安全法》正式颁布。《网络安全法》对于个人信息的涵盖范围极为广泛，旨在监管网络安全、保护个人隐私和敏感信息，以及维护国家网络空间主权和安全。《网络安全法》强调了网络产品、服务、运营、信息安全以及监测、早期诊断、应急响应和报告等方面的要求，但并未就健康医疗大数据的内涵、外延和定义单独做出明确的规定。

2018 年 7 月 12 日，国家卫生健康委员会发布《国家健康医疗大数据标准、安全和服务管理办法（试行）》（以下简称《服务管理办法》）出台。健康医疗大数据首次有了较为明确的定义：健康医疗大数据是指在人们疾病防治、健康管理等过程中产生的与健康医疗相关的数据。该定义之下的健康医疗大数据既包括各级各类医疗卫生机构中产生的个人疾病防治健康管理相关的健康医疗数据，也包括卫生健康行政部门、相关医疗单位以及个人所涉及的健康医疗数据。该定义已经大大扩展了健康医疗大数据的范围，基本上涵盖了人们在医疗健康领域产生的与医疗健康相关的全部数据。

第四节　《服务管理办法》对健康医疗大数据的主要规定

在《服务管理办法》颁布以前，对于健康医疗数据，主要还是关注和强调关于信息系统的安全问题，强调对于个人的健康医疗信息的保护，强调保

① 《国务院办公厅关于促进和规范健康医疗大数据应用发展的指导意见》第 2 条第 1 款第 2 项规定，鼓励各类医疗卫生机构推进健康医疗大数据采集、存储，加强应用支撑和运维技术保障，打通数据资源共享通道。加快建设和完善以居民电子健康档案、电子病历、电子处方等为核心的基础数据库。建立卫生计生、中医药与教育、科技、工业和信息化、公安、民政、人力资源社会保障、环境保护、农业、商务、安全监管、检验检疫、食品药品监管、体育、统计、旅游、气象、保险监管、残联等跨部门密切配合、统一归口的健康医疗数据共享机制。探索推进可穿戴设备、智能健康电子产品、健康医疗移动应用等产生的数据资源规范接入人口健康信息平台。建立全国健康医疗数据资源目录体系，制定分类、分级、分域健康医疗大数据开放应用政策规范，稳步推动健康医疗大数据开放。

障信息安全中经典的CIA三性：保密性（confidentiality），即信息不被泄露给未经授权者的特性；完整性（integrity），即信息在存储或传输过程中保持未经授权不能改变的特性；可用性（availability），即信息可被授权者访问并使用的特性。然而，现阶段在数据共享、开放、利用的规则层面，我国同样没有太多的考虑和制度设计。卫计委于2014年印发的《人口健康信息管理办法（试行）》是我国目前现行的关于健康医疗数据方面最权威的规定，其中第13条、第14条对数据共享和开放只做了原则性表述，对于具体实施细则没有进一步解释①。

《服务管理办法》作为到目前为止针对健康医疗大数据规定的最新最全面的法规，其除了明确健康医疗大数据的定义、内涵和外延外，也明确规定了立法的目的依据、适用范围、遵循原则和总体思路等，明确了各级卫生健康行政部门的边界和权责、各级各类医疗卫生机构及相应应用单位的责权利。

《服务管理办法》从标准管理、安全管理、服务管理三个方面对责任单位在健康医疗大数据领域进行了规范。

一、标准管理

首先，《服务管理办法》要求制定健康医疗大数据的标准。

《服务管理办法》提出在已有的基础性通用性大数据标准基础上组织制定健康医疗大数据标准体系规划，并规定健康医疗大数据标准起草、审查及发布的程序和要求，按照国家和行业有关规定执行。

在标准制定方面，国家卫生健康委员会负责统筹规划、组织制定全国健康医疗大数据标准，同时鼓励多方参与协作，医疗卫生机构、科研教育单位、相关企业或行业协会、社会团体等参与健康医疗大数据标准制定工作。公民、法人或者其他组织可提出制定健康医疗大数据标准的立项建议，并提交相应标准项目建议书。

其次，《服务管理办法》要求卫生健康行政部门建立相应的健康医疗大数据标准化产品生产和采购的激励约束机制，卫生健康行政部门要积极推进

---

① 直击痛点，《国家健康医疗大数据标准、安全和服务管理办法（试行）》出台［EB/OL］.［2019-02-02］. https：//blog. csdn. net/enohtzvqijxo00atz3y8/article/details/82701034.

健康医疗大数据标准规范和测评工作，并将测评结果与医疗卫生机构评审评价挂钩。

最后，《服务管理办法》要求加强健康医疗大数据技术产品和服务模式的标准体系及制度建设，通过组织对健康医疗大数据标准应用的效果评估，推动实现对健康医疗大数据标准的制定、修订或废止等相关工作。

二、安全管理

《服务管理办法》明确了健康医疗大数据的安全管理是指在数据采集、存储、挖掘、应用、运营、传输等多个环节中的安全和管理，包括国家战略安全、群众生命安全、个人信息安全的权责管理工作，是一个集国家、群众和个人三位一体的多维的安全管理理念。

《服务管理办法》要求责任单位在以下方面采取措施来保证健康医疗大数据安全管理。

（1）采取数据分类、重要数据备份、加密认证等措施。

（2）建立可靠的数据容灾备份工作机制，定期进行备份和恢复检测。

（3）构建可信的网络安全环境，加强安全保障体系建设。

（4）产品和服务提供者不得中断或者变相中断合理的技术支持与服务。

（5）提供安全的信息查询和复制渠道。

（6）严格规范不同等级用户的数据接入和使用权限。

（7）建立严格的电子实名认证和数据访问控制，全程留痕，可以追溯到相关责任单位和责任人。

（8）建立健全安全管理人才培养机制。

（9）建立安全监测和预警系统，建立网络安全通报和应急处置联动机制。

三、服务管理

《服务管理办法》要求制定健康医疗大数据应用领域的相关规范、标准，建立健康医疗大数据应用诚信机制和退出机制，制定健康医疗大数据挖掘、应用的安全和管理规范。

《服务管理办法》要求责任单位在以下方面采取措施来进行健康医疗大

数据的服务管理。

（1）实施健康医疗大数据管理和服务，遵循医学伦理原则，保护个人隐私。

（2）实行“统一分级授权、分类应用管理、权责一致”的管理制度。

（3）建设健康医疗大数据信息系统作为技术和管理支撑。

（4）做到标准统一、术语规范、内容准确，保证服务和管理对象在本单位信息系统中身份标识唯一、基本数据项一致，严格实行信息复核终审程序，做好数据质量管理。

（5）责任单位应当具备符合国家有关规定要求的数据存储、容灾备份和安全管理条件。

（6）健康医疗大数据应当存储在境内安全可信的服务器上。

（7）责任单位选择的健康医疗大数据服务提供商和委托有关机构存储、运营的健康医疗大数据，应当确保商业伙伴符合健康医疗大数据方面的法律法规的要求和能力。

（8）责任单位应当结合服务和管理工作需要，及时更新、甄别、优化和维护健康医疗大数据，确保信息处于最新、连续、有效、优质和安全状态。

（9）责任单位发生变更时，应当将所管理的健康医疗大数据完整、安全地移交，不得造成健康医疗大数据的损毁、丢失和泄露。

（10）向社会公开健康医疗大数据时，不得泄露国家秘密、商业秘密和个人隐私。

（11）推动部分健康医疗大数据在线查询。

第五节　健康医疗大数据法律风险的防范建议

健康医疗大数据来源于个人健康医疗信息，个人健康医疗信息作为个人信息的重要组成部分，属于极为敏感的个人信息，包含了患者个人的身体健康和疾病数据，一旦遭到泄露或修改，对标识的个人信息主体会存在产生不良影响的可能性。个人健康医疗信息在采集、存储、应用、转移以及信息销毁方面均存在需要防范的法律风险。目前尽管通过《服务管理办法》已经对责任单位需要在标准、安全和服务管理中应当承担的责任进行了比较全方位的规定，但这些规定仍然只是停留在相对原则性的层面，具体的标准和实施办法以及评估机制均尚不清晰和完善。在这种情况下，责任单位在健康医疗大数据方面开展业务和经济活动时，均会遇到由于法规的模糊领域所带来的不确定性，如何在这种前提下尽量做好信息安全体系的建设工作，防止相应的法律风险，是我们本节所需要探讨的内容。

问题一：医疗机构和智能穿戴设备生产商对个人健康医疗信息的收集是否需要经过个人的同意和对适用范围进行授权？

《网络安全法》第 41 条规定："网络运营者收集、使用个人信息，应当遵循合法、正当、必要的原则，公开收集、使用规则，明示收集、使用信息的目的、方式和范围，并经被收集者同意。网络运营者不得收集与其提供的服务无关的个人信息，不得违反法律、行政法规的规定和双方的约定收集、使用个人信息，并应当依照法律、行政法规的规定和与用户的约定，处理其保存的个人信息。"

这个条款中涉及这么几个问题：医疗机构和智能穿戴设备生产商是否为网络运营者？是否需要受《网络安全法》的约束？医院内部的局域网或者智能穿戴设备和某一信息存储器、接收器（服务器、云端）的链接是否构成网络？

《网络安全法》对相关用语的定义如下：

（1）网络，是指由计算机或者其他信息终端及相关设备组成的按照一定的规则和程序对信息进行收集、存储、传输、交换、处理的系统。

（2）网络安全，是指通过采取必要措施，防范对网络的攻击、侵入、干扰、破坏和非法使用以及意外事故，使网络处于稳定可靠运行的状态，以及保障网络数据的完整性、保密性、可用性的能力。

（3）网络运营者，是指网络的所有者、管理者和网络服务提供者。

（4）网络数据，是指通过网络收集、存储、传输、处理和产生的各种电子数据。

（5）个人信息，是指以电子或者其他方式记录的能够单独或者与其他信息结合识别自然人个人身份的各种信息，包括但不限于自然人的姓名、出生日期、身份证件号码、个人生物识别信息、住址、电话号码等。

从《网络安全法》对网络的定义可以看出，这里所说的网络，不仅仅是指互联网，可以说管理对象十分宽泛，大到全国性的基础电信网络，小到一个医疗机构的内部系统，均可以被纳入《网络安全法》规定的网络范围。那么医疗机构作为其内部系统的所有者和管理者，或者作为之后网络服务的提供者（如线上医院），也将被认为是《网络安全法》所称的网络运营者，应当受《网络安全法》的约束和管辖。

既然医疗机构是网络运营者，依照《网络安全法》的要求，其在为患者提供医疗服务时，应当获取患者对于医疗机构将会收集其个人信息及健康数据的同意。

同理，智能穿戴设备和其信息接收设备、信息存储设备等也属于《网络安全法》规定的网络的定义，智能穿戴设备的生产商作为该网络的所有人、管理者或者服务提供者，也需要在收集个人信息前取得使用者的同意。

【防范建议】由于个人健康医疗信息是非常敏感的个人信息，其拥有巨大的经济价值，一旦泄露可能给当事人造成严重侵害，因此法律和主管部门对于健康医疗大数据的管理的安全性特别重视，所以，无论作为医疗结构还是作为责任主体的企事业单位，均应当对法律规定中对于信息收集的要求给予足够的重视，如果存在在服务过程中收集个人健康医疗信息的情况，则应当以公告、签署同意书等综合的方式，将可能会收集的个人健康医疗信息的情况、收集的原则、个人对此具有的权利（如向患者告知，通过申请可以行使个人信息删除等），以及拒绝同意或者行使删除权将会造成的后果（如不能进行网上挂号，无法查阅历史病例等）告知患者，以减少日后在个人健康医疗信息收集方面的风险。

问题二：医疗机构在给患者提供疾病诊疗、健康咨询过程中形成及由此衍生的健康医疗数据，究竟是属于患者个人还是属于医疗机构？

健康医疗数据的所有权，无论在国内还是在国外，都还存在争议。

美国国会于 1996 年颁布的《美国健康保险携带和责任法案》（*Health Insurance Portability and Accountability Act*，HIPAA）以及其后通过的 HIPAA 隐私规则和安全规则等都是美国对个人的健康医疗信息保护最完善的法规。欧盟于 2016 年 4 月通过了《通用数据保护条例》，在这部堪称史上最严格的数据保护条例中，规定了个人数据处理的透明性（transparency）、最少数据收集（data minimization）原则，并赋予数据主体随时撤销同意权（right to withdraw consent）、被遗忘权（right to erasure）、可携带权（right to portability）等权利。无论是美国还是欧盟，在个人健康医疗信息方面均强调了个人对能够识别其个人的健康医疗信息拥有支配权、决定权和控制权，这两国（组织）的规定主要是从个人信息隐私的保护角度对于医疗信息使用的责任人和其商业伙伴等提出了严格的保护要求和原则。但对于医疗健康数据的所有权其实并未加以明确约定。

我国目前的法律体系中也没有明确界定健康医疗数据的权属的条款，特别是医疗数据的所有权。健康医疗数据在产生和采集过程中，医院、医护人员和患者均参与了数据的形成，比如患者的体征数据、医院设备计算所得数据、医生的处方数据等，导致数据的来源具有复杂性和多元性，单纯从数据的来源来定性数据的归属显然是不合适的。

不过，尽管目前还缺乏有效的法律条款来明确健康医疗数据的权属，在其他大数据的权属方面已经出现了有关的判例，可以给我们一些指导性的意见。

2018 年 8 月 16 日上午，杭州互联网法院对原告淘宝（中国）软件有限公司（以下简称“淘宝公司”）和被告安徽美景信息科技有限公司（以下简称“美景公司”）涉“生意参谋”零售电商数据平台（以下简称“涉案数据产品”）不正当竞争纠纷案进行了网上公开宣判，认定美景公司的被诉行为构成不正当竞争，判令美景公司停止侵权行为并赔偿淘宝公司经济损失及合理费用共 200 万元。在此案中，法院认为：网络数据产品的开发与市场应用已成为当前互联网行业的主要商业模式，是网络运营者市场竞争优势的重要来源与核心竞争力所在。原告淘宝公司开发、运营的涉案数据产品是在收集网络用户浏览、搜索、收藏、交易等行为痕迹所产生的巨量原始数据基础上，以特定的算法深度分析过滤、提炼整合并经匿名化脱敏处理后形成的预测型、指数型、统计型等衍生数据，其呈现方式是趋势图、排行榜、占比图等，主要功能是为淘宝、天猫商家的网店运营提供系统的数据化参考服务，帮助商家提高经营水平。这起案件中，涉案数据产品是淘宝公司付出了人力、物力、财力，经过长期经营积累而形成的。

尽管该判决中并没有涉及认定大数据的权属问题，但法院肯定了对于淘宝原始数据来源基础上经过脱敏和具有创造力劳动以后形成的衍生数据的权利，最后法院使用《反不正当竞争法》作为依据进行判决，这也为健康医疗大数据的开发使用中的保护提供了指导性的思路。

【防范建议】 在法规对于健康医疗大数据权属尚未明确的情况下，对于采集后的具有个人健康信息的数据必须经过脱敏处理，去除可以识别的个人信息部分。对于健康医疗大数据的开发使用，应当经过特定的算法和模型等进行深度分析，形成具有创造性的、独立的数据成果。在有关数据权利遭受侵害时，目前可以考虑从《反不正当竞争法》的角度进行诉讼，并且应当对遭受的损失进行举证。所以保留好开发过程中的成本证据也至关重要。

问题三：不同渠道采集的健康医疗数据分别会存在哪些方面的风险？

这个问题涉及健康医疗数据的几个来源问题。

健康医疗大数据的主要来源有以下几个。

1. 医院信息系统

医院信息系统是医疗数据的最重要来源。随着2018年国务院办公厅《关于促进“互联网＋医疗健康”发展的意见》的出台和落实，医疗机构将应用互联网等信息技术构建远程医疗、在线医疗，建立居民电子档案等，医院信息系统的健康医疗大数据将在健康医疗大数据领域扮演最重要的角色，成为国家战略性信息资源的重要组成部分。

2. 智能健康设备的健康监测信息

随着智能穿戴设备和健康监测设备的快速发展，智能穿戴设备的生产商和提供商在人们的生活和运动中可随时进行数据的监测跟踪和共享。可以说，智能穿戴设备的生产商和提供商通过设备便建立起了收集个人健康医疗信息的天然通道。可穿戴医疗健康设备的进一步应用将实现对用户健康数据大量级别的采集，为今后向健康医疗大数据应用分析提供了重要支撑。

3. 手机应用程序

手机中的 App 应用也是健康医疗数据的一大来源，以“春雨医生”这个 App 为例。春雨医生将其收集的海量平台数据（包括平台交互数据、用户健康档案、检验检查报告单等），以及部分医院数据或美国疾病控制与预防中心所公布的公开的医院病历的数据等，经过了初步脱敏、处理后，打造服务于用户和医生的工具。一方面，春雨医生打造用户自诊辅助系统，帮助用户输入症状找到疾病。另一方面，春雨医生提供医生辅助追问系统，快速依据交互内容，辅助追问病情信息，提高医生诊断效率和准确性，最终增加医疗的效率①。

4. 其他互联网信息

除了上述内容外，其实互联网上还有许多以信息碎片方式存在的个人健康医疗信息，比如在个人社交网络上放出的个人健康医疗信息，或者通过爬虫信息抓取的海量个人健康医疗信息或者健康医疗大数据等。

在这些不同的信息获取渠道中，前三种是通过提供产品或者服务的方式取得原始数据的，其获取途径的合法性比较有保证，但也存在收集的信息是否提供服务所需要的必要信息、是否超过合理的范围等问题。而第四种通过爬虫方式等网络技术获取的健康医疗数据，则更容易处于一个灰色地带，因为爬虫收集的技术特点就包含了其不可能经过权利人授权也不可能事先告知，爬虫始终是处于秘密收集的状态。如果爬虫本身针对的是一些公开数据的收集，或者收集的数据不具有个人信息的可识别性，则相对风险较小，不构成侵犯公民个人信息犯罪；但如果收集了个人健康医疗信息，或者其通过破坏某些计算机系统（如反爬虫程序）等来收集健康医疗数据，则极容易构成犯

---

① 春雨医生曾柏毅：互联网 + 医疗健康大数据的机遇与挑战［EB/OL］．［2019 - 02 - 02］．http：//news. idcquan. com/scqb/142375. shtml.

罪，被追究刑事责任。

【防范建议】 直接通过服务和产品取得数据的企业，应当建立完善的收集数据的规范，对于收集对象进行书面的告知，并且将收集的数据控制在必要的范围之内。如果对收集的数据需要进一步分析应用，应当做好数据脱敏的工作，去除个人的可识别信息，同时应当通过企业有创造性的分析整合等方式形成对于衍生数据的控制权。如果从事健康医疗信息分析和应用行业的企业从以前三种方式获取健康医疗大数据的单位手中购买大数据，则需要注意其是否对于前述的数据有过脱敏处理，并且应当在购买的合同中明确有关数据获取的合法性应当由出让方做出保证。

而第四种获取方式是一种风险极大的信息获取手段，需要严格限制在无关个人信息的范围内，并且不能有任何破坏对方计算机信息系统的入侵行为。相信随着对数据重视的日益提高，各个网站都会建立起自身的反爬虫系统，这种信息获取手段也将被严格限制。

问题四：如何应对健康医疗数据的跨境存储风险？

个人信息的跨境流动是指个人信息从境内流到境外，健康医疗数据的流动发生在境内收集的健康医疗数据通过一定的方式流动到境外的服务器上。健康医疗数据可能出现的跨境存储和传输的情况主要由以下几个原因引起。

（1）境内个人通过境外服务器上的商家或网站购买产品或服务，从而在国外服务器上留下访问记录，如偏好、行为等。比如某一中国孕妇在美国亚马逊网站上浏览、购买营养品等，或者在某一境外网站上填写了有关健康调查问卷，将数据留在境外的服务器上。

（2）部分在中国设有子公司的国外企业将公司的服务器设立在境外，这些公司在对中国客户开展业务时，其收集的中国客户的个人信息也将被存储在国外母公司的服务器上。比如某一国际品牌的智能穿戴设备的生产商和服务提供商，将其产品在中国消费者使用过程中的数据传输存储在其位于东南亚的服务器上，就产生了该部分数据的跨境存储。

（3）某些在中国境内服务器上的健康医疗数据被爬虫技术抓取，或者以其他方式窃取后传送到境外的服务器上。

这几种方式中，第一种基本是个人行为造成的信息处境，是一种正常的个人经济行为；而第三种情况是违法的信息出境，严重时还会触犯《刑法》，构成犯罪。这两种情况都比较明确。而第二种情况是目前在健康医疗大数据领域比较关注的情况，也是需要着重讨论的。

关于健康医疗信息的跨境存储和传输，国家卫计委曾在2014年5月5日出台的《人口健康信息管理办法（试行）》中明确规定："不得将人口健康信息在境外的服务器中存储，不得托管、租赁在境外的服务器。"由于该办法适用范围的主体是针对我国各级各类医疗卫生计生服务机构，并不包含其他的企事业单位，所以我们认为，除各级各类医疗卫生计生服务机构以外的企事业单位不受这个管理办法的限制。

2016年11月7日《网络安全法》颁布，第37条规定，"关键信息基础设施的运营者在中华人民共和国境内运营中收集和产生的个人信息和重要数据应当在境内存储。因业务需要，确需向境外提供的，应当按照国家网信部门会同国务院有关部门制定的办法进行安全评估；法律、行政法规另有规定的，依照其规定。"

2018年7月12日，国家卫生健康委员会发布《服务管理办法》第30条规定："责任单位应当具备符合国家有关规定要求的数据存储、容灾备份和安全管理条件，加强对健康医疗大数据的存储管理。健康医疗大数据应当存储在境内安全可信的服务器上，因业务需要确需向境外提供的，应当按照相关法律法规及有关要求进行安全评估审核。"

《服务管理办法》与《人口健康信息管理办法（试行）》相比，其注意到了健康医疗跨国企业在健康医疗大数据方面的重要性和遇到的问题，没有比照《人口健康信息管理办法（试行）》对于医疗机构的规定，对于境外存储全面禁止，而是保留了在安全评估审核通过后，允许将健康医疗大数据向境外提供的可能性。

同时，我们注意到，全国信息安全标准化技术委员会于2017年8月30日发布《信息安全技术　数据出境安全评估指南（征求意见稿）》中，对个人信息和重要数据的出境详细描述了评估方法，包括对数据处境的必要性、涉及个人信息和重要数据的数量范围敏感程度等、出境后再转移的风险以及对国家社会和个人利益的风险等全面进行评估。

另外，还需要注意在健康医疗数据出境方面的特殊规定。

1998 年 6 月 10 日，国务院办公厅颁布的《人类遗传资源管理暂行办法》规定，中国人类遗传资源管理办公室负责受理人类遗传资源出口、出境的申请，办理出口、出境证明，该办法所称的人类遗传资源是指含有人体基因组、基因及其产物的器官、组织、细胞、血液、制备物、重组脱氧核糖核酸（DNA）构建体等遗传材料及相关的信息资料。国家对重要遗传家系和特定地区遗传资源实行申报登记制度，未经许可，任何单位和个人不得擅自采集、收集、买卖、出口、出境或以其他形式对外提供。根据该规定，与基因有关的健康医疗信息和数据的出境必须经过特殊的审批制度。

【防范建议】在《服务管理办法》尚未出台前，医疗企业对于是否需要与医疗机构一样完全严格遵守《人口健康信息管理办法（试行）》存在很多疑惑和猜测。《服务管理办法》的放宽，为医疗企业提供了一个解决的渠道。尽管目前《信息安全技术数据出境安全评估指南》尚未正式出台和实施，但是我们可以预期，既然在《服务管理办法》中规定了对于出境的健康医疗数据需要一个安全评估审核的程序，则一定会出台一个具体有效的健康医疗信息和数据出境的安全评估办法。目前，建议与此有关的医疗企业可以通过参考《信息安全技术　数据出境安全评估指南（征求意见稿）》的规定，对其涉及的数据和个人信息存在敏感性、必要性和有关风险方面进行较全面的评估和改进，以提高届时通过数据出境安全评估的可能性。当然，如果可以将服务器从境外改成中国境内的话，也是一个可行度较高的解决方法，避免因数据出境的安全评估环节出现问题而导致数据无法出境存储给企业的经营带来不良的影响。

问题五：健康医疗大数据在医疗领域应用中产生的错误和偏差的责任如何承担？

尽管健康医疗大数据在医疗领域的应用范围非常广阔，应用前景也非常光明，但是作为一个新兴事物，其本身发展还处于刚刚起步阶段，在标准上、技术上都存在很多的不完善，在法律层面也存在很多不清晰的界定。

作为数据本身，健康医疗大数据无论在数据格式的统一性方面，数据记录的完整性方面，数据的有效性、真实性和连续性方面都存在诸多问题，同时运用大数据加 AI 在临床科研、辅助诊疗方面尽管有巨大的帮助，也还是存在很大的待发展的空间。比如，以临床实践为例，临床实践中，形成的医疗数据集属于“临床数据集”，而临床试验采集的数据属于“研究数据集”。二者形成的条件存在巨大的差异，前者是患者没有根据研究目的进行研究设计，包括严格的入组标准和排除标准情况下形成临床数据集；后者是根据研究目的进行研究方案设计，依照入排标准纳入患者收集的研究数据集。“临床数据”不等于“研究数据”；临床数据是根据临床疾病诊疗需求记录的数据集；研究数据是根据研究目的，通过研究设计入组研究对象收集的数据集；如果将临床数据简单作为研究数据分析，会产生严重的选择性偏倚和混杂因素的干扰，即使采用最先进的 AI 模型算法，也会得出错误的结论①。

同样的问题还出现在移动医疗 App 和智能穿戴医疗设备领域，有些移动医疗 App 使用一定量的数据将总结出来的“规律”推荐给其他的用户，但和传统的病人和医生的关系相比，用户不具备足够的医疗知识，在移动医疗 App 的推荐下，病人盲目使用了建议的医疗措施，产生误诊或者延误治疗；或者某智能穿戴医疗设备，根据其检测到的血压血糖等数据，利用大数据给出用药建议，结果造成损害后果，都是需要考虑的问题。如果因为这种情况出现了医疗失误或者人身伤害，面对消费者和接收服务方的维权，应该如何认定责任承担，有关企业又应该如何应对这个潜在的风险，防止事情的发生？

由健康医疗大数据作为基础的 AI 和 App 等出现的风险，是应当适用《侵权责任法》中关于“医疗损害赔偿”章第 57 条规定医务人员的注意义务以“当时的医疗水平”为限：“医务人员在诊疗活动中未尽到与当时的医疗

---

① 医疗大数据及 AI 在医疗行业的应用探讨［EB/OL］．［2019－02－02］．https：//www. iyiou. com/p/91132. html.

水平相应的诊疗义务，造成患者损害的，医疗机构应当承担赔偿责任。”

如果从 AI 是否具有人格的角度去讨论是否适用医疗损害赔偿，显然在目前的认知和法律体系之下是不合适的，AI 不具有独立人格，不能依照医务人员的标准去认定。有观点认为：AI 是以健康医疗大数据为基础，运用计算机的深度学算法而做出诊断的，不是如医生一般系通过运用诊疗常规、规范而得出诊断结论的，因此即使其出现诊断错误，也不可能通过考察其是否违反诊疗常规、规范而得出过失与否的结论；AI 的准入资格决定了其是以概率计算的、以当时的最高医疗水平为标准的，故不能以“与当时的医疗水平相应的诊疗义务”作为判断依据。当 AI 因未能达到当时的最高医疗水平而出现诊断错误时，这既是 AI 的一种医疗过失，更是 AI 产品的设计或算法缺陷，此时基于人的过失和基于产品的缺陷合而为一了，在法律上可以适用同一标准而判断之，最好的标准便是产品缺陷标准①。

产品缺陷的判断标准适用《中华人民共和国产品质量法》（以下简称《产品质量法》）第 46 条规定：“本法所称缺陷，是指产品存在危及人身、他人财产安全的不合理危险；产品有保障人体健康和人身、财产安全的国家标准、行业标准的，是指不符合该标准。”但同时，《产品质量法》第 41 条规定：“……生产者能够证明有下列情形之一的，不承担赔偿责任：（一）未将产品投入流通的；（二）产品投入流通时，引起损害的缺陷尚不存在的；（三）将产品投入流通时的科学技术水平尚不能发现缺陷的存在的。”大数据产品和 AI 产品不同于我们传统的产品，其是动态的、不断进化的，如果以某一健康医疗大数据为基础的应用产品符合国家有关标准，但在使用过程中出现了误诊和误导，是否可以免责？

这些问题在目前的法律中尚没有结论。但是，依据我们的经验和对法律原则性的理解，作为产品的生产方和服务的提供方，在损害发生的情况下，都有可能被认为需要承担赔偿责任。

---

① 人工智能（AI）诊断的法律规则：AI 诊断的主体是人还是机器［EB/OL］．［2019 - 02 - 02］．https：//www. sohu. com/a/162784137_ 426568.

【防范建议】对于开发相关App或穿戴设备的生厂商和服务提供商，应当严格遵守国家关于医疗领域的各项规定，对于应当由医疗机构和医务人员才能做出的诊疗结果和治疗建议，应当严格由有资质的医疗机构和医务人员来做出。大数据仅能作为辅助判断的手段为医疗人员提供技术和数据支持，不能替代医生看病，更不能对于药品做出建议。在App和设备的使用说明和使用时的提示页面上应当以醒目的字体向使用者表示，有关数据仅能作为参考，不能作为自行诊治和用药的依据；有任何情况，均应当前往医疗机构进行正规治疗。也不应在任何宣传资料上明示或者暗示用户该产品具有任何可代替医疗机构的表示。对于医疗机构的内部人员，应当加强规定和教育，不得使用任何大数据和AI结论直接作为诊疗意见。

第六章
大数据与物联网

第一节　物联网的概念

物联网是在互联网的基础上，利用无线射频识别（RFID）、传感器和无线传感器网络等技术，构建一个覆盖所有人与物的网络信息系统，在这个网络中，物品（商品）能够彼此进行“交流”，而无须人的干预。其实质是利用各类传感、通信、计算技术，通过计算机互联网实现物品（商品）的自动识别和信息的互联与共享。

物联网概念的问世，打破了之前的传统思维。过去的思路一直是将物理基础设施和 IT 基础设施分开，一方面是机场、公路、建筑物，另一方面是数据中心、个人电脑、宽带等。而在物联网时代，钢筋混凝土、电缆将与芯片、宽带整合为统一的基础设施，实现物的“思考”与“沟通”。

一、物联网的定义

物联网就是“物物相连的互联网”，这里包含了两层含义：第一，物联网的核心和基础仍然是互联网，物联网就是互联网的延伸和扩展；第二，其用户端延伸和扩展到了任何人和物、物和物可以进行信息交换和通信。物联网是通过各种信息传感设备，按照约定的协议，把任何物品与互联网连接起来，进行信息交换、信息通信和信息处理，以实现智能化识别、定位、跟踪、监控和管理的一种网络。它是在互联网基础上延伸和扩张的网络。

另外，根据国际电信联盟（international telecommunication union，ITU）的定义，物联网主要解决物品与物品（thing to thing，T2T）、人与物品（human to thing，H2T）、人与人（human to human，H2H）之间的互联。但

是与传统互联网不同的是，H2T 是指人利用通用装置与物品之间的连接，从而使得物品连接更加简化；而 H2H 是指人之间不依赖于 PC 而进行的互连。因为互联网并没有考虑到对于任何物品连接的问题，故我们使用物联网来解决这个传统意义上的问题。许多学者讨论物联网时，经常会引入一个 M2M 的概念，可以解释成为人到人（man to man）、人到机器（man to machine）、机器到机器（machine to machine）。从本质上而言，人与机器、机器与机器的交互，大部分是为了实现人与人之间的信息交互。

二、物联网的特征

与传统的互联网相比，物联网具有鲜明的特征。

1. 全面感知

利用无线射频识别（RFID）、传感器、定位器和二维码等手段随时随地对物体进行信息采集和获取。感知包括传感器的信息采集、协同处理、智能组网，甚至信息服务，以达到控制、指挥的目的。

2. 可靠传递

可靠传递是指通过各种电信网络和互联网融合，对接收到的感知信息进行实时远程传送，实现信息的交互和共享，并进行各种有效的处理。在这一过程中，通常需要用到现有的电信网络运行连接，包括无线和有线网络。由于传感器网络是一个局部的无线网，因而无线移动通信网、5G 网是承载物联网的一个有力支撑。

3. 智能处理

智能处理是指利用云计算、模糊识别等各种智能计算技术，对随时接收到的跨地域、跨行业、跨部门的海量数据和信息进行分析处理，提升对物理世界、经济社会各种活动和变化的洞察力，实现智能化的决策和控制。

三、物联网与互联网大数据的区别

1. 数据来源

在传统的互联网场景下，用户单击按钮或者链接后，从一个页面跳转到另一个页面，有意识地跟网站发生交互行为之后留下行为信息或者数据。互联网的核心精神是分享思维，而分享最大的主体不是企业，不是广告中介，而是人。你、我、他是无穷无尽的连接原点和节点作为数据源头，连接不断交互形成数据，并不断总结汇集成为大数据。

但是物联网与互联网不同，物联网是在用户还没意识到的情况下就完成了信息的收集。信息或者数据的收集通过在物联网系统的传感器进行，并不需要人有意识地进行数据交互，获取的数据也不仅仅限于人提供，可以是工业方面、环境方面的，对现实世界中各种物理状态进行感知。

2. 数据获取的状态

互联网中，最明显的特征是人的参与，人与人通过互联网进行交互或者人与某互联网系统进行交互，从而实现特定功能。在这样的过程中，数据的获取往往是“被动”的，人在使用互联网的过程中根据不同场景，在特定的时间被要求提供特定的信息或者数据，以便后续应用能够顺利进行。

不同于互联网，物联网数据的来源往往不是人，而是通过物联网系统中设置的各类传感器，传感器按应用场景的数据需求设计、安装，可以按照系统设计者的想法，连续不断（或者以很高频次）地进行数据采集，收集数据的过程和形成的数据均具有非常强的连续性。

3. 数据的及时性

物联网系统中的数据有很强的及时性，这种及时性来源于其数据收集的方式和时间。物联网系统中的各类传感器以非常高的频次进行数据收集，形成的数据立刻能够反映当时各类参数和结果。

互联网应用当中，数据没有那么强的及时性，例如用户在注册一家超市的会员后，填写了当时的地址和电话以及电子邮箱，以便超市向其推送各类产品优惠信息，不过可能在一段时间以后，该用户因工作原因搬离了原住址、更换了电子邮箱地址，导致用户当时登记的数据无效化，但又没有很可靠的更新手段能使得该类数据及时反映出互联网参与者的现状。

4. 数据的类型

互联网经过多年的发展，已经产生了多种多样的数据类型，从开始最基础的记录姓名、性别、地址等发展到现在能够记录健康信息、金融、消费、物流等各种各样的数据类型，但互联网数据的产生大部分是建立在人的基础上的，大部分数据的形成均要依靠人做出一定行为（如填写个人信息、刷卡消费、在线支付等）后由互联网系统形成并保存记录数据。在这种模式下，会导致部分人无法直接获取的数据，例如环境数据（温度、湿度）、工业数据（机械设备各参数）、农业数据（土壤含水率、大气数据等）无法直接收集。

物联网数据则不同，物联网可以通过传感器直接收集上述有关环境、工业以及农业的数据并进行处理和保存，无须人的参与。因其物理结构的特殊性，可以用于直接收集各类人无法精确感知的物理状态。物联网在这种特殊的数据类型方面有着得天独厚的优势。

四、物联网大数据的应用

物联网的应用极其广泛，在电力、交通、物流、金融、农业、教育、家居、环境保护等行业中均有应用，且具体实现应用的方式有所不同，所产生的数据的利用方式也千差万别。

1. 物联网大数据在军事和国防领域的应用

信息化战争要求作战系统“看得明、反应快、打得准”，谁在信息的获取、传输、处理上占据优势，谁就能掌控战场。无线传感器网络以其独特的优势，能够在多种场合满足军事信息获取的实时性、准确性、全面性等需求，通过在战场或者战略区域设置各类传感器收集数据，将极大地提升军队的信息获取能力，从而强化其战斗能力。

无线传感器网络可以协助实现有效的战场态势感知，满足作战力量“知己知彼”的要求。可以设想用飞行器将大量的微传感器节点散布在战场的广阔区域，这些节点自组成网，将战场数据边收集、边传输、边融合，为各参展单位行动或者决策提供依据。由于无线传感器网络具有密集型、随机分布等特点，所以其非常适合应用于恶劣的战场环境之中，包括侦察敌情、监控兵力、装备和物资，判断生物化学武器攻击等多方面用途。实现友军兵力、装备、弹药调配监视，战区监控，敌军军力侦查，目标追踪，战争损伤评估，核、生物和化学攻击的探测和侦查等。更为重要的是，在大量获取上述数据和信息之后，加以分析和利用，能够更精确地判断战场局势并对敌军的战争行为做出有效预测。

2. 物联网大数据在教育领域的应用

2010 年校园暴力事件频发，安全管理问题催生新一代物联网技术走入校园。学生只需要佩戴置入传感芯片的“电子校牌”，然后在校门或者教室、图书馆门口设置传感器，可以自动读取学生身份信息，实时记录学生进出校园情况，并通过短信平台将孩子离校、到校的异常情况反馈给家长。物联系统还可以通过短信平台将学生考勤异常、学习成绩、校务通知等重要信息对家长进行送达。在上述信息和数据形成后，若对数据加以分析和利用，可以得知某位学生各学科的成绩和学习过程中的不足之处，该种类的信息对教育书籍和培训课程的销售者来说，均具有商业价值，甚至可以将数据与电子商务平台对接，向学生或者家长直接推送其需要的书籍或者课程信息。

3. 物联网大数据在物流领域的应用

智能物流是基于互联网、物联网技术的深入应用，利用先进的信息采集、信息处理、信息流通、信息管理、智能分析技术，智能化地完成运输、仓储、配送、包装、装卸等多项环节，通过在物流包裹上设置可识别的标记，并在物流分拣、运输、配送等环节设置能够识别包裹上特殊标记的传感器，可以做到实时反馈流动状态，强化流动监控，使货物能够快速高效地从供应者送达需求者。同时，物流数据是一座名副其实的金矿，记录着人们的消费习惯、各地区偏爱的消费产品、各商业主体之间的贸易路径等。

4. 物联网大数据在家居领域的应用

如果在家居产品上安装传感器，能够让家居产品具有一定的环境识别能力（如周围光线、温度等），将家居产品融合自动化控制系统、计算机网络系统和网络通信技术，实现家居产品在一定程度上的自我调度，并可以通过宽带、固话和 4G 网络等实现对家庭设备的远程操控，从而实现家居的智慧化和自动化。与普通家居相比，智能家居不仅提供舒适且高品位的家庭生活空间，实现更智能的家庭安防系统，还将家居环境由原来的被动静止结构转变为具有能动智慧的工具，提供全方位的信息交互功能。

家居在执行指令的同时，也在记录着人们的生活习惯和偏好，如每天几点起床、几点离家上班、几点回家、家中空气质量情况等大量深度的个人数据，该部分数据中蕴含着巨大的商业价值。

5. 物联网大数据在医疗领域的应用

在医疗卫生领域，物联网技术能够帮助医院实现对人的智能化医疗和对物的智能化管理工作，支持医院内部医疗信息、设备信息、药品信息、人员信息、管理信息的数字化采集、处理、存储、传输、共享等，实现物资管理可视化、医疗信息数字化、医疗过程规范化、医疗流程科学化、服务沟通人性化，能够满足医疗健康信息、医疗设备与用品、公共卫生安全的智能化管理与监控等方面的需求。物联网技术在健康医疗领域的应用包括智能医疗、智慧医疗保健系统、远程医疗、电子健康档案系统、整合的医疗平台等子系统。

例如，输液是当前医疗活动的重要组成部分，工作量大，业务繁忙琐碎，一旦出现差错，就可能危及病人的安全。因此，应该在药品的调配与发放过程中充分利用物联网技术减少不规范操作带来的安全隐患，以及纠正医疗差错等一系列问题。输液防差错系统包括射频发射器、射频接收器、患者腕带、控制中心装置；射频发射器设置在患者的药物上，射频接收器通过唯一的射频信号与射频发射器无线对应连接。每位患者入院时匹配一只患者腕带，由控制中心装置自动编号并记录患者各种信息，且产生唯一的射频信号。在患者后续治疗过程中，每一项药物或治疗措施，以及患者各种检查采样标本均采用同一主编号。配置中心配药或科室为患者增加药物时，每项药物均嵌入射频发射器。当医护人员取出药物为患者治疗时，在射频信号的接收范围内，患者腕带上的射频接收器接收药物上的射频发射器发出的信号，自动核对识别相应患者信息，判断药物是否正确，防止错误治疗。若射频接收器发现药物的射频信号匹配正确，则立刻发出声音提示医务人员正确；若射频接收器发现药物的射频信号不匹配，即非该患者的药物，则立刻发出警报声提示错误，并通知控制中心装置。医护人员可采取相应措施补救。通过射频信号核对技术可从根本上解决配药—存储—治疗过程中的失误，从而减少医疗事故的发生，也减轻医护人员的压力及缓和医患矛盾；通过高度集成的信息化管理措施和先进的物联网技术能够使整个医疗过程一目了然、条理分明，并且每一步都上传至控制中心，留下记录证据；通过控制中心进行数据联网，并形成大数据，通过大数据对患者自身信息和治疗过程的对比总结出相应的经验，用来辅助以后的治疗。

6. 物联网大数据在环境保护方面的应用

环境保护是中国乃至世界范围内经久不衰的热议话题。工业发展、人口剧增、环境污染等问题，毫无疑问地增加了环境保护的必然性。环境保护不是污染后的处理，而是要前期预测、中间控制、后期处理综合为一体的系统工程。环境保护不仅能提供更加舒适的生产生活环境，也能节省资源、提高生产效率。

传统环境保护存在信息滞后、处理烦琐、方法单一等问题，在物联网蓬勃发展的今天，利用信息反馈等即时技术能从源头发现污染信息，第一时间做出信号反馈，大大提高环境保护效率，物联网监控网络产生的大数据经过分析也可以产生极高的价值，提升环境保护管理的精准度和效率。

例如，在水文监控方面，通过设置雨量、水位、流量等传感器构成监测系统，对江、河、湖泊、水库、地下水等水文参数进行实时监控，并以无线通信的方式传输监控数据，可以大大提高水文部门的工作效率，其产生的数据经处理、分析后可以有效地用于我国防洪防汛工作，预防重大洪讯灾害，减少损失。

第二节　物联网大数据的安全

一、物联网中大数据面临的安全问题

随着移动互联网的快速普及和物联网技术的广泛应用，可穿戴设备将伴随人们的日常生活、智能家庭、医疗保健和健身运动，因其感知并记录用户身体和行为的一切信息，数据安全和个人隐私泄露的危险将大大增加。

在工业、商业的层面，物联网无时无刻不在生产着大量数据，这些数据的产生势必伴随着安全问题。

1. 国家安全

物联网在推动经济和社会发展的同时，将对国家安全问题提出挑战。因

为物联网涵盖的领域包括电网、油气管道、供水等民生和国家战略领域，甚至包括军事领域的信息与控制。物联网让世界上的万事万物都能参与“互联互通”，不能再采取物理隔离等强制手段来人为地干预信息的交换，对一个国家或单位而言，也就意味着没有任何家底可以隐藏。在网络社会里，任何人都可以通过一个终端进入网络，网络中的不法分子和网络病毒已经严重威胁着我们的网络安全。

2. 数据信息安全

随着以物联网为代表的新技术的兴起，信息安全不再是传统的病毒感染、网络黑客及资源滥用等，而是迈进了一个更加复杂多元、综合交互的新时期。嵌入了射频识别标签的物品还可能不受控制地被追踪、被定位和被识读，这势必带来对物品持有者个人隐私的侵犯或企业机密泄露等问题。在物联网时代中，人类会将基本的日常管理或者工业生产控制环节交给物联网进行处理决策，从而从烦琐的低层次管理中解脱出来，将更多的人力、物力投入到新技术的研发中，但往往最低层次生产经营环节中所产生的数据蕴含了许多商业秘密，数据一旦经处理后能够暴露很多企业不为外人所知晓的秘密。并且，如果有一天，物联网遭到病毒攻击，也许会出现工厂停产、社会秩序混乱等情况，甚至于直接威胁生产环境中人们的生命和健康。

二、物联网中数据存在的安全风险及防范措施

物联网通过各种采集信息的传感设备，如传感器、红外感应器、气体感应器、激光扫描器、射频识别技术、全球定位系统等各种装置与技术，实时采集任何需要连接、监控、互动的过程或物体，采集其力学、电、光、热、声、位置、生物、化学等各种需要的信息，与互联网结合形成的一个巨大网络。物联网在应用的过程中根据应用场景的不同，可以产生各种类型数据，各种类型的数据又在其各自的领域具有价值。

传统的网络中，网络层的安全和业务层的安全是互相独立的，而物联网的特殊安全问题很大一部分是由于物联网是在现有互联网基础上继承了感知网络和应用平台而来的，互联网中的大部分机制仍然可以适用于物联网并能提供一定的数据安全保护，但需要根据物联网的特征对数据安全的保护进行

加强和调整。

物联网环境中的数据安全问题主要集中在以下几个方面。

（1）无线的数据传输方式，网络环境的不确定性，使信息容易被窃取和干扰。物联网在数据传输中很大部分采用无线信号，无线信号暴露在公众领域，很容易成为攻击者窃取、干扰、破坏的对象，对物联网数据安全产生巨大影响。攻击者通过窃取正在使用的感知节点发射的信号来获取数据，甚至伪装成用户的身份窃取数据。攻击者也可以在无线网络覆盖范围内，发射信号干扰无线通信网络的正常运行，使其不能正常工作，甚至瘫痪。比如在物流领域中，对物品的标签进行干扰，使得货物丢失。

（2）设备、节点无人看管，容易受到物理控制。物联网多用来帮助人完成复杂、危险和机械的工作，这种情况下，许多物联网设备、节点大多是无人看管、无人监督的。因此，攻击者很容易接触到这些设备，从而对这些设备和节点进行物理攻击和破坏，甚至可以更换设备的软硬件，对其进行控制和非法操作。例如，在列车调控的过程中，铁路部门可以使用物联网对列车调动进行远程控制。但由于无人看管和监督，入侵者可以通过技术手段控制调控设备和节点，对重要参数进行篡改，一旦数据出现混乱，后果不堪设想。

（3）受成本的影响，传感器节点资源受限制。传感器的部署具有数量多和一次性的特点。为了充分覆盖特定区域，物联网应用需要安置数量众多的传感器。对于已经放置的传感器，大多是不会被收回或者维护的。所以，传感器必须是低成本的，这样才能大量使用。但成本的降低限制了传感器的处理能力、存储空间、传输速度等资源量。因此，传感器只能使用较为简单的安全协议，这也就大大降低了其自我保护的能力，假冒攻击和恶意代码攻击层出不穷。攻击者通过物联网中资源量有限的弱点，不间断访问节点，直至其资源耗尽。

（4）物联网应用者的安全隐私难保证。物联网的应用是通过物品的感知实现的，通过传感器、射频识别技术、全球定位系统、红外传感器、激光扫描器等设备和技术自动获取物品信息和状态，理解物体周围环境和位置。但在现实中，物联网能被应用到各个领域，日常生活中，一旦物品的拥有者没有察觉，他将很容易被追踪、定位。这无疑是对个人隐私的一种侵犯。

针对上述数据安全问题，可以采取以下几种防护措施。

（1）自我修复。由于物联网是无人看管、无人监督的，所以既要保证物联网的物理安全，不被人为破坏，同时也要保证物联网的自我修复功能，若某一点物联网节点被破坏，就会对整个系统产生影响，所以一定程度上的自我修复功能必不可少。针对这一问题，可以在物联网中的关键节点处添加备份传感器，保证当该节点出现问题时，备份传感器能起到替代作用，使物联网正常运行。

（2）对节点访问用户身份进行识别，并定位和访问位置。对部分涉密程度较高的物联网，可以使用身份识别系统加以控制，如指纹识别、口令卡以及类似网上银行的移动数字密钥；并且对访问操作过程做详细记录、备份。同时，利用网络定位追踪的系统对访问者的物理位置进行追踪确定，提高系统安全性，以备不时之需。

（3）提高传输协议的安全级别。众所周知，物联网传感器节点成本低，限制了传感器的处理能力、存储空间、传输速度等资源量。因此，只能使用较为简单的安全协议。要提高物联网数据的安全性能，应当从提升传输协议的安全级别开始，提高物联网的保护屏障；同时，提高物联网传感器节点的硬件能力也是提升协议安全级别的关键，在这个方面需要加大投入，达到性能和成本的平衡。

（4）限制发包速度和同一内容的传输次数。限制物联网节点之间的传输速度和同一内容的传输次数，能弥补安全协议方面的不足。限制传输速度，节点资源被占，入侵者的操作无法获得资源响应，进而也就使其无法进行攻击。同样，限制同一内容传输次数，可以使数据传输后，源数据立刻被销毁，即使节点遭遇入侵，也能保证数据的安全。

（5）重要文件的备份和恢复。物联网利用传感器节点传输数据和信息，但若节点被破坏或者攻击，数据很可能丢失、无法恢复。在这方面，物联网应当向互联网学习，对重要的数据进行备份，常见的数据备份有完全备份、增量备份、差分备份、异地备份以及日常对数据的维护和恢复等，在这方面应当积极建立有关机制，防范风险。

第三节　物联网大数据的法律问题

一、物联网大数据的主要法律问题

1. 数据控制人的存储权

数据控制者对其暂时享有的数据永久或者暂时地存储于自己的设备中。但是该种存储权并不意味着数据的所有权。例如，在医疗保健领域，佩戴移动应用技术的可穿戴传感器设备可以实现远程健康监测。医疗公司建立医疗数据库，则其获取的健康数据的权利主体应归属于个人还是医疗公司？如果后期病人不再佩戴传感器设备，那么医疗公司是否有义务将病人之前的全部数据删除，这是一个值得思考的问题，法律上也没有对此明确的规定。

2. 数据取得方式的合法性问题

目前，利用“网络爬虫”自动进行搜索并抓取数据是互联网数据获取的重要方式之一。利用该技术获取数据需遵守“robots 协议”，该协议要求所有网站在其站点的根目录下放置一个“robots. txt”文件。该文件列明了搜索者可“抓取”的数据范围。但是一旦有人突破“robots 协议”的范围抓取其他网络数据，那么就要承担“侵犯数据”的法律责任。

3. 数据控制者的使用边界

一般意义上的“使用”可以包含将数据从一个设备转移至另一个设备中，并对数据享有分析、整合、删减等处理，或者直接使用数据。数据控制者应在数据生产者授权的范围内使用数据，不能超出使用范围过度使用数据，以免给数据生产者带来不必要的侵害。

4. 数据所有人的数据收益权

数据所有者对其取得且控制的数据将会产生一定的收益，而该数据对数据所有者也有一定的商业价值。因此，数据收益权对数据所有者财产权益的维护至关重要。在物联网大数据下，数据财产收益的主要表现形式为：第一，通过对数据的直接利用而获得直接的金钱收益；第二，基于掌握的相关数据经过处理、统计分析后，在现有数据的基础上形成归纳性、对比性的新数据，数据控制者使用该种新数据获得利益。无论采用哪种形式，数据所有者均对它们享有合法的收益权。例如，投放于各个地铁站的自动贩卖机，机器所有权人可以依据每一季度、每一年度的贩卖机贩卖情况，从而得出，在什么季节、哪个站点、哪种品牌的饮料销售量最好，生成出合理的预测消费者消费行为的全新数据；葡萄种植基地根据土壤温度、湿度传感器得知种植基地的土壤环境实时情况，调整施肥、灌溉方式，提升生产效率。

5. 法律监管疏漏

目前我国对于数据的保护，分别有《中华人民共和国国家安全法》第25条①，《网络安全法》第18条、第21条和第31条②。我国目前的局部法律中没有对物联网数据的产生、发展运用、权利救济等相关内容做细化的规定。如果因物联网数据产生相应的法律纠纷，只能配合其他各个部门法去解决某些问题。

二、物联网大数据的特殊法律责任

物联网中大数据往往是由各类传感器读取产生的，与互联网大数据的区别是物联网大数据不仅仅用于个人领域，在工业生产、国防军事、环境保护领域也有非常广泛的应用。

---

①《中华人民共和国国家安全法》第25条规定："国家建设网络与信息安全保障体系，提升网络与信息安全保护能力，加强网络和信息技术的创新研究和开发应用，实现网络和信息核心技术、关键基础设施和重要领域信息系统及数据的安全可控；加强网络管理，防范、制止和依法惩治网络攻击、网络入侵、网络窃密、散布违法有害信息等网络违法犯罪行为，维护国家网络空间主权、安全和发展利益。"

②《中华人民共和国网络安全法》第18条规定："国家鼓励开发网络数据安全保护和利用技术，促进公共数据资源开放，推动技术创新和经济社会发展。……"第21条规定："国家实行网络安全等级保护制度。网络运营者应当按照网络安全等级保护制度的要求，履行下列安全保护义务，保障网络免受干扰、破坏或者未经授权的访问，防止网络数据泄露或者被窃取、篡改：（一）制定内部安全管理制度和操作规程，确定网络安全负责人，落实网络安全保护责任；（二）采取防范计算机病毒和网络攻击、网络侵入等危害网络安全行为的技术措施；（三）采取监测、记录网络运行状态、网络安全事件的技术措施，并按照规定留存相关的网络日志不少于六个月；（四）采取数据分类、重要数据备份和加密等措施；（五）法律、行政法规规定的其他义务。"第31条规定："国家对公共通信和信息服务、能源、交通、水利、金融、公共服务、电子政务等重要行业和领域，以及其他一旦遭到破坏、丧失功能或者数据泄露，可能严重危害国家安全、国计民生、公共利益的关键信息基础设施，在网络安全等级保护制度的基础上，实行重点保护。关键信息基础设施的具体范围和安全保护办法由国务院制定。……"

在工业物联网中大数据有时仅仅反映某些设备或者某套系统的工作状态，控制中心依据这些数据智能控制、调度生产资源，提高生产效率。在国防军事领域，各军用传感器的配置、部署往往涉及许多国家机密。在环境保护和农业领域，各传感器普遍分布于山川、森林、河流或者土壤中，传感器所产生的数据使用者可能是国家环境保护部门或者农业部门。但物联网的架构本身决定了其传感器一定存在大范围的物理分布，故其数据存在的风险并不仅限于计算机系统中，而是有可能被第三方进行物理上的窃取或者干扰、破坏。在这种情况下结合物联网系统所实现的功能，物联网大数据被窃取或者更改后遭受损失的并不局限于数据控制者或数据使用人，还有可能涉及国家安全、公共安全以及其他第三人，这种特殊的法律责任与普通大数据有所不同。

（一）物联网大数据在国防军事领域应用的特殊法律责任

随着我国国防技术实力迅速增强，科技水平快速提高，物联网技术也在国防、军事领域扮演着越来越重要的角色。物联网技术在国防、军事领域的实际应用分为两个阶段：战争时期与和平时期。

伊拉克战争时期，美军实施“全资产可视性计划”，规定任何进入其所辖战区的物资必须贴有射频标签，这样就可以毫不费力地实现后勤保障系统对人员流、装备流、物资流的全程透明化管理，实现“被动储备式”后勤向“主动配送式”的转变，后勤补给可更快、更精确，大大缩短了美军的平均后勤补给时间，后勤物资保障效率也大幅提升。据不完全统计，相比海湾战争，在伊拉克战争中海运量减少了 87%，空运量减少了 88.6%，战略资源装备动员量减少了 89%，战役物资储备减少了 75%。

在和平时期，物联网主要应用在日常后勤管理方面，通过军用物联网可以适时获取在储、在运、在用物资的当前信息，从而可以在准确的地点、准确的时间向作战部队提供数量适当的装备与补给，既可以避免多余的物资涌向作战地域，又解决了局部资源闲置浪费的问题，形成了自适应的后勤保障能力。

物联网系统不仅可以提升后勤保障的效率，对于监控、预判装备故障，提升装备保障效率也发挥着重要的作用。以前判断装备故障，修理工需要“望闻问切”，使尽浑身解数，才能找准故障。现在，通过安装在装备上的各种传感器，油压、气压、电压等数值都可以通过传感器显示在终端，指控中心通过实时记录分析这些信息，达到预判分析车辆故障的目的，实现提前研判、提前排除。可见，基于物联网的后装保障体系可借助物流信息的深度融合与计算，自主协调、控制组织和实施后勤装备保障行动，有效地提高军队的后勤装备保障效率。

在战争时期，军事物联网重在围绕战场态势感知、智能分析判断和行动过程控制等环节，使系统实现全方位、全时域、全频谱的有效运行，从而破除“战争迷雾”，全面提升基于信息系统的体系作战能力。利用军事物联网核心技术——射频识别技术，普通、低成本的器材也能有效获取战场信息，并通过网络进行实时传送。如美军开发的“智能微尘”，体积虽只有沙砾大小，但具备从信息收集、处理到发送的全部功能。这将给信息获取带来新的革命：一方面，可以消灭侦察盲区，实现战场“无缝隙”感知，提高战场透明度；另一方面，军事物联网能够把战场上的所有人员、武器装备和保障物资都纳入网络之中，处于网络节点上的任一传感器均可与设在卫星、飞机上的各种侦察监视系统相连接，获取本身不具备的对目标的空间定位能力，从而实现感知即被定位，提升了战场透明度，提高了战争指挥效率。

但无论是在战争时期还是在和平时期，国防以及军事应用物联网系统均会形成数据、处理数据以及存储数据，这些数据在形成的过程中大多是自动进行的，由传感器收集数据并返回。但在数据处理和存储管理的过程中，大部分会有人的参与，考虑到国防和军事数据的特殊性，如果数据失窃或者被人为地干扰、篡改，其所导致的法律后果不仅仅限于民事责任层面，更多地体现在刑事方面。

在和平时期，军队的物资调动、军事装备部署的有关数据均通过物联网实时监控，并由有关部门统一指挥调度，调度形成的军事物资、装备流动、装备部署的有关记录均可能属于《保守国家秘密法》第 9 条之二“国防建设和武装力量活动中的秘密事项”，若因管理不善或者其他原因被他人窃取后向境外提供，行为人此时侵犯的并不仅仅是国家对有关国防、军事数据的所有权，同时也危害了国家的安全，可能构成“境外窃取、刺探、收买、非法提供国家秘密、情报罪”并承担相应的刑事责任。

在战争时期，现代战争的战场情况更为复杂，物联网的应用更为深入，军事方面的物联网应用主要体现在实时的战场态势感知并向决策人员提供精确、有效的战场数据，以便决策人员做出正确的命令，战场的部署、信息来源的情况均属于《中国人民解放军保密条例》所规定的军事秘密。战争时期接触战场、作战、军事部署数据的多为军人，军人若凭借自身职务上的便利对有关数据进行窃取、向境外提供或者篡改，极其容易导致战争局势的改变，对国家利益造成极大伤害。

《刑法》规定了非法获取军事秘密罪，为境外窃取、刺探、收买、非法提供军事秘密罪①，为境外窃取、刺探、收买、非法提供国家秘密情报罪②，故意泄露军事秘密罪，过失泄露军事秘密罪③等罪名，若在战争时上述军事秘密被他人窃取或者篡改，行为人可能将承担刑事责任。

【防范建议】军事领域的物联网应用涉及的信息和数据非常敏感，在战略物资调动上关系到国防部署，在战争期间更是直接影响战局和战场上士兵的生命，故《刑法》《保守国家秘密法》等法律均严格进行了规定。所以，在防范军事领域的数据安全问题时，应当分成两方面。

对于外部方面，应当足够重视，军用传感器的安全级别、设置环境均需要制定有关标准（一般应当严于普通商业标准），并在管理、采购、安装环节均严格把控，设置专门抽查机制，定期对物联网络中各传感器、网络环境、访问控制等环节进行抽查，一旦发现问题，严肃追责并改善的同时，对过往是否已造成数据泄露进行追查。

国防队伍内部人员也会对军事物联网数据构成威胁。内部人员往往利用

---

① 《中华人民共和国刑法》第431条规定："以窃取、刺探、收买方法，非法获取军事秘密的，处五年以下有期徒刑；情节严重的，处五年以上十年以下有期徒刑；情节特别严重的，处十年以上有期徒刑。为境外的机构、组织、人员窃取、刺探、收买、非法提供军事秘密的，处十年以上有期徒刑、无期徒刑或者死刑。"

② 《中华人民共和国刑法》第111条规定："为境外的机构、组织、人员窃取、刺探、收买、非法提供国家秘密或者情报的，处五年以上十年以下有期徒刑；情节特别严重的，处十年以上有期徒刑或者无期徒刑；情节较轻的，处五年以下有期徒刑、拘役、管制或者剥夺政治权利。"

③ 《中华人民共和国刑法》第432条规定："违反保守国家秘密法规，故意或者过失泄露军事秘密，情节严重的，处五年以下有期徒刑或者拘役；情节特别严重的，处五年以上十年以下有期徒刑。战时犯前款罪的，处五年以上十年以下有期徒刑；情节特别严重的，处十年以上有期徒刑或者无期徒刑。"

职务便利或者权限访问物联网设备或者控制存储中心以窃取、篡改关键数据。在针对内部管理上，首先应当就内部人员职务、级别设置不同的访问、修改、复制等权限，在权限设置上应当根据数据机密级别与数据使用者的定位进行逐一确定，原则上高等级机密数据无自由访问权限，需使用时实行审批制。数据库系统建立访问记录，逐一记录查阅、复制、修改数据的身份、职务及物理访问的位置，并长期保存以便追溯。

（二）物联网大数据在工业领域应用的特殊法律责任

物联网在工业生产上已经有了非常成熟的应用。在工业方面，利用物联网对工业生产过程进行检测和控制，原材料管理、仓储和物流管理等环节实现精密和自动化处理。通过智能感知、精确测量和计算，量化生产过程中的能源消耗和污染物排放，通过计算得出最高效率的生产模式，改善产品质量，降低产品成本，将传统工业提升到智能工业阶段。工业方面的另一个较多的应用领域在电网，因发电与用电量的不匹配，电网利用率很低，即使是美国也仅有 55%，物联网技术可以通过传感器数据来自动改善电力交换和使用的效率，提高可靠性。

新的技术往往会带来不确定的风险，利用物联网构建的工业生产体系或者电力运输体系固然可以提升效率、减少劳动力成本，但物联网最终依据的依然是人设计的数据读取、数据处理和决策规则，以现有技术很难做到自发地排除故障。这种技术上的风险可能导致生产设备基于错误的数据进行了错误的操作，又或者物联网系统决策所依赖的数据被人为地篡改，导致设备出现误操作，进而引发一系列的不良后果。

因工业传感器日常维护、管理不善，导致数据读取错误，管理人员疏于对设备安全管理，如大型机械设备传感器停止工作或者损坏，最后导致机械设备运行参数偏离正常数值，最终对周围人员、财产造成损害的，可能涉嫌《刑法》第 134 条规定的重大责任事故罪①。

---

① 《中华人民共和国刑法》第 134 条规定："在生产、作业中违反有关安全管理的规定，因而发生重大伤亡事故或者造成其他严重后果的，处三年以下有期徒刑或者拘役；情节特别恶劣的，处三年以上七年以下有期徒刑。"

人为恶意篡改工业数据，导致有关物联网系统无法运行或者无法正常运行的，往往也会造成较为严重的后果，如人为篡改工业电力运输数据，危害企业、居民用电安全的，可能涉嫌《刑法》第115条规定的以危险方法危害公共安全罪①。

【防范建议】工业领域物联网安全主要涉及重大责任事故和公共安全问题。

现代物联网在工业领域的应用主要在于感知、识别并进行自动化处理或者控制，以脱离人工干预，降低人工成本，提高生产效率。但在实际应用过程中，自动化的处理往往依赖系统中各类参数，依据这些参数进行自动控制并完成有关生产环节。但若在自动控制的过程中，自动化所依赖的数据（或者说各参数）出现问题，则自动化系统所做出的处理也会偏离正常方向，在普通工业环境中，可能仅仅只是造成生产设备停运、物料损失等经济损失，但若在重工业环境中，机器设备的偏差可能导致人员伤亡甚至危害公共安全。所以在系统设计的过程中，应当严格设置参考条件，当某数据出现严重偏离时，系统应当做出警告，特别是在重工业中，应当设置人工岗位对设备运行情况进行监控，不能全部依赖系统进行生产作业。管理上可以进行制度设计，强制定期对物联网系统中各传感器、网络环境以及数据传输、数据存储装置进行检查维护，制定设备使用手册，对严苛工业环境下的物联网设备经谨慎计算后设定报废期，至报废期以后，无论实际设备状况如何，均应当进行更换，保证安全。

（三）物联网大数据在环境保护领域应用的特殊法律责任

物联网因各类传感器具备不同的物理感知能力，可以直接将各类物理环境状态经可靠的感知后转化为数据，继而进行记录、传输、存储、处理等操作。近年来，物联网已经在环境保护领域有了非常多的应用。在国家环境保护监管力度越来越大的时代背景下，物联网的各类污染源监测技术、农业环

① 《中华人民共和国刑法》第115条规定："放火、决水、爆炸以及投放毒害性、放射性、传染病病原体等物质或者以其他危险方法致人重伤、死亡或者使公私财产遭受重大损失的，处十年以上有期徒刑、无期徒刑或者死刑。"

境监测技术已经得到比较广泛的应用。

《中华人民共和国环境保护法》（以下简称《环境保护法》）第 33 条规定："各级人民政府应当加强对农业环境的保护，促进农业环境保护新技术的使用，加强对农业污染源的监测预警，统筹有关部门采取措施，防治土壤污染和土地沙化、盐渍化、贫瘠化、石漠化、地面沉降以及防治植被破坏、水土流失、水体富营养化、水源枯竭、种源灭绝等生态失调现象，推广植物病虫害的综合防治。……"第 42 条规定："……重点排污单位应当按照国家有关规定和监测规范安装使用监测设备，保证监测设备正常运行，保存原始监测记录。严禁通过暗管、渗井、渗坑、灌注或者篡改、伪造监测数据，或者不正常运行防治污染设施等逃避监管的方式违法排放污染物。"

《环境保护法》明确提及要在环境保护方面加强监测设备的使用，更进一步地推动了环境保护领域的物联网应用快速发展，有关法律问题也随之而来。

在环境保护方面，有四类群体分别担任着不同的角色，即生产经营者、监管者、环境保护服务提供者、社会公众。生产经营者往往在生产经营过程中可能造成环境污染和生态破坏。而监管者依据法律和国家政策对生产经营者进行监管，预防其做出对环境有不利影响的行为以及在其违反环境保护有关规定后监督其整改和强制其承担责任。环境保护服务提供者往往处于生产经营者与监管者之间，或者为生产经营者提供服务，使其更有效地防止、减少环境污染和生态破坏，满足监管要求；又或是服务于监管者，使其能够高效地对辖区内各监管对象实施监管。而环境则是社会公众的切身利益，对生产经营者、监管者、环境保护服务提供者的监督起着重要作用。

物联网大数据在环境保护领域主要承担的是监管任务，通过传感器感知各类环境数据后进行传输，数据使用者依据其所担任的角色对数据进行使用。例如，生产经营者依靠数据判断自身生产是否符合有关法规，监管者依据数据判断监管对象是否违反环境保护规定，环境保护服务提供者使用数据为其服务的对象提供服务，社会公众通过数据确认自身合法利益是否得到保障。

作为生产经营者，其使用物联网建立环境监测系统的目的应当在于掌握自身生产经营的状况，保证其能够符合现行国家各类环境保护法规或者政策的要求，规避监管风险。但环境保护的投入往往都具有不小的成本，在利益的驱动下，生产经营者可能会产生逃避监管的动机，而最高效的逃避方式则是伪造、篡改监测数据，或者绕开监控设备直接排放，实行了上述行为的生产经营者的责任是多维度的，刑法层面上，涉及污染环境罪①，可能被判处七年以下有期徒刑，并处罚金；行政责任上，《环境保护法》《中华人民共和国大气污染防治法》对篡改、伪造监测数据的责任均作了明确的规定，使用的罚则为单位负责人或责任人员处15日以下的行政拘留、罚款或者责令停产整治②；民事责任上，若对周边范围内的第三人造成侵权的，应当根据侵权责任有关规定进行赔偿。

作为监管者，其使用物联网环境监测数据的目的在于对监管对象进行实时监控，若发现生产经营者存在环境保护违规事项，应做出相应处理。但监管并不总是有效的，现阶段在环境保护监管上依然存在权力寻租的事件。监管者篡改、伪造或者指示篡改、伪造监测数据的，可能对监管单位的主管人员和责任人员采取记过、记大过或者降级处分，造成严重后果的，给予撤职

---

① 《中华人民共和国刑法》第338条规定："违反国家规定，排放、倾倒或者处置有放射性的废物、含传染病病原体的废物、有毒物质或者其他有害物质，严重污染环境的，处三年以下有期徒刑或者拘役，并处或者单处罚金；后果特别严重的，处三年以上七年以下有期徒刑，并处罚金。"

② 《中华人民共和国环境保护法》第63条规定："企业事业单位和其他生产经营者有下列行为之一，尚不构成犯罪的，除依照有关法律法规规定予以处罚外，由县级以上人民政府环境保护主管部门或者其他有关部门将案件移送公安机关，对其直接负责的主管人员和其他直接责任人员，处十日以上十五日以下拘留；情节较轻的，处五日以上十日以下拘留：（一）建设项目未依法进行环境影响评价，被责令停止建设，拒不执行的；（二）违反法律规定，未取得排污许可证排放污染物，被责令停止排污，拒不执行的；（三）通过暗管、渗井、渗坑、灌注或者篡改、伪造监测数据，或者不正常运行防治污染设施等逃避监管的方式违法排放污染物的；（四）生产、使用国家明令禁止生产、使用的农药，被责令改正，拒不改正的。"《中华人民共和国大气污染防治法》第100条规定："违反本法规定，有下列行为之一的，由县级以上人民政府生态环境主管部门责令改正，处二万元以上二十万元以下的罚款；拒不改正的，责令停产整治：（一）侵占、损毁或者擅自移动、改变大气环境质量监测设施或者大气污染物排放自动监测设备的；（二）未按照规定对所排放的工业废气和有毒有害大气污染物进行监测并保存原始监测记录的；（三）未按照规定安装、使用大气污染物排放自动监测设备或者未按照规定与生态环境主管部门的监控设备联网，并保证监测设备正常运行的；（四）重点排污单位不公开或者不如实公开自动监测数据的；（五）未按照规定设置大气污染物排放口的。"

或者开除处分，该监管单位的负责人也应当辞职①；刑法层面，监管者可能涉及滥用职权罪②、徇私枉法罪③等罪名。

环境保护服务提供者综合了上述生产经营者和监管者的法律责任。刑法层面上，环境保护服务提供者可以利用自己的技术和供应商地位为生产经营者或者监管者提供篡改、伪造监控数据的便利，抑或接受指令直接实施篡改、伪造数据的行为，从而作为共犯。民事责任方面，《环境保护法》也明确了环境保护服务提供者的连带责任，在提供环境保护服务的过程中，弄虚作假的，将与其他责任人承担连带责任④。

【防范建议】作为生产经营者，对物联网环境监测系统的诉求在于其能够提供精准、实时的环境监测数据，以便其了解其自身的环境保护合规情况，避免承担环境保护方面的违法责任。可以通过建立定期检查环境保护监测设备的有关规定，安排有关人员定期对监测设备进行检查，以保证其正常运行；一旦发现其未能正常运行，及时进行修理，并保存有关检查、修理、维护流程单据，以便向监管部门解释。另外，在一小部分企业中，也存在生产经营者自身为降低成本、逃避监管而主动追求环境监测数据设备的失效。在主观意愿上，需要有关监管部门加大环境保护意识教育和保持环境保护高压状态，使得违法成本提高，遏制违法篡改环境保护数据行为的发生。

---

① 《中华人民共和国环境保护法》第68条规定："地方各级人民政府、县级以上人民政府环境保护主管部门和其他负有环境保护监督管理职责的部门有下列行为之一的，对直接负责的主管人员和其他直接责任人员给予记过、记大过或者降级处分；造成严重后果的，给予撤职或者开除处分，其主要负责人应当引咎辞职：……（六）篡改、伪造或者指使篡改、伪造监测数据的；……"

② 《中华人民共和国刑法》第397条规定："滥用职权罪是指国家机关工作人员故意逾越职权，不按或违反法律决定、处理其无权决定、处理的事项，或者违反规定处理公务，致使侵吞公共财产、国家和人民遭受重大财产损失等行为。"

③ 《中华人民共和国刑法》第399条第1款、第4款规定："司法工作人员徇私枉法、徇情枉法，对明知是无罪的人而使他受追诉、对明知是有罪的人而故意包庇不使他受追诉，或者在刑事审判活动中故意违背事实和法律作枉法裁判的，处五年以下有期徒刑或者拘役；情节严重的，处五年以上有期徒刑；情节特别严重的，处十年以上有期徒刑；司法工作人员收受贿赂，有前三款行为的，同时又构成本法第三百八十五条规定之罪的，依照处罚较重的规定定罪处罚。"

④ 《中华人民共和国环境保护法》第65条规定："环境影响评价机构、环境监测机构以及从事环境监测设备和防治污染设施维护、运营的机构，在有关环境服务活动中弄虚作假，对造成的环境污染和生态破坏负有责任的，除依照有关法律法规规定予以处罚外，还应当与造成环境污染和生态破坏的其他责任者承担连带责任。"

作为监管者，物联网环境监测数据是其履行监管职责的工具，也是其确定环境保护违法的取证手段。在监管部门内部，可以安排交叉查验或者聘请外部第三方对本部门设置的环境监测设备进行抽查，发现设备未能真实反映环境数据的，查明原因，若存在内部权力寻租情况的，严肃予以处理。另外，在环境监测数据的保存上，应当进行定期备份，以避免丢失，数据存储的原始介质均应当保留，以防因被监管人对行政处罚不服提出诉讼时进行举证。

环境保护服务提供者在为生产经营者提供服务的过程中，要重视员工教育，杜绝在服务过程中员工利用自身职务便利帮助企业通过技术或者其他手段绕开监测设备或者篡改、伪造监测数据，以避免《环境保护法》中所确定的环境保护服务提供者的连带责任。另外，可以通过定期换岗、项目人员互换等方式，安排内部员工互相交换负责项目，起到互相检查的作用，发现问题的及时向公司进行反映，公司可以设定一些激励机制进行鼓励。

第四节　物联网大数据法律风险的应对策略

物联网大数据的便捷性以及商业价值给消费市场带来了冲击。如医疗保健领域可穿戴传感器设备、Amazon GO、美国银行与 FitPay 公司合作推进的可穿戴支付设备、智能化的人工蔬菜种植、实时公交 App 等，这些新型技术在带来便利的同时，在企业之间也容易引发较为严重的恶性竞争、隐私侵害、产权风险与秩序混乱。因此，如何健全且完善相应的应对策略是当务之急。

一、构建科学合理的法律规则体系

物联网法律的规则体系的构筑需要切实评估相关立法成本及预期影响。大数据战略下商家在数据只有总量与分析能力等方面远远领先传统主体。突破距离限制的信息价值系统，有效实现物与物之间的广域流转。商家通过自己拥有的技术，全权掌握原始数据，挖掘技术，并依据掌握的数据投入现实运营以获取自己的利益与商业价值。例如，从“酷米客公交”与“车来了”

之间的不正当竞争案中可以得知，法院认为虽然公交数据是免费给用户公众查询的，但是获取数据的方式须以不违背原著作权人的合法方式获取，以及通过官方 App 或者网站等进行查询，而不是直接利用爬虫技术进入服务器后台的方式非法获取。因为作为一款公交运行查询软件，其准点率越高，用户对其使用频率也越高，用户黏性也越强，则拥有该数据的商家其商业价值也越高。因此，对于商家的法律权益保护也应当完善，避免模糊不清对行业创新造成的可能的巨大威胁，限制物联网商业领域的违法违纪行为，避免各商家开展不公平业务等情形。

二、提高物联网数据管理的安全性

在政府大数据的条件下，应当加强档案信息的安全管理。隶属于国防、农业、工业等大数据信息，档案管理的安全性和稳定性受到高度的重视。如何提高国防、农业、工业等公共领域的物联网数据成为关键性的问题，相关部门应加快速度改善在物联网大背景下的档案信息的保管和处理，营造数据安全的氛围和环境。只有数据信息保证安全的情况下，数据管理才能随之安全，涉及重要的工业信息、商业信息、国防信息等才能更加安全、稳定。所以，应加强网络安全，提供物联网数据的安全，避免黑客或者不法分子通过数据技术、网络技术等手段盗取数据信息。与此同时，健全有关的法律法规以通过法律的手段规制黑客及不法分子的不法行为。

三、解决客户知情权

我国针对知情权的法律法规集中在合同签订、劳动者、消费者以及保险等领域。《消费者权益保护法》第 8 条规定："消费者享有知悉其购买、使用的商品或者接受的服务真实情况的权利。……"《中华人民共和国劳动合同法》第 8 条规定："用人单位招用劳动者时，应当如实告知劳动者工作内容、工作条件、工作地点、职业危害、安全生产状况、劳动报酬，以及劳动者要求了解的其他情况；用人单位有权了解劳动者与劳动合同直接相关的基本情况，劳动者应当如实说明。"但是在物联网领域，并没有法条直接规定用户可向商家获取哪些方面的信息。实践中，用户、消费者等似乎呈现这样一种"被动"状态，如果用户购买可穿戴传感器设备来记录你的信息，那么用户也便默认了设备商家对于其健康数据的存储、处理及使用，用户处在“要么接受要么放弃购买”的被动状态中，加之大数据时代的信息不对称情况更加严重，知情权更加难以得到保障。在物联网领域，我们可以根据行业的类型对消费者进行分类，并且可以根据行业不同的特性扩大消费者知情的范围，以保障客户的知情权。

四、政府部门设立专门的监管机构并加强监管力度

物联网大数据背景下，政府应当摆正自身的监管地位，设立专门且专业的大数据监管部门，如有可能，还应聘请专业的技术人员进行技术指导或者扶持，以实现对各个行业各个部门衍生出来的物联网数据进行有效合理的监管。与此同时，国家层面也应当对执行监管行为的政府机关进行全力的约束，颁布相关的行政法规，使监督部门也能在合理的范围内通过合理的手段和技术更好地发挥自身的监督职能，营造一个较为健康的物联网大数据的市场环境。

五、加强网络犯罪监管惩戒

《刑法》第286条规定了“破坏计算机信息系统罪”：“违反国家规定，对计算机信息系统功能进行删除、修改、增加、干扰，造成计算机信息系统不能正常运行，后果严重的，处五年以下有期徒刑或者拘役；后果特别严重的，处五年以上有期徒刑。……”第287条规定：“利用计算机实施金融诈骗、盗窃、贪污、挪用公款、窃取国家秘密或者其他犯罪的，依照本法有关规定定罪处罚。”我国对于计算机技术的犯罪，规定得较为狭义，强调“利用计算机”实施的各类犯罪，并没有使用“利用网络”“利用数字化手段”“利用网络技术”等，《刑法》对于规制数字化网络犯罪未能涉及。建议在大数据快速推进和发展的大背景下，可以对此多扩大解释，将“互联网”或“数字化”加入现有的网络犯罪规制框架中来。另外，值得注意的是，要注重网络犯罪中的证据问题。利用网络技术犯罪，当事人所留下的证据并非传统的物证，其取证往往较为困难，且形式上也具有高度隐蔽性、无痕性。这种技术的获取，只能由专业的技术人员通过特殊的技术才能提取。因此这种证据也区别于常见的电子证据，而是一种新型的“数据证据”“技术证据”。这也意味着网络数据犯罪的证据框架需要更新。

第五节　物联网大数据的立法现状以及建议

一、立法现状

随着我国法制建设的逐步完善，计算机、通信、互联网、自动控制、人工智能、传感、集成电路、电子商务和电子物流等产业的迅速崛起和发展，衍生了众多的新兴法律部门。

物联网行业作为基于互联网而产生的新兴行业，其尚未制定专门的法律法规进行规范。物联网的实现结合了互联网、通信、广电技术，在物联网实施过程中需要根据使用的技术类别进行合规规划和合规处理。同时，物联网根据不同应用的场景，又可能涉及诸多行业，如工业、环境保护、医疗等，在实际应用场景中又需要遵守相关部门的法律法规。所以，我国目前颁布实施的物联网相关的法律法规中主要是行政法规或者部门规章，而且内容琐碎庞杂，有些规范之间还存在着矛盾和冲突，极易产生适用上的混乱，且由于这些规范的普遍效力较低，不利于整体协调，常常使得各行业无所适从。

在物联网中产生的大数据则面临着更大的问题。在物联网大数据时代，数据的保护是各个国家共同面临的难题。为了应对这个严峻的问题，全球约有 66 个国家和地区指定有关数据保护的专门法律法规，形成了以欧盟为首和以美国为首的二分格局。美国分散立法更具有灵活性、便捷性。自下而上的保护模式容易促进行业自律和技术自治的形成，最终形成市场良性发展。同时，较低水平的数据保护制度，对企业的成本压力更小，有效激励企业创新技术。而欧盟采用统一立法的模式，容易实施，方便执行，但缺少灵活性。我们在数据保护方面的立法并不是“真空地带”，其已形成了分散立法保护的立法模式，其法律法规已覆盖了旅游、银行、邮政、统计、社会保险等领域。但在工业、环境保护、国防军事等物联网重点应用行业尚无健全制度。这与我国立法起步晚、立法实践不足、法学理论研究欠缺，特别是针对新兴的互联网经济的立法经验极少等事实有着密不可分的关联。

二、物联网大数据保护未来的立法路径

物联网大数据区别于其他行业大数据的地方是，物联网产生大数据类别多、结构不同、数据来源丰富，物联网中的数据既可能采集自个人，也可能向企业事业单位等法律主体进行采集收集，甚至在大多数情况下，物联网数据采集自自然环境或者工业环境下的各类设备，在这种情况下，数据本身对数据控制人以外的第三人并无直接明显的价值，也并不会涉及个人隐私，但这些数据经大量积累、处理、分析后，往往可以表现出一种无法直观感受的规律，这种规律可能蕴含着巨大价值。

我国目前对数据保护采用分散立法的方式，并非一部或者几部“专门法”就数据保护、数据使用规则等进行专门的规范，而是在不同领域的法律法规中各自对数据、信息等进行规范，目前已覆盖了旅游、医疗、商业银行、邮政，在公共管理领域，涉及了身份证管理、社会保险、公正、国家安全、消费者权益等。

物联网大数据的来源主体、数据类别、应用行业均各有差异，再结合我国目前对数据保护的分散立法模式以及目前我国处于法制快速发展时期，立法任务重，故就物联网大数据的使用、保护进行研究并订立一部“专门法”显然是不符合实际情况的。既然要走数据分散立法保护的模式，则需要进行“统筹考虑，分散执行”，我国目前在个人、金融、医疗等领域的数据保护已经走在前面，电子商务和移动互联网支付的快速崛起加快了上述领域的个人数据保护的立法进程，2014 年修订的《消费者权益保护法》、2015 年出台的《刑法修正案（九）》以及 2017 年施行的《网络安全法》等均就个人数据的保护进行了规定。但物联网大数据并不仅仅涉及个人数据，还包括大量的环境数据、工业数据、监控数据等，这类数据的保护目前还没有引起足够的重视。

数据的分散立法保护模式并不是指个人数据、工业数据、金融数据等各类数据各自立法、各自为政，应当在立法过程中有一个统筹的考虑，调和各种数据保护之间的冲突和矛盾，做到“形散而神不散”，这种统筹过程中需要坚持法律优位原则，通过法律效力位阶去调整数据保护之间的矛盾，使我国关于数据保护方面的立法更具有系统性。

第七章
大数据与金融

第一节　大数据在各金融场景中的应用现状

金融业务的开展高度依赖信息。例如，银行为了尽可能削弱信息不对称带来的风险，或自己收集信息，或通过征信考察借款人还款能力；保险公司为了确定风险大小并以此定价，采集大量样本数据并借此进行统计学计算；第三方支付机构为了履行反洗钱、反欺诈等法律义务，需要反复审核客户信息以及交易真实性。

而大数据最大的价值是可以通过收集和整合海量的非结构化数据，运用大数据、互联网、云计算等信息化方式对客户数据进行分析，为金融企业[①]提供客户全方位信息，深层次挖掘潜在的信息或问题，以供参考和决策。如通过分析和挖掘客户的交易和消费信息掌握客户的消费习惯，准确预测客户行为，提高金融企业的服务效率以及降低信息不对称风险等。[②] 因而大数据对金融行业意义重大。

在国外，大数据在金融行业中的应用开始较早。但近些年，随着大数据技术的不断创新与发展，我国金融企业也在不断尝试将大数据应用到各种金融场景中去，如汇丰银行与 SAS 在防范信用卡和借记卡欺诈的基础上，共同

---

① 传统金融机构仅包括从事银行、证券、保险、信托、基金的金融中介机构，但随着互联网技术的发展，第三方支付随之出现。第三方支付具有金融属性但又不属于传统金融机构的任何一类。第三方支付拥有其特性，但在信息安全保护方面与金融机构又有共性，因而中国人民银行在《中国人民银行金融消费者权益保护实施办法》中将其与银行业金融机构一起纳入到监管范畴。为方便表述，本章中“金融企业”指传统金融机构及第三方支付。

② 何平平，车云月．大数据金融与征信［M］．北京：清华大学出版社，2017：20－26.

扩展了 SAS 防欺诈管理解决方案的功能，为多种业务线和渠道提供完善的欺诈防范；中信银行信用卡中心实施了 EMC Greenplum 数据仓库解决方案，基于数据仓库，中信银行信用卡中心可以从交易、服务、风险、权益等多个层面分析数据。通过提供全面的客户数据，营销团队可以对客户进行分类，并根据银行整体经营策略积极地提供相应的个性化服务。①

本节将重点介绍大数据在商业银行、保险和第三方支付中的应用。

一、大数据在商业银行中的应用

大数据在商业银行的信贷审核、风险预警、运营优化等方面有着广泛的应用。

（一）信贷审核

信贷业务是商业银行最重要的业务，是商业银行的主要盈利手段，商业银行通过发放贷款赚取利息，获得利润。但是，从商业银行的角度考虑，信贷业务存在一定的风险，如贷款本息无法按期回收等。因而，商业银行如何最大限度地降低和控制信贷业务的风险，实现利润最大化，显得尤为重要。而其中最初始也最为核心的步骤即为信贷审核。

传统的信贷审核主要依赖于贷款申请人提供的材料、财务信息、客户经理的调查、征信报告以及申请人的抵押担保情况等，信贷审核人据此做出同意或拒绝的决策。而随着大数据技术的应用，首先，商业银行可以通过多种渠道掌握更多的客户信息，可以更全面、真实、准确、实时地掌握客户的信息；其次，商业银行可以将传统审核材料之外的信息纳入评估考虑范围内，如消费记录、浏览记录等，通过各种数据模型挖掘、分析看似无关信息之间的关联关系，对申请人的信用状况和风险程度进行更全面的评估；最后，利用大数据技术对贷款申请进行综合评估，可以实现商业银行信贷审核流程自动化，优化贷款审批流程，提高贷款审批的速度和便利程度。

大数据技术可以使得信贷审核决策更加准确，有效过滤潜在风险大的贷款申请，大幅提高信贷审核的风险防范能力及效率。近年来，各大银行先后

---

① 数据分析师告诉你：金融行业大佬如何应用大数据［EB/OL］.（2016－03－17）［2019－01－24］. https：//bbs. pinggu. org/thread－4474706－1－1. html.

推出的“小微贷”即是大数据在信贷审核中典型的应用，如中国工商银行推出的大数据普惠金融产品“网上小额贷款”，运用大数据及互联网技术，通过挖掘小微企业分散在银行、行政管理、公共服务、电商平台等各系统内的海量数据，从结算、交易、税务、水电、资产等多个维度进行拟合，构建出客户的信用评分模型，具有自助办理、便捷高效、主动授信、自动审批、随借随还等优势。

（二）风险预警

商业银行的风险预警实际上是通过收集和分析相关资料信息，对风险情况及风险因素的变动趋势进行识别和监控，并根据对各种风险状态的综合评价结果发出预警信号，以便商业银行提前采取适当的措施预防风险的发生，有效减少损失。而大数据在风险预警方面具有天然的优势。

信用风险是商业银行面临的主要风险之一，商业银行信贷审核批准后，如何进行贷后管理，防止贷款人违约风险，也是商业银行风险管理中重要的一环。长期以来，贷后管理一直是商业银行的薄弱环节，但随着大数据技术的发展，借助大数据，商业银行可以从多种渠道收集信息，选取监控指标，设置监控模型，对业务中的每一个环节进行跟踪，建立动态信用风险管理机制，帮助商业银行预测高风险的信用风险事件。在信贷审核批准后，商业银行只需要依据事先设定好的监控模型，对贷款人的信用风险进行实时监控和持续跟踪，若发生风险因素，则自动发出预警，以便商业银行及时采取措施，降低客户违约风险，预防损失。

欺诈也是商业银行频繁面临的一种高危害性的风险事件。欺诈能够成功的主要原因之一为信息不对称，而大数据正是解决信息不对称问题的关键之一。当商业银行拥有大量的信息时，便可以对客户的家庭状况、文化程度、社交范围、工作情况、资产负债能力等形成准确的认知，甚至可以做到比客户都了解自己。商业银行可以基于大数据分析建立相关交易监控及反欺诈系统，通过对海量交易数据进行挖掘，分析出客户的经常交易对象及交易习惯，并总结出欺诈案件的共性特征，从而建立风险特征模型。在交易前和交易中实时分析、迅速识别交易风险，并发出预警，动态管理网上银行、ATM 等渠道的欺诈事件。如商业银行信用卡中心可以利用大数据技术随时监测和预警客户信用卡使用行为，在可能发生欺诈事件之前便发出预警，从而降低欺诈风险。大数据的出现为商业银行欺诈监控提供了多维度的监控指标和交互方式，能够进一步完善甚至重塑商业银行的反欺诈体系。

（三）运营优化

大数据为商业银行的运营也带来了优化与革新，主要体现在市场渠道扩展、服务优化、舆情分析三个方面。

（1）大数据背景下，金融交易的形式日趋电子化和数字化，商业银行也从传统的柜台逐渐拓展至线上，具体表现为支付电子化、渠道网络化和信用数字化。且通过大数据，商业银行可以监控不同渠道的推广质量，尤其是网络渠道，并且可以通过收集到的数据和信息分析渠道效率，进一步调整和优化市场渠道。

（2）近年来，多家商业银行开设了自己的电子商务平台，商业银行进军电商领域当然并非仅仅为了创收，其主要目的在于扩展数据和信息，通过电子商务平台以了解客户的消费能力、行为习惯、兴趣偏好等，用以构建客户画像，智能化分析和预测客户需求，从而进行产品创新和服务优化。商业银行基于大数据技术推出新产品或新服务，又通过新产品及新服务扩展数据和信息，将分析和挖掘的结果再反作用于产品和服务的优化，形成良性闭环。

（3）商业银行可以利用大数据技术进行网络舆情监控与分析，通过爬虫技术等自动收集和分析网络舆情信息，进行正负面判断，及时发现潜在的风险因素并进行预警，以提高商业银行的网络舆情风险管理能力。此外，商业银行通过大数据技术也可以获得同业银行的网络舆情动向，该等舆情的分析结果也可以作为商业银行优化自身产品与服务的参考依据。

二、大数据在保险中的应用

保险与大数据具有天然的关联性，保险是经营风险的行业，风险的测定则需要以大量充足的数据为基础进行分析和预测，而这正是大数据的优势。

（一）保险定价

在传统保险定价模式下，保险价格是基于群体数字计算的平均值，虽然同种产品下会根据风险大小给出不同价格，但这不过是将群体进一步细分到小群体之后，计算得到的小群体平均值。而大数据接近于保险定价下细分群体极限模式，以最小“群体”即个人来计算风险并精确定价，每个价格都是量身定做。

大数据背景下，保险公司可以将传统的样本精算升级为全量精算，同时引入更多的定价因素，全面了解客户的特征及潜在风险，最终实现对特定客户的个性化保险定价。且该等定价并非一成不变，保险公司可以根据对客户行为的持续跟踪，根据客户行为的变化相应调整保险定价。

大数据在国外保险领域应用最典型的就是 UBI（Usage Based Insurance）类保险。UBI 类车险是基于驾驶行为以及使用车辆相关数据相结合的个性化保险产品，简单而言，就是驾驶行为表现较安全的驾驶员应当获得保费优惠，而保费则取决于实际驾驶时间、地点、具体驾驶方式等综合指标，这些综合指标则由保险公司通过安装在机动车辆上的 OBD（On-Board Diagnostics）设备获取。

（二）欺诈识别

保险欺诈往往具有隐蔽性等特点，传统的保险欺诈识别主要依靠保险工作人员的调查和判断，而该等调查的质量又比较依赖于保险工作人员的专业能力与职业素养，尤其若存在内外勾结的情况，保险欺诈则防不胜防。

实践中，通过运用大数据技术，保险公司可以对海量的客户基础数据进行挖掘，从中找出对保险欺诈的发生影响最为显著的因素，对数据进行多维度分析，发现其中的关联因素，综合构建动态的保险欺诈识别模型。保险事故发生后，保险公司的工作人员可以使用保险欺诈模型对事故可能存在的欺诈风险进行评估，进而决定是否同意理赔或者介入调查。

中国保险信息技术管理有限责任公司（简称“中国保信”）作为中国保险业第一家大数据公司于 2013 年 7 月在北京成立。中国保信主要的职责是了解保险业信息交互共享需求，建设和运营保险业数据信息共享和对外交互平台。该等平台是保险业的公共基础设施和综合性服务平台，将涵盖保险主要业务领域的数据信息，全面建成后能够提供保险生产支持、信息查询、保单登记和认证、结算等综合服务。该等平台一旦建设完成，保险业将实现数据共享，保险公司则可以更加全面、准确地识别保险欺诈并及时采取措施防止损失。

（三）保险产品创新

随着各国对数据的重视程度及保护力度的不断增强，任何企业使用和分析数据均可能面临一定的法律风险，如非法收集、使用或泄露客户数据，企业面临的违规成本也有所增加。现有的保险产品根据保障对象分为人身保险、财产保险、责任保险和信用保险，责任保险以被保险人的民事损害赔偿责任为保险标的，但传统的责任保险产品中很少有涉及数据的使用和处理等过程中产生的法律责任。为保护企业远离大数据带来的风险，已经有部分保险公司尝试开发新的保险产品，如安联财产保险（中国）有限公司和美亚财产保险有限公司均已推出了网络安全保险，承保范围大致类似，主要包括敏感数据外泄、黑客入侵、计算机病毒、雇员恶意破坏数据或处理数据失当、数据盗窃等引发的第三方索赔或导致的业务中断以及网络勒索相关赎金的保障。

（四）精准营销

传统的营销手段一般是采用广告牌、电视、网络等媒体发布广告，通过广而告之的方式推广产品或服务，而保险公司的营销更多的是依托于熟人介绍、“扫楼”（逐楼层地挨家挨户拜访推销产品）等。所有人接收到的内容都一样，如果接收者没有相关需求，该等营销就没有效果。而大数据时代下，依托强大的数据资源，保险公司可以通过对用户消费行为、兴趣偏好、健康状况等信息的分析与挖掘，做到对客户进行准确的剖析和定位，有针对性地制定相应的销售与服务策略。互联网技术的发展也使得针对不同客户进行差异化推广成为现实，如客户新购置车辆，保险公司可以通过大数据分析出用户可能有购买车险的需求，向客户推送车险相关广告。通过大数据，保险公司最终可以实现在恰当的时间、以恰当的价格、通过恰当的渠道，将产品或服务推荐给合适的用户。基于大数据技术，保险公司可以更精确、直接、高效地发掘更多具有保险需求的潜在客户。

三、大数据在第三方支付中的应用

第三方支付是指具备一定实力和信誉保障的独立机构，通过与互网联对接而促成交易双方进行交易的网络支付模式。大数据是第三方支付与生俱来的优势，第三方支付基于真实交易积累的海量支付信息，形成了高质量的大数据，这些大数据能有效地捕捉用户的深层次需求，创新互联网金融模式，提高金融服务效率，同时增加盈利。

（一）反洗钱①

第三方支付在带给用户便利的同时也引发了一系列金融犯罪风险，如利用第三方支付进行洗钱，因该等行为具有隐蔽性、匿名性等特点，再加上相关监管仍存有一定空白和限制，所以利用第三方支付洗钱的行为更容易逃脱法律的制裁。但依托第三方支付产生的海量数据使得第三方支付有更好的基础拓展可以监测范围，通过对比大量的交易数据，综合考虑相关人物、地点、事件、内容、原因等因素，深入挖掘相关交易行为的特点，构建可疑交易识别模型，有效识别可疑交易，完善第三方支付的反洗钱风险管理体系。通过挖掘与分析大数据，第三方支付可以定位到个人，提取个人经济生活中的元素，构建立体多维度的客户画像。使用客户画像，综合收集与分析客户各种信息，可以实现快速识别用户真实身份，判断交易真实与否。大数据技术中的关联分析、神经网络技术、决策树算法等各种分析和挖掘方法也可以降低反洗钱调查的时间与人力成本，提高调查效率。另外，第三方支付的大数据非常丰富，使得监管部门能够充分利用这些数据来提高整个社会的反洗钱监测能力。监管部门可以通过数据分析实时更新和完善反洗钱相关风险模型，有效监测各行各业的风险，提高对洗钱风险的掌控力度，有利于监管部门及时采取措施或制定相应政策，防范和化解洗钱风险。

（二）信用评价

大数据时代的到来引发了互联网金融客户信用评价体系的变革，如芝麻信用和腾讯征信，分别依托于支付宝和财付通的用户和资源，快速获得用户增长及发展。对客户的信用评价也不仅包括对客户的注册信息、实名认证信

---

① 胡娟．大数据技术在第三方支付机构反洗钱监管领域的应用研究［J］．北京政法职业学院学报，2018（2）：95－98.

息等数据的分析，还包括对客户通过网络购物、支付、生活缴费、投资等数据的分析和挖掘，甚至开辟各类渠道允许客户自行主动提交各类信用相关信息，如学历信息、工作邮箱等。通过上述信息形成客户画像，形成客户的行为轨迹，通过交叉验证的方式，对客户身份真实性进行识别，建立信用评价模型，对客户进行评价分类，之后再有针对性地提供相关服务。如支付宝的购物、支付、消费等记录为芝麻信用对客户进行信用评价提供了大量的数据，芝麻信用的评价又反过来服务于支付，成为支付宝为客户提供其他信用服务的依据，如根据芝麻信用评价授予花呗额度、借呗额度、免押金租房等，而后续的消费记录将再次为芝麻信用的信用评价提供数据。

（三）精准营销

大数据技术在保险中的应用之一是实现了保险公司的精准营销，而大数据对第三方支付营销模式的影响则更为显著。第三方支付利用大数据技术对客户的网络购物、支付、评价等数据进行分析和挖掘，根据客户的特征、需求和偏好细分客户群体，对客户进行分类管理，针对每一类别的客户定向投放广告，推广产品及服务，从而实现精准营销。

如支付宝 9.9 新版本上线时，为了让用户快速准确地了解体验支付宝 9.9 版新功能，提高用户活跃度，支付宝借助易赞的大数据平台，基于海量自媒体的深度数据挖掘，大数据营销场景和行为的精准捕捉进行标签化分类，帮助支付宝进行目标人群洞察，并在投放中进行互动用户实时数据跟踪，实现越投放越精准的效果。易赞公众号画像技术通过自媒体大数据技术，多维度数据化分析公共账号价值属性和相关信息的抓取，使信息可视化、数据化、标签化，做到高质量、精准的投放。最终经过一个月的投放，支付宝月活跃用户提升 3.4%，支付宝 9.9 新版认可度提升 162.3%。并且经过此次传播，支付宝 9.9 新版本一上线即引起全民关注，用户互动体验支付宝新功能的同时，讨论话题持续发酵，一度成为社会热点事件。①

① 支付宝 9.9 大数据精准营销：让生活更简单［EB/OL］.［2019－01－26］. http://market.meihua.info/works/56843292.

第二节　大数据与金融信息安全

大数据技术的应用对金融业的发展起到了重要的促进作用，但同时，金融业对信息技术的依赖程度也随之提高，信息安全保护工作的难度不断加大。金融业因其业务特殊性，尤其重视安全防护，可以毫不夸张地说，安全是金融信息系统的生命，因而对金融信息安全的保护显得尤为重要。

本节将介绍金融信息安全的含义与特征，分析大数据给金融信息安全带来的挑战与风险，最后阐述大数据背景下中国对金融信息安全保护的现状。

一、金融信息安全的含义与特征

（一）金融信息安全的含义

金融信息是在金融消费活动中产生的各种信息，如银行储蓄信息、证券开户信息、购买保险信息等。根据中国人民银行《关于银行业金融机构做好个人金融信息保护工作的通知》，大数据时代金融信息的内容非常广泛：不但包括个人姓名、性别、身份证件种类号码及有效期限、职业、联系方式、婚姻状况、家庭状况、住所或工作单位地址等个人身份信息，以及个人财产信息、个人账户信息、个人信用信息、个人金融交易信息，而且还包括个人消费习惯、投资意愿等对原始信息进行处理、分析所形成的反映特定个人某些情况的衍生信息。可见，经过处理、分析的信息若仍能指向特定个人，则其收集、使用、传播、存储等过程与其他个人信息一般受到法律监管。而《中国人民银行金融消费者权益保护实施办法》则将个人金融信息界定为“金融机构通过开展业务或者其他渠道获取、加工和保存的个人信息，包括个人身份信息、财产信息、账户信息、信用信息、金融交易信息及其他反映特定个人某些情况的信息”。

信息安全的定义并不统一，但国际标准化组织（ISO）对信息安全的定义更具有通用性，根据该组织的定义，信息安全是“为数据处理系统建立而采取的技术和管理的安全保护。保护计算机硬件、软件、数据不因偶然或恶意的原因而受到破坏、更改、泄露”。

金融信息安全是信息安全在金融行业中的应用，是将加密技术、身份认证、入侵检测、防火墙、系统容灾等信息安全技术运用到金融信息系统安全工程中，在系统运行过程中及时发现、纠正安全问题，保护金融信息系统（包括硬件、软件、数据、人、物理环境及其基础设施）不因偶然或者恶意的原因而遭到破坏、更改、泄露。确保金融信息系统正常、连续运行，实现安全、连续、稳定向客户提供金融服务。

（二）金融信息安全的特征

金融信息安全除具备信息安全具有的保密性、完整性、可用性、可审查性、可控性五大特征之外，还具有一些特有的属性。根据 ISO/IEC 27001：2013 信息安全管理体系①，结合金融业对信息安全的主要需求，金融信息安全共具有以下九个关键属性。

（1）保密性。保障信息仅为被授权使用的人所获取。保证信息不被非授权访问，即使非授权用户得到信息也无法知晓信息内容或无法利用信息资源。

（2）完整性。保证数据从产生、传输到接收全过程的一致性，防止数据被非法篡改。涉及信息使用、传输、存储的过程中不发生篡改、丢失和错误；信息处理方法正确，不会对原始信息造成破坏。

（3）可用性。保障授权使用人在需要时可以获取和使用信息。保证合法用户对信息和资源的使用，而不会被不正当地拒绝。

（4）可审查性。成为对出现的安全问题提供调查的依据和手段。在信息交换过程结束后，相关方不能抵赖曾经做出的行为，也不能否认曾经发送或接收的信息。

（5）可控性。对信息的传播及内容具有控制能力。授权机构对信息的内容及传播具有控制能力，可以控制授权范围内的信息流向及其方法。

（6）真实性。对信息的来源进行判断，能对伪造来源的信息予以鉴别。

---

① 谢宗晓，巩庆志. ISO/IEC 27001：2013 标准解读及改版分析［M］. 北京：中国标准出版社，2014：1－118.

（7）不可否认性。通过建立有效的控制机制，防止相关方否认其行为，这一属性在金融信息安全中极其重要。

（8）可靠性。信息系统在先定条件和先定时间内完成规定动作，可靠性是信息系统建设和运行的基本要求，也是金融信息安全的重要目标。

（9）连续性。具备应对风险进行自动调整和快速反应的能力，以保证关键业务的连续运转。金融信息安全的连续性主要包括高可用性（high availability）、连续操作（continuous operation）和灾难恢复（disaster recovery）。

金融信息安全研究的领域和范畴与一般信息安全有较多的相似性，但从行业应用来看，金融信息安全更加注重保密性、完整性、可用性、真实性、不可否认性、可靠性和连续性等方面的技术和理论。①

二、大数据给金融信息安全带来的挑战与风险

大数据时代的来临，在为金融行业带来巨大积极变革的同时，也为金融信息安全带来诸多风险。

（一）侵犯个人隐私风险

随着大数据技术在数据收集与分析方面的广泛应用，金融企业保存着越来越多的客户信息，并且有能力通过大数据技术的分析与挖掘获得更多的二次信息。大量信息的汇集不可避免地增加了客户隐私泄露的风险。一方面，法律法规并没有明确相关信息的所有权及使用权，对客户隐私权保护制度的不健全，导致很多企业在应用大数据技术进行分析、挖掘及使用时并未实际考虑到其中涉及的隐私权问题；另一方面，海量数据集中式存储本身就增加了信息泄露的风险，一旦客户的隐私被泄露，轻则仅造成财产损失，重则可能威胁客户的人身安全。

（二）网络攻击风险

大数据技术的广泛应用拓宽了信息收集以及数据分析的渠道，有利于金融企业通过数据挖掘与分析来掌握网络异常行为，发现风险的存在并及时预

---

① 李连朋，罗宏．国内外金融业信息安全综述［J］．网络与信息安全学报，2017（2）：13－23.

警，防止黑客入侵。但是大数据技术是一把双刃剑，对黑客而言，大数据技术反而为其提供了更多的机会。首先，在数据即是石油的时代，大数据本身就会吸引更多的潜在攻击者；其次，数据的大量汇集，使得黑客一次攻击即可获得大量收益，无形中降低了黑客的攻击成本；最后，黑客也可以最大限度地利用大数据技术，对数据进行分析和挖掘，提高自身攻击的精确度。

（三）威胁国家金融安全

中国金融企业的核心软硬件依赖于国外进口，金融系统的网络基础设施、存储设备、芯片、操作系统等都被国外垄断。在信息收集、传输等过程中，中国金融企业的金融信息有可能被国外进口设备的厂商或国外机构掌握，从而严重威胁中国的金融安全。2012 年 5 月，银监会曾召开特别会议披露日立及其代理商窃取银行敏感数据信息的事件。根据银监会披露，日立代理商北京长远智扬公司通过银行使用的存储产品违规收集银行数据，并通过四种手段窃取银行数据：利用维护之便，使用专门工具；利用故障分析时提供的最高系统权限；利用进入银行要害区域的机会，通过偷拍等方式窃取网络拓扑图、技术方案等敏感信息；对回收的硬盘进行分析。

（四）技术更新带来的风险

移动互联网、云计算、大数据、区块链等新兴技术的飞速发展促进了金融产品的不断创新和服务升级，但是针对这些基于互联网、大数据技术等催生的新金融产品服务，以往传统的金融企业安全风险防范措施及互联网信息安全技术防范已经无法全部适应新金融产品服务的发展速度。一方面针对金融产品服务的基础设施建设及风险管理系统开发明显滞后于相关技术的发展；另一方面这些新兴的技术自身也还在不断发展的过程中，技术尚未成熟，其自身存在的风险尚不明确，对金融信息安全可能产生的影响也更加不确定。

（五）法律监管缺失存在风险

由于大数据在中国金融业的发展及应用时间仍不是很长，金融业现有的商业银行法、保险法等都是在传统金融模式的运营下制定的，所以对大数据在金融业中的应用缺乏约束力。中国当前法律框架下，金融信息安全相关的法律风险主要体现在两个方面：金融信息安全相关法律法规不够健全；金融信息安全立法相对滞后和模糊。近年来，监管层逐渐意识到对大数据监管的重要性，已经相继制定了一些法律法规或规范性文件，但相关法律法规的规定仍不够明确且未形成体系。金融信息安全相关监管体系的构建仍有较长的路要走。

三、大数据背景下中国对金融信息安全保护的现状

（一）法律

2012年12月28日，第十一届全国人民代表大会常务委员会第三十次会议通过《关于加强网络信息保护的决定》，该决定将个人信息保护从各部门法和规章中的零散规定中首次提升到单独的法律层面，以法律保护的形式保护信息安全，确立了网络身份管理制度，规定了网络服务提供者的法律义务和责任，并赋予政府主管部门必要的监管手段。

2013年10月25日，第十二届全国人民代表大会常务委员会第五次会议通过了《关于修改〈中华人民共和国消费者权益保护法〉的决定》，本次修订中将个人信息的保护纳入其中，并且规定了经营者因此需要承担的义务和相应的法律责任。

2016年11月7日，全国人民代表大会常务委员会表决通过《网络安全法》，并于2017年6月1日开始施行。《网络安全法》将个人信息保护纳入了保护范围，明确了个人信息的定义，确立了个人信息收集和使用的合法正当原则、知情同意原则、目的限制原则、安全保密原则和删除改正原则，规定了相关主体的个人信息保护义务，也规定了违反个人信息保护的法律责任①。

2017年3月15日，第十二届全国人民代表大会第五次会议表决通过了《民法总则》，《民法总则》第111条规定："自然人的个人信息受法律保护。任何组织和个人需要获取他人个人信息的，应当依法取得并确保信息安全，不得非法收集、使用、加工、传输他人个人信息，不得非法买卖、提供或者公开他人个人信息。"由此，确立了个人信息安全的法律地位。但这些规定过于简单，没有具体规定个人信息权的内涵和外延，也没有规定相应的法律后果，司法实践中保护效果或许并没有预期那么好。

---

① 李爱君．中国大数据法治发展报告［M］．北京：法律出版社，2018：1-329.

（二）法规、规章及规范性文件

为规范互联网信息服务活动，促进互联网信息服务健康有序发展，国务院于2000年9月25日发布并施行《互联网信息服务管理办法》。2012年6月7日，国家互联网信息办公室、工业和信息化部发布《互联网信息服务管理办法（修订草案征求意见稿）》，该征求意见稿加入了关于用户发布信息的保留，并引入了对用户承担保密义务的规定，加入了相关服务提供者的安全管理责任、用户个人信息和隐私权保护等。

2007年6月，中国人民银行、银监会、证监会、保监会发布《金融机构客户身份识别和客户身份资料及交易记录保存管理办法》，要求金融机构应当妥善收集、保管信息，建立并执行客户身份识别制度。同年，公安部等四部委联合发布《信息安全等级保护管理办法》，旨在规范信息安全等级保护管理，提高信息安全保障能力和水平。依据《信息安全等级保护管理办法》，2012年6月，中国人民银行发布了《关于银行业金融机构信息系统安全等级保护定级的指导意见》，同年发布了《金融行业信息系统信息安全等级保护实施指引》（JR/T 0071—2012）、《金融行业信息系统信息安全等级保护测评指南》（JR/T 0072—2012）、《金融行业信息安全等级保护测评服务安全指引》（JR/T 0073—2012）三项行业标准，把等级保护的实施指引、测评指引、安全指引三个规范，通过金融行业标准0071至0073这三个标准规范文件落地，明确了金融行业信息安全等级保护制度，为金融行业开展关键信息系统信息安全等级保护实施工作奠定了坚实基础。

2009年，银监会将金融业信息技术风险纳入审慎监管整体框架，发布《商业银行信息科技风险管理指引》，该指引第四章明确了商业银行落实信息安全管理职能的部门、职能范围、应采取的信息安全管理措施等。该指引旨在通过建立有效的机制，实现对商业银行信息科技风险的识别、计量、监测和控制，促进商业银行安全、持续、稳健运行，推动业务创新，提高信息技术使用水平，增强核心竞争力和可持续发展能力。

保监会于2008年3月、2011年11月根据《中华人民共和国保险法》、国家信息安全法律法规等先后制定了《保险业信息系统灾难恢复管理指引》

和《保险公司信息系统安全管理指引（试行）》，在切实落实国家信息安全等级保护的基础上从多方面加强保险业信息安全监管体系建设。

2011—2012 年，中国人民银行先后发布《关于银行业金融机构做好个人金融信息保护工作的通知》《关于银行业金融机构进一步做好客户个人金融信息保护工作的通知》，列举式界定了个人金融信息，进一步规定了银行业金融机构的金融信息保护义务。

2013 年 11 月 4 日，保监会印发《人身保险客户信息真实性管理暂行办法》，规范人身保险客户信息真实性管理工作，要求人身保险公司、保险专业中介机构、银行邮政等保险兼业代理机构及其从业人员在从事人身保险产品的销售、承保和保全等业务活动和提供客户服务过程中，应按照该办法的要求收集、记录、管理和使用客户信息。

2015 年 7 月 22 日，保监会印发《互联网保险业务监管暂行办法》，旨在规范互联网保险经营行为，促进互联网保险健康规范发展，保护保险消费者合法权益。针对保护消费者合法权益这一基本原则，该办法强化了信息披露、客户服务，重点保护保险消费者的知情权、选择权以及个人信息安全等。

2016 年 12 月 14 日，中国人民银行发布《中国人民银行金融消费者权益保护实施办法》，进一步规范了银行业金融机构及第三方支付的行为，切实保障金融消费者合法权益，重点强化对个人金融信息的保护。

2017 年 12 月 29 日，全国信息安全标准化技术委员会发布《信息安全技术　个人信息安全规范》，针对个人信息面临的安全问题，规范个人信息控制者在收集、保存、使用、共享、转让、公开披露等信息处理环节中的相关行为，旨在遏制个人信息非法收集、滥用、泄漏等乱象，最大限度地保障个人的合法权益和社会公共利益。该规范已于 2018 年 5 月 1 日正式实施。

2018 年 6 月 27 日，公安部发布《网络安全等级保护条例（征求意见稿）》，作为《网络安全法》的重要配套法规，对网络安全等级保护的适用范围、各监管部门的职责、网络运营者的安全保护义务以及网络安全等级保护建设等提出了更为具体的要求，为开展等级保护工作提供了重要的法律支撑。

2018 年 11 月 30 日，公安部网络安全保卫局发布《互联网个人信息安全保护指引（征求意见稿）》。该指引规定了个人信息安全保护的安全管理机制、安全技术措施和业务流程的安全，适用于指导个人信息持有者在个人信息生命周期处理过程中开展安全保护工作，也适用于网络安全监管职能部门依法进行个人信息保护监督检查时参考使用。

2018 年 12 月 26 日，国家互联网信息办公室发布《金融信息服务管理规定》，旨在加强金融信息服务内容管理，提高金融信息服务质量，促进金融信息服务健康有序发展，保护自然人、法人和非法人组织的合法权益，维护国家安全和公共利益。该规定于 2019 年 2 月 1 日施行。

随着大数据技术的应用与不断发展，近年来，中国开始逐渐认识到信息保护的重要性，并已经开始制定相关法律法规等，加强对信息安全保护的力度。已有的法律法规构成了目前中国的信息安全保护法律制度框架，但目前信息安全保护相关法律制度仍不完善，且大数据相关法律制度仍处于初步发展阶段，相关监管体系仍有待形成。

第三节　大数据背景下中国金融企业面临的法律风险

本节将首先介绍近年来中国银行、保险及第三方支付行业发生的信息安全事件，然后通过这些信息安全事件总结中国金融企业面临的法律问题，最后介绍大数据背景下金融企业的安全保障义务及金融消费者保护义务。

一、中国金融信息安全事件

（一）商业银行信息安全事件

由于《中华人民共和国银行业监督管理法》（以下简称《银行业监督管理法》）、《商业银行信息科技风险管理指引》等法律法规的严苛要求，商业银行在交易安全方面显得保守而谨慎。银行为客户设计更复杂的支付流程，这一度使银行显得与时代脱节：当第三方支付以其快捷便利在移动端迅速扩张时，商业银行仍通过柜台向客户推广 U 盾等安全支付工具——尽管银行已尽力将 U 盾设计得灵巧便携，但它对于日常的小额支付而言仍然显得累赘。此外，银行严格要求内部系统安全性，从内部为客户信息修建防护墙：银行网点遍布监控摄像头；电子设备只使用局域网而与外部互联网隔离；U 盘中的信息无法被拷入银行电脑，电脑中的信息也无法拷入 U 盘。即便有此重重保护，银行信息泄露事件仍然不时发生，不过纵观近几年银行信息泄露事件，大多少不了银行员工的“配合”。

1. 用户被开通“×行 e 支付”，祸起中国移动“短信保管箱”①

2015 年 7 月，多名中国××银行北京地区储户的银行账号内资金被盗。调查发现，这些储户在银行账户被盗刷前，普遍被开通了“×行 e 支付”这一快捷支付功能，而在此前，又被开通了中国移动的“短信保管箱”功能。

中国××银行后续出具说明称，×行 e 支付业务运营正常，也未发生泄露客户信息的情况，储户资金被盗主要是由于不法分子使用非法手段获取了客户的相关信息，再利用客户信息开通了手机运营商中国移动提供的短信保管箱业务，从而盗取银行发送至储户手机号的交易验证码开通×行 e 支付并盗取资金。中国移动北京分公司表示，目前没有迹象显示是中国移动网站被攻击造成了客户信息泄露，通过后台网络日志对十余起类似客户投诉进行核查后，发现系由不法分子使用客户的手机号和客服网站密码，通过手机登录客服网站开通短信保管箱。

2. 银行行长泄露账号与密码，保安查询信息并贩卖②

2015 年，四川绵阳地区多位民众报案称，他们近期接到了大量贷款骚扰电话，放贷者不仅直呼其名，同时表示经过银行征信报告查询，认为他们信用状况良好，可以放贷。由于银行征信报告的保密性与敏感性，许多民众选择报警。

警方侦查后发现，犯罪链条的起点，在于银行员工泄露自己的内部银行账号，而该账号可用于查询银行征信报告，如湖南邵阳某商业银行行长将自己的账号告诉了朋友，朋友随后修改了密码，账号自此脱离掌控成为犯罪工具。但仅有账号不足以窃取银行征信报告，还需在能接入银行内网的计算机

---

① 工行快捷支付存在漏洞，多名客户存款莫名消失［EB/OL］.［2019－01－17］. http：//finance. ifeng. com/a/20150719/13849270_ 0. shtml；工行快捷支付曝重大漏洞，储户资金通过短信被盗刷［EB/OL］.［2019－01－17］. http：//365jia. cn/news/2015－07－21/F9CDD67B596C4C68_ all. html.

② 银行行长泄露密码，257 万条银行个人信息被盗取［EB/OL］.［2019－01－17］. http：//news. sina. com. cn/s/wh/2016－11－05/doc-ifxxnety7421039. shtml.

上查询并拷贝该信息。通过犯罪分子聚集的"代打征信"QQ群，持有账号者通过中间人找到了人选：两位商业银行保安。银行职员下班后，保安仍留守值班，二人通过一台装有特殊软件的笔记本电脑接上银行内部的专网，利用账号查询信息并拷贝，而后向外贩卖。本案犯罪分子分布于多个省市，通过社交网络接触后共同作案，泄露银行个人信息总计达257万条。

3. 中国××银行违法提供、出售信息，被央行依法处以罚款

根据中国人民银行网站公示的行政处罚记录，中国人民银行郑州中心支行在2017年10月27日对中国××银行股份有限公司郑州分行处以8万元罚款，针对的违法行为类型为："1. 因过失泄露信息；2. 违规查询信息；3. 违法提供或者出售信息。"

4. ××银行员工泄露客户信息，被罚终身禁止从业①

××银行××支行某员工为牟利出售客户信息，最初使用手机偷拍，而后改用手写抄录，共出售800余条客户信息，包括姓名、身份证号码、银行卡内金额、手机号，非法获利4万元。

××银监分局依据《银行业监督管理法》第48条第3项，禁止该员工终身从事银行业工作，并依据《银行业监督管理法》第48条第2项，对银行管理者予以警告。

（二）保险业信息安全事件

2012—2017年，经营互联网保险业务的机构数量逐年上升，互联网保费收入也持续增长。② 投保、理赔等操作均可网上完成，保险公司通过网络收集了大量用户信息，但保险公司网络系统的安全情况却令人担忧。2015年6月起，在补天漏洞响应平台活跃的"白帽子"③ 们在两个月内曝出20多家保险公司网站上共40多个漏洞，其中既有太平洋保险、中华保险、新华保险、吉祥人寿等大型保险公司，也有中小保险公司。按照"白帽子"提交的

① 泄露客户个人信息，中行支行员工被罚禁止终身从事银行业工作［EB/OL］.［2019-01-17］. https://baijiahao.baidu.com/s?id=1610129471955490036&wfr=spider&for=pc.

② 2018年中国互联网保险规模持续增长［EB/OL］.［2019-01-18］. http://www.chyxx.com/industry/201801/603718.html.

③ 网络安全术语，是指可以识别计算机系统或网络系统中安全漏洞的人，与一般黑客相比，"白帽子"不仅不会恶意利用漏洞，而且会发布漏洞信息，帮助网站运营者及时发现、修复漏洞。

监测报告显示，这些保险公司存在泄露数以百万计的客户银行卡号、密码、开户行地址、身份证等敏感信息的风险。①

1. 中国人寿信息泄露，合作网站难辞其咎②

自 2013 年 2 月 26 日始，相继有新闻报道和微博指出，一家名为“×宜风险管理网”的网站泄露中国人寿客户信息。只要在网站搜索框中输入姓名，即可查出同名同姓或相近姓名的投保人信息，包括投保险种、手机号、身份证号、密码等。

事发后，×宜风险管理网紧急停止运营，网站页面仅显示《关于我公司网站泄露保险客户信息一事的致歉声明》，中国人寿方面也对媒体做出回应。根据×宜风险管理网站公示的声明，×宜风险管理网站的运营主体为中国人寿外接的第三方服务公司，为投保意外险的客户提供保险信息查询服务。×宜风险管理网站的查询功能原本只限于客户查询自己的保单信息，但网站近期功能升级造成系统漏洞，使得查询功能出现问题。该事件让保险公司在与第三方机构合作的模式下管理投保人信息安全的隐患暴露无遗。

2. ×保险公司员工带客户信息跳槽，泄露原单位客户信息

根据（2018）皖 0103 刑初 21 号判决书，某员工从×保险公司安徽分公司离职前，将公司业务开展过程中收集的 211575 条车辆投保人员的个人信息（包括车主姓名、车主电话号码、车辆型号、车牌号码等）拷贝到自己的 U 盘中带离公司，之后跳槽到另一保险安徽分公司工作，任该公司部门经理。这些信息从他手中进一步扩散至这一保险公司安徽分公司普通员工，被广泛用于拨打电话推销产品、拓展业务等，严重影响相关客户的日常生活。

3. 第三方通过不法手段获取保险公司保单信息，客户被骗退保③

据警方披露，2015—2018 年，上海某投资管理有限公司通过不法手段获

---

① 信诚人寿保险数十个服务器面临被攻陷，千万客户信息恐遭泄露 [EB/OL]. [2019-01-18]. http://www.cqn.com.cn/news/cjpd/1062485.html.

② 中国人寿泄密门 [EB/OL]. [2019-01-17]. http://finance.sina.com.cn/money/insurance/xiemi_2013/；国寿保单春光乍泄引忧虑，第三方机构埋安全隐患 [EB/OL]. [2019-01-17]. http://finance.sina.com.cn/money/insurance/bxyx/20130306/163714740382.shtml.

③ 保单泄露隐私致 8000 人被骗 3 亿 [EB/OL]. [2019-01-17]. http://www.sohu.com/a/231848327_698311.

得多家保险公司保单信息，随后指使公司业务员冒充上述保险公司客服，以电话、短信等方式联系投保人，诱骗投保人提前退保，转而购买该公司非法理财产品，并承诺年化 8% ~10% 不等、保本保息的固定收益。截至案发，该公司共吸收 8000 余名投资群众共计 3 亿元资金。

4. 医保报销之后，病情被业务员传上朋友圈①

陕西××县某孩童患上白血病，孩子父亲在某保险公司提交资料进行保险理赔后，孩子的病情、个人信息等隐私被保险公司工作人员作为宣传资料发到微信朋友圈大肆宣扬。

某保险公司××坡营销服务部负责人称，两张病历照片是其拍摄后发在公司 76 人员工群中的，并配有文字："……住院手术放化疗 7 次，来做理赔，只有 50 元学平险，医疗理赔额只有 2000 元，看病的医疗费是几十万元，这点理赔能干啥，其他保障都没有，所以说风险无处不在……"负责人称其本意是为激励员工，让大家努力发展客户，但随后多位员工将图片和文字发表至朋友圈，并有多位同事转发该条朋友圈。保险业工作人员对客户隐私的保护意识不强，给客户造成恶劣负面影响。

5. 某保险公司新老员工里应外合，共同销售客户信息②

2017 年，某保险公司内部监测发现，部分业务员工作电脑异常地大量浏览公司客户资料，可能涉嫌侵犯公民个人信息犯罪。保险公司将该监测结果告知警方，警方侦查发现，截至 2017 年 11 月，该案犯罪分子已非法获取公民信息 1000 余万条，非法获利 2000 余万元。2018 年 3 月，警方先后在上海、安徽等地抓获该案共 12 名犯罪嫌疑人。

该保险公司并非对员工全无防备：公司电脑内装有内部工作系统，网上工作仅在系统内操作，无法直接与外部网络发送信息，下载客户信息后也无法轻易对外复制或传输。不过电脑系统虽与外网隔离，但因该公司在某网络购物平台开有网店，公司内部系统未阻隔与该网购平台的信息传输接口。两

① 病人信息被保险业务员泄露，家属愤怒，需要严惩［EB/OL］.［2019-01-17］. https://baijiahao.baidu.com/s?id=1583585767461832743&wfr=spider&for=pc.

② 内鬼作祟，防范不足，保险公司客户信息频遭泄露［EB/OL］.［2019-01-18］. https://baijiahao.baidu.com/s?id=1601307911182532238&wfr=spider&for=pc.

名原保险公司员工利用这一“漏洞”，从保险公司离职，转而在该网购平台开设网店，另有几名在职保险公司员工通过该网购平台的客服聊天系统向该网店输送大量客户信息文件，两组人里应外合，组成一个非法获取、传输、贩卖公民个人信息的犯罪团伙。

（三）第三方支付信息安全事件

第三方支付作为后起之秀，用几年时间迅速占据移动端市场。日常支付中，第三方支付使用频率远超银行支付，也因此累积了大量用户信息。

1. 第三方支付自建 P2P 平台，信息使用权限存在疑问

2014—2015 年，第三方支付机构为数以千计的网络借贷平台提供资金托管服务①，其中单是汇付天下便为 500 多家 P2P 平台提供资金托管，易宝支付也接入 400 多家 P2P 平台。② 随着合作深化，第三方支付机构开始自建 P2P 平台，进军网络借贷业务。据不完全统计，截至 2015 年 3 月，已有 13 家第三方支付公司自身或是由所属集团设立、控股一家网贷平台，如智付设立智融会，易宝支付设立易宝金融。③ 通过分析自身支付业务积累的用户数据，第三方支付公司也可以推出更安全便捷的 POS 流水贷类贷款产品；与此同时，得益于网贷平台资金托管业务，第三方支付公司掌握大量 P2P 平台用户的交易数据，通过深入数据分析，第三方支付自建的网贷平台可实现精准营销，大幅降低获客成本。

然而，平台对这些数据的使用权却备受争议。平台为提供支付服务或是存管服务而收集用户信息，但作为信息的收集与保管者，是否就意味着平台可以理所当然地二次利用该等信息，为自己的网络借贷平台获客？《全国人民代表大会常务委员会关于加强网络信息保护的决定》第 2 条要求网络服务

---

① 2015 年，《网络借贷资金存管业务指引》等网络借贷监管细则均未出台，仅有银监会发言中提及的“四条红线”“十条思路”构成粗疏的监管网络。“四条红线”中要求不得归集资金搞资金池，不得非法吸收公众存款；“十条思路”中则进一步明确要求“在投资金和投资人资金应进行第三方托管，P2P 机构自己不能碰钱，以降低非法集资风险”，所以网络借贷平台积极寻求资金托管。彼时第三方支付机构相较于银行业，更积极地向 P2P 平台提供资金托管。

② 第三方支付公司千万别玩 P2P 网贷［EB/OL］.［2019－01－19］. http：//m. jpm. cn/article－1278－1. html.

③ 智融会等 P2P 网贷平台涉第三方支付［EB/OL］.［2019－01－20］. https：//www. docin. com/p－1107794927. html.

提供者收集时明示"使用信息的目的、方式和范围"，并"公开其收集、使用规则"，《网络安全法》第22条第3款、第41条第1款，《电信和互联网用户个人信息保护规定》第8条、第9条，《规范互联网信息服务市场秩序若干规定》第11条中亦有相同规定。在实务中，部分第三方支付平台为满足自己的信息使用需求，便在《平台注册协议》或《支付服务协议》等协议中约定："用户完成注册后，即视为用户无条件同意支付公司及关联公司、合作公司，将用户所有个人信息无期限地用于任何平台的任何商业行为。"① 如此霸王条款，难以被认为满足前述规定的要求。

2. 支付宝2017年度账单默认勾选《芝麻信用服务协议》

2018年年初，支付宝向所有用户提供《2017年支付宝年度账单》，海量用户争相在社交网络转发分享。但很快，一篇名为"紧急！查看支付宝年度账单前，请先看看这个"的文章②在社交网络引发了更大争议，文章内容源自微博用户"岳屾山"就《2017年支付宝年度账单》页面中默认勾选"我同意《芝麻服务协议》"选项及《芝麻服务协议》内容的质疑③。国家互联网信息办公室网络安全协调局于2018年1月6日约谈了支付宝（中国）网络技术有限公司、芝麻信用管理有限公司的有关负责人，并于1月10日发表声明称，支付宝、芝麻信用收集使用个人信息的方式，不符合刚刚发布的《信息安全技术　个人信息安全规范》国家标准的精神，违背了其前不久签署的《个人信息保护倡议》的承诺。④

《芝麻服务协议》默认勾选及其内容主要涉及以下几点问题。

（1）默认勾选。《信息安全技术　个人信息安全规范》第3.6条要求："个人信息主体通过书面声明或主动做出肯定性动作，对其个人信息进行特定处理

---

① 个人信息使用，支付公司"不可任性"［EB/OL］.［2019－01－20］. http：//m. hexun. com/iof/2015－10－21/179997276. html.

② 紧急！查看支付宝年度账单前，请先看看这个［EB/OL］.［2019－01－18］. https：//baijiahao. baidu. com/s？id＝1588576626793566003&wfr＝spider&for＝pc.

③ 查看支付宝年度账单前，请先看看这个［EB/OL］.［2019－01－18］. https：//weibo. com/1497266011/FCDLcd5NI？type＝comment#_ rnd1547799142490.

④ 国家互联网信息办公室网络安全协调局约谈"支付宝年度账单事件"当事企业负责人［EB/OL］.［2019－01－18］. http：//www. cac. gov. cn/2018－01/10/c_ 1122234687. htm.

做出明确授权的行为……肯定性动作包括个人信息主体主动做出声明（电子或纸质形式）、主动勾选、主动点击‘同意’‘注册’‘发送’‘拨打’等。”支付宝年度账单页面默认勾选“我同意”不符合主动做出肯定性动作的要求。

（2）收集范围广于年度账单所需数据。《信息安全技术　个人信息安全规范》第5.2条a项细化了收集个人信息的最小化要求：“收集的个人信息的类型应与实现产品或服务的业务功能有直接关联。直接关联是指没有该信息的参与，产品或服务的功能无法实现。”据支付宝给出的官方说明，只有在同意的情况下，《2017年支付宝年度账单》才能够显示信用免押内容。但从协议所涉及内容来看，信息收集范围包括个人信息、行为信息、交易信息、资产信息、设备信息等，使用范围则涉及向外提供信息，以便外部机构提供服务。无论是收集还是使用都超过《2017年支付宝年度账单》显示信用免押情况的需求，该份协议与《2017年支付宝年度账单》的关联性存疑。

3. 第三方支付用户信息泄露，信息层层加工获“充分”利用①

2018年5月底，浙江嘉善警方发现，大量第三方支付平台账号在浙江嘉善某IP段出现异常登录情况。经过侦查取证，警方最终依法逮捕12名团伙核心成员，扣押电脑50余部、手机50余部及移动硬盘、U盘30多个，查获3亿多条公民个人信息。

据警方介绍，该犯罪团伙分为三个层级，第一层为公民个人信息提供者，出售公民个人信息以牟利；第二层为黑客群体，先向第一层级购买数据，接着进行登录或进行撞库②攻击，再通过人工申诉等方法重置支付密码、更换绑定账号的手机号码，以进一步加强对第三方支付平台账号的掌控能力，最后将上述账号销售牟利；第三层是以诈骗为主的犯罪团伙，购买黑客团伙“加工”好的第三方支付平台账号，进一步实施违法犯罪活动，比如将掌握的第三方支付账号作为洗钱工具，或者利用账号发送大量诈骗信息。

---

① 某第三方支付平台3亿条个人信息被违法犯罪分子掌握，被层层贩卖［EB/OL］.［2019-01-19］. http：//www.lzkmt.com/jinrongxingqing/detail39083362.htm.

② 网络安全术语，由于许多网络用户在不同网站使用相同的用户名、密码，黑客先收集已泄露的用户名和密码信息，再以此尝试登录其他网站，可以成功登录的，即可获取用户在其他网站中的个人信息。

二、中国金融企业面临的法律问题

从以上金融信息安全事件来看，金融企业面临的法律问题大致有以下几种。

（一）非法收集与使用

《全国人民代表大会常务委员会关于加强网络信息保护的决定》《网络安全法》《中国人民银行金融消费者权益保护实施办法》等规定均明确了金融企业在收集、使用个人信息时，应遵循公开原则、授权原则和最小化收集原则。公开原则要求金融企业应当明示收集、使用信息的目的、方式和范围；授权原则要求金融企业在收集和使用客户信息时应当经客户同意；最小化收集原则要求金融企业不得收集与其提供服务无关的个人信息，不得收集客户授权之外的信息。

上述规定看似明确，可以妥善保护金融客户的信息安全，但在数据即是石油的时代，更多的客户信息代表着更多的商业机会和经济利益，所有金融企业都希望能够获取更多的客户信息。实践中，为了获取更多的客户信息，金融企业往往会突破上述三大原则，未公开收集信息的范围，私下存储客户信息；未经客户同意私自使用客户信息，如未经客户同意，利用客户信息向客户发送推广信息；或扩大收集的客户信息范围，突破最小化收集原则。如人寿保险公司收集客户医疗信息仍属于收集与其提供服务有关的个人信息，而商业银行收集客户的医疗信息则明显超出了其提供服务的范围。

（二）金融信息系统漏洞

金融信息系统是金融企业运用现代信息、通信技术集成处理金融业务，提供金融产品和服务的系统，是互联网时代下金融业务开展的重要部分。金融信息系统往往直接关联着高价值的金融信息以及巨额的金融资产。一旦存在系统漏洞，并为不法分子所利用，可能造成的危害包括金融企业及客户信息被非法读取或篡改、系统被注入木马、客户账户、敏感信息、财产被盗取等，将给金融企业及金融客户造成非常严重的损害。

中国已经就金融信息系统安全问题制定了相应的规定或国家标准，如2012年6月，中国人民银行发布了《金融行业信息系统信息安全等级保护实施指引》《金融行业信息安全等级保护测评服务安全指引》《金融行业信息系统信息安全等级保护测评指南》三项行业标准，明确了金融行业信息安全等级保护制度，为金融行业开展关键信息系统信息安全等级保护实施工作奠定了坚实基础。2009 年，银监会发布《商业银行信息科技风险管理指引》，对商业银行信息系统开发、测试和维护进行了详细规定，建立了针对突发事件、业务连续性、科技外包等监管制度。2008 年、2011 年保监会先后制定了《保险业信息系统灾难恢复管理指引》和《保险公司信息系统安全管理指引（试行)》，在切实落实国家信息安全等级保护的基础上从多方面加强保险业信息安全监管体系建设。

但实际上金融信息系统的安全开发在实践中存在很多障碍，首先，部分金融企业对软件安全的开发不够重视，缺少完善的安全管理体系，导致金融信息系统安全标准不达标或缺少信息系统风险控制能力；其次，金融企业自身系统开发能力较弱，且基于成本考虑，部分金融企业将信息系统开发和维护工作外包给第三方进行，容易引入第三方安全风险；最后，信息系统的开发与建设依赖于计算机软件、硬件、网络等技术，而这些技术也在不断发展过程中，有些漏洞在开发之初很难发觉，只有随着不断使用才能暴露出来。

（三）信息泄露

信息泄露包括内部泄露和外部泄露两种。内部泄露主要为金融企业内部员工原因等导致客户信息泄露，而外部泄露则主要为金融企业受到网络攻击，客户信息被第三方非法获取。

根据相关法律法规规定，金融企业及其相关工作人员应当对业务过程中知悉的个人金融信息予以保密，不得非法复制、非法存储、非法使用、向他人出售或者以其他非法形式泄露个人金融信息。纵观已发生的金融信息安全事件，很大一部分信息泄露事件是由于金融企业出现了“内鬼”，金融企业工作人员利用可以近距离接触到大量客户数据的便利，将客户信息非法出售给第三方牟取非法利益。内部泄露事件虽然因个别工作人员而起，但该等事件频发却暴露了金融企业内控机制不健全、对员工约束不严，且在法律责任上金融企业也难辞其咎。

拥有大量金融资产及海量客户金融信息的金融企业本身就容易成为网络

攻击的对象，因而对金融企业的信息系统要求更高。而金融企业信息系统可能存在的漏洞，更为网络攻击者提供了便利。金融企业对系统漏洞缺乏有效管理和修复机制，很容易被网络攻击者利用，继而对金融企业的金融信息安全造成严重威胁。同时，由于该等攻击发生的源头在于金融企业未能按照相关法律法规开发、运行或维护信息系统，及时采取风险管理措施，金融企业仍难逃违规风险。

（四）合作方风险

金融业务开展过程中，金融企业会将部分业务外包给第三方专业机构，如系统开发与维护等。但是业务外包并不代表金融企业可以免除相关信息安全保护责任。如《中国人民银行金融消费者权益保护实施办法》第 34 条第 1 款规定："金融机构保护消费者个人金融信息安全的义务不因其与外包服务供应商合作而转移、减免。"第 2 款进一步要求："金融机构应当充分审查、评估外包服务供应商保护个人金融信息的能力，在相关协议中明确外包服务供应商保护个人金融信息的职责和保密义务，并采取必要措施保证外包服务供应商履行上述职责和义务。"因而，金融业务外包过程中，金融企业仍承担外包业务中客户信息安全保护义务，且应当采取措施确保外包服务供应商履行金融信息安全保护职责。如因外包服务供应商自身原因导致客户信息泄露，金融企业仍无可避免地会面临法律责任风险。

三、大数据背景下金融企业的安全保障义务

随着金融互联网化，金融企业形成了大量信息沉淀，其中既包括收集而来的用户信息，也包括金融活动形成的交易数据。这些数据无疑极具价值——对金融企业而言如此，对虎视眈眈的犯罪分子们而言同样如此。互联网金融的普及带来了互联网金融犯罪的泛滥，如同光带来了影子。金融企业作为网络运营者，是网络平台的管理者、运营利益的享有者、信息收集规则的制定者、信息的保管者，由其承担而非由金融用户承担网络平台安全保障义务在技术上可行、规则中有据、经济上合理。[①] 自 2017 年《网络安全法》

① 王思源．论网络运营者的安全保障义务［J］．当代法学，2017（1）：27－37.

明文规定网络运营者的安全保障义务后，也变得有法可依。《网络安全法》是公法领域的强行法，违反该法的后果简单明了，即遭受行政处罚。而在私法领域，学者们围绕金融企业的网络安全保障义务进行了数年的讨论。

（一）违背安全保障义务：侵权还是违约

安全保障义务性质曾引起许多争议，主要有两种观点。

1. 侵权法上的义务

安全保障义务出于侵权法，违反该义务需承担侵权法上的责任，与当事人之间是否订立合同以及合同内容无关。其理由在于，合同法不支持精神损害赔偿，赔偿范围小；且由于金融企业是格式合同提供方，合同中往往存在大量有利于金融企业的条款，金融企业容易借此合同漏洞逃避法律责任。①

2. 合同法上的义务

金融企业的安全保障义务属于附随义务，依附于金融合同。其理由在于，侵权法路径缺乏恰当的请求权基础，网络安全保障并非《侵权责任法》中的法定义务，因为没有个人信息权，该行为也不曾侵犯何种权利。②

这两种观点一度难分胜负，直到安全保障义务理论不断发展，网络运营者负担维护网络平台的安全保障义务渐成通说，并在《网络安全法》中得以体现，金融企业作为网络运营者所负担的安全保障义务成为客户可向其主张侵权责任的基础，侵权法路径的障碍终被消除。

（二）“网络运营者责任”与“安全保障义务”

在很长一段时间里，“网络运营者责任”与“安全保障义务”仅是我国侵权法理论下两个泾渭分明的系统：从《侵权责任法》法条规定看，以第 36 条规定网络运营者责任，另以第 37 条规定公共场所的管理人、群众性活动组织者的安全保障义务；从保护对象看，网络运营者责任主要针对知识产权、精神性人格权保护，安全保障义务则旨在保护人身（生命、身体、健康和自由）和有形财产。③

---

① 黄倩．网上银行安全保障义务研究［D］．重庆：西南政法大学，2017：1－34.

② 刘力．金融消费者权益保护理论重述与裁判研究［D］．上海：华东政法大学，2012：1－155.

③ 刘文杰．网络服务提供者的安全保障义务［J］．中外法学，2012（2）：395－410.

1. 传统金融企业安全保障义务的局限

安全保障义务的雏形可以追溯到罗马时代，至近现代，许多国家在各自法律中确立了名称不同但内涵相近的安全保障义务。如德国法院在“枯树案”（1902 年）和“撒盐案”（1903 年）中判定公共事务管理者有义务注意“对他人开放的交通领域”的安全性①，并在“兽医案”（1921 年）中，将原本限于交通领域的安全保障义务扩展至“一般安全注意义务”②。

我国安全保障义务理论继受于德国侵权法③，2003 年《人身损害赔偿司法解释》第 6 条首次规定安全保障义务：“从事住宿、餐饮、娱乐等经营活动或者其他社会活动的自然人、法人、其他组织，未尽合理限度范围内的安全保障义务致使他人遭受人身损害，赔偿权利人请求其承担相应赔偿责任的，人民法院应予支持。”

2009 年《侵权责任法》第 37 条首次将安全保障义务写入法律级文件。《侵权责任法》中的安全保障义务不仅略去“遭受人身损害”的赔偿限制，而且对安全保障义务承担者做出了细化规定：“宾馆、商场、银行、车站、娱乐场所等公共场所的管理人或者群众性活动的组织者，未尽到安全保障义务，造成他人损害的，应当承担侵权责任。”

与《侵权责任法》相呼应，2013 年修改《消费者权益保护法》时，在原第 18 条后增加一款作为第 2 款，将安全保障义务引入：“宾馆、商场、餐馆、银行、机场、车站、港口、影剧院等经营场所的经营者，应当对消费者尽到安全保障义务。”

可以看到，银行作为金融企业的代表与宾馆、车站等场所并举，出现在了 2009 年《侵权责任法》以及 2013 年《消费者权益保护法》中，以“公共场所的管理人”“经营场所的经营者”的角色承担安全保障义务。该种传统安全保障义务主要保护金融企业营业场所内权利人的财产安全与人身安全④，

---

① 黄倩．网上银行安全保障义务研究［D］．重庆：西南政法大学，2017：1－34.

② 丁世超．第三人介入情形下安全保障义务人侵权责任研究［D］．烟台：烟台大学，2013：1－41.

③ 王思源．论网络运营者的安全保障义务［J］．当代法学，2017（1）：27－37.

④ 黄倩．网上银行安全保障义务研究［D］．重庆：西南政法大学，2017：1－34.

而在如今的“无现金时代”，这种情形或许已经显得陌生。取而代之的是依托网络进行的、防不胜防的新型犯罪。

2. 传统网络运营者责任的不足

《侵权责任法》第 36 条第 2 款、第 3 款明确规定了网络运营者责任："网络用户利用网络服务实施侵权行为的，被侵权人有权通知网络服务提供者采取删除、屏蔽、断开链接等必要措施。网络服务提供者接到通知后未及时采取必要措施的，对损害的扩大部分与该网络用户承担连带责任。网络服务提供者知道网络用户利用其网络服务侵害他人民事权益，未采取必要措施的，与该网络用户承担连带责任。”

上述条文意味着网络运营者履行作为义务的前提是“得到被侵权人通知”或“知道用户利用其网络服务侵权”，该条文存在的不足为实际上将网络运营者承担作为义务的时间点从侵权事件发生前延至侵权事件发生后，即网络运营者只需承担事后止损义务，而无须承担事前保障平台安全的义务。该等不足存在的原因为立法资源的攫取，《侵权责任法》第 36 条的责任规定继受于美国《数字千年版权法》(*Digital Millennium Copyright Act*) 中的“避风港规则”与“红旗规则”，美国在立法时倾向于降低网络运营者责任以扶持国内信息产业。美国出于促进信息产业发展的考虑，在立法时侧重于对网络运营者的保护，从而降低了对网络运营者保障网络平台安全性责任的要求。但随着技术的发展，大数据时代的到来，信息安全保护的重要性日益凸显，信息安全事件引发的后果越发严重，公众对信息安全保护重视程度也逐渐提高，网络平台的安全保障义务也已成为立法者无法避免且必须应对的问题。

（三）金融企业安全保障义务发展：作为网络运营者的安全保障义务

网络空间安全漏洞造成的后果日趋严重，可《侵权责任法》下的传统安全保障义务虽提供事前保障，但限于物理空间难以适用；网络运营者责任又只囿于事后止损，难以敦促网络运营者提高网络服务安全水平。学者们因此从规制传统物理场所人身与财产安全问题的安全保障义务制度出发，为网络运营者不作为义务的认定与网络安全问题的解决寻找新的制度依据与解决路径。他们主张扩张安全保障义务适用范围，认为随着互联网的普及，网络虚拟空间实际上也成了公共场所，网络运营者因此负担安全保障义务。[①] 该观点渐渐获得支持，2017 年制定的《网络安全法》则已将保障网络安全的义务纳入到网络运营者的法定义务中。

德国《电信媒体法》（*Telemedia Act*）也曾明确规定"网络运营者不对他人上传信息负有主动审查义务"，与我国《侵权责任法》中网络运营者责任条款的立法内涵一致。但近年来德国法院通过司法判决为网络运营者创设了"面向未来的审查义务"——网络运营者不仅有义务排除正在发生的侵权行为，并且有义务审查控制未来的妨害，该义务的依据正是作为传统安全保障义务发生原因的"危险源的开启与控制"理论。[②]

金融企业作为网络运营者承担安全保障义务，主要基于以下原因：第一，若金融企业网络平台存在导致网络用户权益受损的危险，其就等于传统安全保障义务制度中的"危险的开启者"，传统安全保障义务理论认为开启或持续特定危险的人应当根据具体情况承担采取"必要的、具有期待可能性的防范措施，以保护第三人免受损害"的义务；第二，广大普通用户在面对网络安全问题时囿于技术上的局限性而缺乏必要的自我保护能力，只有网络运营者具备分析网络平台中安全问题的具体情况，并据此采取必要且可行的防范措施的能力。

四、大数据背景下金融消费者保护义务

（一）金融与消费者权益保护法

消费者权益保护法脱胎于消费者权益运动。由于企业以盈利为目标，而消费者则希望物美价廉，两者天然存在利益冲突。企业最初凭借其经济能力与集团力量占尽优势，直至消费者权益运动如浪潮般兴起，消费者权益保护法应运而生。

消费者权益保护法最初并未关注金融领域，而更关注一般商品消费，至 20 世纪中后期，随着主要发达国家的消费信贷规模逐步扩大，这些国家的消费者保护法开始延伸至信贷消费领域。2008 年金融危机之中，诸多金融消费

① 刘文杰．网络服务提供者的安全保障义务［J］．中外法学，2012（2）：395 - 410.

② 王思源．论网络运营者的安全保障义务［J］．当代法学，2017（1）：27 - 37.

者在金融企业的默许乃至引诱下负担了自身无力偿还的住房抵押贷款，故而金融消费者保护在后危机时代受到空前重视。根据新古典经济学的观点，市场经济天然存在缺陷，金融企业受利益驱使存在误导消费者的机会主义行为，金融市场无法实现金融资源的帕累托最优配置，必须通过管制纠正或消除市场缺陷；根据行为经济学的观点，有限理性对消费者在金融交易中存在不利影响，如系统性的认知偏差、专业知识不足、经验积累有难度等，进而说明需要对金融消费者提供特殊保护。① 多国制定了相关金融消费者保护法。这些法律标志着金融消费者超越了普通民商事交易的契约关系保护，国家力量开始介入以平衡双方利益。

与一般消费者权益相似，学者认为金融领域的消费者权益应包括：安全权、信息隐私权、知情权、公平交易权、便利权等多项权益。② 在大数据背景下，信息隐私权显得尤为醒目。

（二）金融信息安全保护义务的内容

金融信息安全保护义务贯穿于金融消费者信息收集、使用、保存、删除的全过程，具体包括以下几个方面。

（1）合法收集信息的义务。若采用直接收集方式，则应告知或说明收集信息的范围、信息使用规则等。若采用间接收集方式，则应确保信息来源合法且信息提供者已经获得用户授权。

（2）妥善管理的义务。金融企业能否妥善管理客户信息和数据，关系到客户的信息安全。我国金融企业对金融信息的重视程度较差，导致金融企业收集到的金融信息存在不同程度的内部外泄问题。《网络安全法》等法律法规对信息系统安全提出了硬性要求，金融企业未尽法律规定的妥善管理义务而导致金融信息外泄的，应当承担相应的法律责任。

（3）隐私保护义务。金融企业对于金融大数据中涉及客户个人信息的内容，应当予以保护，不能擅自泄露给第三方或者公众。除对既有信息进行保

---

① 焦瑾璞，宋俊平．金融消费者保护监管：一个文献综述［J］．金融理论与实践，2018（1）：10－13.

② 刘力．金融消费者权益保护理论重述与裁判研究［D］．上海：华东政法大学，2012：1－155.

护外，基于大数据的预测而产生的信息同样属于金融企业隐私保护义务的内容。

（4）及时删除的义务。信息获得者和使用者的及时删除义务对应于信息提供者的“被遗忘权”。

第四节　大数据背景下金融信息安全保护建议

一、金融信息安全保障体系构建

要确保大数据时代下金融的安全，必须运用多样化的信息安全技术、强化金融信息保密管理、完善金融信息标准体系、构筑信息安全服务后盾、培养金融信息安全专业人才。[①]

1. 信息安全技术机制

信息安全技术是整个金融信息安全体系的支柱，只有先掌握能有效保护信息安全、防止其泄露的技术，才能建立起整个互联网金融信息安全保障体系。现在常见的安全机制主要包括：保证网络信息的完整性和私密性；对网络访问者进行身份认证；建立健全网络病毒预防机制；加强安全审计与跟踪力度；保障信息系统安全。[②]

2. 信息保密管理机制

金融行业的行业性质要求客户的信息必须被严格保护，而随着科技的进步，保密工作的难度愈加提高，要求我们建立起严密的信息保密管理机制。包括：树立正确的保密意识；抓实保密管理工作；注重加密技术创新。

3. 金融信息标准体系机制

金融标准是实现金融交易信息系统互联互通、降低交易成本的基础条件，是保证金融服务质量、保护消费者权益的重要手段，又是规范市场秩序的内

---

① 陈进，朱宁．金融业大数据应用问题研究［J］．图书情报工作，2015（S2）：203－209.

② 靳玉红．大数据环境下互联网金融信息安全防范与保障体系研究［J］．情报科学，2018（12）：134－138.

在要求和金融管理部门推进行业管理的重要依据。因此，从某种意义上看，应把金融标准化建设放到国家战略层面考虑，作为金融监管体制改革、金融生态建设、金融效率提升、金融结构优化的重要保障。

4. 信息安全服务机制

网络金融信息安全的研究人员应该关注如何找到正确的实现网络金融服务连续性的方式及如何保障数据存储系统较高的可靠性。并且，随着我国对知识产权保护的日益重视，信息安全服务也应加大力度开发具有自主知识产权的信息系统和金融产品，搭建产品平台和服务平台，双管齐下保护研发成果，为网络信息安全系统建立强大的服务支持。

5. 金融信息安全专业人才机制

为了尽快适应信息化社会带来的极大冲击，应当加速培养新型人才，为保障金融信息安全提供人才力量。当代社会所需要的金融信息安全人才应当具备三类素质：系统的金融管理方面的知识，比如金融学、会计学等方面的知识；完备的计算机技术，软件、网络技术、系统设计与操作等；商业知识的财务方向以及金融方面的业务能力。

二、加强个人金融信息保护立法

1. 确立民法框架内个人信息权的基础性保护制度

域外法国家对信息保护的立法轨迹遵循了“基本法权利保护—民法框架保护—专门法律保护—分领域具体权利保护”的基本路径。但我国宪法并未规定个人信息权，《民法总则》仅对个人信息保护做出了制度安排，关于个人信息保护的专门法律并不存在，更不用说大数据背景下金融领域的信息保护立法。

从个人信息保护的一般原理出发，我国宜采用“民法框架下个人信息权保护的一般性规定—分领域（如医疗、生物、传媒、金融等）个人信息权保护具体规则”的保护路径。因此，首先要构建的是民法框架内的个人信息权利保护基本制度，在民法保护的规则体系（个人信息主体所享有的权利、信息控制者、使用者基本义务及责任体系）之下再结合新时期（如互联网、大数据等）金融行业所呈现出的不同特点作分类细化。

2. 赋予金融消费者完整的信息权权能

金融消费者信息权为民法框架内个人信息权的下位概念，其主体金融消费者应具备占有、使用、收益及处分四项权能。根据金融机构和金融消费者之间的准“委托—代理”关系，通常由金融机构来实际行使信息权占有和使用权能，处分权能则归属金融消费者。

金融消费者享有对金融信息的最终处分权能，其对信息的控制权贯穿于信息的收集、分析、使用、处理等全过程。一方面，金融消费者对自身信息的处分享有同意权。另一方面，金融消费者对于金融机构超范围利用自身金融信息享有拒绝权。

3. 金融信息权的保护思路——结果导向型模式

大数据的运作流程分为三个部分：数据采集、数据分析和数据利用。对数据收集和分析过程的政策规制缺乏可行性，法律及政策规制应当集中于最后的“数据利用”环节。

大数据背景下的结果导向型模式突破了传统信息保护之掣肘：隐私权保护强调的是行为导向型模式，即一旦未经同意涉及他人私密就构成侵权；相比之下，大数据背景下的信息权保护则采用结果导向型治理，将治理重点放在信息利用可能造成的对信息主体的不良结果上，更具实效性。① 结果导向型治理思路在立法上的重要体现就是加重金融机构作为信息收集方、利用方的义务。这种结果导向型模式改变了个人许可模式，让数据使用者承担责任。

三、大数据时代数据安全的法律综合保护

除了对金融信息权的立法保护，对金融信息安全的保护还需要综合的法律机制保护。

1. 建立关键基础设施数据安全保护法律机制

《网络安全法》第31条划定了关键信息基础设施的范围，包括公共通信和信息服务、能源、交通、水利、金融、公共服务、电子政务等重要行业和

① 张继红. 论我国金融消费者信息权保护的立法完善：基于大数据时代金融信息流动的负面风险分析 [J]. 法学论坛，2016 (6)：92-102.

领域，以及其他一旦遭到破坏、丧失功能或者数据泄露，可能严重危害国家安全、国计民生、公共利益的设施；并用一节的篇幅明确了关键信息基础设施运行安全具体保护要求，分别从国家、行业、运营者三个维度划定了相关各方的职责与义务。这是我国首次在基本法律层面对关键信息基础设施概念进行厘定，并提出相关规范要求，但在细化有关数据安全、监测预警、应急处置、监督管理等方面的做法和规定仍需进一步完善。各地方人民政府应结合自身情况进一步制定本行政区域内的规划和实施细则，并辅之以关键基础设施数据安全保护的科学研究和技术队伍建设、经费供给等相关配套保障制度。

2. 建立数据跨境流动监管法律机制

受棱镜门事件影响，数据本地化风潮席卷全球，俄罗斯、德国、巴西、韩国、印度等国家纷纷出台相关政策或立法，限制数据跨境流动。

《网络安全法》第 37 条规定，关键信息基础设施运营者在中国境内运营中收集和产生的个人信息和重要数据应当在境内存储，如需向境外提供，应当按照国家网信部门会同国务院有关部门制定的办法进行安全评估。该条规定具有延展性，但仍存在不足：首先，限定范围较窄且语词模糊，数据留存主体仅为关键信息基础设施运营者，留存内容仅为该主体在我国境内收集和产生的个人信息和重要数据而何为重要数据语焉不详；其次，监管前提和方式单一，仅为事前监管，且仅在业务需要跨境传输情况下才启动，如因他国执法需要不在此列，数据主权难以充分体现。此规定对于方兴未艾的数据跨境流动而言远远不够，我国应当完善数据本地化立法，加强数据跨境流动监管。坚持数据主权原则，兼顾数据自由流动与安全保护，根据数据的不同类型、性质制定差异化规范。明确数据本地化范围，分类规制跨境数据。对特定种类的敏感数据，如涉及社会公共利益和国家安全的数据必须境内存储，严禁跨境传输；对商用数据进行安全评估后再行决定是否对外传输；个人数据境内留存，经数据主体同意后方能对外传输。此外，还要完善数据跨境流动监管立法，将监管贯穿于数据整个生命周期，并为数据跨境流动国际合作留下一定空间。设立专门的数据监管机关，负责数据安全的风险评估，数据跨境传输的登记、审查许可、抽样监督检查以及对违规行为的处罚和起诉，进行数据跨境传输的国际协调等；限定数据跨境传输的条件，防止关键数据资源流失，阻止不良数据传播；明确数据主体的权利与损害救济途径以及数据使用者的义务与责任。

3. 建立个人数据保护法律机制

关于个人数据安全的保护，我国至今尚未出台独立的《个人数据保护法》，但《网络安全法》以基本法形式统一了个人信息的定义和范围，建立健全了个人信息保护制度。该法在原来人大决定、工信部规定等基础上，借鉴吸收国际上的有益经验，确立了个人信息收集、使用的基本原则，即合法、正当、必要原则，目的限制原则，知情同意原则和安全保密原则等，并明确“不得收集与其提供的服务无关的个人信息”，厘清了收集个人信息的界限，为保护个人数据权利树立边界。但其在诸如知情同意原则方面的规定仍难摆脱传统的限制，因此出台《个人数据保护法》尤为重要。《个人数据保护法》应寻求在保护个人数据安全的基础上，促进数据的合理流通，其并不是将个人数据藏匿于保险柜中，而是谋求一种动态的安全——在个人数据资源开发利用中的安全。[①] 赋予公民个人数据权，使其能够控制和支配自身个人数据[②]，以区别于传统数据安全环境中的消极防御权。

4. 建立和完善数据犯罪法律制度

大数据时代，数据犯罪频频发生，给国家、社会和个人造成了极大的威胁和伤害。

《网络安全法》在总则中开宗明义地强调要依法惩治网络违法犯罪活动，开展打击网络违法犯罪等方面的国际交流与合作；保护公民、法人和其他组织依法使用网络的权利，保障网络信息依法有序自由流动，旨在营造一个绿色、和谐、安全的网络环境。在分则中，明令任何个人和组织不得从事侵入、干扰他人网络、窃取网络数据等危害网络安全的行为以及为该行为提供程序、工具、技术支持等帮助；不得设立用于实施诈骗、传授犯罪方法等违法犯罪

① 齐爱民．个人信息开发利用与人格权保护之衡平：论我国个人信息保护法的宗旨［J］．社会科学家，2007（2）：7-10.

② 齐爱民，盘佳．大数据安全法律保障机制研究［J］．重庆邮电大学学报（社会科学版），2015（3）：24-29，38.

活动的网站、通信群组，不得利用网络发布涉及实施诈骗等违法犯罪活动的信息，并规定相应的法律责任；对攻击破坏我国关键信息基础设施的境外组织和个人亦制定相应的制裁措施。

上述规定虽然对打击数据犯罪有一定威慑力，但最终还是需要完善《刑法》关于互联网技术变革的相关体系和规定。《刑法》第285条、第286条所规制的信息系统犯罪在面对信息化浪潮的冲击下已捉襟见肘。传统刑法主要针对的是保护信息系统的完整性、安全性和可靠性，而大数据时代云计算资源保护问题日益显现，元数据的价值意义亦不能忽视，应当跳脱传统的依附于计算机信息系统保护数据的思维桎梏，单独增设以网络数据为独立犯罪对象的罪名。①

① 齐爱民．论大数据时代数据安全法律综合保护的完善：以《网络安全法》为视角［J］．东北师大学报（哲学社会科学版），2017（4）：108－114.

第八章
数据信息的风险防范和实务建议

本章将从企业内部威胁的管控、跨境传输、隐私保护以及金融行业特别的数据信息防范等方面，就企业可能面临的数据信息风险和问题进行实务的探讨和建议。

第一节　企业内部信息安全的管控及防范

如本书前述章节所述，企业在关注数据信息的保护方面不可避免也无法绕开的最重要的风险之一正是来自企业的内部。

一、内部威胁

内部威胁（insider threat）并非新鲜概念，区别于来自外部的攻击，内部威胁通常是指对于企业的系统、网络、数据或内部信息等具有合法访问权限的人员造成的威胁企业或组织安全的行为。2012 年美国计算机应急响应小组基于其丰富的内部威胁案例数据，明确了内部威胁中的主体与客体，提出了关于内部威胁的完整定义：内部威胁攻击者一般是企业或组织的员工（在职或离职）、承包商以及商业伙伴等，其应当具有组织的系统、网络以及数据的访问权；内部威胁就是内部人利用合法获得的访问权对组织信息系统中信息的机密性、完整性以及可用性造成负面影响的行为[①]。

---

① CAPPELLI D M, MOORE A P, TRZECIAK R F. The CERT Guide to Insider Threats: How to Prevent, Detect, and Respond to Information Technology Crimes [M]. US: Addison-Wesley Professional, 2012: 1－296.

由此可见，内部人员通常有：在职员工、离职员工（离职后由于企业未能及时收回或注销其访问账户，致使离职员工仍对企业数据或信息具有访问权）、第三方（承包商、第三方产品或服务供应商、商业伙伴、合作伙伴、咨询顾问等）。

内部威胁的形式通常有三种。

一是意外或疏忽的行为导致的内部威胁，即员工在意外或疏忽的情况下犯了无心之过，或许是点击了钓鱼邮件中的恶意链接，将敏感文件发送给错误的人，又或者让笔记本电脑无人看管等。这样的行为并非出于恶意，但可能会给公司带来安全事故。

二是恶意的内部人员，即员工刻意或者恶意地操纵或窃取公司信息或破坏网络对公司进行攻击。

三是部分内部人员拥有超过应有的访问权限。比如，员工离职后没有被撤销权限，致使离职员工仍旧可以自由访问以前的账户；或者第三方供应商、合作伙伴访问未经授权的数据库和文件等。这些活动不一定是恶意的，但它们确实意味着数据遭到了破坏，在新的严格的数据隐私规定下，这可能会给公司带来经济损失。

根据 Ponemon Institute（美国研究中心，成立于 2002 年，致力于隐私、数据保护和信息安全研究）在 2017 年的调查报告显示，56% 的组织发生过因供应商造成的违规。与每个组织有敏感信息交互的平均供应商数量由 378 个增加到 471 个，并且仅有 35% 的组织有这些供应商的详细清单。另外，对供应商之间流转、共享组织数据这一情况，只有 18% 的组织表示知情。更可怕的是，当组织终止与某供应商的合作关系时，风险依然存在①。

该机构在 2018 年公布的《2018 年全球组织内部威胁成本》显示，在 3269 起事件中，有 2081 起（64%）都是由员工或承包商的疏忽导致的，由

① 从“2018 全球供应链 25 强”看供应链安全［EB/OL］.［2019 - 02 - 01］. https：//mp. weixin. qq. com/s? _ _ biz = MjM5Njc3NjM4MA = = &mid = 2651079605&idx = 4&sn = 0c9ae76756-dfc37000bc80ecab184fb3&chksm = bd14f3668a637a707e7f7cad11e5a5d760a997cd00f0492d02bb755dcdd0f-0855e5ed2ec0386&mpshare = 1&scene = 1&srcid = 0117N0dvcJrV2cTZW7lLPvGy#rd.

犯罪分子和内鬼造成的泄露事件则占到了 23% ①。

无论内部人员是基于疏忽还是恶意，内部威胁的结果均是对数据安全造成破坏，如窃取或泄露数据信息、篡改数据或信息、对企业或组织的系统进行攻击等，最终使企业或组织陷于数据安全风险乃至更大的损害。

2018 年发生了几起内部攻击事件，使人们越来越意识到来自企业或组织内部的威胁将会对企业或组织造成越来越大的危害。

（1）特斯拉（Tesla）软件破坏事件②。2018 年 6 月，特斯拉首席执行官埃隆·马斯克（Elon Musk）宣称，一名值得信赖的内部人士蓄意破坏了控制该公司生产流程的软件系统。特斯拉的前员工 Martin Tripp 被认为编写了侵入特斯拉制造操作系统的软件，并将几个 GB 的特斯拉数据传输给外部实体。这些数据包括数十张机密照片和特斯拉制造系统的相关视频。除此之外，特斯拉还声称 Tripp 编写了计算机代码，定期将特斯拉的数据输出给公司以外的人。虽然这一说法遭到了该员工的反驳，称他实际上是在检举有问题的制造业政策。因为该员工声称自己是因为试图向投资者和媒体警告特斯拉的风险而透露内部信息。他发现了超过 1000 块有穿孔问题的 Model 3 车载电池模组，这些模组仍在该公司所生产的 Model 3 车型中使用。此外，特斯拉还在旗下超级工厂中“不安全地存储废料”，并在 Model 3 车型的产量方面提报了虚假数据。

不管实情最终如何，在此次特斯拉软件破坏事件中最终暴露出来的安全隐患非常突出，类似特斯拉这样的企业也并没有更好的控制措施来防止内部人员滥用特权对企业从事恶意行为。

（2）Facebook 解雇安全工程师事件③。这家社交媒体巨头在 2018 年 5 月初解雇了一名安全工程师，原因是他严重滥用了自己的特权，利用访问个人

---

① Cybersecurity Insiders：2018 年网络内部安全威胁报告［EB/OL］.［2019 - 02 - 01］. http：//www. 199it. com/archives/757151. html.

② Tesla sues former employee for allegedly stealing gigabytes of data, making false claims to media［EB/OL］.［2019 - 02 - 01］. https：//www. cnbc. com/2018/06/20/tesla-sues-former-employee-for-allegedly-stealing-gigabytes-of-data-making-false-claims-to-media. html.

③ 利用访问数据特权骚扰女性：Facebook 一工程师被解雇［EB/OL］.［2019 - 02 - 01］. http：//tech. sina. com. cn/i/2018 - 05 - 03/doc-ifyuwqfa5478780. shtml.

数据的特权在线跟踪并骚扰女性。这位前雇员利用自己的权限进行窥探，本质上是侵犯 Facebook 用户的隐私。据悉，在 Facebook 公司内部有个小组，有权限观看任何用户的个人资料，如果被连线观看页面所有者正好是 Facebook 员工，该同事则会在公司的内部系统中收到相关警示；而对那些不在 Facebook 工作的 20 多亿用户而言，却没有类似的个人资料隐私保护措施①。

（3）可口可乐公司数据泄露事件②。据外媒“Bleeping Computer”2018 年 5 月 25 日报道，可口可乐公司对外宣布了一起数据泄露事件。他们在前员工的个人硬盘中发现了大量现有员工的个人数据，而这些数据是当时他从可口可乐违规挪用的。这起泄露事件从 2017 年 9 月就已经被发现了。可口可乐公司表示，他们在过去几个月中与执法部门合作调查了这些数据的来源和有效性，并确定一些文件包含了部分员工的个人信息。根据所在州法律，该公司现在正在向受影响的员工发送通知函。此次事件后，可口可乐公司开始通过第三方供应商向受影响的员工提供一年的免费身份监测。

从这些事件中我们不难看出，纵然是大型企业，在对内部数据安全管理上仍存在着诸多缺陷和漏洞，因公司的在职员工和离职员工而产生的内部攻击行为对公司而言更具有隐蔽性且往往不能被即时发现，更难防范，带来的危害后果可能也更为严重。本章试图从内部攻击的管控与防范的角度，对如何完善公司制度进行实务思考和探索。

二、企业或组织内部员工管理的制度设计和管理防范

我国有关数据安全及互联网的法律法规均对涉及数据安全或互联网企业提出了建立安全管理制度的相关要求。

例如，《互联网信息服务管理办法》第 6 条规定：“从事经营性互联网信息服务，除应当符合《中华人民共和国电信条例》规定的要求外，还应当具备下列条件：（一）有业务发展计划及相关技术方案；（二）有健全的网络与

---

① Facebook's Double Standard on Privacy: Employees Vs. the Rest of Us [EB/OL]. [2019-02-01]. https://www.wsj.com/articles/facebooks-double-standard-on-privacy-employees-vs-the-rest-of-us-1525383859.

② 2018 可口可乐员工个人信息泄露事件介绍 [EB/OL]. [2019-02-01]. https://www.mrcjcn.com/n/272648.html.

信息安全保障措施，包括网站安全保障措施、信息安全保密管理制度、用户信息安全管理制度。……”

《网络安全法》第21条第1款要求网络运营者“制定内部安全管理制度和操作规程，确定网络安全负责人，落实网络安全保护责任”。

《电信和互联网用户个人信息保护规定》除了要求制定内部安全管理制度以外，还在第13条第3款和第6款特别规定：“（三）对工作人员及代理人实行权限管理，对批量导出、复制、销毁信息实行审查，并采取防泄密措施；……（六）记录对用户个人信息进行操作的人员、时间、地点、事项等信息；……”

可见，对网络运营单位或具有数据安全保密需求的企业而言，建立起相关安全保护管理制度是法律的基本要求。这些管理制度中很重要的组成部分就是对员工的管理。

一般而言，企业或组织的普通员工或者远离数据信息岗位的员工对企业数据安全可能造成的威胁并不大，需要特别注意并加强安全管理措施和制度的通常是处于核心或关键岗位以及数据相关岗位的员工、具有特殊访问权限的员工、管理层员工等。

我们建议企业或组织在制定或完善员工安全管理制度时应着重注意以下几个方面。

（一）安全培训教育

根据《信息安全技术　个人信息安全规范》（GB/T 35273—2017）第10.4条e项规定，个人信息控制者“应定期（至少每年一次）或在隐私政策发生重大变化时，对个人信息处理岗位上的相关人员开展个人信息安全专业化培训和考核，确保相关人员熟练掌握隐私政策和相关规程”。

对非恶意的员工，对他们进行长期的安全教育是有效减少失误和疏忽的最佳方式之一。安全教育内容可以有公司面临的安全风险，如何处理这些风险，为什么要采取某些安全措施，以及不遵守这些措施的后果是什么等内容。告诉员工如果不重视网络或数据信息安全规范会给公司造成什么样的法律后果，并将这些后果同员工的个人利益相结合，促使员工高度重视网络及数据信息安全，自觉执行公司的相关安全规范管理制度。

而对存有恶意的员工来说，公司如有长期的安全教育培训也能起到一定的警示作用，以避免其毫无顾忌地进行恶意行为。

公司在进行安全培训教育时应当做好培训记录以供相关方查询。

（二）竞业禁止和保密协议

公司应当与核心或关键岗位或具有数据保密义务的岗位员工签订保密协议和/或竞业禁止协议。

1. 保密协议

保密义务本身是法定义务，是基于法律的直接规定而产生的法律义务或基于劳动合同而产生的附随义务。保密协议是公司对核心或关键岗位或具有数据保密义务的岗位员工要求的承诺强调，用协议的形式向核心或关键岗位或具有数据保密义务的岗位员工做郑重的说明和提示，以警示前述岗位的员工在保密这一事项上必须做出足够的重视。

保密协议注重以下几个部分。

（1）定义部分：公司应当在保密协议中明确列明哪些信息属于公司需要保密的信息。如有特别重要或是需要特别明确的保密信息，应当在定义部分做着重说明。

【条款示例】①

➢ 保密信息的定义：

a. 本协议所指“保密信息”包括所有甲方的专利技术、技术秘密、客户数据和商业秘密，以及与前述信息、秘密相关的图纸、数据库、报表等所有资料。

b. “专利技术”系指甲方享有专利权或专利申请权的专利技术，产品信息与之相关的图纸、数据、报表等所有资料。

c. “技术秘密”系指甲方专有，包括但不限于以下形式：技术方案、数据库、计算机软件、实验及测试结果、技术数据、图纸、样品、样机、模型、说明书等一切有关信息。

① 本章所有的条款示例均仅为示范所用，起草相关合同时应结合合同目的、合同背景及签约各方的实际情况对相关条款进行适当的调整和修正。

d. “客户数据”系指归属甲方合作客户的所有数据。

e. “商业秘密”系指甲方所有的其他不为公众所知悉、能为甲方带来经济利益，具有实用性的技术信息和经营信息以及一切与之相关的数据、资料等。

f. 甲方依照法律规定（如在缔结过程中知悉其他相对人的商业秘密）和在有关协议的约定（如技术合同）中对外承担保密义务的事项，也属本保密协议所称的商业秘密。乙方对上述专利技术、技术秘密、客户数据和商业秘密承担保密义务。

➢ 保密内容为：

a. 甲方客户的身份信息，包括甲方的姓名、年龄、身份证（学生证、士兵证）号码、个人信仰等信息。

b. 甲方客户的联系资料，包括家庭住址、电话号码、邮寄地址、电子邮件地址等信息。

c. 甲方客户的职业和教育资料，包括职业信息、担任工种、工作单位、学历、毕业学校等信息。

d. 甲方客户的资料，包括房产信息、银行资产信息、股票、期权等信息。

e. 甲方客户的信用交易信息，包括贷记卡或准贷记卡、赊销、担保、合同履行等社会经济活动中形成的与信用有关的交易记录。

（2）明确保密职责、保密期限及违约法律后果：与员工的保密协议中应当明确员工的保密义务、保密期限以及违约的法律后果，以免在履行保密协议的过程中因约定不明而带来的数据安全风险。

【条款示例】

➢ 乙方在甲方任职期间，应当遵守甲方各项保密规章制度，履行与工作岗位相应的保密职责。未经甲方同意，不得故意或过失泄露、告知、公布、发布、传授、转让或其他任何方式使任何第三方知悉本协议约定的保密信息，也不得在履行职务之外使用这些保密信息。乙方如发现甲方的保密信息有任何泄露或可能泄露的情况，应及时采取有效措施予以阻止，并及时向甲方予以报告。

➢ 乙方应妥善保管办公室钥匙等公司财产以及所有与工作有关的技术资料、试验设备、试验材料、客户名单等。乙方有义务保管好自己所有的保密资料，任何人不得携带私人移动存储设备将甲方保密资料复制后携带外出，并不得私自传借、披露，更不得利用所掌握的商业秘密牟取私利。

➢ 双方同意本合同规定的保密期限为本合同签署之日起至双方劳动关系终止或解除后________年内。

➢ 甲乙双方确认，保密义务自双方在此合同上签字时开始，到保密信息持有方对该保密信息公开发布时为止。

➢ 保密期限为以下________项：

a. 劳动、劳务合同期内；

b. 甲方的客户个人信息未被公众知悉期内；

c. 其他要求的保密期限________________________________

➢ 乙方违反协议中的保密义务，给甲方造成损失的，应承担违约责任。

经济赔偿：为甲方因乙方的违约或侵权行为所受到的实际经济损失。

a. 经济赔偿标准：乙方不论任何原因的泄密行为（包括损害第三方客户利益）实际造成甲方或第三方客户追究甲方责任所导致的经济损失，由乙方全部承担。

b. 甲方因调查乙方的违约或侵权行为而支付的合理费用，如律师费、公证费、鉴定费、评估费、诉讼费、仲裁费等，均应当包含在损失赔偿额之内。

c. 因乙方的违约或侵权行为侵犯了甲方的专利技术或商业秘密权利的，甲方可以选择根据本协议要求乙方承担违约责任，或者根据国家有关法律、法规要求乙方承担侵权责任。

2. 竞业禁止协议

和保密协议相比，竞业禁止协议对保密一方的要求更为严格。竞业禁止协议要求保密一方在离职之后不得从事同行业工作，与此对应的是，公司必须为承担竞业禁止义务的员工支付一定的竞业禁止补偿，并且竞业禁止期限一般也不超过 2 年。一旦公司停止支付竞业禁止补偿金，员工也即可无须继续承担竞业禁止义务。

竞业禁止协议中要注意应明确约定竞业禁止的范围（包括工作范围和地域范围）、竞业禁止补偿方案、竞业禁止的期限以及违反竞业禁止约定后的违约责任。与保密协议有所不同的是，保密协议的违约赔偿仅限于公司遭受的实际损失，而竞业禁止的违约赔偿可依合同约定，因此竞业禁止的合同条款约定就显得尤为重要。

【条款示例】

➢ 凡签订本合同的乙方，均为甲方具有保密义务的重要岗位员工，故乙方在离职后________年内，不得从事相关领域工作，或者自己开发生产或者经营同类产品，否则乙方承担违约金及对甲方的损失赔偿责任。甲方按乙方离职前________个月的平均工资________%为标准保密费，从乙方离职后的第________个月起，按月发放给乙方，至第________年期满，本合同自动解除。

➢ 乙方不履行竞业禁止义务的，应当承担违约责任，违约金需一次性向甲方支付，违约金金额为人民币________元。如果乙方的违约行为给甲方造成损失的，乙方应当赔偿甲方的损失，且将乙方自违反竞业禁止义务起所获得的收益归于甲方。

（三）采用技术手段隔离机密并保护账户安全

在数据信息安全的管理中，公司如能增加技术手段管控来隔离保密信息，对保障数据信息安全的效果将远大于仅靠制度约束，这其中的道理不言而喻。更复杂、难度更大的技术保护措施可以极大地抵御外部和内部人员的威胁。

可采用的技术手段包括：

（1）使用安全性能较高的、较为复杂的口令或密码。

（2）禁止员工之间共享账户，或尽可能限制共享账户的使用。

（3）采用能识别真实身份的身份认证技术，防止员工身份被冒用。

（4）定期检查用户权限。审查应注意没有禁用的不必要的账户，以及分配给不再需要的账户的权限。

（5）安装服务器文件管理软件，防止员工越权访问。

（6）安装防护软件禁止员工或账户对重要信息进行拷贝、打印、截屏等。

（7）对于发送文件设置不同等级。如机密级文件禁止作为邮件附件发送，或禁止上传或下载网盘、微信、QQ 等即时通信软件；对秘密级文件发送设置管理员审批制度等。

（8）对公司的工作电脑、平板电脑或移动存储设备设置加密措施，禁止随意安装软件。

（9）对重要文件实施自动备份，防止疏忽或恶意删除。

（10）对员工处理数据的行为进行系统监控。

（四）减少特权员工并限制特殊权限以分割核心数据信息

特权员工的人数越少，保护公司的数据信息就越容易。在减少特权员工的同时，公司还可以考虑限制特权员工的特殊权限，或对特殊权限设置一定的时效性并定期予以审查，以降低数据信息安全的风险。

在可能的情况下，对公司的核心数据或信息做条块化分割，使需要获取数据信息的岗位仅能获取到自己所需的部分，而非获取全部的信息。

（五）采取物理措施进行员工管控

（1）重点涉密场所加装防盗报警装置，对有权限进入的员工进行身份识别，没有权限的员工严禁进入。

（2）重要文件资料等设置专人管理。

（3）涉密区域安装 24 小时不间断监控设备等。

（六）离职防范

（1）离职审计。对核心岗位和关键岗位的员工进行离职审计，主要为了核查员工在职期间是否遵守了公司对于相关岗位职责的规定，在此期间是否给公司留下任何安全隐患。离职审计的好处在于，在员工即将离职的时候对员工任职期间的行为进行梳理，以便公司及时发现任何可能存在的违规行为或安全隐患，使公司能够快速应对，及时消弭风险。从长远来看，公司如果建立关键岗位的离职审计长效制度，能加强关键岗位员工的工作责任感，规范员工的工作行为，便于公司加强管理，降低安全风险。

（2）对离职员工设定标准流程，包括归还全部属于公司的财物（包括与工作有关的全部文件资料、电脑、移动存储设备、工作手机等）、注销员工账户（电子邮箱、工作账户等）、撤销访问权限、删除员工个人存储设备中的工作信息、归还工作场所钥匙、门禁、与继任者或上级主管做好工作内容交接等。

三、商业伙伴合作中的数据安全保护途径和措施

在信息化和科技高度发展的时代背景下，企业需要获得迅猛发展往往需要依赖合作伙伴生态系统才能得以实现，这也意味着企业的内部数据会暴露给第三方服务供应商、合作伙伴或者是客户。

如本章开篇所述，内部威胁的另一重要来源即为来自商业伙伴合作中因数据分享或商业合作所需而带来的数据信息安全风险。如何应对来自供应链、生态链环节的商业伙伴合作中可能发生的数据信息安全风险，已成为企业需要面对的重要课题。

在国家大力发展大数据和信息化发展的背景下，为满足越来越多的数据信息安全法律法规的要求，企业应采取更积极主动的姿态来面对供应链和生态链环境下的数据信息安全问题。

（一）尽职调查

当企业或者组织需要将数据授权给第三方或者第三方在有可能合法访问到企业或组织的数据时，企业即应当考虑对该第三方进行尽职调查。这种尽职调查能帮助企业更全面地了解第三方的财务状况、人事管理、信息安全措施等，以便企业在授权第三方的时候能对第三方做出更合理的评估。

尽职调查的方式一般有问卷清单、与第三方访谈、公司文档审查等，由于数据信息安全的尽职调查相对于其他法律事务的尽职调查更具有技术性，所以我们建议在针对数据信息安全进行的尽职调查过程中可以加强与相关技术人员的合作，共同协作完成。

数据信息安全的尽职调查一般涉及以下几个方面。

1. 目标公司的基本情况

对目标公司的基本情况尽职调查内容包括：

（1）目标公司所有的经营地址。

（2）目标公司的现有组织架构：全部的子公司、关联公司、数据的具体负责部门清单。

（3）目标公司的财务情况。

针对目标公司的基本情况，尽职调查一般集中考察目标公司是否存在多处经营地址，是否有子公司和关联公司，总体把握目标公司的结构，了解目标公司负责数据处理的具体部门，考察目标公司内部在数据的传输、共享方面是否采取了相关的保护措施、是否获得数据处理的合法依据等情况。如果目标公司在欧盟境内有子公司或者经营地的，还要特别注意在此种情况下，目标公司亦受欧盟的《通用数据保护条例》管辖，需要按照《通用数据保护条例》的更高标准来规范数据合规问题。比如：根据《通用数据保护条例》第30条规定，应当具有完整的数据处理活动记录；根据《通用数据保护条例》第37条的要求，应当设置数据保护官；等等。此外亦需要考察是否存在数据的跨境传输情况，如有的话，此传输是否满足《通用数据保护条例》第45～49条之一的条件等。

目标公司的财务情况看似和数据信息安全合规并没有非常密切的联系，但目标公司可能存在着在合作过程中停止营业或者申请破产的风险。此类风险一旦发生，目标公司所掌握的数据及信息就存在安全隐患。尽早了解目标公司的财务状况有利于企业对目标公司的持续经营能力进行预判。

【条款示例】

a. 公司最新营业执照、公司章程、股权结构图、税务登记证（如有）、组织机构代码（如有）。

b. 公司直接和间接投资的子公司清单。

c. 控股子公司最新的全套工商存档文件、营业执照、公司章程、股权结构图、税务登记证（如有）、组织机构代码（如有）。

d. 公司是否设立独立的财务部门、是否建立独立的会计核算体系、是否具有规范的财务制度和对子（分）公司的财务管理制度的情况的书面说明。

e. 公司最近三年的原始财务报表、财务报告以及审计报告。

f. 如公司及子（分）公司存在正在进行的纠纷，请提供下述资料：1. 纠纷所涉及的起诉书、答辩状及诉讼保全措施；2. 纠纷所涉及的主要合同、协议；具有执行力的裁判文书执行情况。

g. 如公司及子（分）公司存在潜在的纠纷，请提供下述资料：1. 纠纷基本情况说明；2. 纠纷所涉及的款项数及合同、协议。

h. 工商、税务、国土、质量监督、安全生产、环境保护等行政主管部门出具的合法合规经营证明。

2. 目标公司数据信息安全保护措施

（1）目标公司是否有数据保护管理系统？

（2）目标公司是否制定信息安全政策或数据保密政策？更新频次如何？

（3）目标公司是否有完善的数据处理流程？

（4）目标公司是否对移动设备建立了管理制度？

（5）目标公司是否有明确的措施应对可能发生的数据信息泄露、损毁或丢失的情况？

（6）目标公司是否有灾难修复计划？对潜在风险是否有评估并设计和实施补救措施？

（7）目标公司对合作结束后不再使用的数据信息是否有适当的销毁措施？

（8）目标公司在过去的5年内是否有数据违规或数据安全事件？[①]

此类尽职调查部分关注的是目标公司是否对数据信息安全及数据的处理具备完善的、符合法律法规规定的管理制度和处理流程。比如根据《信息安全技术　个人信息安全规范》第9条规定，个人信息控制者应当制定个人信息安全事件应急预案，应定期（至少每年一次）组织内部相关人员进行应急响应培训和应急演练等；第10条要求个人信息控制者建立个人信息安全影响评估制度等。因此，根据目标公司处理数据的类型、合作模式的不同，企业应在尽职调查中事先考察目标公司的相关制度是否建立健全，以便评估合作的风险或者在后续的合同签订过程中制定相关的条款以明确各方职责。

---

① 《信息安全技术　个人信息安全规范》第9.1条c项规定的具体报告方式可供参考。收购方应考察目标公司过去5年内是否有数据违规或数据安全事件，且是否保存有此事件的完整记录。

【条款示例】

a. 公司是否有专门的网络安全管理机构？如有，请说明管理机构的架构、成员及相关职责。

b. 公司是否有网络安全政策和程序？如有，请提供，并请说明是否已经实施。

c. 公司是否有保护网络设备的方法或措施，以防止未经授权的接达/网络有关的攻击及资料盗窃？

d. 公司是否在公共网络与私人网络、内部 VLAN 等设置有防火墙？

e. 公司员工是否能在工作电脑端自行安装软件？员工办公用的移动存储是否采取加密措施？

f. 公司是否有备份关键 IT 系统和敏感数据的制度？如有，请说明。

g. 公司是否有灾难恢复计划？灾难恢复计划是否每年更新一次？如果没有，是否测试了备份和恢复过程？

h. 公司在过去 5 年内是否有数据违规或数据安全事件？如有，请提供事件的完整记录。

3. 目标公司在技术层面实施的数据信息保护措施

（1）目标公司是否有物理安全措施？

（2）目标公司是否采取有效的加密手段对数据信息进行加密？

（3）目标公司是否对账户的访问或登录采取了有效的控制措施？

此类尽职调查部分关注的是目标公司是否在技术层面对数据信息采取了安全措施。值得注意的是，由于这一部分的尽职调查可能更关注的是技术手段和措施，因此在做此类调查的时候最好与技术部门协作完成。

【条款示例】

a. 公司是否有物理访问控制（如门锁、门禁等），以防止未经授权访问设施？是否有政策及程序记录设施内与保安有关的物理组件的维修及修改？

b. 公司是否有环境控制，确保信息处理设备免受环境威胁和危害，以及未经授权的访问？

c. 公司是否有系统部署并安装杀毒软件？杀毒软件是否集中管理？更新频率如何？

d. 公司是否已对数据和信息采取加密措施？如有，请说明加密措施。

e. 公司是否存在针对网络、系统、桌面、软件发布、部署和软件漏洞（如病毒或间谍软件）补丁活动的正式变更管理程序，即关键系统的改变？工作站和服务器的更改？适当的测试、通知和批准？

f. 公司上一次进行技术漏洞扫描是什么时候？

g. 公司上一次进行 IT 系统审计是什么时候？如有，是否有审计机构出具的资质证明（如有请提供）？

4. 目标公司的员工及第三方管理

（1）目标公司是否有数据或信息的分包商，或转委托第三方进行数据处理？

（2）目标公司对涉及数据信息岗位的员工采取何种职责机制？

（3）目标公司对涉及数据信息岗位的员工是否签订保密协议？

此类尽职调查关注的是目标公司的内部管理，目标公司是否对核心岗位或关键岗位采取了技术防范，是否对员工定期进行安全培训和教育，在工作制度上是否能有效做到员工与重要的数据信息之间的安全隔离等。如果目标公司内部管理机制不健全，那么当内部员工离职或调换岗位时，会对数据信息安全带来不同程度的危害。同样，企业还应当考察目标公司在合作期间是否会进行数据信息的分包，或存在其他第三方可能会接触到数据信息的情况，如果有的话需要考察目标公司与其他第三方之间的合作往来以评估数据信息安全的风险程度。

【条款示例】

a. 公司是否定期对员工进行安全培训？如有，请提供培训制度及记录。

b. 公司员工是否签署保密协议？如有，请提供保密协议样本。

c. 公司是否有从网络安全角度管理员工离职或转移的正式流程（例如，退回所有 IT 设备，系统和窗口禁用员工 ID，退回和/或钥匙、门禁等）？

d. 公司是否有处理员工离职的标准流程？对员工因私使用公司的互联网、电子邮箱、办公电话及其他办公设施，公司是否有具体的制度规范？

e. 公司是否有其他第三方或合作伙伴可以访问或共享公司信息系统或数据库？如有，请提供访问公司信息系统或数据库的第三方名单。

f. 公司是否对进入公司关键 IT 系统的承包商进行背景调查？

g. 公司是否与这些第三方有数据安全保护协议？公司采取何种措施保障第三方安全使用或共享公司数据？

h. 公司是否采取措施对公司网络的第三方连接进行监控和审查，以确保授权访问和适当使用（即 VPN 日志、服务器事件日志、关键日志、自动警报、定期审查日志或报告）？

（二）合同保护

当企业在完成对目标企业的尽职调查之后，对目标企业的数据安全管理制度、技术措施、人员管控、财务状况等有一定的风险评估。基于风险评估，企业可以有针对性地在与目标公司的商业合同中设定关键性条款，明确双方权责，对目标公司进行适度的数据信息合规监管，以降低包括目标公司在内的第三方等滥用权限给企业带来的数据信息安全风险。

1. 明确在特定合同项下的数据信息的定义或范围

企业应当根据和商业伙伴拟签订的特定合同性质，在合同中明确约定相关合同项下的数据信息的定义和范围，以免因双方的理解不同而造成的约定不明。

数据信息可以是文档、图表、影像等商业信息，也可以是个人信息。只有明确了合同项下的数据信息内容，才能据此确立可适用的法律及与此相关的管理措施。

【条款示例】

➢“数据”指由甲方提供给乙方并与甲方客户相关的所有数据，以下所列均是数据的一部分：

a. 存储或者以其他方式固定于有形媒体、电子媒体或其他媒体上并且可提取为可察觉形式的所有资料、数据文档、图像、图表、影像；此类数据或者已经清晰注明保密，或者本身属性已是保密类型。

b. 在处理上述数据的过程中产生的资料、数据文档、图像、图表、影像。

➢“保密资料和数据”包括但不限于在履行本合同过程中或者在双方业务处理过程中可获得的双方交易和业务有关的所有信息（书面、口头或电子形式的信息）。

➢ 本合同项下需要保密的信息为：任何甲方不欲公开的观点、数据、程序、协议、计划、图表、模型、参数、标准、文档、图形和其中的任何知识产权，特别是________________________相关数据。

2. 商业伙伴的信息安全承诺

（1）数据来源的合法性：如果企业需要从商业伙伴处获取数据信息，则应在合同中由数据提供方明确其数据来源的合法性，或承诺其提供的数据信息均已获得合法授权。

（2）分包商数据共享：企业在与商业伙伴合作的过程中需要对是否允许商业伙伴将相关数据信息分享或分包给其他第三方做出明确约定。如果合同项下的数据属于高机密性数据，则应在合同中严格禁止商业伙伴分享或分包给其他第三方，除此之外，则可以设定一定的分享或分包条件，并约定数据使用规则，在企业事先许可的前提下，适当地、有限度地进行分享和分包。

如果企业在拟定合同时已经有了分享或分包其他第三方的计划，则可以将可以分享或分包的其他第三方以清单形式列入合同附件，以明确分享或分包数据的范围。

【条款示例】

➢ 如确因业务所需，在获得甲方书面授权或书面同意后，乙方方可采购第三方软件或第三方服务。在此期间，乙方需以数据最小化为原则，明确数据范围及用途，并与第三方签订数据安全保密协议，以确保甲方数据安全。

➢ 乙方需将本合同项下的数据处理分析服务项目分包给其他第三方时，应提前________日以书面形式通知甲方，并向甲方提供该分包方的资质、数据处理能力、安全管理制度、拟分包的项目内容等基本情况。甲方审核后同意分包的，向乙方出具书面文件，乙方可向第三方进行分包。乙方未经甲方许可擅自分包的，甲方可追究乙方的违约责任。

3. 安全制度的设立承诺

企业可要求商业伙伴对信息安全规章制度的建立健全做出承诺，有需要的话，也可将相关安全制度作为合同附件的一部分，便于在今后合同的履行过程中比对安全制度的执行情况。

【条款示例】

➢ 双方应当按照国家法律、法规、国务院征信业监督管理部门或其他政府部门的监管政策建立健全、有效的信息安全规章制度，并采取有效技术措施保障信息安全，包括但不限于保障计算机系统及其相关的配套设备、设施（含网络）的安全，运行环境的安全，保障信息系统功能的正常发挥，维护信息系统的安全运行等。双方自愿接受相关监管部门的管理、监督和检查。

➢ 双方应当制定员工管理制度，规范员工系统操作行为；应当对所有员工进行信息安全制度培训；应当对各自公司内涉及数据或信息的关键岗位工作人员的权限、操作流程做出明确规定。

➢ 双方应当建立信息安全风险检测、监测、评估和预警机制，发现风险隐患应当及时处置。

➢ 双方应当建立信息安全应急处置机制，及时处理突发信息安全事件，尽快恢复信息系统的正常运行，并按照规定向对方及政府有关部门进行报告，不得迟报、漏报、瞒报。

4. 风险评估及安全审计

（1）企业可以在合同中约定对商业伙伴进行风险评估，以确认商业伙伴在数据信息服务过程中是否存在安全风险。如果这类数据服务涉及个人信息，那么企业介入风险评估就显得尤为重要了。因为这不仅仅是企业降低数据安全风险的手段，更是法律法规对数据控制者的强制性要求。

《网络安全法》第 38 条规定，关键信息基础设施的运营者应当自行或者委托网络安全服务机构对其网络的安全性和可能存在的风险每年至少进行一次检测评估，并将检测评估情况和改进措施报送相关负责关键信息基础设施安全保护工作的部门。

《信息安全技术　个人信息安全规范》则在多种情况下均涉及了风险评估要求。第 8. 1 条 b 项规定“个人信息控制者应对委托行为进行个人信息安全影响评估，确保受委托者具备足够的数据安全能力，提供了足够的安全保护水平”；第 8. 2 条有关个人信息共享、转让的规定及第 8. 4 条有关个人信息公开披露的规定中也均明确应“事先开展个人信息安全影响评估，并依评估结果采取有效的保护个人信息主体的措施”。第 10. 2 条规定个人信息安全影响评估应当定期进行，最低限度为每年一次。且风险评估报告应当妥善留存，确保可供相关方查阅，并以适当的形式对外公开。同时在法律法规有新的要求或业务模式、信息系统、运行环境等发生重大变更时，该规范亦要求个人信息控制者对个人信息安全影响重新做出评估。

个人信息安全影响评估的内容包括但不限于①：

1）个人信息收集环节是否遵循目的明确、选择同意、最少够用等原则。

2）个人信息处理是否可能对个人信息主体合法权益造成不利影响，包括处理是否会危害人身和财产安全、损害个人名誉和身心健康、导致歧视性待遇等。

3）个人信息安全措施的有效性。

4）匿名化或去标识化处理后的数据集重新识别出个人信息主体的风险。

5）共享、转让、公开披露个人信息对个人信息主体合法权益可能产生的不利影响。

6）如发生安全事件，对个人信息主体合法权益可能产生的不利影响。

（2）合同还应明确企业有权对商业伙伴进行审查，以明确商业伙伴是否遵守了合同条款和适用的法律。双方可以约定审计的次数（频次）和审计内容及范围（双方可以事先约定不得审核的内容，或在每次审核前共同商议审计范围、期限、方式等），并应明确商业伙伴必须合理配合企业或企业委托的第三方完成相关审计，包括提供一切相关的证明文件等。

---

①《信息安全技术　个人信息安全规范》（GB/T 35273—2017）第 10. 2 条。

《信息安全技术　个人信息安全规范》同样对个人信息控制者提出了安全审计的要求。第10.5条规定："对个人信息控制者的要求包括：a）应对隐私政策和相关规程，以及安全措施的有效性进行审计；b）应建立自动化审计系统，监测记录个人信息处理活动；c）审计过程形成的记录应能对安全事件的处置、应急响应和事后调查提供支撑；d）应防止非授权访问、篡改或删除审计记录；e）应及时处理审计过程中发现的个人信息违规使用、滥用等情况。"

【条款示例】

为提升本合同所规定的专业服务质量，经双方协商一致，乙方同意由甲方、甲方内部和外部审计人员对乙方履行本合同项下约定的数据服务进行审计。

a. 仅有甲方、甲方内部和外部审计人员或甲乙双方共同委托的审计机构方可对乙方的数据服务进行审计，获取相关数据资料，但____________不应列为可审计范围。

b. 前述审计频率为：____________，期限为：____________。

c. 为执行本合同约定的审计，乙方应在审计期间提供一切必要的协助和配合，提供审计所必需的资料和证明文件以配合完成审计工作。

5. 设置安全性条款

审查商业伙伴的数据安全能力，并在合同中作相关的安全措施约定，是保障企业数据安全的重要组成部分。如前面尽职调查部分所述，如果已向商业伙伴进行尽职调查，那么可以根据尽职调查的结果有针对性地调整合同条款，以明确双方权责。在合同条款中安全条款的设置同样应当注重管理制度和技术手段两部分。数据处理方通常应在合同中做出明确的数据信息安全义务约定。

（1）安全管理制度方面。

安全管理制度中应当明确数据处理方或商业伙伴一方具备相应的数据安全能力，以采取合理的、适当的安全措施，比如条款中列明：对数据进行备份和加密；确保数据处理系统和服务的保密性、完整性、有效性，阻止非授权的数据访问、读取、复制、修改、删除等；确保数据处理日志；确保数据恢复；定期检测和评估安全措施的有效性；持续更新安全措施等。

【条款示例】

➢ 乙方确认在本合同项下所有__________数据信息及相关权利均为甲方所有，除非合同另有约定，否则未经甲方书面许可，乙方不得擅自处置（包括但不限于访问、读取、使用、下载、拷贝、处理等）相关数据。

➢ 乙方须采取一切必要措施，按照法律法规、规章规范以及公认的商业惯例等规定，在规定期间内保管数据，以保证所有数据的安全性、完整性和防止数据的毁损、修改和遗失。

➢ 乙方须保证数据获取和数据传输的安全，包括数据在数据中心、灾难恢复中心，以及在IT基础上的交易过程中的传输安全。

➢ 乙方须明确安排备份、应急、记录保护等措施，包括硬件、设备、软件和数据档案，以保证IT连续性的运作。

➢ 关于数据恢复：乙方须（a）采取一切必要措施，以确保在数据发生任何毁坏和遗失时将数据恢复或促使数据恢复；（b）应甲方请求，若数据发生任何毁坏及遗失，在不违背根据本合同或其他规定可采取的任何其他补救措施的前提下，恢复数据或促使数据恢复至上述毁坏和遗失发生前的状态。

➢ 在本合同的履行过程中，如发生数据安全事件，乙方应及时向数据提供方及监管部门报告，报告内容应当包括但不限于：安全事件的基本情况、可能产生的后果和影响、目前已经采取的处置措施、后续的补救措施等。

➢ 乙方应对本合同项下所列的安全措施定期进行检测和/或评估，频率为每________个月一次。乙方应将检测结果和/或评估结果告知甲方，乙方应就检测和/或评估结果根据甲方的需求进行解释或改进。

（2）技术手段方面。

企业在和商业伙伴或数据处理方的商业活动中，如果对商业伙伴在数据处理过程中有特别的技术安全要求，也应当在合同条款中明确列明。

【条款示例】

➢ 关于数据传输：乙方使用HTTPS协议保证数据传输安全。HTTPS（全称：Hyper Text Transfer Protocol over Secure Socket Layer)，是以安全为目标的HTTP通道，即HTTP下加入SSL层，HTTPS的安全基础是SSL。SSL(Secure Socket Layer)用以保障在Internet上数据传输之安全，利用数据加密(Encryption)技术可以确保数据在网络上的传输过程中不会被截取及窃听。

➢ 关于数据服务器和数据库安全：乙方为本数据库服务器采用数据和应用、网络服务物理分离的服务器部署方式，即存放甲方数据的数据服务器与处理网络请求的网络服务器以及提供系统商务逻辑服务的应用服务器分别部署在不同的服务器上。彼此之间通过防火墙互联，数据服务器只以目前业界公认最安全的架构接收来自应用服务器的请求。

➢ 乙方将服务器同时放置在本地以及云端，通过异地备份确保数据存放安全。同时为了确保数据安全，乙方承诺每天进行数据备份，甲方可随时导出所有数据。

➢ 乙方应对数据存储区域设置24×7监控设备，监控影像应保留至少6个月。甲方可以随时调阅监控影像。

6. 保密条款

企业与商业伙伴的保密条款设定与前述企业与员工之间签订的保密协议具有一定的相似性，在保密条款中均应列明保密范围、保密期限、违约后果等。

【条款示例】

➢ 乙方必须一直对数据及与有关服务相关之一切资料予以保密，不得将数据作为履行其在本协议项下责任以外之任何其他用途（中国法律法规及监管要求另有规定的除外)。

➢ 若事先未经甲方书面同意，除非在本合同考虑及目的而言确属必要或属于中国法律及/或法律规定要求以外，乙方不得向任何人员透露数据（无论是全部还是部分)。

➢ 任一方将视另一方业务相关的所有信息为商业秘密，并有义务予以保密，不将在本合同谈判时或合同期间所获知的任何信息泄露给任何第三方（中国法律法规及监管要求另有规定的除外)。本条约定在本合同终止后依然生效，但不适用于任何已在公众知悉范围的资料。

➢ 除非本协议另有约定，各方同意（ⅰ）仅为实现本协议目的使用和披露保密信息；（ⅱ）不向任何第三方披露任何保密信息；并（ⅲ）对保密信息保持保密，并采取接收方对其自身具有类似性质的保密信息所采取的预防措施以保护该等保密信息的机密性，但无论如何接收方不得采取低于合理程度的预防措施。若接收方在任何司法、法律或监管程序中被要求或被监管机关要求披露任何保密信息，接收方应在可行且法律许可的范围内及时事先书面通知披露方，以便披露方寻求适当的补救措施。“保密信息”这一术语不包括以下信息：（ⅰ）通过非因接收方违反本协议的行为，已公开可获得或已进入公共领域的信息；（ⅱ）在由披露方或代表披露方披露前，已由接收方不受限制地拥有的信息；（ⅲ）由第三方向接收方披露，且基于接收方的理解，无保密或不得披露的限制或法律、合同或诚信义务的信息；或（ⅳ）在未使用或参考披露方保密信息的情况下，由接收方独立开发的信息。本协议解除或届满后一年内，本保密约定条款继续有效。

7. 数据信息安全合同的法律适用

在数据的跨国合作中，由于各个国家对于数据或个人信息的立法目的各不相同，致使相关法律规定也存在很多区别。因此，有必要在合同中约定跨境合作中的法律适用。

第二节　数据跨境传输的风险防范建议

贸易全球化与企业运营国际化的当下，跨境电商蓬勃兴起和发展，数据的跨境传输每时每刻都在世界各地发生，尤其对跨国公司来说，海量信息伴随着其内部运营、现金流转、业务往来等在各国、各地区间频繁传递。《网络安全法》第66条规定：“关键信息基础设施的运营者违反本法第三十七条规定，在境外存储网络数据，或者向境外提供网络数据的，由有关主管部门责令改正，给予警告，没收违法所得，处五万元以上五十万元以下罚款，并可以责令暂停相关业务、停业整顿、关闭网站、吊销相关业务许可证或者吊销营业执照；对直接负责的主管人员和其他直接责任人员处一万元以上十万元以下罚款。”可见，跨境企业若向境外违规传输数据，不但将面临网信部门的行政调查和罚款，更严重的法律后果包括吊销有关许可证和执照，从而对企业的跨境运营造成根本性影响。尽管《网络安全法》中最终删掉了一审稿中“用户数量众多的网络服务提供者所有或管理的网络和系统”的具体表述，但这并不意味一般企业就不会成为限制数据跨境传输的规制对象。在我国现有法律框架下为企业跨境传输需求寻求法律平衡点，不仅仅是《网络安全法》的要求，也是新形势下企业数据跨境传输的基本要求[①]。鉴于数据跨境传输当前存在的困境，依据我国当前的法律规定，跨境传输数据的企业务必做到以下几个方面。

一、依法进行跨境数据传输的安全评估工作

我们国家对于数据跨境流动目前尚无独立的法律规范，相关内容散见于各类法律法规和部门规章中。但总体上均要求在中华人民共和国境内采集的数据信息应在境内存储。《网络安全法》第 37 条明确要求“关键信息基础设施的运营者在中华人民共和国境内运营中收集和产生的个人信息和重要数据应当在境内存储。因业务需要，确需向境外提供的，应当按照国家网信部门会同国务院有关部门制定的办法进行安全评估。……”《个人信息和重要数据出境安全评估办法（征求意见稿）》要求：“网络运营者在中华人民共和国境内运营中收集和产生的个人信息和重要数据，应当在境内存储。因业务需要，确需向境外提供的，应当按照本办法进行安全评估。”企业在和商业伙伴进行数据处理商业行为时，要注意数据的存储地点，一旦违反前述数据境内存储规定，将可能承担警告、没收违法所得、五万元以上五十万以下的罚款、停业整顿、吊销业务许可证乃至营业执照的法律后果。

有关数据跨境传输安全评估制度的确立在一定程度上强化了对信息保护的力度，同时也对相关企业提出了更高的合规要求。在日后的运营中，相关企业因业务需要需向境外传输相关信息的，应注意依法配合进行安全评估工作。安全评估包括以下内容。

---

① 邓志松，戴健民．《网络安全法》时代数据跨境传输的企业合规挑战［J］．汕头大学学报（人文社会科学版），2017（5）：72－73.

（1）对数据出境的合法性和正当性进行审查。合法性应当包括：不属于法律法规明令禁止的；符合我国政府与其他国家、地区签署的关于数据出境条约、协议的；个人信息主体已授权同意的，危及公民生命财产安全的紧急情况除外；不属于国家网信部门、公安部门、安全部门等有关部门依法认定不能出境的。

正当性应当包括：网络运营者在合法的经营范围内从事正常业务活动所必需的；履行合同义务所必需的；履行我国法律义务要求的；司法协助需要的；其他维护网络空间主权和国家安全、社会公共利益、保护公民合法利益需要的。

（2）对风险是否可控做出判断。风险可控应综合考虑出境数据的属性及发生安全事件的可能性。比如，发送方数据出境的技术和管理能力；数据接收方的安全保护能力、采取的措施；数据接收方所在国家或区域的政治法律环境、数据出境及再转移后被泄露、毁损、篡改、滥用的风险等。

（3）对个人信息属性进行评估。应审查个人信息的类型和敏感程度、数量、范围及技术处理情况。

（4）出境数据存在以下情况之一的，网络运营者应报请行业主管或监管部门组织安全评估：含有或累计含有50万人以上的个人信息的；数据量超过1000GB的；包含核设施、化学生物、国防军工、人口健康等领域数据，大型工程活动、海洋环境以及敏感地理信息数据等的；包含关键信息基础设施的系统漏洞、安全防护等网络安全信息的；关键信息基础设施运营者向境外提供个人信息和重要数据的；其他可能影响国家安全和社会公共利益，行业主管或监管部门认为应当进行评估的。

（5）个人信息如需出境，应向个人信息主体说明数据出境的目的、范围、内容、接收方及接收方所在的国家或地区，并经其同意。未成年人个人信息出境需经其监护人同意。

【条款示例】

➢ 乙方在履行本合同的过程中，在中华人民共和国境内收集和产生的个人信息和重要数据，应当在中华人民共和国境内处理和存储。

➢ 本合同项下数据信息，如需向中华人民共和国境外进行传输的，乙方应确认已就数据境外传输向个人信息主体说明数据出境的目的、范围、内容、接收方及接收方所在的国家和地区，安全保障措施及安全风险等情况，并已获得个人信息主体的同意。乙方同时承诺在获取前述个人信息主体的同意后，在数据跨境转移前已对相关数据实施去标识化等安全措施。

➢ 本合同项下的数据因业务需要确需向中华人民共和国境外进行传输的，甲方和/或乙方应对数据出境进行评估，评估流程应符合国家相关法律法规、规章及规范的要求。

➢ 甲方和/或乙方应制订数据出境计划，并对该数据出境计划的合法性和正当性进行安全评估，在具备合法性和正当性的基础上再评估该出境计划是否风险可控。该风险包括但不限于数据出境及再转移后被泄露、毁损、篡改、滥用等。评估完成后应出具书面的评估报告，评估报告由甲方和/或乙方留存，保存期为至少五年。

二、做好信息本地化的技术准备

要引导和鼓励创新型技术，在我国现有法律框架下为企业跨境传输服务寻找法律平衡点。要深入研究分析、识别跨境传输服务平台的基础设施，强化关键信息基础设施建设，以关键行业及业务为重点，构建完善的企业跨境传输服务法律体系。要把握好《国家网络空间安全战略》的基本要求，对重点行业、重点领域的关键业务进行监管，解决好基础设施问题。要把握好数据跨境传输的新局面，发挥《网络安全法》的作用，积极寻找我国网络安全领域基本法律的帮助，将相关企业吸引进来积极探索创新性技术。《网络安全法》第37条规定："关键信息基础设施的运营者在中华人民共和国境内运营中收集和产生的个人信息和重要数据应当在境内存储。因业务需要，确需向境外提供的，应当按照国家网信部门会同国务院有关部门制定的办法进行安全评估；法律、行政法规另有规定的，依照其规定。"这个要求不仅仅限制了企业贸易的自由，也为企业安全经营提供了保障。因此，这个情况下我们要采取措施以跨境数据传输为主线做好本地化技术准备研究配置，基于《网络安全法》合规的要求，引导企业充分发挥自身的作用，认真全面梳理跨境数据传输的信息，严格按照法律文件“个人信息与商业秘密”的要求准确识别，通过技术手段将跨境传输数据本地化，有选择性地缩小相关信息和数据的跨境传输范围，并根据实际情况调整经营模式。①

三、建立完善的企业内部制度

除本章第一节有关企业内部防范的通常措施之外，就数据跨境传输方面，企业在内部制度的完善方面还应注意做到专门设立针对数据传输的机构、细化数据分级保护制度等，以满足相关法律法规对数据跨境传输方面的特殊要求。

（一）建立数据跨境传输企业内部应对机构

企业内部应当设立专门的部门应对数据跨境传输可能带来的风险，企业应对跨境数据流动风险进行评估与应对，因此需要通过制度化方式明确各部门在跨境数据流动风险管理中的职责和权限，并将风险管理组织人员架构有机融合到企业全面风险管理体系之中。具体来说，互联网企业首先需要针对跨境数据传输风险管理组成常设的风险管理机构（委员会或工作组），该机构负责制定企业跨境数据流动风险应对的方针，明确企业各部门的职责，并监督企业各部门开展跨境数据流动风险应对；此外，各相关部门需要安排专人负责跨境数据流动风险管理工作衔接，建立联络人制度；同时，针对重要典型的风险应对工作，需要组织专门项目组开展跨境数据流动的风险应对，包括指定应对项目经理、应对策略制定人员、相关业务条线人员、技术人员等，形成虚拟团队。②

（二）建立数据保护制度

互联网企业跨境数据传输风险管理制度的核心是对数据资产的保护。根据调研发现，互联网企业大都建立了数据保护制度，但是专门针对跨境业务的数据保护制度较为欠缺。因此，需要在现有数据保护制度体系下进一步细化制定跨境数据保护制度细则，具体包括以下几个。

建立分国别的数据保护分类分级标准。由于跨境涉及不同国家，各国对

---

① 卢德利．企业跨境传输服务平台的法律探讨［J］．法制与社会，2017（29）：71－72.

② 李思羽．数据跨境流动规制的演进与对策［J］．信息安全与通信保密，2016（1）：98－100.

数据保护标准和监管要求并不相同，所以需要结合各国数据保护要求建立数据分类保护标准，分类分级标准需要和企业跨境数据传输风险评价体系相互拟合。

基于数据全生命周期建立企业跨境传输数据保护责任制度。尽管跨境数据传输只涉及传输的环节，但是由于数据全生命周期运行特点，如果仅仅从流动环节进行风险应对会带来成本高、效果差等问题。因此，跨境数据流动的制度要延伸到数据收集、转移、存储、使用、销毁等全生命周期，需要企业各部门面向跨境业务目标，从数据收集到销毁的各个环节嵌入跨境数据保护制度。①

由于《网络安全法》授权国务院对关键信息基础设施的具体范围和保护办法进行制定，目前虽尚未从公开渠道获取国务院在此方面的制定动向，但可以预见相关规范会在不远的将来相继出台。我们建议企业应当密切关注后续规定及实施细则的制定与实施，并可在必要时通过合法途径提出合理建议和意见。此外，《网络安全法》还授权国家网信部门和国务院有关部门就因业务需求确实需要向境外传输时进行安全评估，安全评估的相关依据文件也在制定当中，企业应当一并予以高度关注。

第三节　金融企业对隐私保护的法律风险防范建议

随着隐私保护的法规制度的逐步完善，金融企业面对纷繁复杂的法律规范，其企业合规风险也不断增大。大数据给金融企业带来的最大的风险在于金融信息安全保护方面。本节在前文对数据处理活动中涉及隐私问题的汇总分析的基础之上，从客户信息保护及金融企业内部控制制度两个层面分别论述金融企业应如何预防相关法律风险。

---

① 洪延青．在发展与安全的平衡中构建数据跨境流动安全评估框架［J］．信息安全与通信保密，2017（2）：60－61．

一、客户信息保护层面

从金融企业对客户信息保护层面讲，主要包括收集、使用、保存和删除四个方面。《全国人大常务委员会关于加强网络信息保护的决定》《网络安全法》等法律法规，以及《信息安全技术　个人信息安全规范》等国家标准均就金融企业如何收集、使用、保存、删除客户信息以及如何应对信息泄露给出了框架性规定。

（一）信息收集

（1）信息收集的范围：必须限于提供服务所必需。

《网络安全法》第 41 条第 2 款规定，网络运营者不得收集与其提供的服务无关的个人信息，不得违反法律、行政法规的规定和双方的约定收集、使用个人信息，并应当依照法律、行政法规的规定和与用户的约定，处理其保存的个人信息。《规范互联网信息服务市场秩序若干规定》第 11 条第 2 款规定，互联网信息服务提供者不得收集其提供服务所必需以外的信息，不得将用户个人信息用于其提供服务之外的目的。

《信息安全技术　个人信息安全规范》第 4 条 d 项规定了“最小够用原则”，要求除与个人信息主体另有约定外，只处理满足个人信息主体授权同意的目的所需的最少个人信息类型和数量。《中国人民银行金融消费者权益保护实施办法》第 28 条第 2 款规定，收集个人金融信息时，应当遵循合法、合理、必要原则，按照法律法规要求和业务需要收集个人金融信息，不得收集与业务无关的信息或者采取不正当方式收集信息，不得非法存储个人金融信息。

因而，金融企业在收集客户信息时应当注意，切忌一味贪图收集更多的信息，收集的信息范围仍应当注意要与提供的金融业务有关。

（2）信息收集的方式：应当经客户同意，并公开收集、使用规则，明确告知客户收集和处理个人信息的方式、内容和用途。

《全国人民代表大会常务委员会关于加强网络信息保护的决定》第 2 条、《网络安全法》第 22 条第 3 款、第 41 条第 1 款均规定，网络服务提供者和其他企业事业单位在业务活动中收集、使用公民个人电子信息，应当遵循合法、正当、必要的原则，明示收集、使用信息的目的、方式和范围，并经被收集者同意，不得违反法律、法规的规定和双方的约定收集、使用信息。网络服务提供者和其他企业事业单位收集、使用公民个人电子信息，应当公开其收集、使用规则。

《信息安全技术　个人信息安全规范》第5.3条a项以举例的方式罗列了应向客户告知的内容，如收集和使用个人信息的目的、收集方式和频率、存放地域、存储期限、自身的数据安全能力、对外共享、转让、公开披露的有关情况等。

（3）从其他机构或个人处间接收集客户信息：应对信息来源的合法性进行确认，并了解信息提供方已获得的个人信息处理的授权同意范围。

《信息安全技术　个人信息安全规范》第5.3条b项规定，间接获取个人信息时，应要求个人信息提供方说明个人信息来源，并对其个人信息来源的合法性进行确认；应了解个人信息提供方已获得的个人信息处理的授权同意范围，包括使用目的，个人信息主体是否授权同意转让、共享、公开披露等，如本组织开展业务需进行的个人信息处理活动超出该授权同意范围，应在获取个人信息后的合理期限内或处理个人信息前，征得个人信息主体的明示同意。

金融企业对于间接收集的客户信息应特别注意信息来源的合法性及是否授权相关方向第三方提供信息，否则可能触犯《刑法》第253条之一，构成“侵犯公民个人信息罪”。

（4）委托合作方收集信息：需要监督委托的技术服务提供者所进行的客户信息收集工作，且不得委托不合规的代理人代办相关业务。

《电信和互联网用户个人信息保护规定》第11条规定：“电信业务经营者、互联网信息服务提供者委托他人代理市场销售和技术服务等直接面向用户的服务性工作，涉及收集、使用用户个人信息的，应当对代理人的用户个人信息保护工作进行监督和管理，不得委托不符合本规定有关用户个人信息保护要求的代理人代办相关服务。”

（二）信息使用

（1）向其他机构或个人提供信息：应当取得客户的同意。

《网络安全法》第42条规定，网络运营者未经被收集者同意，不得向他人提供个人信息。但是，经过处理无法识别特定个人且不能复原的除外。《中国人民银行金融消费者权益保护实施办法》第 30 条规定，金融机构通过格式条款取得个人金融信息书面使用授权或者同意的，应当在条款中明确该授权或者同意所适用的向他人提供个人金融信息的范围和具体情形，应当在协议的醒目位置使用通俗易懂的语言明确向金融消费者提示该授权或者同意的可能后果。

除因国家安全等原因，金融企业未经客户同意非法使用客户信息的，可能构成“侵犯公民个人信息罪”，具体详见《刑法》第 253 条之一。

（2）利用收集的联系方式向用户发送商业信息：需经过接受者同意或请求。

《全国人民代表大会常务委员会关于加强网络信息保护的决定》第 7 条规定，任何组织和个人未经电子信息接收者同意或者请求，或者电子信息接收者明确表示拒绝的，不得向其固定电话、移动电话或者个人电子邮箱发送商业性电子信息。

（3）向征信机构提供个人不良信息：应当事先告知信息主体本人。

《征信业管理条例》第 15 条规定，信息提供者向征信机构提供个人不良信息，应当事先告知信息主体本人。但是，依照法律、行政法规规定公开的不良信息除外。金融企业若不事先告知被提供者，情节严重或造成严重后果的，将会被国务院征信业监督管理部门或者其派出机构处以罚款，具体详见《征信业管理条例》第 41 条。

（三）信息保存

（1）保存时间：保存时间最小化。

《信息安全技术　个人信息安全规范》第 6.1 条规定，个人信息保存期限应为事先目的所必需的最短时间；超出上述个人信息保存期限后，应对个人信息进行删除或匿名化处理。《金融机构客户身份识别和客户身份资料及交易记录保存管理办法》第 29 条规定，客户身份资料，自业务关系结束当年或者一次性交易记账当年计起至少保存 5 年；交易记录，自交易记账当年计起至少保存 5 年。如客户身份资料和交易记录涉及正在被反洗钱调查的可疑交易活动，且反洗钱调查工作在前款规定的最低保存期届满时仍未结束的，金融机构应将其保存至反洗钱调查工作结束。

（2）保存方式：去标识化处理

《信息安全技术 个人信息安全规范》第6.2条规定，收集个人信息后，个人信息控制者宜立即进行去标识化处理，并采取技术和管理方面的措施，将去标识化后的数据与可用于恢复识别个人的信息分开存储，并确保在后续的个人信息处理中不重新识别个人。

（3）保存措施：履行安全保护义务，保障网络免受干扰、破坏或者未经授权的访问，防止网络数据泄露或者被窃取、篡改。

《网络安全法》第21条规定："国家实行网络安全等级保护制度。网络运营者应当按照网络安全等级保护制度的要求，履行下列安全保护义务，保障网络免受干扰、破坏或者未经授权的访问，防止网络数据泄露或者被窃取、篡改：（一）制定内部安全管理制度和操作规程，确定网络安全负责人，落实网络安全保护责任；（二）采取防范计算机病毒和网络攻击、网络侵入等危害网络安全行为的技术措施；（三）采取监测、记录网络运行状态、网络安全事件的技术措施，并按照规定留存相关的网络日志不少于六个月；（四）采取数据分类、重要数据备份和加密等措施；（五）法律、行政法规规定的其他义务。"

《电信和互联网用户个人信息保护规定》第13条规定："电信业务经营者、互联网信息服务提供者应当采取以下措施防止用户个人信息泄露、毁损、篡改或者丢失：……（三）对工作人员及代理人实行权限管理，对批量导出、复制、销毁信息实行审查，并采取防泄密措施；（四）妥善保管记录用户个人信息的纸介质、光介质、电磁介质等载体，并采取相应的安全存储措施；（五）对存储用户个人信息的信息系统实行接入审查，并采取防入侵、防病毒等措施……"

（四）信息删除

（1）删除的条件：网络运营者侵害客户合法权益；违法、违约收集、使用客户信息；客户终止使用服务的。

《全国人民代表大会常务委员会关于加强网络信息保护的决定》《网络安全法》及《信息安全技术 个人信息安全规范》均规定客户有权要求信息控制者删除用户信息，但三者对删除的前提条件规定各不相同。《全国人民代表大会常务委员会关于加强网络信息保护的决定》规定，公民发现泄露个人身份、散布个人隐私等侵害其合法权益的网络信息，或者受到商业性电子信息侵扰的，有权要求网络服务提供者删除有关信息或者采取其他必要措施予以制止。《网络安全法》第43条规定，个人发现网络运营者违反法律、行政法规的规定或者双方的约定收集、使用其个人信息的，有权要求网络运营者删除其个人信息；发现网络运营者收集、存储的其个人信息有错误的，有权要求网络运营者予以更正。网络运营者应当采取措施予以删除或者更正。《电信和互联网用户个人信息保护规定》第9条第4款规定，电信业务经营者、互联网信息服务提供者在用户终止使用电信服务或者互联网信息服务后，应当停止对用户个人信息的收集和使用，并为用户提供注销号码或者账号的服务。

（2）可以拒绝删除的情形：涉及国家安全、公共安全、犯罪相关的；客户主观恶意、滥用权力或损害第三方合法权益的；涉及商业秘密的。

《信息安全技术　个人信息安全规范》第7.11条d项规定："以下情况可不响应个人信息主体基于本标准7.4至7.10提出的请求，包括但不限于：1）与国家安全、国防安全直接相关的；2）与公共安全、公共卫生、重大公共利益直接相关的；3）与犯罪侦查、起诉、审判和执行判决等直接相关的；4）个人信息控制者有充分证据表明个人信息主体存在主观恶意或滥用权利的；5）响应个人信息主体的请求将导致个人信息主体或其他个人、组织的合法权益受到严重损害的；6）涉及商业秘密的。

（3）删除的程度：不强求彻底、永久删除客户信息及备份。

《信息安全技术　个人信息安全规范》第3.9条规定，删除是在实现日常业务功能所涉及的系统中去除个人信息的行为，使其保持不可被检索、访问的状态。即理论上金融企业做到逻辑删除即可，而不是说要求必须彻底地、永久地删除用户信息及其备份，即物理删除。

（4）响应时间：30日内答复。

《信息安全技术　个人信息安全规范》第7.11条规定，在验证个人信息主体身份后，应及时响应个人信息主体提出的删除请求，应在30天内或法律法规规定的期限内做出答复及合理解释，并告知个人信息主体向外部提出纠纷解决的途径。

（五）信息泄露后的补救措施

《全国人民代表大会常务委员会关于加强网络信息保护的决定》第 4 条、《网络安全法》第 42 条第 2 款、《规范互联网信息服务市场秩序若干规定》第 12 条、《电信和互联网用户个人信息保护规定》第 14 条均有规定，发生或可能发生信息泄露情况时，应立即采取补救措施，对于可能造成或已经造成严重后果的，应当立即向准予其互联网信息服务许可或者备案的电信管理机构报告，并配合相关部门进行调查处理。

二、金融企业内部制度层面

内控制度与员工管理是企业内部控制的两大方面，同时也是企业信息安全管控及防范的重要环节，《网络安全法》等规定均已要求企业应当建立信息安全保护相关内控制度或企业应对内部员工采取一定的管理措施。但基于金融业的特殊性，监管规定对商业银行、第三方支付机构、保险公司等金融企业的内控制度及员工管理存在一些特别的也更为严格的要求。

（一）内部制度完善

首先，金融企业应建立健全的内部控制制度，对容易发生客户金融信息安全风险的环节进行充分排查，明确规定各部门、岗位和人员的管理责任，切实保障客户金融信息安全。例如，根据《网络安全法》第 21 条及第 25 条规定，金融企业应当制定内部安全管理制度和操作规程，确定网络安全负责人，落实网络安全保护责任，并采取数据分类、重要数据备份和加密措施；制定网络安全事件应急预案，及时处置系统漏洞、计算机病毒、网络攻击、网络侵入等安全风险；在发生危害网络安全的事件时，立即启动应急预案，采取相应的补救措施，并按照规定向有关主管部门报告。根据《信息安全技术　个人信息安全规范》第 10.2 条规定，金融企业应当建立个人信息安全影响评估制度，定期（至少每年一次）开展个人信息安全影响评估。根据《中国人民银行金融消费者权益保护实施办法》第 8 条、第 32 条规定，银行业金融企业及第三方支付应当建立健全个人金融信息保护机制；应当建立个人金融信息使用管理制度。因监管、审计、数据分析等原因需要使用个人金融信息数据的，应当严格内部授权审批程序，采取有效技术措施，确保信息在内部使用及对外提供等流转环节的安全，防范信息泄露风险。

故此，完善涉及隐私保护方面的特别内部管理制度。结合上述法律规定，建议各互联网企业做好以下制度建设。

（1）网络安全管理制度及操作规程。确定网络安全负责人，落实部门责任负责制，保障网络免受干扰、破坏或者未经授权的访问，防止网络数据泄露或者被窃取、篡改。

（2）网络安全投诉、举报及处理制度。向公众明确披露投诉、举报方式等信息，及时受理并处理有关网络信息安全的投诉和举报。

（3）用户信息保护制度。采用法律强制或业界通行的技术手段对用户个人信息进行加密等手段保护个人信息安全，防止用户个人信息泄露、毁损、篡改或者丢失。

（4）个人信息管理责任制度。加强个人信息安全管理，规范个人信息处理活动，建立完善的内部合规管理部门，设立并任命首席隐私官或相关管理人员。

（5）个人信息安全影响评估制度。定期（至少每年一次）开展个人信息安全影响评估。

（6）用户信息保护员工培训制度。对内部工作人员进行用户信息保护相关知识、技能和安全责任的培训和考核。

（7）用户信息保护自查制度。每年就公司内的用户信息保护情况至少开展一次自查工作，记录自查情况，及时消除自查中发现的安全隐患。

其次，互联网公司在数据处理活动中应当尽到合理谨慎义务，以实现最大限度免责，通过规范公司信息保护操作流程，制定信息跨境转移的风险控制方案，采取对公司内部工作人员用户信息保护培训制度化、常态化，《隐私权政策》《用户服务协议》《声明》等内容规范合法化等措施降低侵犯隐私的可能性。

企业对待用户的数据要坚持“最少采集”原则，合理采集，合理利用。逐步落实数据处理透明化，在初次收集信息时充分告知信息主体数据处理将涉及的个人数据的使用目的、处理个人数据的法律依据、相关个人数据的类型等信息；建立便捷的个人数据访问机制，使数据主体能及时更正或删除个人数据；尽可能地预见到潜在的大数据用途，避免后期因未取得数据主体许可而造成项目无法推进。

最后，大数据处理活动中的隐私保护还要从大数据技术本身着手，开发研究新的安全保护技术，从技术角度保障公众隐私。一种高效的隐私策略，可以使在保障用户隐私不被泄露的前提下，从大数据中分析挖掘出更多的价值。而就目前隐私保护技术的发展而言，还有很长的路要走，想要做到真正意义上的数据安全，必须要对大数据环境中的漏洞进行分析，有针对性地进行安全与隐私保护技术的研发。通过对数据溯源技术、数据水印技术、身份认证技术、数据发布匿名保护技术、社交网络匿名保护技术等进行深入研究，开发出更高效、安全的隐私保护技术。①

（二）内部员工管理

客户金融信息泄露事件多起源于金融企业内部员工，再完善的内部控制制度也依赖于人的执行，因而金融企业如何加强对内部员工的约束，避免祸起萧墙，显得尤为重要。根据员工在一个企业的完整“生命流程”，可以将员工管理分为三个阶段，即入职管理、日常工作管理和离职管理。

1. 入职管理

（1）背景审查。

金融企业在招聘新员工时，应注意对应聘人员进行背景审查，尤其是对应聘关键岗位（如企业管理岗位、能较多接触到客户金融信息的岗位等）的人员必须进行背景审查，重点关注安全背景审查，如是否曾因违反信息安全保护义务被辞退或者受到过处罚。

（2）签署劳动合同及保密协议。

经过背景调查并确认录用之后，金融企业应与员工签署劳动合同及保密协议，劳动合同及保密协议中应当明确员工的保密义务、保密范围、保密期限、违反责任等相关内容。

（3）培训。

培训可以分为入职培训和日常培训。员工入职时，金融企业可以通过入

① 赵战勇，黄北北．大数据下隐私保护问题探析［J］．金融科技时代，2018（10）：54－58.

职培训的方式让员工了解金融信息安全相关概念、法律规定、企业内部制度、违规后果等，初步培养员工对金融信息安全保护的意识。在员工入职后，日常工作中，金融企业可以定期开展金融信息安全保护相关专题培训，通过反复强调的方式，提高员工对金融信息安全保护的意识和能力，增强员工对金融信息安全保护的自觉性。

2. 日常工作管理

金融企业可以梳理客户信息收集、使用、保存、删除等各环节的业务流程，建立相应的员工管理措施，明确每个流程的责任人；根据员工职责与岗位对员工权限进行划分，区分不同员工的工作范围、访问权限、风险程度及应承担的责任，根据客户金融信息的重要性、敏感度及业务开展需要，合理确定不同员工调取信息的范围、权限及程序；建立包含客户金融信息安全保护的审计或考核制度，定期对员工信息安全保护情况进行审计或考核等。

3. 离职管理

建立离职人员信息安全审查机制，及时取消离职人员相应权限，要求其归还相应设备，检查数据备份情况，确保相关信息资料安全，防止离职人员私自留存客户信息，降低离职员工泄露客户信息的风险。

第九章
大数据与信息保护案例分析

第一节　引　　言

本书第一章至第八章详细介绍了大数据的内涵和外延、大数据在相关领域下的应用以及法律风险防范建议等。而信息保护作为大数据下的一个重要领域，随着相关法律法规的出台和不断完善，其理论研究也逐渐趋向成熟。本章以案例作为研究对象，分析信息保护目前在国内的裁判现状，具体分为三部分。

第一部分，本章的样本情况说明。我们从 390 份案例中剔除 134 份无效案例，最终得到 256 份有效案例，并进行数据分析，宏观介绍案例情况。

第二部分，对于信息保护案例进行分类，并对其进行类型化梳理。我们将 390 份案例中的 256 份，分为民事、刑事和行政类型，再作进一步的细分，总结每种类型的裁判要旨。

第三部分，我们的建议。基于对各类型有关信息保护案例的研究，通过总结裁判要旨和裁判规则，我们希冀为自然人、法人及其他组织在信息保护中提出建议和意见，供其参考。

本章研究对象的确切定义应为“个人信息保护”，由于现行有效的法律法规对个人信息保护的规定较为抽象和笼统，因而并无具体的规则可供适用。希望以案例为对象的研究结果能为个人信息保护的合规实践和律师同行提供帮助和参考，更希望得到有关各界的批评和指正。

第二节　样 本 说 明

一、样本来源

本章案例均来源于 Alpha 案例数据库，检索时间为 2019 年 1 月 14 日，检索条件与步骤如下：

第一步，信息保护案例检索，全文关键词输入“信息保护”，共检索出裁判文书 390 份。

第二步，逐份阅读 390 份裁判文书，剔除与信息保护无关的裁判文书 134 份，得到有效案例 256 份。本章即以此 256 份裁判文书为样本，对信息保护案件情况进行分析。

二、样本概况

尽管为了分析目标案例，我们从 390 份案例中剔除了部分不符合条件的案例，一共筛选出 256 份，但是未经筛选的案例的年份、案由、地域分布均对我们有一定的参考价值。

（一）整体情况分析

从 2010 年开始，有关信息保护的案例数量呈逐年上升的趋势，2012 年至 2017 年的案例数量大幅上升（见图 9－1），我们得以管中窥豹，有关信息保护的争议数量随着对于信息保护的关注度的上升而上升。

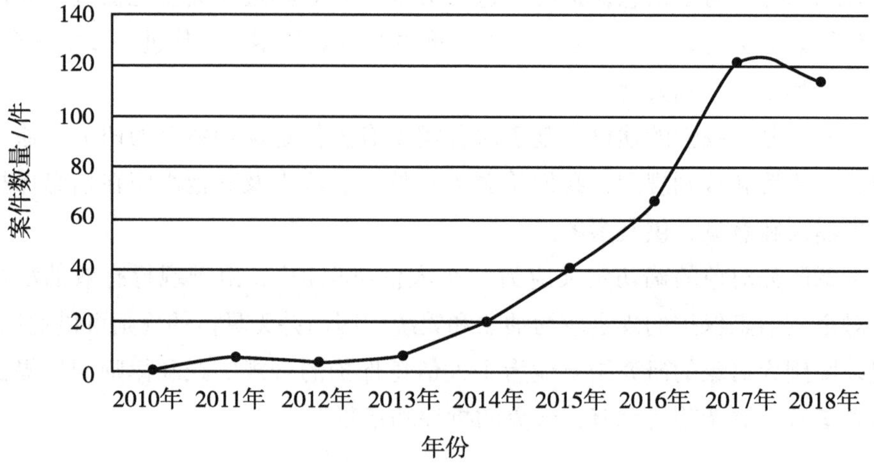

图 9－1　案例数量变化趋势

从图 9－2 来看，当前案例主要集中在江苏省、广东省和北京市，分别占比 12.82%、11.03% 和 9.74%。其中江苏省的案件量最多，达到 50 件。可见，信息保护的案例的分布较为集中。

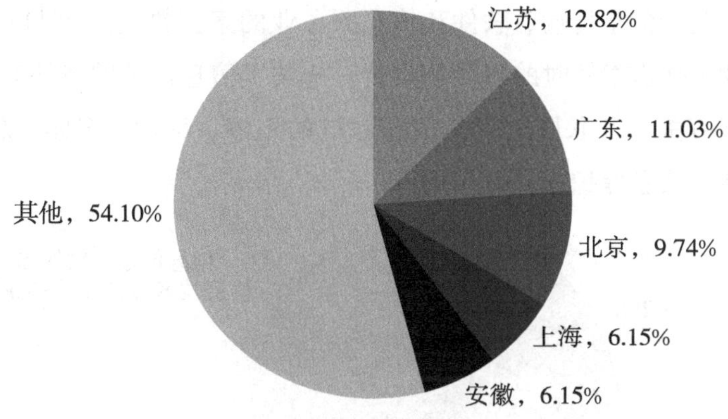

图 9－2　地域分布

（二）案由分布

由图 9－3 可知，当前最主要的案由是民事（258 件），占比为 66. 15%；其次是刑事（98 件），占比为 25. 13%；最后是行政（34 件），占比为 8. 72%。有关民事案件的信息保护争议主要集中在合同纠纷、劳动争议、侵权责任、人格权纠纷；刑事案件的争议主要集中于侵犯公民个人信息罪及处于信息保护环节上下游的刑事罪名；行政案件主要案由是对于信息公开的争议。

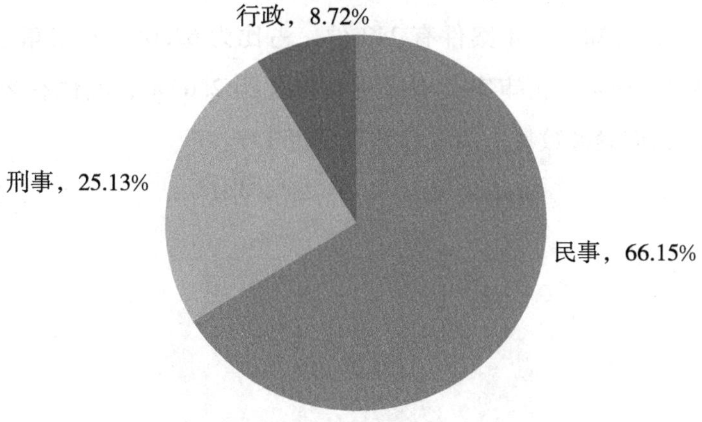

图 9－3　案由分布

（三）行业分布

由图 9－4 可知，当前的行业分布主要集中在信息传输、软件和信息技术服务业、金融业、租赁和商务服务业、科学研究和技术服务业、批发和零售业。其中，关于信息传输、软件和信息服务业的案例数量高达 117 件，与我们逐份阅读 390 份案例时的感受相契合——关于信息保护的案件有很大一部分与互联网有关，互联网可以是信息保护的主体、手段、客体。总而言之，互联网贯穿于信息保护中。

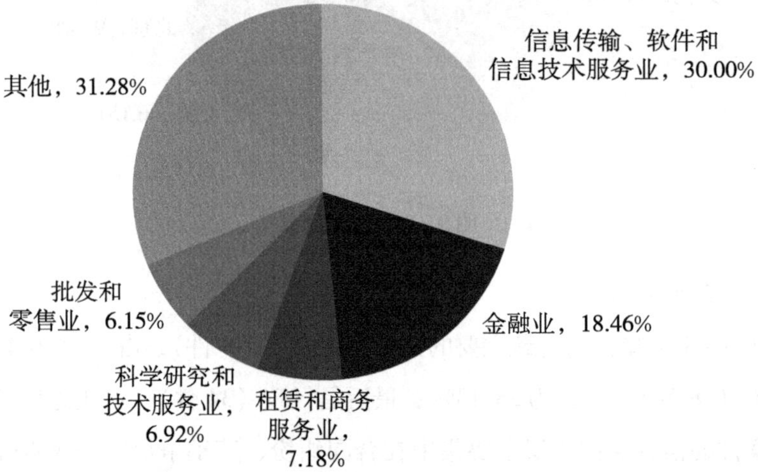

图 9-4 行业分布

（四）程序分类

由图 9-5 可知，一审案件有 242 件，占比为 62.05%；二审案件有 138 件，占比为 35.39%；再审案件有 8 件，占比为 2.05%；其他有 2 件，占比为 0.51%。二审案件数量占总案件数量的近 1/3。

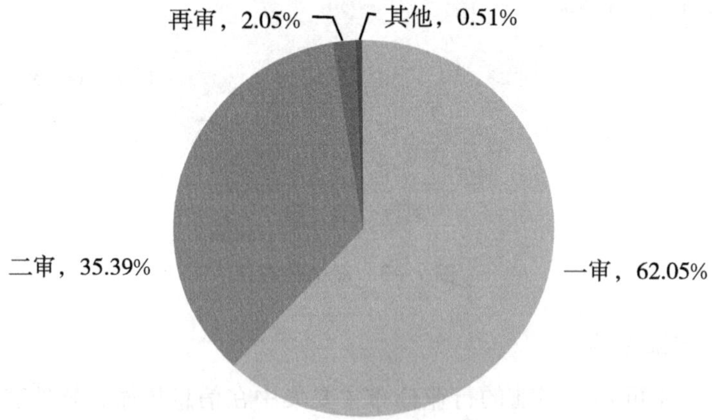

图 9-5 审理程序分布

（五）裁判结果

1. 一审裁判结果

由图9－6可知，当前条件下全部/部分支持的有72件，占比为52.94%；全部驳回的有50件，占比为36.76%；其他的有8件，占比为5.88%；驳回起诉的有5件，撤回起诉的有1件。

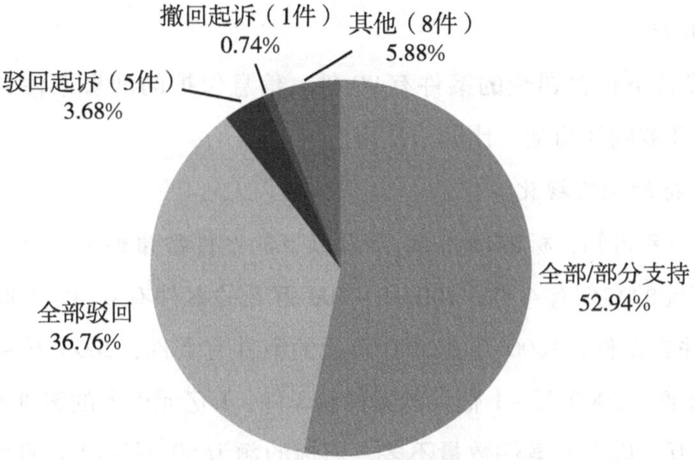

图9－6　一审裁判结果分布

2. 二审裁判结果

由图9－7可知，当前条件下维持原判的有107件，占比为82.95%；改判的有19件，占比为14.73%；其他的有3件，占比为2.32%。大多数的案件争议不大，只有约15%的信息保护案件要经过改判。

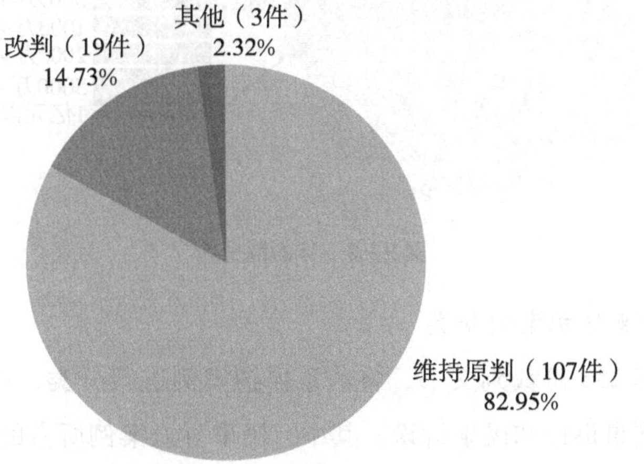

图9－7　二审裁判结果分布

3. 主刑

当前条件下包含有期徒刑的案件有 80 件，包含拘役的案件有 12 件。由前文的数据可知，刑事案件的数量是 98 件，即刑事犯罪后大部分案件会被判处有期徒刑。其中，包含缓刑的案件有 46 件；免予刑事处罚的案件有 2 件。

4. 附加刑

当前条件下包含罚金的案件有 90 件。信息保护的刑事案件共计 98 件，其中有 90 件被判处罚金，比例非常高。

（六）标的额可视化

由图 9－8 可知，标的额为 50 万元以下的案件数量最多，有 209 件，50 万～100 万元的案件有 4 件，100 万～500 万元的案件有 4 件，500 万～1000 万元的案件有 2 件，1000 万～2000 万元的案件有 2 件，2000 万～5000 万元的案件有 2 件，5000 万～1 亿元的案件有 3 件，1 亿元以上的案件有 1 件。标的额为 50 万元以上的案件数量不多，而标的额为 50 万元以下的案件数量十分庞大，这值得好好研究。

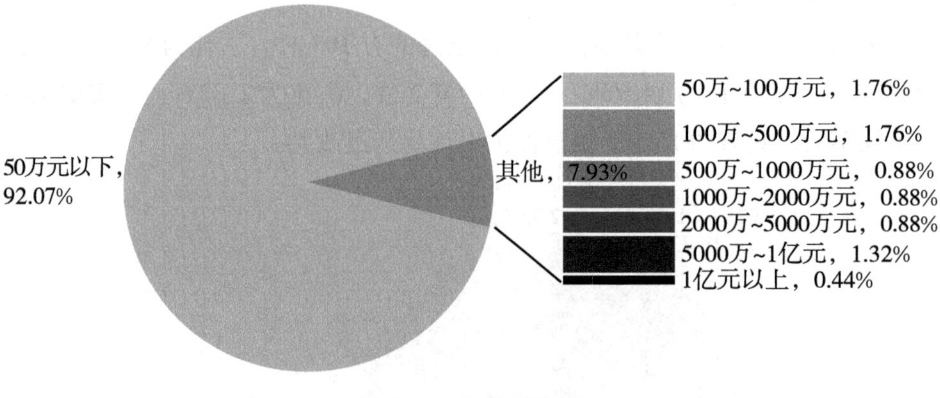

图 9－8　标的额分布

（七）信息保护案例分类

逐一阅读 256 份裁判文书，将信息保护案例进行分类，可分为三大类：行政诉讼、刑事诉讼和民事诉讼。其中，民事诉讼案例所占的比例最大，根据其中的案由又可以分为合同纠纷、劳动争议、侵权责任、人格权纠纷。在刑事诉讼方面，主要根据罪名进行案例的划分，如侵犯公民个人信息罪、妨害信用卡管理罪等。行政诉讼的案例占比最小，案件数量最少，其中主要的争议点在于信息公开的纠纷。

种种案由在现实中会演变成不同的情形，所以我们在对案例进行阅读之后，根据情形再进行细分，抓取出案情的关键点进而分析，并在本章最后给出建议。

第三节 样本梳理

一、行政诉讼

通过仔细阅读与梳理关于信息保护的行政诉讼案例，我们按照案例所涉及的不同情况将之分为以下四类：申请公开他人个人信息，对个人信息被披露情况向行政机关进行投诉，申请更正个人信息，对违法修改消费者个人信息的企业进行行政处罚。

【关键词】政府信息公开；个人信息披露

【相关法律法规】

《中华人民共和国行政诉讼法》

第二十五条 行政行为的相对人以及其他与行政行为有利害关系的公民、法人或者其他组织，有权提起诉讼。

有权提起诉讼的公民死亡，其近亲属可以提起诉讼。

有权提起诉讼的法人或者其他组织终止，承受其权利的法人或者其他组织可以提起诉讼。

人民检察院在履行职责中发现生态环境和资源保护、食品药品安全、国有财产保护、国有土地使用权出让等领域负有监督管理职责的行政机关违法行使职权或者不作为，致使国家利益或者社会公共利益受到侵害的，应当向行政机关提出检察建议，督促其依法履行职责。行政机关不依法履行职责的，人民检察院依法向人民法院提起诉讼。

第三十八条　在起诉被告不履行法定职责的案件中，原告应当提供其向被告提出申请的证据。但有下列情形之一的除外：

（一）被告应当依职权主动履行法定职责的；

（二）原告因正当理由不能提供证据的。

在行政赔偿、补偿的案件中，原告应当对行政行为造成的损害提供证据。因被告的原因导致原告无法举证的，由被告承担举证责任。

第四十九条　提起诉讼应当符合下列条件：

（一）原告是符合本法第二十五条规定的公民、法人或者其他组织；

（二）有明确的被告；

（三）有具体的诉讼请求和事实根据；

（四）属于人民法院受案范围和受诉人民法院管辖。

第五十四条　人民法院公开审理行政案件，但涉及国家秘密、个人隐私和法律另有规定的除外。

涉及商业秘密的案件，当事人申请不公开审理的，可以不公开审理。

第六十九条　行政行为证据确凿，适用法律、法规正确，符合法定程序的，或者原告申请被告履行法定职责或者给付义务理由不成立的，人民法院判决驳回原告的诉讼请求。

第七十条　行政行为有下列情形之一的，人民法院判决撤销或者部分撤销，并可以判决被告重新作出行政行为：

（一）主要证据不足的；

（二）适用法律、法规错误的；

（三）违反法定程序的；

（四）超越职权的；

（五）滥用职权的；

（六）明显不当的。

第七十二条　人民法院经过审理，查明被告不履行法定职责的，判决被告在一定期限内履行。

第八十九条　人民法院审理上诉案件，按照下列情形，分别处理：

（一）原判决、裁定认定事实清楚，适用法律、法规正确的，判决或者裁定驳回上诉，维持原判决、裁定；

（二）原判决、裁定认定事实错误或者适用法律、法规错误的，依法改判、撤销或者变更；

（三）原判决认定基本事实不清、证据不足的，发回原审人民法院重审，或者查清事实后改判；

（四）原判决遗漏当事人或者违法缺席判决等严重违反法定程序的，裁定撤销原判决，发回原审人民法院重审。

原审人民法院对发回重审的案件作出判决后，当事人提起上诉的，第二审人民法院不得再次发回重审。

人民法院审理上诉案件，需要改变原审判决的，应当同时对被诉行政行为作出判决。

第九十七条　公民、法人或者其他组织对行政行为在法定期限内不提起诉讼又不履行的，行政机关可以申请人民法院强制执行，或者依法强制执行。

《中华人民共和国政府信息公开条例》

第二条　本条例所称政府信息，是指行政机关在履行行政管理职能过程中制作或者获取的，以一定形式记录、保存的信息。

第十三条　除本条例第十四条、第十五条、第十六条规定的政府信息外，政府信息应当公开。行政机关公开政府信息，采取主动公开和依申请公开的方式。

第十五条　涉及商业秘密、个人隐私等公开会对第三方合法权益造成损害的政府信息，行政机关不得公开。但是，第三方同意公开或者行政机关认为不公开会对公共利益造成重大影响的，予以公开。

第十七条　行政机关应当建立健全政府信息公开审查机制，明确审查的程序和责任。

行政机关应当依照《中华人民共和国保守国家秘密法》以及其他法律、法规和国家有关规定对拟公开的政府信息进行审查。

行政机关不能确定政府信息是否可以公开的，应当依照法律、法规和国家有关规定报有关主管部门或者保密行政管理部门确定。

第三十三条　行政机关收到政府信息公开申请，能够当场答复的，应当当场予以答复。

行政机关不能当场答复的，应当自收到申请之日起20个工作日内予以答复；需要延长答复期限的，应当经政府信息公开工作机构负责人同意并告知申请人，延长的期限最长不得超过20个工作日。

行政机关征求第三方和其他机关意见所需时间不计算在前款规定的期限内。

第三十四条　申请公开的政府信息由两个以上行政机关共同制作的，牵头制作的行政机关收到政府信息公开申请后可以征求相关行政机关的意见，被征求意见机关应当自收到征求意见书之日起15个工作日内提出意见，逾期未提出意见的视为同意公开。

第三十六条　对政府信息公开申请，行政机关根据下列情况分别作出答复：

（一）所申请公开信息已经主动公开的，告知申请人获取该政府信息的方式、途径；

（二）所申请公开信息可以公开的，向申请人提供该政府信息，或者告知申请人获取该政府信息的方式、途径和时间；

（三）行政机关依据本条例的规定决定不予公开的，告知申请人不予公开并说明理由；

（四）经检索没有所申请公开信息的，告知申请人该政府信息不存在；

（五）所申请公开信息不属于本行政机关负责公开的，告知申请人并说明理由；能够确定负责公开该政府信息的行政机关的，告知申请人该行政机关的名称、联系方式；

（六）行政机关已就申请人提出的政府信息公开申请作出答复、申请人重复申请公开相同政府信息的，告知申请人不予重复处理；

（七）所申请公开信息属于工商、不动产登记资料等信息，有关法律、行政法规对信息的获取有特别规定的，告知申请人依照有关法律、行政法规的规定办理。

《最高人民法院关于适用〈中华人民共和国行政诉讼法〉的解释》

第一条　公民、法人或者其他组织对行政机关及其工作人员的行政行为不服，依法提起诉讼的，属于人民法院行政诉讼的受案范围。

下列行为不属于人民法院行政诉讼的受案范围：

（一）公安、国家安全等机关依照刑事诉讼法的明确授权实施的行为；

（二）调解行为以及法律规定的仲裁行为；

（三）行政指导行为；

（四）驳回当事人对行政行为提起申诉的重复处理行为；

（五）行政机关作出的不产生外部法律效力的行为；

（六）行政机关为作出行政行为而实施的准备、论证、研究、层报、咨询等过程性行为；

（七）行政机关根据人民法院的生效裁判、协助执行通知书作出的执行行为，但行政机关扩大执行范围或者采取违法方式实施的除外；

（八）上级行政机关基于内部层级监督关系对下级行政机关作出的听取报告、执法检查、督促履责等行为；

（九）行政机关针对信访事项作出的登记、受理、交办、转送、复查、复核意见等行为；

（十）对公民、法人或者其他组织权利义务不产生实际影响的行为。

《最高人民法院关于审理政府信息公开行政案件若干问题的规定》

第九条　被告对依法应当公开的政府信息拒绝或者部分拒绝公开的，人民法院应当撤销或者部分撤销被诉不予公开决定，并判决被告在一定期限内公开。尚需被告调查、裁量的，判决其在一定期限内重新答复。

被告提供的政府信息不符合申请人要求的内容或者法律、法规规定的适当形式的，人民法院应当判决被告按照申请人要求的内容或者法律、法规规定的适当形式提供。

人民法院经审理认为被告不予公开的政府信息内容可以作区分处理的，应当判决被告限期公开可以公开的内容。

被告依法应当更正而不更正与原告相关的政府信息记录的，人民法院应当判决被告在一定期限内更正。尚需被告调查、裁量的，判决其在一定期限内重新答复。被告无权更正的，判决其转送有权更正的行政机关处理。

第十条　被告对原告要求公开或者更正政府信息的申请无正当理由逾期不予答复的，人民法院应当判决被告在一定期限内答复。原告一并请求判决被告公开或者更正政府信息且理由成立的，参照第九条的规定处理。

第十二条　有下列情形之一，被告已经履行法定告知或者说明理由义务的，人民法院应当判决驳回原告的诉讼请求：

（一）不属于政府信息、政府信息不存在、依法属于不予公开范围或者依法不属于被告公开的；

（二）申请公开的政府信息已经向公众公开，被告已经告知申请人获取该政府信息的方式和途径的；

（三）起诉被告逾期不予答复，理由不成立的；

（四）以政府信息侵犯其商业秘密、个人隐私为由反对公开，理由不成立的；

（五）要求被告更正与其自身相关的政府信息记录，理由不成立的；

（六）不能合理说明申请获取政府信息系根据自身生产、生活、科研等特殊需要，且被告据此不予提供的；

（七）无法按照申请人要求的形式提供政府信息，且被告已通过安排申请人查阅相关资料、提供复制件或者其他适当形式提供的；

（八）其他应当判决驳回诉讼请求的情形。

《国务院办公厅关于施行〈中华人民共和国政府信息公开条例〉若干问题的意见》

五、关于依申请公开政府信息问题

（十三）对于同一申请人向同一行政机关就同一内容反复提出公开申请的，行政机关可以不重复答复。

（一）申请公开他人个人信息

【裁判要旨】行政机关认为申请公开的政府信息涉及个人隐私，公开后可能损害第三方合法权益的，应当书面征求第三方的意见，在书面征求第三方意见且第三方明确表示不同意公开后，行政机关不公开的行为并无不当。

【案例索引】广东省高级人民法院（2013）粤高法行终字第336号北京市北斗鼎铭（广州）律师事务所与广东省通信管理局政府信息公开行政纠纷上诉案

【案情简介】北京市北斗鼎铭（广州）律师事务所于2012年7月25日向广东省通信管理局邮寄了《广东省通信管理局政府信息公开申请表》及相关材料，称其已代理广东省建设工程造价管理总站提起与翁××等的著作权纠纷，为明确被告，故申请广东省通信管理局公开翁××在通信管理局备案登记的身份信息。广东省通信管理局在收到申请后，就是否同意公开翁××相关个人隐私信息一事书面征求翁××的意见。翁××在书面意见及询问笔录中均表示：不同意公开原告申请公开的其个人相关身份信息。据此，广东省通信管理局对原告做出政务〔2012〕27号答复。北京市北斗鼎铭（广州）律师事务所对该答复不服，诉至原审法院，原审法院判其败诉，其不服遂向广东省高级人民法院提起上诉。

【法院观点】国家保护能够识别公民个人身份和涉及公民个人隐私的电子信息。任何组织和个人不得窃取或者以其他非法方式获取公民个人电子信息，不得出售或者非法向他人提供公民个人电子信息。本案中，上诉人申请公开翁××的有效证件号码及证件上载明的地址、其手机或办公电话、通信地址等信息，该信息显然涉及个人隐私。《政府信息公开条例》第23条规定："行政机关认为申请公开的政府信息涉及商业秘密、个人隐私，公开后可能损害第三方合法权益的，应当书面征求第三方的意见；第三方不同意公开的，不得公开。但是，行政机关认为不公开可能对公共利益造成重大影响的，应当予以公开，并将决定公开的政府信息内容和理由书面通知第三方。"本案中，上诉人出于个人利益需要而申请公开涉及翁××个人隐私的相关信息，不属于不公开可能对公共利益造成重大影响的情形。被上诉人认为公开上述信息可能损害第三方合法权益，在书面征求翁××意见且翁××明确表示不同意公开上述信息后，书面答复上诉人因其申请公开的信息涉及个人隐私且未经第三方同意故不得公开，并无不当。①

【简要分析】 国家保护公民的个人信息，仅当行政机关认为不公开可能对公共利益造成重大影响的情况或第三方同意公开时才应当予以公开。因此，一般对在行政诉讼中申请公开他人个人信息的请求，法院不予支持。

【类似案例】（2018）鄂01行终496号、（2015）泸行初字第6号、（2018）川0321行初10号、（2015）瑶行初字第00020号

（二）对个人信息被披露情况向行政机关进行投诉

【裁判要旨】《行政诉讼法》第49条规定，提起诉讼应当有具体的诉讼请求和事实根据。根据该法第38条第1款之规定，在起诉被告不履行法定职责的案件中，原告应当提供其向被告提出申请的证据。该款所规定之申请应指具备初步事实基础的正式的履责申请。初步的事实基础一般要求投诉请求人所投诉的事项是较为明确的。有关事项的存在明显是或然性的，或该事项属主观臆测之情形，即属不明确的事项。行政机关无法亦无必要基于此类请求行使法定职权，否则会造成有限行政资源的不必要损耗。

【案例索引】 北京市第一中级人民法院（2016）京01行初623号白×与工业和信息化部其他一审行政裁定书

【案情简介】 2016年3月3日，原告向被告电信用户申诉受理中心邮箱发送电子邮件，反映其本人“中移、中联、电信SIM卡复制、电话订约转账、网上银行办理各种支付、订购业务、EMS网上下单、肆意收取快递、挂号信、包裹等，偷盗电脑、U盘数据资料、网络账号密码窃取无法无天地进行网络犯罪活动”等事项，并认为三大电信运营商工作人员助力并参与了导致其正常生活秩序无法维持的一系列行为，包括高等教育硕士买卖、诉讼文件收取等，请求被告查处其投诉的上述事项。被告在收到邮件后由申诉受理中心工作人员对其进行了电话回复。原告不服，提起诉讼。

---

① 此为人民法院基于当时有效的法律法规规定阐述的观点。2019年4月3日，国务院令第711号公布了修订后的《政府信息公开条例》，其中第32条规定：“依申请公开的政府信息公开会损害第三方合法权益的，行政机关应当书面征求第三方的意见。第三方应当自收到征求意见书之日起15个工作日内提出意见。第三方逾期未提出意见的，由行政机关依照本条例的规定决定是否公开。第三方不同意公开且有合理理由的，行政机关不予公开。行政机关认为不公开可能对公共利益造成重大影响的，可以决定予以公开，并将决定公开的政府信息内容和理由书面告知第三方。”

【法院观点】本院认为，本案中，原告白×以邮件投诉的形式向被告电信用户申诉受理中心所提出之申请内容主要为“中移、中联、电信SIM卡复制、电话订约转账、网上银行办理各种支付、订购业务、EMS网上下单、肆意收取快递、挂号信、包裹等，偷盗电脑、U盘数据资料、网络账号密码窃取无法无天地进行网络犯罪活动”等事项，原告亦认为三大电信运营商工作人员助力并参与了导致其正常生活秩序无法维持的一系列行为，包括高等教育硕士买卖、诉讼文件收取等。结合其邮件中附件内容分析，上述事项欠缺基本的明确性，且明显具有主观臆测的成分，亦缺乏初步的事实基础。故原告的该项申请并非行政法意义上的履责申请，现原告以该申请为由，起诉被告履行法定职责并对其申请予以尽职尽责答复，缺乏事实根据。

【简要分析】因个人信息被泄露向有关行政机关投诉时，提出的证据应当明确，不能基于主观臆测，若缺乏事实基础，行政机关无法亦无必要基于此类请求行使法定职权，否则会造成有限行政资源的不必要损耗。

（三）申请更正个人信息

【裁判要旨】向行政机关申请更正个人信息，应当按照相关规定提供有关证件及申请文件。未履行该手续的，行政机关有权予以拒绝。

【案例索引】北京市第一中级人民法院（2014）一中行监字第02461号刘洪×、刘冬×、刘春×与北京市发展和改革委员会（以下简称“市发改委”）、北京市住房和城乡建设委员会（以下简称“市住建委”）更正政府信息纠纷驳回再审申请通知书

【案情简介】于××申请更正1140号批复（市发改委、市住建委同意北京金宝山房地产开发有限责任公司与中远房地产开发有限公司合作开发建设远洋山水三期工程建设项目的立项批复），不服市发改委于2012年12月10日做出的《北京市发展和改革委员会信访答复意见书》，向北京市西城区人民法院提起行政诉讼。于××于2013年11月5日死亡，其诉讼权利义务承继人刘洪×、刘冬×、刘春×不服一、二审行政判决，申请再审。

【法院观点】本院认为，根据《政府信息公开条例》第25条第2款之规定，与公民、法人或者其他组织自身相关的政府信息，属于个人信息保护范畴。结合《政府信息公开条例》第25条第1款的内容，“公民、法人或者其

他组织向行政机关申请提供与其自身相关的税费缴纳、社会保障、医疗卫生等政府信息的，应当出示有效身份证件或者证明文件”，可知个人信息应指包括个人姓名、住址、出生日期、身份证号码、医疗记录、人事记录、照片等单独或与其他信息对照可以识别特定个人的信息。本案中，于××申请更正的1140号批复是市发改委、市住建委同意北京金宝山房地产开发有限责任公司与中远房地产开发有限公司合作开发建设远洋山水三期工程建设项目的立项批复，不属于《政府信息公开条例》第25条规定的个人信息保护范畴。市发改委在收到于××邮寄的《更正政府信息申请书》后，对于××在申请书中所提争议问题进行了答复，并无不妥。另，于××并未向市住建委提交《更正政府信息申请书》，于××在未向行政机关提出申请的情况下，直接向法院提起行政诉讼，请求法院判决市住建委更正信息，其起诉缺乏事实依据。①

【简要分析】 申请人申请更正个人信息时应当出示有效的身份证明文件，并向相应的单位提交更正政府信息申请书。

（四）对违法修改消费者个人信息的企业进行行政处罚

【裁判要旨】 经营者在其经营过程中擅自修改用户资料及补卡、停卡行为，属于未“采取技术措施和其他必要措施，确保信息安全”的行为，但并未造成严重后果的，行政机关对其进行行政处罚的行为明显不当。

【案例索引】 湖北省荆州市中级人民法院（2015）鄂荆州中行终字第00063号中国联合网络通信有限公司荆州市分公司与荆州市工商行政管理局行政复议决定二审行政判决书

【案情简介】 2014年12月15日，被告荆州市工商行政管理局做出了荆工商处字〔2014〕第494号《行政处罚决定书》，以原告侵害公民个人信息为由，对原告处以30万元罚款。原告不服该决定，向荆州市人民政府提出行政复议，荆州市人民政府于2015年4月27日做出了荆政复〔2015〕2号《行政复议决定书》，维持了荆州市工商行政管理局做出的上述行政处罚决定。原告对上述决定均不服，于2015年5月11日提起行政诉讼。

---

① 此为人民法院基于当时有效的法律法规规定阐述的观点。

【法院观点】《消费者权益保护法》第 29 条第 2 款规定：“经营者及其工作人员对收集的消费者个人信息必须严格保密，不得泄露、出售或者非法向他人提供。经营者应当采取技术措施和其他必要措施，确保信息安全，防止消费者个人信息泄露、丢失。在发生或者可能发生信息泄露、丢失的情况时，应当立即采取补救措施。”上诉人中国联合网络通信有限公司荆州市分公司，在其经营过程中擅自修改用户资料及补卡、停卡行为，属于未“采取技术措施和其他必要措施，确保信息安全”的行为，但并未造成严重后果。且上诉人在事发后对其违法行为积极进行了整改。因此，被上诉人荆州市工商行政管理局依据《消费者权益保护法》第 56 条第 1 款第 9 项的规定，做出了对上诉人罚款 30 万元的行政处罚决定，明显不当。原审判决适用法律错误，依法予以改判。

【简要分析】经营者及其工作人员对收集的消费者个人信息必须严格保密，不得泄露、出售或者非法向他人提供。经营者应当采取技术措施和其他必要措施，确保信息安全，防止消费者个人信息泄露、丢失。在发生或者可能发生信息泄露、丢失的情况时，应当立即采取补救措施。但当其行为在未造成严重后果的情形下，行政机关做出高额罚款的行政处罚决定不当。

二、刑事诉讼

通过阅读与梳理关于信息保护的刑事诉讼案例，我们按照案例所触及的罪名分类，可以分为五种：非法获取计算机信息系统数据、非法控制计算机信息系统罪，侵犯公民个人信息罪，伪造、变造、买卖国家机关公文、证件、印章罪，信用卡诈骗罪，妨害信用卡管理罪。

【关键词】信息保护；侵犯公民信息

【相关法律法规】

《中华人民共和国刑法》

第一百七十七条　有下列情形之一，妨害信用卡管理的，处三年以下有期徒刑或者拘役，并处或者单处一万元以上十万元以下罚金；数量巨大或者有其他严重情节的，处三年以上十年以下有期徒刑，并处二万元以上二十万元以下罚金：

（一）明知是伪造的信用卡而持有、运输的，或者明知是伪造的空白信用卡而持有、运输，数量较大的；

（二）非法持有他人信用卡，数量较大的；

（三）使用虚假的身份证明骗领信用卡的；

（四）出售、购买、为他人提供伪造的信用卡或者以虚假的身份证明骗领的信用卡的。

窃取、收买或者非法提供他人信用卡信息资料的，依照前款规定处罚。

银行或者其他金融机构的工作人员利用职务上的便利，犯第二款罪的，从重处罚。

第一百九十六条　有下列情形之一，进行信用卡诈骗活动，数额较大的，处五年以下有期徒刑或者拘役，并处二万元以上二十万元以下罚金；数额巨大或者有其他严重情节的，处五年以上十年以下有期徒刑，并处五万元以上五十万元以下罚金；数额特别巨大或者有其他特别严重情节的，处十年以上有期徒刑或者无期徒刑，并处五万元以上五十万元以下罚金或者没收财产：

（一）使用伪造的信用卡，或者使用以虚假的身份证明骗领的信用卡的；

（二）使用作废的信用卡的；

（三）冒用他人信用卡的；

（四）恶意透支的。

前款所称恶意透支，是指持卡人以非法占有为目的，超过规定限额或者规定期限透支，并且经发卡银行催收后仍不归还的行为。

盗窃信用卡并使用的，依照本法第二百六十四条的规定定罪处罚。

第二百五十三条　违反国家有关规定，向他人出售或者提供公民个人信息，情节严重的，处三年以下有期徒刑或者拘役，并处或者单处罚金；情节特别严重的，处三年以上七年以下有期徒刑，并处罚金。

违反国家有关规定，将在履行职责或者提供服务过程中获得的公民个人信息，出售或者提供给他人的，依照前款的规定从重处罚。

窃取或者以其他方法非法获取公民个人信息的，依照第一款的规定处罚。

单位犯前三款罪的，对单位判处罚金，并对其直接负责的主管人员和其他直接责任人员，依照各该款的规定处罚。

第二百八十条　伪造、变造、买卖或者盗窃、抢夺、毁灭国家机关的公文、证件、印章的，处三年以下有期徒刑、拘役、管制或者剥夺政治权利，并处罚金；情节严重的，处三年以上十年以下有期徒刑，并处罚金。

伪造公司、企业、事业单位、人民团体的印章的，处三年以下有期徒刑、拘役、管制或者剥夺政治权利，并处罚金。

伪造、变造、买卖居民身份证、护照、社会保障卡、驾驶证等依法可以用于证明身份的证件的，处三年以下有期徒刑、拘役、管制或者剥夺政治权利，并处罚金；情节严重的，处三年以上七年以下有期徒刑，并处罚金。

第二百八十五条　违反国家规定，侵入前款规定以外的计算机信息系统或者采用其他技术手段，获取该计算机信息系统中存储、处理或者传输的数据，或者对该计算机信息系统实施非法控制，情节严重的，处三年以下有期徒刑或者拘役，并处或者单处罚金；情节特别严重的，处三年以上七年以下有期徒刑，并处罚金。

《最高人民法院、最高人民检察院关于办理侵犯公民个人信息刑事案件适用法律若干问题的解释》

第一条　刑法第二百五十三条之一规定的“公民个人信息”，是指以电子或者其他方式记录的能够单独或者与其他信息结合识别特定自然人身份或者反映特定自然人活动情况的各种信息，包括姓名、身份证件号码、通信通讯联系方式、住址、账号密码、财产状况、行踪轨迹等。

第二条　违反法律、行政法规、部门规章有关公民个人信息保护的规定的，应当认定为刑法第二百五十三条之一规定的“违反国家有关规定”。

第四条　违反国家有关规定，通过购买、收受、交换等方式获取公民个人信息，或者在履行职责、提供服务过程中收集公民个人信息的，属于刑法第二百五十三条之一第三款规定的“以其他方法非法获取公民个人信息”。

第五条　非法获取、出售或者提供公民个人信息，具有下列情形之一的，应当认定为刑法第二百五十三条之一规定的“情节严重”：

（一）出售或者提供行踪轨迹信息，被他人用于犯罪的；

（二）知道或者应当知道他人利用公民个人信息实施犯罪，向其出售或者提供的；

（三）非法获取、出售或者提供行踪轨迹信息、通信内容、征信信息、财产信息五十条以上的；

（四）非法获取、出售或者提供住宿信息、通信记录、健康生理信息、交易信息等其他可能影响人身、财产安全的公民个人信息五百条以上的；

（五）非法获取、出售或者提供第三项、第四项规定以外的公民个人信息五千条以上的；

（六）数量未达到第三项至第五项规定标准，但是按相应比例合计达到有关数量标准的；

（七）违法所得五千元以上的；

（八）将在履行职责或者提供服务过程中获得的公民个人信息出售或者提供给他人，数量或者数额达到第三项至第七项规定标准一半以上的；

（九）曾因侵犯公民个人信息受过刑事处罚或者二年内受过行政处罚，又非法获取、出售或者提供公民个人信息的；

（十）其他情节严重的情形。

实施前款规定的行为，具有下列情形之一的，应当认定为刑法第二百五十三条之一第一款规定的“情节特别严重”：

（一）造成被害人死亡、重伤、精神失常或者被绑架等严重后果的；

（二）造成重大经济损失或者恶劣社会影响的；

（三）数量或者数额达到前款第三项至第八项规定标准十倍以上的；

（四）其他情节特别严重的情形。

《最高人民法院、最高人民检察院关于办理妨害信用卡管理刑事案件具体应用法律若干问题的解释》

第五条　使用伪造的信用卡、以虚假的身份证明骗领的信用卡、作废的信用卡或者冒用他人信用卡，进行信用卡诈骗活动，数额在五千元以上不满五万元的，应当认定为刑法第一百九十六条规定的“数额较大”；数额在五万元以上不满五十万元的，应当认定为刑法第一百九十六条规定的“数额巨大”；数额在五十万元以上的，应当认定为刑法第一百九十六条规定的“数额特别巨大”。

刑法第一百九十六条第一款第三项所称“冒用他人信用卡”，包括以下情形：

……

（三）窃取、收买、骗取或者以其他非法方式获取他人信用卡信息资料，并通过互联网、通讯终端等使用的；

……

《最高人民法院、最高人民检察院关于办理诈骗刑事案件具体应用法律若干问题的解释》

第二条　诈骗公私财物达到本解释第一条规定的数额标准，具有下列情形之一的，可以依照刑法第二百六十六条的规定酌情从严惩处：

（一）通过发送短信、拨打电话或者利用互联网、广播电视、报刊杂志等发布虚假信息，对不特定多数人实施诈骗的；

……

《中华人民共和国计算机信息系统安全保护条例》

第七条　任何组织或者个人，不得利用计算机信息系统从事危害国家利益、集体利益和公民合法利益的活动，不得危害计算机信息系统的安全。

第二十四条　违反本条例的规定，构成违反治安管理行为的，依照《中华人民共和国治安管理处罚法》的有关规定处罚；构成犯罪的，依法追究刑事责任。

《全国人民代表大会常务委员会关于加强网络信息保护的决定》

一、国家保护能够识别公民个人身份和涉及公民个人隐私的电子信息。

任何组织和个人不得窃取或者以其他非法方式获取公民个人电子信息，不得出售或者非法向他人提供公民个人电子信息。

二、网络服务提供者和其他企业事业单位在业务活动中收集、使用公民个人电子信息，应当遵循合法、正当、必要的原则，明示收集、使用信息的目的、方式和范围，并经被收集者同意，不得违反法律、法规的规定和双方的约定收集、使用信息。

网络服务提供者和其他企业事业单位收集、使用公民个人电子信息，应当公开其收集、使用规则。

七、任何组织和个人未经电子信息接收者同意或者请求，或者电子信息接收者明确表示拒绝的，不得向其固定电话、移动电话或者个人电子邮箱发送商业性电子信息。

十一、对有违反本决定行为的，依法给予警告、罚款、没收违法所得、吊销许可证或者取消备案、关闭网站、禁止有关责任人员从事网络服务业务等处罚，记入社会信用档案并予以公布；构成违反治安管理行为的，依法给予治安管理处罚。构成犯罪的，依法追究刑事责任。侵害他人民事权益的，依法承担民事责任。

（一）非法获取计算机信息系统数据、非法控制计算机信息系统罪

【裁判要旨】违反国家规定，侵入国家事务、国防建设、尖端科学技术领域以外的计算机信息系统，非法获取计算机信息系统中存储、处理或传输的数据，其行为构成非法获取计算机信息系统数据、非法控制计算机信息系统罪。

【案例索引】北京市第三中级人民法院（2015）三中刑终字第00288号张×等非法获取计算机信息系统数据、非法控制计算机信息系统罪二审刑事裁定书

【案情简介】自2011年年底起，被告人杨×、陈×、罗×、张×经商议后，授意被告人马×、林×、吴×、黄×研发升级“静默插件”，将该插件通过刷机的方式植入大量移动终端；杨×、张×等人安排被告人祝×、杜×通过后台服务端操控的方式向植入“静默插件”的移动终端推送软件、广告等商业性电子信息。涉案的“静默插件”具有在用户不知情的情况下，获取用户手机位置、用户手机网络状态、更改用户网络状态、删除用户手机内安装的应用程序、安装其他应用程序、通过手机网络访问互联网、强制关闭用户手机内正在运行的应用程序、获取当前用户手机内运行的应用列表、唤醒用户手机、读写用户存储卡等信息的功能，以及在用户不知情时，上传手机收发短信、通话信息、通信录、GPS定位信息的功能。

【法院观点】本院认为，上诉人杨×、陈×、罗×、张×，以营利为目的，授意技术人员原审被告人马×、林×、吴×、上诉人黄×研发升级“静默插件”，通过该插件非法获取手机用户个人信息数据，并安排原审被告人祝×、杜×通过后台服务端操控的方式向植入“静默插件”的移动终端推送

软件、广告等商业性电子信息，上述行为实现了在用户不知情的情况下，获取他人计算机信息系统数据及对他人计算机信息系统的非法控制，各被告人的行为均已构成非法获取计算机信息系统数据、非法控制计算机信息系统罪，依法应予惩处。

【简要分析】《中华人民共和国计算机信息系统安全保护条例》（1994 年 2 月 18 日通过，2011 年 1 月 8 日修订）明确规定："任何组织或者个人，不得利用计算机信息系统从事危害国家利益、集体利益和公民合法利益的活动，不得危害计算机信息系统的安全。……违反本条例的规定，……构成犯罪的，依法追究刑事责任。"《全国人民代表大会常务委员会关于加强网络信息保护的决定》（2012 年 12 月 28 日通过）明确规定："任何组织和个人不得窃取或者以其他非法方式获取公民个人电子信息"；"网络服务提供者和其他企业事业单位在业务活动中收集、使用公民个人电子信息，应当遵循合法、正当、必要的原则，明示收集、使用信息的目的、方式和范围，并经被收集者同意，不得违反法律、法规的规定和双方的约定收集、使用信息"；"收集、使用公民个人电子信息，应当公开其收集、使用规则"；"任何组织和个人未经电子信息接收者同意或者请求，或者电子信息接收者明确表示拒绝的，不得向其固定电话、移动电话或者个人电子邮箱发送商业性电子信息"；"对有违反本决定行为的，……构成犯罪的，依法追究刑事责任"。

本案中，上诉人杨 ×、陈 ×、张 × 等人经商议决定并授意黄 × 等人研发升级"静默插件"，在明知该插件功能的情况下，未经用户同意将该插件预置到用户手机中，非法获取用户身份认证信息，并在用户不知情的情况下向用户推送软件、广告等商业性电子信息，上述行为实现了对他人计算机信息系统的侵入、控制，获取了相关数据，侵犯了公民的合法权益，违反了上述国家规定，且达到"情节特别严重"程度，依法构成非法获取计算机信息系统数据、非法控制计算机信息系统罪。

【类似案例】（2014）朝刑初字第 1743 号

（二）侵犯公民个人信息罪

1. 按照获取信息的方式划分

《最高人民法院、最高人民检察院关于办理侵犯公民个人信息刑事案件适用法律若干问题的解释》第4条规定，违反国家有关规定，通过购买、收受、交换等方式获取公民个人信息的，属于《刑法》第253条之一第3款规定的“以其他方法非法获取公民个人信息”。

（1）购买个人信息。

【裁判要旨】 通过支付对价非法购买的个人信息，在计算违法所得时要计入全部违法收入，不应扣除成本。

【案例索引】 温州市龙湾区人民法院（2017）浙0303刑初111号田×、严×等侵犯公民个人信息罪一审刑事判决书

【案情简介】 2015年3月开始，被告人田×在湖北省、温州市龙湾区等地通过QQ在网上向被告人陈刚等人购买包含有公民姓名、手机号码、住址等的公民个人信息，后再加价转卖给被告人严×、林××、吴×等人，牟取利益。2016年6月7日，公安机关在温州市龙湾区海滨街道宁村宁城街10弄17号抓获田×。经查，田×通过出售公民个人信息非法获利至少17.1928万元。

【法院观点】 在某些情况下，被告人为实施犯罪行为需要支付一定的成本，比如本案中的购买成本。购买成本的出现势必要减少被告人的实际非法所得。正是购买行为在先才有后续出售行为，从这个意义上讲，犯罪行为成本的支出本身是具有社会危害性的。故本案违法所得的认定应以出售公民个人信息的数额为准，而不能局限于被告人实际的买卖盈余数额，故对被告人田×及其辩护人王×、被告人吴×的辩护人孙××提出违法所得应扣减购买价等费用的主张，不予采纳。

【简要分析】 出售公民个人信息是法律禁止从事的行为，被告人在违法活动中采用各种手段牟取非法利益的，应当以全部非法收入作为违法所得，不应扣除成本。即购买公民个人信息的目的在于出售，购买的行为只是一个实现犯罪目的的手段。

【类似案例】（2018）苏0281刑初118号、（2018）苏0281刑初860号

（2）利用职务之便获取信息。

【裁判要旨】 违反国家有关规定，将在履行职责或者提供服务过程中获得的公民个人信息，出售或者提供给他人的，依照前款的规定从重处罚。

【案例索引】 南充市顺庆区人民法院（2018）川 1302 刑初 6 号庞××、韩×、秦×、王×、张×侵犯公民个人信息一审刑事判决书

【案情简介】 2016 年 8 月，被告人王×向被告人韩×索要南充市楼盘的业主信息。后韩×使用自己的 QQ 邮箱将自己持有的业主信息全部发送给王×。该业主信息共包含南充市本地 139 个楼盘共计 85955 条业主信息。每条信息具体包含该楼盘的业主信息、房屋具体栋、号数、该房屋建筑面积、该业主联系电话等公民个人信息。被告人庞××系南充市顺庆区优易贷商务服务有限公司法定代表人李×的女友，2016 年 11 月以来，为了帮助李×提高公司业务，于 2017 年 2 月向其朋友王×索要南充本地个人电话信息。王×将好友韩×发给自己的南充市 139 个楼盘的业主资料信息全部通过 QQ 邮箱的方式发给庞××。被告人张×系该公司前台工作人员，在明知系公民个人信息的情况下，仍将上述信息打印好后分发给客服人员使用。2017 年 3 月，被告人秦×为了获取南充市优易贷商务服务有限公司的贷款业务，通过与该公司的庞××联络，使用自己的 QQ 向其发送大量公民个人信息。发送到信息包括“南充市消费人群”“政府工作人员”“2013 南充楼盘综合”等文件。上述文件包含纯电话号码 150000 余条；电话号码加上个人姓名 1600 余条；包含楼盘的业主姓名房屋具体栋、号数、该套房屋建筑面积、该业主联系电话等内容的公民个人信息 40000 余条。

【法院观点】 本院认为，被告人张×系优易贷职工，从被告人庞××手中接过上述公民个人信息，对信息除敏后传递给下一工作岗位的单位职工，被告人张×的行为既有非法获取行为，也有非法提供行为，其提供（扩散）的范围虽然在单位内部，但是也符合《刑法》第 253 条之一所规定的侵害公民个人信息罪的构成要件。

【简要分析】 被告人利用职务之便非法收集、提供公民个人信息，即使只是在内部传播，也构成“侵犯公民个人信息罪”。并且，因为被告人是在工作的过程中进行收集与传播的，所以情节严重。

【类似案例】（2018）苏 0281 刑初 182 号、（2018）皖 1522 刑初 12 号、（2018）鄂 0325 刑初 90 号、（2017）苏 0205 刑初 537 号

（3）非法下载。

【裁判要旨】公民个人信息存储于网络并采取加密措施进行保护的，属于非公开信息，破解密码下载该信息的属于非法手段获取公民个人信息。

【案例索引】宜昌市三峡坝区人民法院（2018）鄂0591刑初4号文××盗窃一审刑事判决书

【案情简介】2016年年底，文××为“精准营销”作准备，在百度网盘、华西安全网社工库、独特365论坛及理财网站源码自带的信息等处非法大量下载包含或部分包含姓名、身份证号码、家庭住址、手机号码、银行卡号、贷款信息等内容的公民个人信息，分别储存在其QQ34×××24微云文件和一U盘内，后文××将该U盘送给陈×。经审核，文××的微云文件和U盘内非重复信息达1171077条。

【法院观点】《全国人民代表大会常务委员会关于加强网络信息保护的决定》第1条规定：“……任何组织和个人不得窃取或者以其他非法方式获取公民个人电子信息，不得出售或者非法向他人提供公民个人电子信息。”文××从网站上通过破解数据库和搜索百度云盘后获取包括姓名、身份证件号码、通信联系方式等足以识别特定自然人身份的信息，上述信息虽然存储于网络，但并非公开信息，文××系采用非法方法获取。

【简要分析】虽然部分公民的个人信息可以通过计算机技术从网络上获取，但是有意识的非法下载、擅自收集公民个人信息并进行牟利的行为侵犯了公民的权益。

【类似案例】（2018）琼9003刑初74号、（2018）湘3127刑初105号

（4）交换。

【裁判要旨】以交换的方式获取公民个人信息构成“侵犯公民个人信息罪”。

【案例索引】合肥市蜀山区人民法院（2018）皖0104刑初268号安徽聚思文化传播有限公司（以下简称“聚思公司”）、王××侵犯公民个人信息一审刑事判决书

【案情简介】为了拓展业务，聚思公司经营过程中，要求业务员广泛收集潜在客户信息（主要为安徽省内各企业管理人员的姓名、单位、职务和电

话号码等信息)，并授意业务员将所掌握的客户信息通过互联网与他人进行交换以获取更多客户信息。

【法院观点】对于信息的来源，杨××、叶××、张×均做出系通过交换而获得的供述，即除将自己持有信息提供他人，还收受他人的信息。被告单位聚思公司违反国家有关规定，通过交换的方式，非法获取或向他人提供公民个人信息10万余条，情节特别严重。被告人王××、刘××分别作为聚思公司的董事长、总经理，组织实施了上述行为，是单位犯罪直接负责的主管人员。被告人杨××、黄××、王×、孙××作为聚思公司市场部团队负责人，本人直接实施或要求下属业务员实施了侵犯公民个人信息的行为；被告人张×、陈××、叶××、赵××作为聚思公司的业务员，直接实施了侵犯公民个人信息的行为；均属情节严重，是单位犯罪的直接责任人员。聚思公司及王××等10名被告人的行为均已构成侵犯公民个人信息罪，依法应予惩处。公诉机关的指控成立。

【简要分析】对于"以其他方法非法获取公民个人信息"的理解："其他方法"是指"窃取"以外的其他方法，如通过收买、骗取等方法非法获取公民个人信息，从行为人获取行为的本质属性角度判断，只要行为人没有获取公民个人信息的法律依据或者资格而获取相关个人信息的，即可以认定为"非法获取"。即使"交换"看似主观恶性不如"购买"大，但是该主体并没有能够获取该种公民个人信息的资格，故而以交换的方式获取个人信息仍构成"侵犯公民个人信息罪"。

【类似案例】(2017)皖0191刑初371号、(2017)苏0205刑初537号

2. 按照犯罪手段划分

(1) 出售。

【裁判要旨】根据出售的信息的数量或售出的金额进行情形严重、特别严重的认定。

【案例索引】江阴市人民法院(2018)苏0281刑初419号朱×侵犯公民个人信息罪一审刑事判决书

【案情简介】被告人朱×于2017年7月至9月以来，为非法牟利，通过他人联系到祝×、刘×查询车档信息后出售给胡×，并由胡×支付信息款给

被告人朱×，再由被告人朱×按比例支付给祝×、刘×钱款，共计违法所得人民币122500元。

【法院观点】本院认为，被告人朱×为牟取利益，违反国家有关规定，伙同他人出售非法获取的公民个人信息，情节特别严重，其行为确已构成侵犯公民个人信息罪。经查，被告人朱×为牟取利益，经与祝×、刘×等人合谋后，违反国家有关规定，未经被收集者同意，利用祝×、刘×在公安交警部门担任协警员的工作便利查询公民车辆信息后出售给胡×，其出售的车辆信息包括公民姓名、身份证号码、通信联系方式等，能够识别特定自然人身份，依法属于“公民个人信息”。被告人朱×出售公民个人信息的根本目的是牟取利益。其纠集祝×、刘×并将非法获取的钱款分配给祝×、刘×等人，其在共同犯罪中起主要作用，应对全部的违法所得122500元承担法律责任，且现有证据仅证明被告人朱×分别支付祝×、刘×赃款人民币11310元、17000元，不能证明被告人朱×个人实际获利人民币30000元左右。综上，被告人朱×违法所得已达到情节严重标准5000元的10倍以上，依法属“情节特别严重”，对该辩护意见不予采纳。

【简要分析】在非法侵害公民个人信息的案例中，将非法获取的信息售出以牟利的案例所占比例最大。法院会根据售出的信息的数量、非法牟利的金额进行情节的考量。根据法条的规定，非法获取、出售或者提供公民个人信息5000条以上的或违法所得5000元以上的，属于“情节严重”；数量或者数额达到前款规定标准10倍以上，属于“情节特别严重”。

【类似案例】（2017）皖15刑终231号、（2018）苏0281刑初44号、（2018）皖0323刑初30号

（2）持有。

【裁判要旨】即使未使用非法获取的公民个人信息，只是单纯地持有，仍旧构成“侵犯公民个人信息罪”。

【案例索引】儋州市人民法院（2018）琼9003刑初80号蔡××一审刑事判决书

【案情简介】2016年4月开始，被告人蔡××在儋州市西庆农场桥头商住楼二楼房间内，欲在“牛仔网”上以购买金币充值的方式盗刷他人银行

卡，便从“小龙”（基本情况不详）及网友处获取包括银行卡号、密码、身份证号码、手机号码等内容的公民个人财产信息，保存为 21 个电子文本文档，分别以“新建文本文档”“银行卡 . txt”等文件名命名，并储存在其使用的笔记本电脑中。

【法院观点】 本院认为，被告人蔡××违反国家有关规定，非法获取公民个人财产信息 12096 条，情节特别严重，其行为已构成侵犯公民个人信息罪。公诉机关指控被告人蔡××犯侵犯公民个人信息罪的犯罪事实清楚，证据确实、充分，指控罪名成立。被告人到案后，如实供述自己的罪行，依法可以从轻处罚。被告人称其没有使用过获取的公民个人财产信息，不影响侵犯公民个人信息罪的构成，其对行为性质的辩解亦不影响坦白情节的成立。

【简要分析】 虽未出售、使用其所获取的公民个人信息用来牟利，但非法持有公民个人信息已可以构成“侵犯公民个人信息罪”。

【类似案例】（2018）苏 0281 刑初 115 号、（2018）皖 0111 刑初 642 号

（3）开展业务。

【裁判要旨】 为了开展业务非法获取个人信息构成“侵犯公民个人信息罪”。

【案例索引】 合肥高新技术产业开发区人民法院（2017）皖 0191 刑初 371 号吴××、胡××等侵犯公民个人信息一审刑事判决书

【案情简介】 被告人吴××、胡××、王××分别于 2016 年 11 月、2015 年 3 月、2016 年 4 月入职安徽三文鱼网络科技有限公司，负责该公司商务部的运营业务。为开拓市场业务，吴××于 2017 年 4 月非法购买公民个人信息 121096 条，胡××于 2016 年 9 月非法交换公民个人信息共计 56936 条，王××于 2016 年 7 月非法购买、交换公民个人信息共计 16542 条。

【法院观点】 本院认为，被告人吴××、胡××、王××为合法经营活动而非法购买、交换公民个人信息，情节严重，其行为均已构成侵犯公民个人信息罪，依法应当追究其刑事责任。

【简要分析】 即使是为了开展业务的合法目的而非法收集他人个人信息，依旧构成本罪。

【类似案例】（2017）皖 0221 刑初 224 号、（2012）闸刑初字第 997 号

（三）伪造、变造、买卖国家机关公文、证件、印章罪

【裁判要旨】伪造、变造、买卖国家机关公文、证件、印章罪与侵犯公民个人信息罪数罪并罚。

【案例索引】珠海市金湾区人民法院（2017）粤0404刑初340号何×、王×伪造、变造、买卖国家机关公文、证件、印章，伪造、变造居民身份证一审刑事判决书

【案情简介】2016年年初，被告人何×向李×多次购买手机型警务通和平板型警务通共计30余台，并通过网络高价售卖。2017年4月，被告人王×向被告人何×购买手机型警务通2部和平板型警务通1部，被告人何×告知被告人王×登录警务通以及查询公民个人信息的操作方法。2017年4月开始，被告人王×、蔡××夫妇凭借上述购置的警务通在网上贩卖公民个人信息牟利，并于同年4月19日雇用被告人王××帮忙。通过贩卖个人信息，收取下家微信转账共计人民币89107.2元（以下所涉币种均为人民币）。2017年3月，被告人苗××、章××通过微信买卖车辆信息档案，同年4月开始通过网络向被告人王×、蔡××等人购买公民个人信息，每条加价2~3元转卖给被告人韩××、杜×等人。2017年3月，被告人韩××、杜×夫妇通过微信向被告人苗××、章××等人购买相关个人信息，再通过微信加价贩卖。被告人韩××、杜×夫妇因购买公民个人信息向被告人苗××、章××转账10426.22元。2016年，被告人何×经网上联络，将相关的身份信息发给他人，伪造了一张名为“何××”的身份证和两张名为“何×”的警察证。

【法院观点】本院认为，被告人何×向他人出售可以用于查询公民个人信息的警务通，导致大量个人信息被查询并被贩卖，情节特别严重；伪造警察证、居民身份证，其行为已构成侵犯公民个人信息罪、伪造国家机关证件罪、伪造身份证件罪。被告人王×、苗××、蔡××、王××向他人出售公民个人信息，情节特别严重；被告人章××、韩××、杜×向他人出售公民个人信息，情节严重，上述行为均构成侵犯公民个人信息罪。

【简要分析】在伪造、变造、买卖国家机关公文、证件、印章罪的犯罪过程中，对公民信息一定会造成损害。本案中，被告通过伪造警察证、身份

证，使得大量个人信息被非法获取，构成“侵犯公民个人信息罪”。

（四）信用卡诈骗罪

【裁判要旨】信用卡诈骗罪与侵犯公民个人信息罪数罪并罚。

【案例索引】儋州市人民法院（2018）琼9003刑初16号符××等诈骗罪一审刑事判决书

【案情简介】2017年四五月开始，被告人符××在网上购买办理信用卡的客户资料、笔记本电脑、手机转换器以及手机卡后，与被告人周××以办理信用卡解冻为由进行信用卡诈骗。其中符××负责提供作案用的电脑、手机等设备和购买客户资料，接听客服电话以及与盗刷信用卡的人进行联系取款，周××负责接听客服电话和通过易迅通发送虚假信息给被害人。如有被害人收到符××和周××发送的虚假信息并拨打信息上留有的客服号码，符××和周××便冒充客服工作人员骗取被害人的身份证号码及其信用卡账户的后三位数、有效期、验证码等信息资料，后将该信息资料通过QQ发送给负责盗刷信用卡的人（QQ昵称为“呆呆”），将被害人的信用卡进行盗刷，所得款项共同分赃。

【法院观点】本院认为，被告人符××、周××、张××以非法占有为目的，骗取他人信用卡信息资料后，通过互联网冒用他人信用卡，骗取他人财物。其中，符××参与骗取人民币共计29998元，数额较大；周××参与骗取人民币共计24998元，数额较大；张××参与骗取人民币5000元。被告人谢××明知他人实施诈骗而提供帮助，骗取人民币共计25000元，数额较大。被告人林××明知他人实施诈骗而提供帮助，骗取人民币共计20000元，数额较大。五被告人的行为均已构成信用卡诈骗罪。被告人符××以购买方式非法获取公民信息共计91700条，情节特别严重，其行为已构成侵犯公民个人信息罪。

【简要分析】在信用卡诈骗罪的实施过程中，套取被害人的个人信息是前置的犯罪环节。本案中，被告人通过非法获取他人的信用卡信息后进行信用卡诈骗，信用卡诈骗罪与侵犯公民个人信息罪数罪并罚。

【类似案例】（2017）琼9003刑初563号

（五）妨害信用卡管理罪

【裁判要旨】妨害信用卡管理罪与侵犯公民个人信息罪数罪并罚。

【案例索引】儋州市人民法院（2017）琼9003刑初387号郑×妨害信用卡管理罪一审刑事判决书

【案情简介】从2016年2月开始，被告人郑×为了实施电信诈骗，通过QQ群非法获取含有身份证号码、银行卡账号及密码、电话号码等资料的公民个人信息300余条，分别保存为文件名“四大（2）”“亲、请您别害怕看这里”的文本文档，并保存在其使用的账号为“cctv1683”的百度网盘内。2016年11月14日，郑×因利用非法获取的信息进行信用卡诈骗被重庆市铜梁区人民法院判刑。2017年2月14日，郑×刑满释放后到儋州市××镇羊×家上网时，通过登录其使用的百度网盘，发现其非法获取的公民个人信息仍保存在百度网盘内。于是，郑×将文件名为“四大（2）”的文本文档中270条公民个人信息下载并保存到其使用的笔记本电脑桌面上存放，准备再次用于电信诈骗。2016年3月左右，被告人郑×为了实施电信诈骗，让朋友“小二”（基本情况不详，在逃）提供银行卡给其使用，“小二”表示同意。于是“小二”将户名为梁××、尚××、詹×、钟×等人的6张银行卡提供给郑×。

【法院观点】本院认为，被告人郑×违反国家有关规定，非法获取公民个人财产信息300余条，情节严重，其行为已构成侵犯公民个人信息罪。被告人郑×非法持有他人信用卡6张，数量较大，其行为已构成妨害信用卡管理罪。公诉机关指控被告人郑×犯妨害信用卡管理罪、侵犯公民个人信息罪的犯罪事实清楚，证据确实、充分，指控罪名成立。

【简要分析】妨害信用卡管理罪与诈骗罪有类似之处，即都需要公民个人信息为依托，本案中，郑×同时触犯两个罪名。

【类似案例】（2018）粤5203刑初79号

三、民事诉讼

（一）合同纠纷

鉴于个人信息保护的特点，与此有关的合同纠纷案例中，通常一方为金融机构、通信服务供应商、一般产品和服务供应商等有权获取和收集公民个人信息的法人或组织，另一方则为接受金融服务、通信服务、购买产品和服务的个体。在这些个体享受以上服务的过程中，为了实现享受服务的目的，其个人信息不得不提供给以上机构。相应地，这些机构加强对其用户和客户的信息保护措施和改善信息保护环境，则显得尤其重要。近年来，因为此类型服务导致个人信息被泄露的案例不断增长，笔者即从这一发展趋势出发，就有关案例进行研究，以期对纠纷双方在如何应对信息合规的法治环境时提出自身的意见和建议，对读者有所启发和帮助。

【关键词】安全保障义务；监管义务；明确知悉；信息保护合规

【相关法律法规】

《中华人民共和国商业银行法》

第六条　商业银行应当保障存款人的合法权益不受任何单位和个人的侵犯。

第二十九条　商业银行办理个人储蓄存款业务，应当遵循存款自愿、取款自由、存款有息、为存款人保密的原则。①

《中华人民共和国合同法》

第六十条　……当事人应当遵循诚实信用原则，根据合同的性质、目的和交易习惯履行通知、协助、保密等义务。②

《银行卡业务管理办法》

第五十四条　持卡人应当遵守发卡银行的章程及《领用合约》的有关条款。……

《全国人民代表大会常务委员会关于加强网络信息保护的决定》

一、国家保护能够识别公民个人身份和涉及公民个人隐私的电子信息。

任何组织和个人不得窃取或者以其他非法方式获取公民个人电子信息，不得出售或者非法向他人提供公民个人电子信息。

二、网络服务提供者和其他企业事业单位在业务活动中收集、使用公民个人电子信息，应当遵循合法、正当、必要的原则，明示收集、使用信息的目的、方式和范围，并经被收集者同意，不得违反法律、法规的规定和双方

---

① 《中华人民共和国商业银行法》第29条第1款。

的约定收集、使用信息。①

四、网络服务提供者和其他企业事业单位应当采用技术措施和其他必要措施，确保信息安全，防止在业务活动中收集的公民个人电子信息泄露、毁损、丢失。在发生或者可能发生信息泄露、毁损、丢失的情况时，应当立即采取补救措施。

七、任何组织和个人未经电子信息接收者同意或者请求，或者电子信息接收者明确表示拒绝的，不得向其固定电话、移动电话或者个人电子邮箱发送商业性电子信息。

《电信和互联网用户个人信息保护规定》

第四条　本规定所称用户个人信息，是指电信业务经营者和互联网信息服务提供者在提供服务的过程中收集的用户姓名、出生日期、身份证件号码、住址、电话号码、账号和密码等能够单独或者与其他信息结合识别用户的信息以及用户使用服务的时间、地点等信息。

第九条　未经用户同意，电信业务经营者、互联网信息服务提供者不得收集、使用用户个人信息。②

《中华人民共和国消费者权益保护法》

第二十九条　经营者收集、使用消费者个人信息，应当遵循合法、正当、必要的原则，明示收集、使用信息的目的、方式和范围，并经消费者同意。经营者收集、使用消费者个人信息，应当公开其收集、使用规则，不得违反法律、法规的规定和双方的约定收集、使用信息。

经营者及其工作人员对收集的消费者个人信息必须严格保密，不得泄露、出售或者非法向他人提供。经营者应当采取技术措施和其他必要措施，确保信息安全，防止消费者个人信息泄露、丢失。在发生或者可能发生信息泄露、丢失的情况时，应当立即采取补救措施。

经营者未经消费者同意或者请求，或者消费者明确表示拒绝的，不得向其发送商业性信息。

---

① 《全国人民代表大会常务委员会关于加强网络信息保护的决定》第2条第1款。

② 《电信和互联网用户个人信息保护规定》第9条第1款。

第五十条　经营者侵害消费者的人格尊严、侵犯消费者人身自由或者侵害消费者个人信息依法得到保护权利的，应当停止侵害、恢复名誉、消除影响、赔礼道歉，并赔偿损失。

《中华人民共和国电信条例》

第六条　电信网络和信息的安全受法律保护。任何组织或者个人不得利用电信网络从事危害国家安全、社会公共利益或者他人合法权益的活动。

第五十七条　任何组织或者个人不得有下列危害电信网络安全和信息安全的行为：

（一）对电信网的功能或者存储、处理、传输的数据和应用程序进行删除或者修改；

（二）利用电信网从事窃取或者破坏他人信息、损害他人合法权益的活动；

（三）故意制作、复制、传播计算机病毒或者以其他方式攻击他人电信网络等电信设施；

（四）危害电信网络安全和信息安全的其他行为。

第五十九条　电信业务经营者应当按照国家有关电信安全的规定，建立健全内部安全保障制度，实行安全保障责任制。

《中华人民共和国网络安全法》

第十条　建设、运营网络或者通过网络提供服务，应当依照法律行政法规的规定和国家标准的强制性要求，采取技术措施和其他必要措施，保障网络安全稳定运行，有效应对网络安全事件，防范网络违法犯罪活动，维护网络数据的完整性、保密性和可用性。

第四十二条　网络运营者应当采取技术措施和其他必要措施，确保其收集的个人信息安全，防止信息泄露、毁损、丢失。在发生或者可能发生个人信息泄露、毁损、丢失的情况时，应当立即采取补救措施，按照规定及时告知用户并向有关主管部门报告。

1. 银行对个人金融信息的安全保障义务

【裁判要旨】在银行卡法律关系中，发卡行负有保障客户资金安全的义务，作为发卡行没有尽到保障卡内资金安全的义务，应承担相应的责任。

【案例索引】海南省第二中级人民法院（2015）海南二中民再字第8号陈江颖与中国工商银行股份有限公司儋州支行借记卡纠纷案的民事判决书

【案情简介】陈××于2011年6月在中国工商银行儋州支行办理了一张理财金卡，并签署了中国工商银行儋州支行提供的《中国工商银行电子银行个人客户服务协议》，该协议相关条款约定持卡人须妥善保管本人卡号、密码等，并采取机密的原则设置和保管自设密码，不得将本人密码提供给除规定外的任何人等。2014年3月，陈××借记卡被盗刷45万元。陈××要求中国工商银行儋州支行立即冻结资金转入账户，中国工商银行儋州支行以其没有权限采取冻结措施为由，要求陈××向公安机关报案。陈××于当天报案。经公安机关初查，陈××的借记卡被他人窃取密码进行消费，犯罪嫌疑人通过转账方式划转陈××卡内45万元，并进一步将该款项划转至其他银行账户。在诉讼过程中，陈××将其起诉的对方当事人名称“中国工商银行股份有限公司儋州胜利支行”变更为“中国工商银行股份有限公司儋州支行”。

【法院观点】《中华人民共和国商业银行法》第6条规定：“商业银行应当保障存款人的合法权益不受任何单位和个人的侵犯。”第29条第1款规定：“商业银行办理个人储蓄存款业务，应当遵循存款自愿、取款自由、存款有息、为存款人保密的原则。”保障存款人的合法权益不受任何单位和个人的侵犯是商业银行的法定义务。银行作为借记卡的发卡行，应当确保客户借记卡的唯一性和不可复制性，对于借记卡磁条中记录的信息保护是银行的义务，应当确保技术手段和设备安全可靠，防止磁条信息泄露或被复制且能够识别伪卡。客户的借记卡能被他人“复制”“克隆”，说明银行在借记卡管理上有缺陷，让他人有可乘之机，从而造成客户借记卡内的资金被盗刷，其违反了给储户提供必要的安全保密环境的义务，理应承担责任。

【简要分析】储户和银行对借记卡内的资金安全共同负有责任。在借记卡使用过程中，储户负有妥善保管借记卡及其密码的义务，银行则负有正确识别借记卡及密码真实可靠以及提供安全的营业场所、安全的交易设备的义务。在储蓄合同关系中，银行作为收集客户信息和储存客户资金的机构，应承担更大的安全监管义务。一方面，保护客户信息不被泄露，以防给不法分子以可乘之机；另一方面，保护客户账户内的资金不被违法盗刷，从而保护客户的财产安全，均应是银行承担的不可懈怠的责任。

【类似案例】（2017）粤03民终318号、（2017）桂0423民初379号

2. 未经同意向不特定群体发送商业广告

【裁判要旨】利用向手机用户大量群发的方式推送商业短信息，且无法说明其群发的手机用户个人信息的合法来源，违反了中华人民共和国工业和信息化部《电信和互联网用户个人信息保护规定》关于未经用户同意，电信业务经营者、互联网信息服务提供者不得收集、使用用户个人信息的规定，不仅侵犯了不特定人群的隐私权，亦不符合社会公序良俗。

【案例索引】天津市第二中级人民法院（2016）津02民终354号天津太合融道房地产营销策划有限公司与天津市天山房地产开发有限公司广告合同纠纷一案二审民事判决书

【案情简介】原告系以“房地产营销策划、房地产经纪、房地产信息咨询、商品房销售代理、房屋租赁、二手房买卖、从事广告业务、市场营销策划、家政服务、会议服务”为经营范围的有限责任公司。被告系以城市房地产开发、商品房销售为主要经营范围的房地产开发有限责任公司。原告、被告之间没有书面广告合同。原告以语音短信发布确认单、语音短信验收表、通话录音、天津市国家税务局通用机打发票第三联存根联等证据向被告主张广告服务费。

【法院观点】合同双方在对所发送的短信内容及数据性质充分知晓的情况下，无视手机用户群体是否同意接收商业广告信息的主观意愿，强行向不特定社会公众发送商业广告，违反网络信息保护及电子信息发布的相关规定，侵害不特定公众的利益，双方所签订的服务合同应属无效。

【简要分析】未经同意向不特定群体发送商业广告，在司法实务中涉及三个方面的问题：一是双方通过签订以一方提供发送商业广告的方式向另一方提供商业推广服务，由于侵犯了不特定公众的个人隐私，违反社会公德，所签署合同无效；二是提供此等服务的一方一般是控制并拥有大量公众个人

手机、邮箱等信息的组织，而在收集这些信息的过程中是否获得不特定公众的同意，则关涉到企业的信息保护合规问题；三是向不特定公众发送商业信息的行为，即“下游”的行为，到底属于侵犯了公众何种权利，目前尚无统一的定论。在（2013）普民二（商）初字第642号案例中，上海市普陀区人民法院在判决书中提及，根据《全国人民代表大会常务委员会关于加强网络信息保护的决定》第7条的规定，此种行为可能侵犯消费者保持安宁的权利，或者是隐私权。而在其他的案例中，法院多将其认定为隐私权的一种。无论是签署有关获取推送商业广告的服务合同，还是出于获取公民的个人信息的目的，个体和企业均应注意加强在信息保护方面的合规，注意在收集公民个人信息时的同意、明示原则，因为这一行为不仅仅会导致合同的无效，甚至会导致面临行政处罚，甚至是刑事责任的问题。

【类似案例】（2016）津02民终353号、（2013）普民二（商）初字第642号、（2016）豫0108民初3544号、（2014）穗天法民二初字第2485号、（2017）云01民终6408号、（2015）科商初字第38号

3. 通过载有个人隐私条款的合同收集个人信息

【裁判要旨】个人信息及隐私条款等对收集用户个人信息的问题进行了提醒，故其在用户同意授权的情形下收集用户个人信息的行为合法。

【案例索引】杭州铁路运输法院（2017）浙8601民初3306号陈×与杭州阿里妈妈软件服务有限公司（以下简称“阿里妈妈”）网络服务合同纠纷一审民事判决书

【案情简介】陈×于2017年4月在阿里妈妈公司网站申请注册了淘宝客账户，随后，陈×利用注册的域名搭建多个页面的导航平台网站用以进行淘宝客的推广业务，并自此获取一定比例的佣金。2017年6月，阿里妈妈以陈×推广账户流量异常为由冻结了陈×的账户，陈×申诉，被拒绝。另查明，《阿里妈妈服务协议》第2.2条补充协议规定：“由于互联网高速发展，本协议列明的条款并不能完整罗列并覆盖您与阿里妈妈的所有权利和义务，现有的约定也不能保证完全符合未来发展的需求。因此各阿里妈妈服务所在网站、客户端等各种形态里的法律声明、隐私权政策及规则均为本协议的补充协议，与本协议不可分割且具有同等法律效力。如您使用阿里妈妈服务，视

为您同意上述补充协议”；该协议第 5.1 条“个人信息保护”条款规定：“阿里妈妈非常重视用户个人信息（能够独立或与其他信息结合后识别用户身份的信息）的保护，在您使用阿里妈妈提供的服务时，您同意阿里妈妈按照在阿里妈妈网站公布的隐私权政策收集、存储、使用、披露和保护您的个人信息，阿里妈妈希望通过隐私权政策向您清楚地介绍阿里妈妈对您个人信息的处理方式，因此阿里妈妈建议您完整地阅读隐私权政策，以帮助您更好地保护您的隐私权。”

【法院观点】 根据《阿里妈妈服务协议》第 5.1 条个人信息条款的约定，用户在使用阿里妈妈提供的服务时，同意被告收集其 Cookie 记录。同时被告阿里妈妈公司作为服务提供商，负有管理职责，需要根据 Cookie 记录对原告等淘宝客户进行流量监管、结算费用，原告等在内的用户点击确认《法律声明等隐私权政策》，同意被告收集其 Cookie 记录，故被告收集 Cookie 记录是在用户同意授权的情况下进行的，用户可以根据自己的偏好管理或删除 Cookie，也可以清除计算机上保存的所有 Cookie，所以被告阿里妈妈公司在本案中使用 Cookie 有合理性，原告诉称被告收集用户 Cookie 记录侵犯隐私权，不能成立。

【简要分析】 收集个人信息的其中一个原则即为“同意原则”，因此，企业在收集用户个人信息之前，通过与其签署隐私条款的方式征得用户的同意可有效避免信息收集违规行为的发生。同时，企业应注意，在签署此类隐私条款时，应特别提示用户注意，让其明确知悉其签署本条款的结果，以避免企业面临不必要的责任。

【类似案例】（2018）京 0108 民初 12364 号

4. 使用他人信息违规、违章入网或上网

【裁判要旨】 因居民身份证号码的编码特殊规则及其指向的公民的确定性，使用他人的身份证号码登记上网或者是办理手机入网，亦是利用他人的居民身份证登记上网或入网。使用写有他人身份证号码的小卡片并要求网管在网吧经营中使用或者是利用他人身份证入网，其行为的性质与冒用他人的身份证登记上网或入网并无不同，亦属违法行为。

【案例索引】 湖南省岳阳市中级人民法院（2016）湘 06 民终 2351 号董

×与中国联合网络通信有限公司岳阳市分公司（以下简称“联通岳阳市分公司”）电信服务合同纠纷二审民事判决书

【案情简介】 2015年12月，董×通过网络与蔡×联系购买了可赠加载后向流量包的电信服务内容的手机卡。后蔡×拿赵××的身份证在电信业务代理商李××处入网登记了号码为全国组合套餐手机卡，蔡×要求李××为该卡另加载后向流量包，李××同意。蔡×将该卡从赵××名下更名至董×名下。董×未在联通岳阳市分公司所在地电信营业窗口获得该卡，而是通过联通电信营业窗口挂失，补卡取得手机卡。后联通岳阳市分公司发现董×作为个人用户在使用后向流量包电信服务业务，且未支付任何费用，便暂停了后向流量服务。董×即与联通岳阳市分公司联系，被告知其手机卡是集团业务产品，不允许个人使用。因董×所办理的手机卡不是企业法人集团业务产品，系联通岳阳市分公司的渠道经销商受网络上专门销售手机卡的网络经销商误导错误操作给董×加载的后向流量包服务。该后向流量包服务是通信服务企业仅面向互联网合作伙伴等具有独立法人资格的第三方企业销售，不对任何个人销售，第三方企业购买后可赠予手机用户使用，受赠用户在使用该流量访问第三方企业指定网页时，通信企业不向受赠用户收取费用。

【法院观点】 根据《全国人民代表大会常务委员会关于加强网络信息保护的决定》和《中华人民共和国电信条例》，工业和信息化部制定并公布了《电话用户真实身份信息登记规定》。该规定要求电信用户办理入网手续时，应当出示有效证件、提供真实身份信息；用户委托他人办理入网手续的，受托人应当出示用户和受托人的有效证件，并提供用户和受托人的真实身份信息。本案中，董×与联通岳阳市分公司之间形成了事实上的电信服务合同民事法律关系，但董×在办理移动电话开户入网手续时，没有按上述相关规定，依法、依规办理，而是事先通过网络与网络上专门销售手机卡的网络经销商达成非法购买手机卡的合意后，再由手机卡网络经销商利用联通岳阳市分公司的渠道经销商使用他人的身份证违规、违章办理入网，然后过户到董×自己名下。董×及联通岳阳市分公司的渠道经销商的行为，均违反了上述规章的相关规定。因此，董×所诉请的要求联通岳阳市分公司提供涉案手机卡后向流量包电信服务，没有任何合法依据，不予支持。

【简要分析】电信用户及网络经销商在办理手机入网时，均应遵循诚实信用原则，提供真实身份信息。利用他们身份信息办理入网的行为，不仅违反了有关手机入网的对于实名登记要求的相关法律法规规定，同时，也是侵犯其他公民的个人信息的行为，将会面临多重审查的风险。

【类似案例】（2016）湘06民终2349号、（2017）湘06民终305号、（2016）湘06民终2347号、（2017）湘06民终291号、（2016）苏08行终72号、（2016）苏08行终71号

5. 电信业务经营者应尽审慎义务

【裁判要旨】电信业务经营者应当建立健全内部安全保障制度，采取合理措施保护号码使用人的通信安全和通信秘密权益。

【案例索引】江苏省南京市中级人民法院（2017）苏01民终10531号丁××与中国电信股份有限公司南京分公司（以下简称“电信南京分公司”）电信服务合同纠纷二审民事判决书

【案情简介】2017年4月，丁××在电信南京分公司办理业务，登记显示“用户号码：移动号码189××××3392（新开户）”；《中国电信股份有限公司南京分公司业务服务协议》第5条“客户服务”第5.3条规定：电信公司应根据客户的需要，免费向客户提供话费详细清单查询。另查明，2016年4月，中国电信集团公司下发《关于优化掌厅和10000号等渠道二次业务办理用户身份核验规则的通知》，与本案有关的内容为，登录方式：用户登录网掌厅可通过手机号码与客服密码、随机短信验证码登录，也可使用本手机直接登录掌厅（通过反查该手机号码IMSI进行免鉴权认证登录）……网掌厅身份验证规则，用户登录网掌厅后，按照不同服务场景实施从严到松的五级身份核验规则。附件2《网掌厅二次业务办理用户身份核验规则》载明，账单查询的业务办理规则为：用户登录网掌厅即可办理，系统判断用户是否已实名，如未实名引导用户补登记（网厅加验证码）。

【法院观点】当事人应当遵循诚实信用原则，根据合同性质、目的和交易习惯履行通知、协助、保密等义务。电信服务提供者应当采取技术措施和其他必要措施，确保信息安全，防止在业务活动中收集的公民个人电子信息泄露、毁损、丢失。本案中，丁××与电信南京分公司之间系电信服务合同

关系，电信南京分公司作为电信服务提供者有法定义务保障电信用户的个人信息安全，丁××在查询话费清单时，电信南京分公司要求丁××提供短信数码进行二次验证，目的是保证丁××个人信息安全，该行为仅需要丁××花费微量时间即可操作完成，丁××对此应有协助容忍义务，二次验证行为使丁××查询资费的权利和享有的信息安全权利同时得到兼顾，符合法律规定。

【简要分析】电信业务经营者作为向用户提供电信服务的组织，在提供入网、使用、注销等服务的过程中，会接触到大量的用户个人信息。个人信息的保护被不断提上日程和在不断加强保护的社会环境下，作为这一类的特殊信息接触主体，提高自身的审慎责任和义务，不仅是对用户个人信息的一种保护，也是避免使自身陷入合规风险的有效预防措施。

【类似案例】（2014）龙民一初字第1894号、（2017）苏01民终11249号

6. 经营者对收集的消费者个人信息必须严格保密，不得泄露

【裁判要旨】在经营过程中，经营者及其工作人员对收集消费者的个人信息必须严格保密，不得泄露、出售或者非法向他人提供。经营者应当采取技术措施和其他必要措施，确保信息安全，防止消费者个人信息泄露。但是，如消费者不能证明其个人信息的泄露是因为经营者的原因导致的，其主张亦无法得到支持。

【案例索引】广州铁路运输中级人民法院（2017）粤71民终11号赵××、中国南方航空股份有限公司（以下简称“南航”）航空旅客运输合同纠纷二审民事判决书

【案情简介】2015年7月，赵××在南航为其女儿李××购买机票，并成功申请无成人陪伴儿童机票。2015年8月，赵××收到署名南航的短信声称飞机故障请尽快办理改签或退票业务，于是其依照发来的电话回拨过去，对方准确说出其孩子的航班、姓名、电话及身份证号。赵××出于信任，便按照对方的指示汇款。此后经核实，不存在航班取消的情况，赵××遂向公安机关报警。另查明，南航在航空运输电子客票行程单上注明的服务热线为95539。

【法院观点】南航、南航营业部作为承运人除了在约定期间内将旅客安全运输到约定地点外，还要采取必要措施确保旅客信息安全，防止旅客个人信息泄露，这亦是承运人在旅客运输合同中附随义务。对于南航、南航营业部是否泄露旅客信息，赵××负有举证责任。首先，赵××提供的证据不足以证明信息是由南航、南航营业部信息泄露。在公安机关案件尚未侦破前，该院无法确认赵××的信息是在哪一个环节发生了泄露，更不能确认赵××的信息是南航、南航营业部泄露的。其次，南航、南航营业部在航空运输电子客票行程单上提示有明确的南航网站网址、微信号以及热线号码，南航、南航营业部已尽到必要的提醒告知义务。赵××没有证据证明南航、南航营业部对赵××的信息存在保护不力或过失的证据。再次，赵××自身存在严重的过失。在南航、南航营业部提供的航空运输电子客票行程单中明确标明南航网站网址、微信号以及热线号码，在与诈骗电话通话中，赵××未能仔细识别即误信为南航的工作人员，明显存在疏忽大意的过失。

【简要分析】经营者对收集的消费者的个人信息应负有谨慎的保管义务，未经消费者同意，不得泄露或用作其他目的。并且，经营者应及时告知消费者其个人信息的储存、保管、使用等方式。但同时，消费者也应该注意就其信息被异常使用的情况，及时联系经营者。而正确地识别保管其信息的经营者的身份至关重要。所以，经营者和消费者双方均应提前做好彼此之间的沟通和了解，避免不法分子利用这一契机行诈骗之行为。

【类似案例】（2016）粤7102民初385号

（二）劳动争议

劳动法层面对个人信息的保护，一般存在于公司员工的个人信息及公司客户的相关信息中。对个人信息的保护，应当在信息收集、信息使用、信息保管及最后的信息处理中严格把控，才能在大数据急速发展的过程中不超越法律的界限，合法、合规地使用各类信息资源，以达到对个人信息的保护及对其他信息资源的合理使用。

【关键词】客户信息；员工信息；信息管理；公司内部制度

【相关法律法规】

《人身保险电话销售业务管理办法》

第二十四条 保险公司开展电话销售业务，应建立严格的客户信息管理制度，遵守个人信息保护相关法律法规，通过合法途径获取客户信息，有序开发、规范使用现有客户资源，确保客户资料和信息采集、处理、使用的安全性和合法性。

第二十五条 保险公司及保险代理机构应建立健全电话销售禁拨管理制度。

（一）应通过电话销售系统对销售时间进行管理，根据不同地区、不同人群的生活习惯设置禁止拨打时间。除客户主动要求外，每日21时至次日9时不得呼出销售。

（二）应通过电话销售系统建立禁止拨打名单。对于明确拒绝再次接受电话销售的客户，应录入禁止拨打名单，并设定不少于6个月的禁止拨打时限。

（三）应建立因禁拨管理不当对客户造成骚扰的责任追究机制。

第二十七条 保险公司应加强对电话销售人员的销售行为管理，不得允许电话销售人员规避电话销售系统向客户销售保险产品。

《中华人民共和国劳动合同法》

第八十七条 用人单位违反本法规定解除或者终止劳动合同的，应当依照本法第四十七条规定的经济补偿标准的二倍向劳动者支付赔偿金。

1. 员工利用职务之便向客户发送误导信息以谋取公司的商业机会

【裁判要旨】公司员工利用职务之便获取的客户信息为个人谋取利益是损害公司利益的行为，公司以此与员工解除劳动关系并无不妥。

【案例索引】北京市东城区人民法院（2018）京0101民初11909号闫××与被告中美联泰大都会人寿保险有限公司北京分公司（以下简称“中美联泰北京分公司”）劳动争议一案一审民事判决书。

【案情简介】闫××为中美联泰北京分公司员工，任职期间闫××利用公司获得客户信息，用微信私自与客户联系，并私自切断公司与客户的联系，将公司客户占为己有，故公司认为其存在不称职、不诚信行为并以此作为与其解除劳动关系的依据。

【法院观点】该案中，原告向被告发的电子邮件反证了微信截图的真实性，证明了原告存在利用微信私自与客户联系的行为，该行为符合《电话行销品质管控制度 V14.2》中规定的“存在可以判断为线下沟通的行为（如通过微信、QQ 与客户联系等）”，违反了电话销售的职业操守；且在其私自联系客户的行为中，原告既无证据证明“有人盗取客户信息”，又挑唆客户“不管是 400 的客户电话，还是 95308，还是私人手机号”“一律别接”，本院认为该行为拦截了客户与被告的正常交流。原告作为电话销售人员，其应遵守行业内部规定，利用公司的官方客服电话与客户沟通，使得保险商品在销售、售后服务、续保等环节均处于透明、公正、可掌控的状态，防范销售人员存在虚假陈述、隐瞒欺诈等违规操作行为。而且原告作为被告的员工，其起到的作用应是客户与被告的中介作用，而不应切断双方的联系，使得客户的保险处于不可预估的风险状态。

【简要分析】《人身保险电话销售业务管理办法》第 24 条规定：“保险公司开展电话销售业务，应建立严格的客户信息管理制度，遵守个人信息保护相关法律法规，通过合法途径获取客户信息，有序开发、规范使用现有客户资源，确保客户资料和信息采集、处理、使用的安全性和合法性。”第 25 条规定：“保险公司及保险代理机构应建立健全电话销售禁拨管理制度。”第 27 条规定：“保险公司应加强对电话销售人员的销售行为管理，不得允许电话销售人员规避电话销售系统向客户销售保险产品。”对于销售人员所掌握的客户信息应当谨慎使用，按规定使用，应当本着以何种目的获取来为何种目的去使用，而不得利用公司合法业务发展之目的获取后，为谋个人利益而使用。这也是将来在信息保护领域所应当遵循的一大方向。

【类似案例】北京市朝阳区人民法院（2016）京 0105 民初 68785 号

2. 未经他人同意利用他人信息制造被获奖机会谋取公司的奖励

【裁判要旨】认可公司推荐员工奖励政策（ERBP）的相关规定，推荐人在提交给公司被推荐人的信息时应获得被推荐人同意，但该条规定应当是在推荐人推荐时已经存在的规定。

【案例索引】四川省成都市中级人民法院（2017）川01民终10762号上诉人国际商业机器科技（深圳）有限公司、国际商业机器科技（深圳）有限公司成都分公司（以下简称“商业机器公司成都分公司”）因与被上诉人向×劳动争议纠纷一案二审民事判决书

【案情简介】向×为商业机器公司成都分公司员工，主要从事培训顾问工作。后公司实施员工推荐奖励政策，向×在职期间推荐章××、翟×等14名员工入职，商业机器公司成都分公司根据员工推荐奖励政策（ERBP）向向×支付了奖金。后公司在向×产假期间以向×严重违反了公司商业操作流程（在提交给公司被推荐人信息时，应获得被推荐人的同意，然向×本人明确承认她并未事先获得被推荐人同意，却欺骗公司其已获得被推荐人同意）为由，解除了与向×的劳动合同。

【法院观点】本院认为，关于被上诉人是否应向上诉人返还奖励金的问题，上诉人虽主张被上诉人在职期间实行的推荐员工奖励政策存在“推荐人在推荐候选人时，应当事先获得被推荐人的同意，但被上诉人推荐的求职人员并不知晓被上诉人的推荐行为，因此被上诉人应向其返还推荐员工奖励金”的规定，但根据本案查明的事实，上诉人提交的《IBM大中华区员工推荐奖励计划》系在被上诉人离职后上传至网络，上诉人在本案中并未举证证明被上诉人在职期间实行的推荐政策的内容。且上诉人在被上诉人离职后发出的内部邮件载明：在推荐员工政策中新增一条要求为“推荐人应该是通过个人/专业关系认识的被推荐人，同时获得被推荐人的同意来提交他/她的资料给IBM招聘系统”，该内容亦证明上诉人关于“推荐人在推荐候选人时，应当事先获得被推荐人的同意”的规定系在被上诉人离职后新增，被上诉人在职期间并无该规定。

【简要分析】法院认为，若公司没有内部规章规定，推荐人向公司推荐他人未获得被推荐人同意，不认定为是违反国家对个人信息保护的相关规定。对该部分内容，主要考察公司内部规章制度的相关规定，本案中，若被上诉人未经过被推荐人同意上传被推荐人的求职信息是在公司要求推荐人在推荐候选人时，应当事先获得被推荐人的同意的规定出具后施行的，则被上诉人的行为可能将被认定为是违反公司制度的违规行为。

（三）侵权责任

在互联网时代，大数据与公民个人信息有着极高的重叠度，甚至在某些极端的观点中大数据就等于公民个人信息。但是事实上大数据的范畴更加广阔，它通常还包括了商业公司依靠自身的合法手段所获取的各类信息，不仅仅局限于公民个人信息。因此在此侵权责任章节中，我们能看到的不仅仅是自然人和商业公司之间的纠纷，还有商业公司在相互竞争中产生的侵权责任，而这一侵权责任在许多时候又往往会与不正当竞争产生竞合。

【关键词】泄露信息；网络平台服务者；信息安全；信息提供

【相关法律法规】

《中华人民共和国侵权责任法》

第二条　侵害民事权益，应当依照本法承担侵权责任。

本法所称民事权益，包括生命权、健康权、姓名权、名誉权、荣誉权、肖像权、隐私权、婚姻自主权、监护权、所有权、用益物权、担保物权、著作权、专利权、商标专用权、发现权、股权、继承权等人身、财产权益。

第三条　被侵权人有权请求侵权人承担侵权责任。

第十五条　承担侵权责任的方式主要有：

（一）停止侵害；

（二）排除妨碍；

（三）消除危险；

（四）返还财产；

（五）恢复原状；

（六）赔偿损失；

（七）赔礼道歉；

（八）消除影响、恢复名誉。

以上承担侵权责任的方式，可以单独适用，也可以合并适用。

第二十条　侵害他人人身权益造成财产损失的，按照被侵权人因此受到的损失赔偿；被侵权人的损失难以确定，侵权人因此获得利益的，按照其获得的利益赔偿；侵权人因此获得的利益难以确定，被侵权人和侵权人就赔偿数额协商不一致，向人民法院提起诉讼的，由人民法院根据实际情况确定赔偿数额。

第二十六条　被侵权人对损害的发生也有过错的，可以减轻侵权人的责任。

第三十六条　网络用户、网络服务提供者利用网络侵害他人民事权益的，应当承担侵权责任。

网络用户利用网络服务实施侵权行为的，被侵权人有权通知网络服务提供者采取删除、屏蔽、断开链接等必要措施。网络服务提供者接到通知后未及时采取必要措施的，对损害的扩大部分与该网络用户承担连带责任。

网络服务提供者知道网络用户利用其网络服务侵害他人民事权益，未采取必要措施的，与该网络用户承担连带责任。

《最高人民法院关于审理利用信息网络侵害人身权益民事纠纷案件适用法律若干问题的规定》

第六条　人民法院适用侵权责任法第三十六条第二款的规定，认定网络服务提供者采取的删除、屏蔽、断开链接等必要措施是否及时，应当根据网络服务的性质、有效通知的形式和准确程度，网络信息侵害权益的类型和程度等因素综合判断。

第十二条　网络用户或者网络服务提供者利用网络公开自然人基因信息、病历资料、健康检查资料、犯罪记录、家庭住址、私人活动等个人隐私和其他个人信息，造成他人损害，被侵权人请求其承担侵权责任的，人民法院应予支持。但下列情形除外：

（一）经自然人书面同意且在约定范围内公开；

（二）为促进社会公共利益且在必要范围内；

（三）学校、科研机构等基于公共利益为学术研究或者统计的目的，经自然人书面同意，且公开的方式不足以识别特定自然人；

（四）自然人自行在网络上公开的信息或者其他已合法公开的个人信息；

（五）以合法渠道获取的个人信息；

（六）法律或者行政法规另有规定。

网络用户或者网络服务提供者以违反社会公共利益、社会公德的方式公开前款第四项、第五项规定的个人信息，或者公开该信息侵害权利人值得保护的重大利益，权利人请求网络用户或者网络服务提供者承担侵权责任的，人民法院应予支持。

国家机关行使职权公开个人信息的，不适用本条规定。

《最高人民法院关于确定民事侵权精神损害赔偿责任若干问题的解释》

第八条　因侵权致人精神损害，但未造成严重后果，受害人请求赔偿精神损害的，一般不予支持，人民法院可以根据情形判令侵权人停止侵害、恢复名誉、消除影响、赔礼道歉。

因侵权致人精神损害，造成严重后果的，人民法院除判令侵权人承担停止侵害、恢复名誉、消除影响、赔礼道歉等民事责任外，可以根据受害人一方的请求判令其赔偿相应的精神损害抚慰金。

《中华人民共和国反不正当竞争法》

第二条　经营者在生产经营活动中，应当遵循自愿、平等、公平、诚信的原则，遵守法律和商业道德。

本法所称的不正当竞争行为，是指经营者在生产经营活动中，违反本法规定，扰乱市场竞争秩序，损害其他经营者或者消费者的合法权益的行为。

本法所称的经营者，是指从事商品生产、经营或者提供服务（以下所称商品包括服务）的自然人、法人和非法人组织。

第十四条　监督检查部门调查涉嫌不正当竞争行为，被调查的经营者、利害关系人及其他有关单位、个人应当如实提供有关资料或者情况。

第二十条　经营者违反本法第八条规定对其商品作虚假或者引人误解的商业宣传，或者通过组织虚假交易等方式帮助其他经营者进行虚假或者引人误解的商业宣传的，由监督检查部门责令停止违法行为，处二十万元以上一百万元以下的罚款；情节严重的，处一百万元以上二百万元以下的罚款，可以吊销营业执照。

经营者违反本法第八条规定，属于发布虚假广告的，依照《中华人民共和国广告法》的规定处罚。

《中华人民共和国消费者权益保护法》

第二十二条　经营者提供商品或服务，应当按照国家有关规定或者商业惯例向消费者出具发票等购货凭证或者服务单据；消费者索要发票等购货凭证或者服务单据的，经营者必须出具。

1. 泄露用户、客户个人信息

（1）因航班信息泄漏而遭诈骗，航空公司、网络平台、售票方不必然承担侵权责任。

【裁判要旨】因航班信息泄漏而遭到电话诈骗，导致财产受损的，该信息并不能直接推断是航空公司、网络平台或售票方泄露的。

【案例索引】昆明市盘龙区人民法院（2015）盘法民初字第936号刘××与昆明××航空运输服务有限公司（以下简称“昆明××公司”）、云南××航空有限责任公司（以下简称“云南××公司”）、北京××信息技术有限公司（以下简称“北京××公司”）财产损害赔偿纠纷一审民事判决书

【案情简介】原告通过被告北京××公司管理的“去哪儿网”手机客户端，向网络代理销售商“空域商旅”即被告昆明××公司购买了被告云南××公司从昆明到成都的机票一张，并支付了相应的机票款。此后原告收到号码为0085264504231发送的短信，通知其购买的上述机票的航班出现故障不能起飞，并要求其联系客服办理改签，该短信留有的云南××公司服务专线电话为4008－551－355。原告收到短信后即回拨了号码4008－551－355，后被骗取124925元。原告于事发后报警，昆明市公安局盘龙分局于2014年5月12日决定对刘××诈骗案立案侦查。原告认为三被告在提供服务过程中泄露了其个人信息，致其信息被诈骗分子取得，并使其被骗取巨额财产，要求三被告承担责任。

【法院观点】首先，依据《侵权责任法》第6条第1款的规定，行为人因过错侵害他人民事权益，应当承担侵权责任。原告没有举证证明三被告（航空公司、售票平台“去哪儿网”、售票商户）泄露了原告的个人信息，即没有证据证明三被告实施了侵权行为，也没有提交证据证明三被告对其财产受损存在过错；并且，其所述的个人信息泄露并不必然导致其财产受损，因此，原告要求三被告承担侵权责任，没有事实依据。其次，原告系完全民事行为能力人，在日常生活中应提高自我安全防范意识，而在原告受骗过程中，

原告本可以以其他方式核实事件真伪避免上当受骗而未采取更恰当的措施，本院认为，原告在此事件中亦存在过错。

【简要分析】 由于乘客通过“去哪儿网”平台向网络代理销售商订购了航空公司的机票，即乘客的订票信息先后通过了平台、代理商、航空公司这三方。这也就意味着乘客的信息在任何环节都有可能被泄漏，因此在乘客缺乏足够的证据证明是在哪一环节泄露的情况下，法院较难认定该信息泄露是此三方所为，自然也就难以认定是此三方的信息的泄露直接导致了乘客的财产受损。

【类似案例】（2016）闽0803民初1488号

（2）网购买家通过平台购买虚拟充值码在第三方网站充值成功后退款的，平台和买家对卖家不承担侵权赔偿责任。

【裁判要旨】 网购买家通过平台购买虚拟充值码在第三方网站充值成功后退款的，除非卖家能提供该第三方网站就该充值码已与卖家结算的证据，否则买家和网购平台即使存在侵权行为或过错，但由于无法证明卖家的损失，买家和网购平台不承担侵权赔偿责任。

【案例索引】 上海市徐汇区人民法院（2016）沪0104民初2682号黄××与浙江淘宝网络有限公司、支付宝（中国）网络技术有限公司等网络侵权责任纠纷一审民事判决书

【案情简介】 被告胡××在原告黄××开设的淘宝网店铺购买FXBTC比特币交易平台充值码（20000元），支付价款20060元，用于在比特币交易网站www. fxbtc. com充值。原告店铺将上述充值码交易设置为实物商品，商品页面标注“本店铺为上述比特币交易平台网站官方店铺；由于充值码给予后不确认收货可能导致钱未到账即在网站提现情况，造成资金流转出现问题，所以请买家在付款完成后先点击确认收货，随后客服将会通过旺旺发送充值码；如果您需要提现，我们网站可以提交申请，我们会有专门的工作人员进行提现处理”等。

原告方告知“订单已处理，请确认收货，之后立即通过阿里旺旺发送充值码，自行充值”后，胡××回复“好了，确认了”，原告方随后发送充值码。上述交易完成后，胡××以未收到货为由向淘宝网申请退款，备注说明

"我今天在平台充值 3 万元，其中 2 万元是通过淘宝平台充值的。然后以 6500 元/比特币左右的价格，买了 4.7 个比特币。接着我在平台申请提币到我的比特币钱包，可是 12 小时过去了，还没有收到。其他平台都是瞬间就发出交易的"。淘宝网以"卖家超时未处理售后申请"为由指令支付宝公司将原告支付宝账户内 20060 元打入了胡××的支付宝账户。

原告以淘宝退款给买家但未收到消息提醒为由向淘宝网提出投诉维权并于 2014 年 1 月 19 日以涉案买家收到货物完成交易后又恶意申请退款造成损失为由向淘宝公司、支付宝公司递交律师函，要求两公司提供包括涉案买家注册登记信息、交易记录等在内的全部交易信息资料。但淘宝公司、支付宝公司未予同意，后在原告提起诉讼的情况下，两公司提供了涉案买家的相关注册身份信息。原告遂再提起本案诉讼。

【法院观点】本案中，胡××作为买家在原告注册的淘宝店铺购买 www. fxbtc. com 网站现金充值码用于在该网站充值，其与原告之间成立买卖关系。被告淘宝公司作为网络交易平台、支付宝公司作为代收代付第三方支付平台，与原告及胡吉阳则成立服务与被服务关系。各方在淘宝商品交易过程中均应遵守约定、承诺及接受的既定规则。本案中，被告胡××在发起售后维权退款申请后，由淘宝系统及支付宝系统自动退款，因此并不能归责于胡××。淘宝公司作为知名的网络交易服务平台，对于涉及用户重大利益的规则变更未采用公证等方式固定相应规则的公示通知情况，造成目前无法明确相应规则适用的起讫时间点，对此应归责于淘宝公司。根据有利于原告原则，认定涉案交易卖家超时不处理的期限为 5 天，淘宝公司存在提前发出退款指令的侵权行为及过错。而在案原告亦未提供证据证明被告胡××在 www. fxbtc. com 网站购买的比特币已得到有效流转，或者证明其与上海耀志网络科技有限公司就涉案充值码的交易款项进行过结算，进而证明其所主张的损失客观发生。故本案中难以认定被告胡××存在恶意退款的侵权行为并造成了原告损失，原告要求其承担侵权赔偿责任，缺乏事实及法律依据。同理，虽然本案中淘宝公司存在侵权行为及过错，但由于原告损失的实际发生难以认定，故淘宝公司亦不承担侵权赔偿责任。

【简要分析】虽然本案买卖的标的物涉及了现在非常热门的比特币，但是在本案中，比特币或是区块链的属性并非影响本案的核心因素。本案最有价值的部分应当在于法院如何去理解类似淘宝、京东等知名网购平台的平台规则。首先法院认可平台方自己所制定的平台规则。但是同样出于公平角度的考量，平台方既是规则的制定人，又是监督人，还是执行人，所以法院对其有着更高的要求，比如在此案中体现的就是重要规则的变更应当及时做出显著的公示和通知。

（3）裁判文书被非政府部门在网络公布时，未对公民个人信息进行适当模糊化处理的构成侵权。

【裁判要旨】企业通过政府部门官网的文书中获取的公民个人信息，未对个人信息进行模糊化处理便公布于自己的网站之上，在接到删除通知后仍未及时删除的，构成侵权。

【案例索引】浙江省杭州市中级人民法院（2016）浙01民终7399号徐××、北京法易律商科技有限公司（以下简称“法易公司”）网络侵权责任纠纷二审民事判决书

【案情简介】2015年12月初，徐××发现奇虎公司的好搜、360网页快照服务网站，以及法易公司的法易网收录了“徐××与浙江淘宝网络有限公司网络服务合同纠纷一审民事裁定书”，该裁定书主要内容为：“杭州市余杭区人民法院民事裁定书（2015）杭余民初字第1690号；原告：徐××，男，汉族，住江苏省××市×镇××巷×号。公民身份号码……”当日，徐××联系法易网，并提供网络链接地址，认为该内容侵犯其隐私权（内容中的家庭住址、公民身份号码），要求法易网删除相应内容。同日，徐××通过邮件联系好搜网，好搜网当日回复邮件，表示“您提交的快照删除申请已经收到，我们会尽快按照流程处理，根据不同情况在2～5个工作日内处理完毕……”根据北京市方正公证处（2015）京方正内经证字第18034号《公证书》，2015年12月14日时，已不存在前述好搜网、360网页快照服务网站及链接地址上相关内容。2016年8月30日，徐××至北京，未找到法易公司；奇虎公司工作人员签收了徐××发出的《停止侵权通知书》。庭审时，案涉链接地址尚存在，经法易公司代理人现场联系，删除该链接地址。

【法院观点】徐××发现奇虎公司的好搜、360网页快照服务网站，以及

法易公司的法易网收录了其家庭住址、公民身份号码等信息并将其登载在网站后，要求法易公司、奇虎公司删除相关信息，法易公司、奇虎公司已分别根据徐××的要求，将相应链接及时予以删除。鉴于法易公司网站登载的内容造成徐××持续维权，必然存在一定的损失，原审法院酌情确定法易公司支付徐××损失1000元，应属合理。徐××并无证据证明奇虎公司作为信息服务的提供者存在发布的信息与信息来源的内容不符、删改信息等侵犯徐××的合法权益的行为。根据本案之情形，亦不足以认定因法易公司网站登载徐××个人信息，已造成严重的后果，因此对于徐××提出的精神损害赔偿金的诉请，原审法院不予支持，并无不当。

【简要分析】对于网络侵权，适用“避风港”原则，即网站的运营人在接到被侵权人通知时应及时删除涉及侵权的信息，即使该信息是网站通过合法途径获取的个人信息。

（4）网络服务提供者接到通知后未及时采取必要措施的，对损害的扩大部分与该网络用户承担连带责任。

【裁判要旨】首先，网络服务提供者在接到通知后存在未及时采取必要措施的，存在管理过失。其次，作为网络服务提供商，由其管理的微博监控平台应当具有对非法信息的筛选、识别、删除等能力。

【案例索引】潍坊市奎文区人民法院（2015）奎民一初字第943号杨×与北京微梦创科网络技术有限公司网络侵权责任纠纷一审民事判决书

【案情简介】原告杨×系新浪微博平台“V”微博认证的注册用户。山东省潍坊市奎文公证处（2015）潍奎文证民字第1233号公证书及附件、山东省潍坊市奎文公证处（2015）潍奎文证民字第1232号公证书及附件和原告提交的微博截图均载有被告对原告的负面言论。

【法院观点】网络用户利用网络服务实施侵权行为的，被侵权人有权通知网络服务提供者采取删除、屏蔽、断开链接等必要措施。网络服务提供者接到通知后未及时采取必要措施的，对损害的扩大部分与该网络用户承担连带责任。网络服务提供者知道网络用户利用其网络服务侵害他人民事权益，未采取必要措施的，与该网络用户承担连带责任。经营者对网络不法信息承担的应当为一种管理上的过错责任，结合原、被告的举证，被告对微博平台的管理存在过错。

【简要分析】对于网络侵权，原告只要尽到了通知的义务，网络服务提供者应采取删除、屏蔽、断开链接等必要措施。本案中，虽然原告未举证证明在发现涉案微博后已通知被告，但是法院根据被告收到开庭传票、起诉状副本近两周后，才通过其管理的微博监控平台将用于侵权的微博账号予以注销，以此认定被告在接到通知后存在未及时采取必要措施的管理过失。

（5）政务网站负有保护申请政府信息公开申请人信息安全的义务。

【裁判要旨】中国保险监督管理委员会依法负有保护申请政府信息公开申请人信息安全的义务。该会网站因网络漏洞泄露了周××的个人注册信息，系违法行为。

【案例索引】海南省三亚市中级人民法院（2016）琼02民终375号周××与上诉人中国保险监督管理委员会（以下简称“中国保监会”）、北京中科汇联科技股份有限公司（以下简称“中科汇联公司”）网络侵权责任纠纷一案民事判决书

【案情简介】周××依法向中国保监会申请政府信息公开，按中国保监会网站政府信息依申请公开系统的页面提示，向网站提供个人姓名、身份证号码、通信地址、联系电话等个人信息及上传个人身份证复印件等资料。2015年5月8日，周××在百度搜索栏中输入冯××的名字，出现冯××在中国保监会网站的个人信息页面，再通过更改该页面网址中的最后一排数字便可以搜索到其他人的注册信息。2015年5月10日晚上，中国保监会在获知相关情况后，通过中科汇联公司对系统进行修补；通过百度投诉平台提交删除敏感信息申请，至2015年5月13日百度已无法搜索到媒体报道的相关个人信息。据中科汇联公司统计，用户编号194（周××）的注册信息于2014年12月底至2015年5月31日共被访问过3次，均于2015年5月10日被访问。

【法院观点】中国保监会网站系政务网站，有固定的网站维护运营技术力量支撑，并经公安部信息安全等级保护评估中心测评为合格，这可证明网站符合相应的安全标准，具有安全运行的资格，依法可为社会公众提供政务

服务。然而，在当今互联网技术不断迅猛发展的时代，网络没有绝对的安全。因此，若互联网网站被非法入侵，用户信息被获取，就意味着这个网站存在缺陷。综上，应认定中国保监会网站系统存在漏洞。中国保监会也依法负有保护申请政府信息公开申请人信息安全的义务。该会网站因网络漏洞泄露了周××的个人注册信息，系违法行为，根据《侵权责任法》第36条第1款之规定，应认定中国保监会对周××构成了侵权。

但是原告周××发现其信息被泄露后，没有及时通知中国保监会采取措施，而是放任其信息泄露的扩散，并以此向中国保监会索赔，其目的不具有正当性。而中国保监会在发现网站中申请公开政府信息的个人资料泄露后，当日马上采取措施对网站断开链接、升级网络系统，申请百度删除敏感信息，阻断了公民信息泄露的源头。该会并没有静等包括周××在内的有责任履行通知义务的受害人通知其采取删除、屏蔽、断开链接等必要措施后才行动。故应认定该会采取的措施是及时的。

【简要分析】公民在依法向政务网站申请政府信息公开时，通常需要向网站提供个人姓名、身份证号码、通信地址、联系电话等个人信息及上传个人身份证复印件等资料。而政务网站对于这些申请人的信息具有保护其不被泄露的义务。

（6）电信服务商在送达过程中也应审慎审查办理人身份。

【裁判要旨】电信服务商对电话卡进行送达时仅核验了办理人的身份证复印件，但对代收人的身份未予核验，且所核身份证复印件与办理人本人的身份证原件有异，因此电信服务商在送达过程中存在未审慎审查办理人身份的过错。

【案例索引】广东省深圳市中级人民法院（2017）粤03民终2920号中国电信股份有限公司深圳分公司（以下简称“深圳电信”）与邵××财产损害赔偿纠纷二审民事判决书

【案情简介】深圳电信在办理升级4G卡时未对邵××本人进行过任何提示，没有发送提示短信，亦没有打电话核实。从深圳电信提交的QQ业务办理记录可以看出，冒领人仅以身份证复印件要求领取升级189××××4149号码4G卡，深圳电信QQ客服也同意了。深圳电信通过深圳市鸿桥服务外包集团有限公司进行送达，送达人员核验了邵××的身份证复印件，但对代收人的身份未予核验，且所核身份证复印件与邵××本人的身份证原件有异。

【法院观点】深圳电信通过深圳市鸿桥服务外包集团有限公司进行送达，送达人员核验了邵××的身份证复印件，但对代收人的身份未予核验，且所核身份证复印件与邵××本人的身份证原件有异。本院认为深圳电信在送达升级卡的过程中存在未审慎审查办理人身份的过错。但深圳电信的上述过错并不必然导致邵××财产的损失，如果邵××不泄露其微信登录信息、银行卡信息、身份信息，即使犯罪嫌疑人持有其升级的电话卡也无法通过微信支付、支付宝完成窃取邵××财物的行为，邵××泄露自己微信、银行卡、支付宝、身份等信息，是导致其财产损失必不可少的环节，即邵××泄露自己信息的行为与其财产遭受损害具有相当因果关系，而深圳电信的过错与邵××的损害不具有相当因果关系，因此深圳电信不应对邵××的损失承担赔偿责任。

【简要分析】电信服务提供商提供电信业务时，除了在登记办理时需核验办理人的身份以外，在送达的过程中也需审慎审查办理人身份，以避免被他人冒领的情况。

【类似案例】（2018）赣04民终78号

（7）用户信息作为互联网公司的核心竞争力，他方不可随意抓取。

【裁判要旨】用户信息是互联网经营者重要的经营资源，如何展现这些用户信息也是经营活动的重要内容。非法获取他方的用户信息之后并于自己公司软件中展示用户手机通讯录联系人与他方用户的对应关系，使大量非本公司用户的信息及好友关系展示在自己公司软件中，便于拓展自身用户群。此行为违反了诚实信用的原则，违背了公认的商业道德，危害到他方用户信息安全，损害了他方的合法竞争利益。

【案例索引】北京市海淀区人民法院（2015）海民（知）初字第12602号北京微梦创科网络技术有限公司（以下简称“微梦公司”）与北京淘友天下技术有限公司等不正当竞争纠纷一审民事判决书

【案情简介】微梦公司是新浪微博的经营人，用户使用手机号或电子邮箱注册新浪微博账号、手机号需要验证，用户可以选择手机号向不特定人公开；用户头像、名称（昵称）、性别、个人简介向所有人公开，用户可以设置其他个人信息公开的范围，职业信息、教育信息默认向所有人公开，互为好友的新浪微博用户能看到对方的职业信息、教育信息。

淘友科技公司是淘友网备案人，同时也是脉脉软件的数字签名人。二被告表示，其与微梦公司合作期间，用户使用手机号或新浪微博账号注册脉脉，需要上传个人手机通讯录联系人，脉脉账号的一度人脉来自脉脉用户的手机通讯录联系人和新浪微博好友，二度人脉为一度人脉用户的手机通讯录联系人和微博好友；与微梦公司合作结束后，用户只能通过手机号注册登录，一度人脉仅是脉脉用户的手机通讯录联系人，他人留存有脉脉用户的手机号，该人也会出现在脉脉用户的一度人脉中；一度人脉不一定是脉脉用户。

双方均提交了新浪微博开放平台的《开发者协议》，证明双方曾通过微博平台 OpenAPI 进行合作。该协议明确微梦公司依据该协议提供服务，该协议在开发者和微梦公司间具有合同上的法律效力。开发者违反该协议时，微梦公司有权依照其违反情况限制或停止向开发者提供开放平台服务，并有权追究开发者的相关责任。

【法院观点】鉴于双方曾经存在合作关系，在二被告明确了解需要通过申请获得微博用户相关信息的接口权限，且合作终止后应当及时删除从新浪微博获取的用户信息的情况下，二被告在合作期间超出许可范围抓取并使用新浪微博用户职业信息、教育信息，并在合作终止后较长一段时间内仍然使用来自新浪微博的用户信息作为脉脉软件中非脉脉用户的相关信息；同时，非法获取并在一度人脉中展示用户手机通讯录联系人与新浪微博用户的对应关系，使大量非脉脉用户的新浪微博信息及好友关系展现在脉脉软件中，便于脉脉软件拓展自身用户群，二被告的行为主观故意明显。

众所周知，用户信息是互联网经营者重要的经营资源，如何展现这些用户信息也是经营活动的重要内容。同时兼具社交媒体网络平台和向第三方应用软件提供接口的开放平台身份的微梦公司，其在多年经营活动中，已经积累了数以亿计的新浪微博用户，这些用户根据自身需要及微梦公司提供的设置条件，公开、向特定人公开或不公开自己的基本信息、职业、教育、喜好等特色信息。这些用户信息不仅是支撑微梦公司作为庞大社交媒体平台开展经营活动的基础，也是其向不同第三方应用软件提供平台资源的重要内容。规范、有序、安全地使用这些用户信息，是微梦公司维持并提升用户活跃度、开展正常经营活动、保持竞争优势的必要条件。本案中，二被告的行为违反了诚实信用原则，违背了公认的商业道德，危害到新浪微博平台用户信息安全，损害了微梦公司的合法竞争利益，对微梦公司构成不正当竞争。

【简要分析】用户职业信息、教育信息具有较强的用户个人特色，对于互联网公司而言，都不属于为程序运行和实现功能目的的必要信息，而是需要经营者在经营活动中付出努力，挖掘并积累的用户资源中的重要内容。另外，头像、昵称、职业、教育、标签等用户信息的完整使用能刻画出用户个人的生活、学习、工作等基本状态和需求。而包括手机号在内的相关用户精准信息与互联网公司之间的对应关系，是公司用户信息构成中重要的组成部分，这种对应关系也是公司重要的经营利益所在。因此这些信息必然不可能是其他公司或个人可以任意获取并使用的。

2. 经用户明确同意发送垃圾短信不侵权，若其后用户拒绝接受应双方协商

【裁判要旨】经用户同意向用户发送垃圾短信并无过错，不构成侵权；用户单方做出拒绝接受的意思表示属合同内容的变更，需相对方同意；向用户发送短信文字不足以造成对用户个人信息受保护的权利的损害。

【案例索引】上海市第一中级人民法院（2015）沪一中民六（商）终字第107号刘××诉中国工商银行股份有限公司上海市分行侵权责任纠纷一案二审民事判决书、上海市高级人民法院（2016）沪民申2161号刘××与中国工商银行股份有限公司上海市分行（以下简称“工行上海分行”）侵权责任纠纷再审申请民事裁定书

【案情简介】刘××向工行上海分行申领牡丹畅通卡一张，该申请表背面为《牡丹畅通卡领用合约》。《牡丹畅通卡领用合约》第5条为：“甲方（申领人）在申请表中所填内容（包括但不限于工作单位、联系方式及地址、身份证件号码）有所变更时，需立即以书面或双方认可的其他形式通知乙方办理资料变更。否则，由此产生的后果或损失由甲方承担。甲方同意乙方可通过短信或电子邮件方式向其发送与牡丹信用卡有关的信息，乙方保留终止

发送的权利。”后工行上海分行使用“95588”短信号码向刘××发送商业广告。

【法院观点】本案争议焦点是工行上海分行向刘××发送短信信息是否构成侵权。首先，刘××与工行上海分行签订的领用合约约定工行上海分行可以通过短信向刘××发送与牡丹信用卡有关的信息，故工行上海分行向刘××发送相关消费信息及商业信息的行为并无过错。刘××以短信方式单方向工行上海分行做出的拒绝接受商业信息的意思表示未得到工行上海分行同意，故工行上海分行继续向其发送与牡丹卡消费相关的信息亦未违反合同约定。其次，工行上海分行向刘××发送短信文字简短、占用移动设备内存极小，并不足以构成对刘××移动设备及其存储空间等财产上的损害；且工行上海分行发送的商业信息未违反社会公共利益和社会公德，故工行上海分行的行为尚不足以造成对刘××个人信息受保护的权利的损害。

【简要分析】首先，用户在与经营者之间达成的协议中明确同意向其发送短信的，经营者可以按照约定向其发送，但应当尽到格式条款的提请注意义务，同时明确发送短信的内容，根据经营者的实际情况建立变更协议内容的渠道，不得恶意为用户设置障碍；用户做出拒绝接受的意思表示也应按照约定程序进行。其次，电子信息因其性质，难以认定为对用户财产性权利造成了侵害后果。最后，如短信内容未违反法律或公序良俗，并且尚不足以使民事主体产生精神上的痛苦，则不可能产生精神损害赔偿责任的事实基础。

3. 网络平台服务者应有保护用户个人信息的责任

（1）网络服务平台在收到要求披露用户相关信息的请求时，为保护其用户信息安全，有权拒绝。

【裁判要旨】淘宝公司、支付宝公司等网络平台服务者在对用户信息进行合理审查的情况下，应当保护用户个人信息，在收到律师函后未披露用户的相关信息，未违反相关法律规定，不构成侵权。

【案例索引】上海市徐汇区人民法院（2016）沪0104民初2684号黄××与浙江淘宝网络有限公司、支付宝（中国）网络技术有限公司等网络侵权责任纠纷一审民事判决书

【案情简介】2013年11月19日被告胡××（淘宝会员名“hackfan”）

在黄××（淘宝会员名为“fxbtc”）开设的淘宝网店铺购买FXBTC比特币交易平台充值码（20000元），支付价款20060元，用于在比特币交易网站www.fxbtc.com充值，订单编号为×××××××××××××××。后被告胡××以未收到充值申请退款，淘宝网以“卖家超时未处理售后申请”为由指令支付宝公司将原告支付宝账户内20060元打入了胡××的支付宝账户。随后黄××以淘宝退款给买家但未收到消息提醒为由向淘宝网提出投诉维权并于2014年1月19日以案涉买家收到货物完成交易后又恶意申请退款造成损失为由向淘宝公司、支付宝公司递交律师函，要求两公司提供包括案涉买家注册登记信息、交易记录等在内的全部交易信息资料。但淘宝公司、支付宝公司未予同意，后在原告提起诉讼的情况下，两公司提供了案涉买家的相关注册身份信息。原告遂再提起本案诉讼。

【法院观点】淘宝公司、支付宝公司均是大数据网络交易服务平台，要求其就案涉交易买家在淘宝规则范围内的网络平台系统维权行为进行实时审查显然过于苛刻，超出了网络服务平台合理审查范围。而淘宝公司、支付宝公司在收到原告律师函后未披露作为消费者的被告留下的相关信息，亦未违反相关法律规定，不构成侵权。

【简要分析】淘宝等网络平台服务者一般在平台内经营者入驻时已经对其身份信息予以审查和备案，但根据《电信和互联网用户个人信息保护规定》以及平台的隐私政策，有义务保护交易双方的个人信息。确需披露的，理应按照一定流程，以免被披露信息用于非法目的。

【类似案例】（2018）沪0104民初2679号

（2）网络平台服务者应当对用户信息承担合理的审查义务，否则应当与提供侵权商品或者服务的平台内经营者承担连带责任。

【裁判要旨】网络平台内经营者用户存在虚假宣传商品情形的，确已侵害了消费者财产权及信赖利益，虽退回全部货款，但因侵权行为已经发生，应当承担赔偿责任，网络交易平台及广告经营平台未能对经营者用户个人信息进行合理审查，以致不能提供经营者用户有效联系方式的，应当承担所购商品价款3倍的赔偿责任。

【案例索引】 四平市铁西区人民法院（2017）吉0302民初189号郑××与浙江淘宝网络有限公司网络购物纠纷一审民事判决书

【案情简介】 重庆恒必盛商贸有限公司淘宝店为杨××以个人实名认证在被告淘宝公司注册，经营者为杨××。2014年11月11日，原告郑××在杨××的淘宝店铺购买商品，后发现原告收到的商品与其在网上购买的商品不符，同时部分商品也无法正常使用，郑××便向被告淘宝公司进行投诉，要求淘宝公司披露杨××的联系方式。且杨××在淘宝公司注册的经营项目为女装/流行女装，而非原告所购买的播放器。故原告以淘宝公司虚假宣传为由提起诉讼。

【法院观点】 根据原告出示的其所购买商品的恒必盛商贸有限公司淘宝店铺截图所宣传的商品可播放的格式文件及原告当庭出示的商品实物，该商品确实无法播放商家所宣传的全部格式文件，构成虚假宣传，经营者杨××应当承担赔偿责任。被告淘宝公司提供的经营者杨××的地址及联系电话均无法查找到杨××本人，根据《消费者权益保护法》第44条、第45条、第55条的规定，原告因经营者杨××虚假宣传所购的商品，已经侵害了消费者财产权及信赖利益，虽然杨××后来向原告退回了全部货款，但是侵权行为已经发生，而淘宝公司作为网络交易平台及广告经营平台，不能提供经营者有效联系方式，应当承担原告所购商品价款3倍的赔偿责任。原告请求被告赔偿交通费、食宿费、误工费、精神损害抚慰金，根据《消费者权益保护法》第49条、第50条的规定，本案诉争的商品未造成原告人身伤亡且未侵害其人格尊严、人身自由或者个人信息保护等权利，对于原告的该两项诉讼请求本院不予保护。

【简要分析】 淘宝等网络平台服务者作为交易的中间环节，应当对平台内经营者及其他用户相关个人信息尽到合理的审查义务，消费者通过网络平台购买商品或者接受服务，其合法权益受到损害的，可以向销售者或者服务者要求赔偿。但当网络平台服务者未尽合理审查义务，不能提供销售者或者服务者的真实名称、地址和有效联系方式的，消费者也可以向网络平台服务者要求赔偿。

（3）消费者向网络平台服务者申请披露用户个人信息应当依照法定或约

定程序进行，且网络平台服务者有权对申请理由的正当性进行合理审查，对未按法定或约定程序申请或者因不正当理由申请的，网络平台服务者有权拒绝披露。

【裁判要旨】消费者因网络平台服务者用户侵权向法院提起诉讼的，应当就其主张承担举证证明责任，否则应当承担举证不能的法律后果；同时，消费者与用户间签订的合同具有相对性，若网络平台服务者不存在共同侵权的情形，则不应要求网络平台服务者承担相应的连带责任。

【案例索引】杭州市余杭区人民法院（2015）杭余商初字第442号王××与浙江淘宝网络有限公司、汪××网络购物合同纠纷一审民事判决书

【案情简介】王××在淘宝网平台上的巴黎时尚真皮皮草服饰购买商品，后认为该商品存在质量问题，自己收到的商品与网上商店描述的不一致，故以欺诈为由向浙江淘宝网络有限公司及淘宝店店主汪××提起诉讼。

【法院观点】王××与汪××通过信息网络方式签订了买卖合同，由此形成的交易订单信息及交易快照中记载的商品信息均属于合同的内容。汪××在涉案商品详情中明确承诺“整貂绒+整貂下摆+整貂领”“正品保证，假一赔十”“质量保证，不是整貂，赔偿十倍”等内容，因此，该承诺属于合同的一部分。现王××主张汪××提供的涉案商品材质与宣传不符，宣称进口水貂，实质为獭兔，从而构成欺诈，要求汪××按约支付十倍赔偿款。但王××未提供相应证据，应当承担举证不能的法律后果，故对王××关于汪××销售的涉案商品材质与宣传不符的主张，证据不足，本院不予采信。鉴于王××的上述主张不能成立，故王××要求汪××支付十倍赔偿款及交通费的主张亦不符合合同约定，本院不予支持。另，王××并未提供证据证明汪××销售的涉案商品或其包装上无产品质量检验合格证明，对此，应承担举证不能的不利后果，故对王××的该项主张，本院不予支持。王××还要求汪××出具相应的购物发票，根据《消费者权益保护法》第22条“经营者提供商品或服务，应当按照国家有关规定或者商业惯例向消费者出具发票等购货凭证或者服务单据；消费者索要发票等购货凭证或者服务单据的，经营者必须出具”之规定，现王××向汪××索要发票，汪××应当出具，故对王××的该项诉请，本院予以支持。因淘宝公司并非本案所涉网络购物

合同的相对方，也非相关承诺的做出方，故无论汪××是否承担责任，淘宝公司均不应当承担相应的合同责任。至于王××主张淘宝公司应承担共同侵权的连带责任，因王××明确本案主张的是合同之诉而非侵权之诉，故淘宝公司是否构成共同侵权不属于本案审查的范围，对该主张本院不作处理。故王××针对淘宝公司的诉请，本院均不予支持。

【简要分析】本案中，除去举证责任及诉讼程序性问题，单就淘宝公司是否应当依王××申请披露用户信息问题讨论，消费者在要求网络平台服务者提供用户信息时，应当按照双方协议中约定的程序进行。本案中，王××诉称淘宝公司违法设置阻碍，拒绝履行提供巴黎时尚真皮皮草服饰经营信息的法定义务，给其生活、工作造成了严重影响，并要求淘宝公司承担连带责任。而淘宝公司辩称在卖家入驻时已经对其身份信息予以审查和备案，但有义务保护交易双方的个人信息。确需披露的，理应按照一定流程，以免被披露信息用于非法目的，且未收到原告符合要求的披露申请，也不存在原告所称的违法设置阻碍，拒绝履行提供经营者信息的义务之情形。而在淘宝公司与用户签订的《淘宝服务协议》中，明确约定消费者向淘宝公司申请披露经营者的身份信息，需要通过淘宝公司发送的特定链接下载《信息披露申请表》自行填写并与身份证正反面的扫描件在24小时内从该链接的页面中完成上传，故淘宝公司对未按约定程序申请的披露有权予以拒绝。

（四）人格权

信息保护的案例中还有一小部分涉及人格权，具体包括名誉权、姓名权、隐私权等。这一部分将通过三个案例具体展现信息保护与人格权之间的关系。

【关键词】名誉权；姓名权；隐私权；个人信息保护

【相关法律法规】

《中华人民共和国侵权责任法》

第二条　侵害民事权益，应当依照本法承担侵权责任。

本法所称民事权益，包括生命权、健康权、姓名权、名誉权、荣誉权、肖像权、隐私权、婚姻自主权、监护权、所有权、用益物权、担保物权、著作权、专利权、商标专用权、发现权、股权、继承权等人身、财产权益。

第三条　被侵权人有权请求侵权人承担侵权责任。

第六条　行为人因过错侵害他人民事权益，应当承担侵权责任。

根据法律规定推定行为人有过错，行为人不能证明自己没有过错的，应当承担侵权责任。

第十五条　承担侵权责任的方式主要有：

（一）停止侵害；

（二）排除妨碍；

（三）消除危险；

（四）返还财产；

（五）恢复原状；

（六）赔偿损失；

（七）赔礼道歉；

（八）消除影响、恢复名誉。

以上承担侵权责任的方式，可以单独适用，也可以合并适用。

第二十条　侵害他人人身权益造成财产损失的，按照被侵权人因此受到的损失赔偿；被侵权人的损失难以确定，侵权人因此获得利益的，按照其获得的利益赔偿；侵权人因此获得的利益难以确定，被侵权人和侵权人就赔偿数额协商不一致，向人民法院提起诉讼的，由人民法院根据实际情况确定赔偿数额。

第二十二条　侵害他人人身权益，造成他人严重精神损害的，被侵权人可以请求精神损害赔偿。

第二十六条　被侵权人对损害的发生也有过错的，可以减轻侵权人的责任。

第三十六条　网络用户、网络服务提供者利用网络侵害他人民事权益的，应当承担侵权责任。

网络用户利用网络服务实施侵权行为的，被侵权人有权通知网络服务提供者采取删除、屏蔽、断开链接等必要措施。网络服务提供者接到通知后未及时采取必要措施的，对损害的扩大部分与该网络用户承担连带责任。

网络服务提供者知道网络用户利用其网络服务侵害他人民事权益，未采取必要措施的，与该网络用户承担连带责任。

《中华人民共和国民法通则》

第五条　公民、法人的合法的民事权益受法律保护，任何组织和个人不得侵犯。

第一百零一条　公民、法人享有名誉权，公民的人格尊严受法律保护，禁止用侮辱、诽谤等方式损害公民、法人的名誉。

第一百零六条　公民、法人违反合同或者不履行其他义务的，应当承担民事责任。

公民、法人由于过错侵害国家的、集体的财产，侵害他人财产、人身的，应当承担民事责任。

没有过错，但法律规定应当承担民事责任的，应当承担民事责任。

第一百二十条　公民的姓名权、肖像权、名誉权、荣誉权受到侵害的，有权要求停止侵害，恢复名誉，消除影响，赔礼道歉，并可以要求赔偿损失。

法人的名称权、名誉权、荣誉权受到侵害的，适用前款规定。

第一百三十四条　承担民事责任的方式主要有：

（一）停止侵害；

（二）排除妨碍；

（三）消除危险；

（四）返还财产；

（五）恢复原状；

（六）修理、重作、更换；

（七）赔偿损失；

（八）支付违约金；

（九）消除影响、恢复名誉；

（十）赔礼道歉。

以上承担民事责任的方式，可以单独适用，也可以合并适用。

人民法院审理民事案件，除适用上述规定外，还可以予以训诫、责令具结悔过、收缴进行非法活动的财物和非法所得，并可以依照法律规定处以罚款、拘留。

《中华人民共和国消费者权益保护法》

第三十四条　有关国家机关应当依照法律、法规的规定，惩处经营者在提供商品和服务中侵害消费者合法权益的违法犯罪行为。

第四十四条　消费者通过网络交易平台购买商品或者接受服务，其合法权益受到损害的，可以向销售者或者服务者要求赔偿。网络交易平台提供者不能提供销售者或者服务者的真实名称、地址和有效联系方式的，消费者也可以向网络交易平台提供者要求赔偿；网络交易平台提供者作出更有利于消费者的承诺的，应当履行承诺。网络交易平台提供者赔偿后，有权向销售者或者服务者追偿。

网络交易平台提供者明知或者应知销售者或者服务者利用其平台侵害消费者合法权益，未采取必要措施的，依法与该销售者或者服务者承担连带责任。

第四十五条　消费者因经营者利用虚假广告或者其他虚假宣传方式提供商品或者服务，其合法权益受到损害的，可以向经营者要求赔偿。广告经营者、发布者发布虚假广告的，消费者可以请求行政主管部门予以惩处。广告经营者、发布者不能提供经营者的真实名称、地址和有效联系方式的，应当承担赔偿责任。

广告经营者、发布者设计、制作、发布关系消费者生命健康商品或者服务的虚假广告，造成消费者损害的，应当与提供该商品或者服务的经营者承担连带责任。

社会团体或者其他组织、个人在关系消费者生命健康商品或者服务的虚假广告或者其他虚假宣传中向消费者推荐商品或者服务，造成消费者损害的，应当与提供该商品或者服务的经营者承担连带责任。

第五十五条　经营者提供商品或者服务有欺诈行为的，应当按照消费者的要求增加赔偿其受到的损失，增加赔偿的金额为消费者购买商品的价款或者接受服务的费用的三倍；增加赔偿的金额不足五百元的，为五百元。法律另有规定的，依照其规定。

经营者明知商品或者服务存在缺陷，仍然向消费者提供，造成消费者或者其他受害人死亡或者健康严重损害的，受害人有权要求经营者依照本法第四十九条、第五十一条等法律规定赔偿损失，并有权要求所受损失二倍以下的惩罚性赔偿。

《最高人民法院关于审理利用信息网络侵害人身权益民事纠纷案件适用法律若干问题的规定》

第三条　原告依据侵权责任法第三十六条第二款、第三款的规定起诉网络用户或者网络服务提供者的，人民法院应予受理。

原告仅起诉网络用户，网络用户请求追加涉嫌侵权的网络服务提供者为共同被告或者第三人的，人民法院应予准许。

原告仅起诉网络服务提供者，网络服务提供者请求追加可以确定的网络用户为共同被告或者第三人的，人民法院应予准许。

第四条　原告起诉网络服务提供者，网络服务提供者以涉嫌侵权的信息系网络用户发布为由抗辩的，人民法院可以根据原告的请求及案件的具体情况，责令网络服务提供者向人民法院提供能够确定涉嫌侵权的网络用户的姓名（名称）、联系方式、网络地址等信息。

网络服务提供者无正当理由拒不提供的，人民法院可以依据民事诉讼法第一百一十四条的规定对网络服务提供者采取处罚等措施。

原告根据网络服务提供者提供的信息请求追加网络用户为被告的，人民法院应予准许。

第五条　依据侵权责任法第三十六条第二款的规定，被侵权人以书面形式或者网络服务提供者公示的方式向网络服务提供者发出的通知，包含下列内容的，人民法院应当认定有效：

（一）通知人的姓名（名称）和联系方式；

（二）要求采取必要措施的网络地址或者足以准确定位侵权内容的相关信息；

（三）通知人要求删除相关信息的理由。

被侵权人发送的通知未满足上述条件，网络服务提供者主张免除责任的，人民法院应予支持。

第九条　人民法院依据侵权责任法第三十六条第三款认定网络服务提供者是否“知道”，应当综合考虑下列因素：

（一）网络服务提供者是否以人工或者自动方式对侵权网络信息以推荐、排名、选择、编辑、整理、修改等方式作出处理；

（二）网络服务提供者应当具备的管理信息的能力，以及所提供服务的性质、方式及其引发侵权的可能性大小；

（三）该网络信息侵害人身权益的类型及明显程度；

（四）该网络信息的社会影响程度或者一定时间内的浏览量；

（五）网络服务提供者采取预防侵权措施的技术可能性及其是否采取相应的合理措施；

（六）网络服务提供者是否针对同一网络用户的重复侵权行为或者同一侵权信息采取了相应的合理措施；

（七）与本案相关的其他因素。

第十一条　网络用户或者网络服务提供者采取诽谤、诋毁等手段，损害公众对经营主体的信赖，降低其产品或者服务的社会评价，经营主体请求网络用户或者网络服务提供者承担侵权责任的，人民法院应依法予以支持。

第十二条　网络用户或者网络服务提供者利用网络公开自然人基因信息、病历资料、健康检查资料、犯罪记录、家庭住址、私人活动等个人隐私和其他个人信息，造成他人损害，被侵权人请求其承担侵权责任的，人民法院应予支持。但下列情形除外：

（一）经自然人书面同意且在约定范围内公开；

（二）为促进社会公共利益且在必要范围内；

（三）学校、科研机构等基于公共利益为学术研究或者统计的目的，经自然人书面同意，且公开的方式不足以识别特定自然人；

（四）自然人自行在网络上公开的信息或者其他已合法公开的个人信息；

（五）以合法渠道获取的个人信息；

（六）法律或者行政法规另有规定。

网络用户或者网络服务提供者以违反社会公共利益、社会公德的方式公开前款第四项、第五项规定的个人信息，或者公开该信息侵害权利人值得保护的重大利益，权利人请求网络用户或者网络服务提供者承担侵权责任的，人民法院应予支持。

国家机关行使职权公开个人信息的，不适用本条规定。

第十六条 人民法院判决侵权人承担赔礼道歉、消除影响或者恢复名誉等责任形式的，应当与侵权的具体方式和所造成的影响范围相当。侵权人拒不履行的，人民法院可以采取在网络上发布公告或者公布裁判文书等合理的方式执行，由此产生的费用由侵权人承担。

第十七条 网络用户或者网络服务提供者侵害他人人身权益，造成财产损失或者严重精神损害，被侵权人依据侵权责任法第二十条和第二十二条的规定请求其承担赔偿责任的，人民法院应予支持。

第十八条 被侵权人为制止侵权行为所支付的合理开支，可以认定为侵权责任法第二十条规定的财产损失。合理开支包括被侵权人或者委托代理人对侵权行为进行调查、取证的合理费用。人民法院根据当事人的请求和具体案情，可以将符合国家有关部门规定的律师费用计算在赔偿范围内。

被侵权人因人身权益受侵害造成的财产损失或者侵权人因此获得的利益无法确定的，人民法院可以根据具体案情在50万元以下的范围内确定赔偿数额。

精神损害的赔偿数额，依据《最高人民法院关于确定民事侵权精神损害赔偿责任若干问题的解释》第十条的规定予以确定。

《最高人民法院关于确定民事侵权精神损害赔偿责任若干问题的解释》

第八条 因侵权致人精神损害，但未造成严重后果，受害人请求赔偿精神损害的，一般不予支持，人民法院可以根据情形判令侵权人停止侵害、恢复名誉、消除影响、赔礼道歉。

因侵权致人精神损害，造成严重后果的，人民法院除判令侵权人承担停止侵害、恢复名誉、消除影响、赔礼道歉等民事责任外，可以根据受害人一方的请求判令其赔偿相应的精神损害抚慰金。

第十条 精神损害的赔偿数额根据以下因素确定：

（一）侵权人的过错程度，法律另有规定的除外；

（二）侵害的手段、场合、行为方式等具体情节；

（三）侵权行为所造成的后果；

（四）侵权人的获利情况；

（五）侵权人承担责任的经济能力；

（六）受诉法院所在地平均生活水平。

法律、行政法规对残疾赔偿金、死亡赔偿金等有明确规定的，适用法律、行政法规的规定。

《全国人民代表大会常务委员会关于加强网络信息保护的决定》

五、网络服务提供者应当加强对其用户发布的信息的管理，发现法律、法规禁止发布或者传输的信息的，应当立即停止传输该信息，采取消除等处置措施，保存有关记录，并向有关主管部门报告。

六、网络服务提供者为用户办理网站接入服务，办理固定电话、移动电话等入网手续，或者为用户提供信息发布服务，应当在与用户签订协议或者确认提供服务时，要求用户提供真实身份信息。

七、任何组织和个人未经电子信息接收者同意或者请求，或者电子信息接收者明确表示拒绝的，不得向其固定电话、移动电话或者个人电子邮箱发送商业性电子信息。

十一、对有违反本决定行为的，依法给予警告、罚款、没收违法所得、吊销许可证或者取消备案、关闭网站、禁止有关责任人员从事网络服务业务等处罚，记入社会信用档案并予以公布；构成违反治安管理行为的，依法给予治安管理处罚。构成犯罪的，依法追究刑事责任。侵害他人民事权益的，依法承担民事责任。

1. 名誉权

【裁判要旨】北京智者天下科技有限公司提供的是信息存储空间服务，对相关用户发布的帖子并不具有事先的审查义务，且涉案帖文在起诉前就已删除，北京智者天下科技有限公司不具有过错。

【案例索引】北京市第一中级人民法院（2017）京 01 民终 2061 号冯××与北京智者天下科技有限公司（以下简称“智者天下公司”）名誉权纠纷一案二审民事判决书

【案情简介】冯××主张知乎上原发的“微博 & 知乎名人冯××被前员工扒得底朝天”的帖文侵犯其名誉权，并主张智者天下公司就此承担侵权责任。一审法院认为，智者天下公司不具有过错，不应承担赔偿精神损失及赔礼道歉的责任，法院对冯××要求赔偿损失、公开赔礼道歉的诉讼请求不予支持。冯××故向北京市第一中级人民法院提起上诉。

【法院观点】智者天下公司提供的是信息存储空间服务，对相关用户发布的帖子并不具有事先的审查义务，且涉案帖文在起诉前就已删除，冯××未提供证据证明智者天下公司存在明知发帖人利用知乎问答侵害其权益而未采取措施的情况存在。故法院认为，智者天下公司不具有过错，不应承担赔偿精神损失及赔礼道歉的责任，法院对冯××要求赔偿损失、公开赔礼道歉的诉讼请求不予支持。法院认为对该公司并不掌握的信息，法院无法责令其进行披露。冯××要求智者天下公司因此承担赔偿责任及赔礼道歉，无事实和法律依据，法院不予支持。

【简要分析】因网上发帖侵犯名誉权提起诉讼时应注意该网站提供的是什么服务，以判断网站对用户发帖是否有事先审查义务。

【类似案例】（2017）鲁09民终2610号、（2013）海民初字第26688号

2. 姓名权

【裁判要旨】本案纠纷系因他人冒用陈××名义办理涉案手机卡号而引发，应将案由确定为姓名权纠纷。网络服务提供者有义务对用户的真实身份予以审核，中国电信股份有限公司乐山分公司在办理涉案手机卡号业务时未尽审核义务，应当承担相应的侵权责任。

【案例索引】四川省乐山市中级人民法院（2014）乐民终字第488号陈××与中国电信股份有限公司乐山分公司（以下简称“电信乐山分公司”）姓名权纠纷二审民事判决书

【案情简介】2013年3月22日，电信乐山分公司凭陈××的身份证为他人办理了号码为153××××5532的手机相关业务登记，陈××主张电信乐山分公司未经其本人申请办理电话号码的行为侵犯其姓名权、名誉权。一审法院认为手机使用人在使用手机过程中并未给陈××造成严重后果和损失，也未给陈××在社会活动中的整体评价以及信用造成不良影响，不支持其请求。陈××不服该民事判决，故提起上诉。

【法院观点】法院认为，网络服务提供者有义务对用户的真实身份予以

审核。电信乐山分公司在办理涉案手机卡号业务时未尽审核义务，致使他人冒用陈××名义办理业务的侵权行为得逞，电信乐山分公司存在过错，应当承担相应的侵权责任。结合本案的具体情况，本院确定由电信乐山分公司向陈××口头赔礼道歉。鉴于电信乐山分公司采取技术处理后，陈××并未因涉案手机卡号欠费停机造成不良信用记录，对其要求消除不良影响的请求，因缺乏事实依据，本院不予支持。陈××主张误工费，提供了工资表作为证据，但该工资表仅反映其每月领取工资的情况，不能证明其因本案纠纷导致收入减少，对其主张的误工费，本院不予支持。陈××主张律师费3000元，因该费用并非必然发生的费用，且其主张该费用缺乏法律依据，本院对其此项请求，不予支持。以陈××名义办理的涉案手机卡号，虽然对其带来了一定困扰，但并未达到造成其严重精神损害的程度，对其精神抚慰金的主张，本院亦不予支持。

【简要分析】网络服务提供者有义务对用户的真实身份予以审核，若在办理涉案手机卡号业务时未尽审核义务，应当承担相应的侵权责任。但针对原告提出的误工费、律师费等诉讼请求，则明显缺乏法律依据，法院对这些请求不予支持。

【类似案例】（2017）豫01民终8684号、（2017）豫0103民初3064号

3. 隐私权

【裁判要旨】汇法网是依法注册登记从事互联网信息服务的企业，其正当的经营活动依法受法律保护，现阮×没有证据证明汇法网的经营行为违反法律禁止性规定，其关于汇法网擅自发布和出售涉案判决书侵犯其隐私权的主张，依据不足，法院不予支持。

【案例索引】湖北省武汉市中级人民法院阮×、北京汇法正信科技有限公司隐私权纠纷二审民事判决书

【案情简介】在百度搜索引擎分别输入关键词“武汉阮×”“阮×招商银行”，第一位搜索结果显示为“上诉人阮×为与被上诉人招商银行股份有限公司武汉光谷支”的链接，点击链接，可进入汇法网网站，查看（2014）鄂武汉中民商终字第00546号民事判决书部分内容，最后一排的黑体字注明：“如果您想查看全部内容及*号部分（依法屏蔽的信息除外），请登录”。阮

×提起诉讼称汇法网上传含有其“姓名、居住城市”等内容的判决书侵犯了其隐私权，一审法院驳回了阮×的诉讼请求，阮×不服，故提起上诉。

【法院观点】本院认为，根据《最高人民法院关于民事诉讼证据的若干规定》第2条之规定：“当事人对自己提出的诉讼请求所依据的事实或者反驳对方诉讼请求所依据的事实有责任提供证据加以证明。没有证据或者证据不足以证明当事人的事实主张的，由负有举证责任的当事人承担不利后果。”本案中，阮×上诉称汇法网上传含有其“姓名、居住城市”等内容的判决书侵犯了其隐私权，并请求判令汇法网向其赔礼道歉并赔偿损失，但审理中阮×对此主张又未提交证据予以证实，且二审审理中，阮×亦自称现在“百度”中已查不到其所述内容，故阮×应承担举证不能的责任。据此，本院对其上诉理由依法不予支持。

【简要分析】人民法院在互联网公布裁判文书时，应当保留当事人的姓名或者名称等真实信息（除婚姻家庭、继承纠纷案件当事人及其法定代理人；刑事案件中被害人及其法定代理人、证人、鉴定人；被判处三年有期徒刑以下刑罚以及免于刑事处罚，且不属于累犯或者惯犯的被告人外）；应当删除自然人的家庭住址、通信方式、身份证号码、银行账号、健康状况等个人信息。但汇法网的判决书中未见显示阮×所述其性别、出生年月、工作单位、电话、家庭住址、身份证号码等个人身份信息。原告提出的诉讼请求缺乏法律及事实依据。

【类似案例】（2014）宁民终字第5028号、（2014）杭拱民初字第281号、（2015）宁民终字第7234号

第四节 建 议

通过对390个案例进行分析，我们就此提出以下几点建议。

第一，从侵犯个人信息的主体来说，我们研究的256份案例中，多表现为电信服务经营者、银行等金融机构、互联网公司、一般企业以及普通公民。由于前述列举的这些公司，出于其业务开展的目的，不得不接触到客户或用

户的个人信息，所以会导致信息泄露或者是被滥用的情形屡禁不止。而于2017年生效实施的《网络安全法》，适用的主体为网络运营者——我们案例中研究的主体与此也是吻合的。所以，不难预测，在信息保护被日益重视的大环境下，针对这些主体的监管和约束措施会逐步细化和完善。而相应地，这些主体也应该早日建立自身的合规管控体系，以避免遭受不必要的风险。另外，要提到的一点是，在个人作为侵犯信息的主体的时候，多体现为刑事犯罪中的侵犯公民个人信息罪、诈骗罪等，其目的为非法占有他人财物。而在我们的现实生活中，这种情形亦是接连发生。要禁绝此种事件的不断出现，一方面，作为信息所有者，应注意学习犯罪分子的各类犯罪手段，提高自身的警惕性；另一方面，侦办该类案件的公安机关，不仅要加强对公民的安全防范意识教育，而且要加大打击犯罪的强有力手段。只有双管齐下，才能将犯罪分子牢牢关押到制度的笼子里。

第二，对于收集用户个人信息的公司、企业等，其后未经同意泄露该信息的，同时构成违约和侵权。个人信息主体可以选择提起违约之诉，也可以选择提起侵权之诉。如果提起违约之诉，那么个人信息主体应注意在签订有关合同时，看清合同条款中有关的提示条款，通常会以隐私政策的方式呈现。如果不同意企业对该信息进行收集并利用，则应注意不可随意签署。如果提起侵权之诉，则个人信息主体应承担举证责任，通常，会有提起精神损害赔偿的诉求，而至于是否支持，法院有自由裁量权。所以，在责任竞合的情形下，个人信息主体应根据自身的实际情况，选择最有利于自身的诉讼策略。

第三，由于现今的有关个人信息保护的相关法律法规的规定尚不完善，且具有统括性，不具有操作性，所以，本章相关案例还是有很高的参考价值的。对于有关问题尚未明确的，应通过参照以往的和新出现的案例，并从中总结经验，选择最有利于自身的风险防范方案。

参考文献

一、中文著作类

［1］大数据战略重点实验室．大数据概念与发展［J］．中国科技术语，2017，19（4）．

［2］蔡博坤．智慧联网时代巨量资料法制议题研析——以美国隐私权保护为核心［J］．科技法律透析，2013，25（10）．

［3］徐彪豪．美国白宫公布巨量资料追踪报告与政策建议［J］．科技法律透析，2014，26（9）．

［4］王艾云．英国提出巨量资料下之个人资料保护应遵循资料保护法之原则［J］．科技法律透析，2015，27（1）．

［5］张新宝．隐私权的法律保护［M］．2版．北京：群众出版社，2004.

［6］王利明．隐私权概念的再界定［J］．法学家，2012（1）．

［7］梁慧星，陈华彬．物权法［M］．北京：法律出版社，2005.

［8］王玉林，钟敏．数据原权利人的权利与限制［J］．情报理论与实践，2017，40（1）．

［9］龙卫球．再论企业数据保护的财产权化路径［J］．东方法学，2018（3）．

［10］博丹．主权论［M］．李卫海，钱俊文，译．北京：北京大学出版社，2008.

［11］吕廷君．数据权体系及其法治意义［J］．中共中央党校学报，2017，21（5）．

［12］祝高峰．大数据时代国家信息主权的确立及其立法建议［J］．江

西社会科学，2016，36（7）.

［13］李爱君. 数据权利属性与法律特征［J］. 东方法学，2018（3）.

［14］冯晓青. 知识产权法［M］. 北京：中国政法大学出版社，2008.

［15］王融：《欧盟数据保护通用条例》详解［J］. 大数据，2016，2（4）.

［16］齐爱民，盘佳. 数据权、数据主权的确立与大数据保护的基本原则［J］. 苏州大学学报（哲学社会科学版），2015，36（1）.

［17］迈尔－舍恩伯格，库克耶. 大数据时代——生活、工作与思维的大变革［M］. 盛杨燕，周涛，译. 杭州：浙江人民出版社，2013.

［18］阮飞，李明，董纪昌，等. 我国互联网企业并购的动因、效应及策略研究［J］. 经济问题探索，2011（7）.

［19］高富平，余超. 欧盟数据可携权评析［J］. 大数据，2016（4）.

［20］刘旭. 奇虎诉腾讯滥用市场支配地位案中的市场支配地位认定参考德国和欧盟经验简析广东省高级法院一审判决［J］. 电子知识产权，2013（4）.

［21］石月. 数字经济环境下的跨境数据流动管理［J］. 信息安全与通信保密，2015（10）.

［22］李思羽. 数据跨境流动规制的演进与对策［J］. 信息安全与通信保密，2016（1）.

［23］孙爱婷，孙美莹. 基于大数据技术的 O2O 跨境电商客户信息研究［J］. 中国管理信息化，2016（21）.

［24］史宇航. 主权的网络边界——以规制数据跨境传输的视角［J］. 情报杂志，2018（9）.

［25］张继红. 个人数据跨境传输限制及其解决方案［J］. 东方法学，2018（6）.

［26］杨泽伟. 国际法析论［M］. 北京：中国人民大学出版社，2003.

［27］吴沈括. 数据跨境流动与数据主权研究［J］. 新疆师范大学学报（哲学社会科学版），2016（5）.

［28］杜志朝，南玉霞. 网络主权与国家主权的关系探析［J］. 西南石油大学学报（社会科学版），2014（6）.

[29] 陈钟．云计算、大数据时代网络与信息安全的新视角、新挑战[J]．保密科学技术，2014（5）．

[30] 冯伟．大数据时代面临的信息安全机遇和挑战 [J]．中国科技投资，2012（34）．

[31] 李爱君，苏桂梅．国际数据保护规则要览 [M]．北京：法律出版社，2018.

[32] 邓志松，戴健民．《网络安全法》时代数据跨境传输的企业合规挑战 [J]．汕头大学学报（人文社会科学版），2017（5）．

[33] 卢德利．企业跨境传输服务平台的法律探讨 [J]．法制与社会，2017（29）．

[34] 李思羽．数据跨境流动规制的演进与对策 [J]．信息安全与通信保密，2016（1）．

[35] 洪延青．在发展与安全的平衡中构建数据跨境流动安全评估框架[J]．信息安全与通信保密，2017（2）．

[36] 布兰代斯，沃伦．隐私权 [M]．宦盛奎，译．北京：北京大学出版社，2014.

[37] 艾伦，托克音顿．美国隐私法：学说 判例与立法 [M]．冯建妹，石宏，郝倩，等编译．北京：中国民主法制出版社，2004.

[38] 杨帆．从比较法的视野分析现代隐私权及其权利位阶 [J]．私法，2006（2）．

[39] 孟小峰，张啸剑．大数据隐私管理 [J]．计算机研究与发展，2015，52（2）．

[40] 方流芳．罗伊判例：关于司法和政治分界的争辩——堕胎和美国宪法第 14 修正案的司法解释 [J]．比较法研究，1998（1）．

[41] 蒋舸．个人信息保护法立法模式的选择——以德国经验为视角[J]．法律科学（西北政法大学学报），2011（2）．

[42] 拿破仑法典 [M]．李浩培，吴传颐，孙鸣岗，译．北京：商务印书馆，1979.

[43] 法国民法典 [M]．罗结珍，译．北京：中国法制出版社，1999.

［44］李延舜．从隐私到信息的立法梳理——基于美、德、法三国的比较考察［J］．学习论坛，2016（2）．

［45］比斯利．确立公共场所隐私权的必要性——论科技发展对公共场所隐私权的影响［M］．凌玲，译//张民安．公共场所隐私权研究——公共场所隐私权理论的产生、发展、确立、争议和具体适用．广州：中山大学出版社，2016.

［46］王利明．论个人信息权的法律保护——以个人信息权与隐私权的界分为中心［J］．现代法学，2013（4）．

［47］张新宝．信息技术的发展与隐私权保护［J］．法制与社会发展，1996（5）．

［48］张丹丹．大数据时代隐私权保护研究［J］．法制博览，2017（31）．

［49］迈尔-舍恩伯格．删除：大数据取舍之道［M］．袁杰，译．杭州：浙江人民出版社，2013.

［50］方霞．Cookie 安全与用户隐私研究［J］．科技通报，2013（8）．

［51］宁宣凤．你的 cookie“饼干”安全吗［J］．法人，2018（9）．

［52］卡利瓦斯，奥弗利．大数据商业应用风险规避与法律指南［M］．陈婷，译．北京：人民邮电出版社，2016.

［53］王春晖．GDPR 个人数据权与《网络安全法》个人信息权之比较［J］．中国信息安全，2018（7）．

［54］郑天依．大数据环境下隐私保护的法律探索［J］．法制博览，2017（34）．

［55］赵战勇，黄北北．大数据下隐私保护问题探析［J］．金融科技时代，2018（10）．

［56］郑诚．社区医疗存在的问题及对策研究［J］．商品与质量，2012（S2）．

［57］CB Insights. 2018 年全球人工智能医疗趋势报告［R］．2018.

［58］何平平，车云月．大数据金融与征信［M］．北京：清华大学出版社，2017.

［59］胡娟．大数据技术在第三方支付机构反洗钱监管领域的应用研究［J］．北京政法职业学院学报，2018（2）．

［60］谢宗晓，巩庆志．ISO/IEC 27001：2013 标准解读及改版分析［M］．北京：中国标准出版社，2014.

［61］李连朋，罗宏．国内外金融业信息安全综述［J］．网络与信息安全学报，2017（2）．

［62］李爱君．中国大数据法治发展报告［M］．北京：法律出版社，2018.

［63］刘文杰．网络服务提供者的安全保障义务［J］．中外法学，2012（2）．

［64］王思源．论网络运营者的安全保障义务［J］．当代法学，2017（1）．

［65］焦瑾璞，宋俊平．金融消费者保护监管：一个文献综述［J］．金融理论与实践，2018（1）．

［66］陈进，朱宁．金融业大数据应用问题研究［J］．图书情报工作，2015（S2）．

［67］靳玉红．大数据环境下互联网金融信息安全防范与保障体系研究［J］．情报科学，2018（12）．

［68］张继红．论我国金融消费者信息权保护的立法完善：基于大数据时代金融信息流动的负面风险分析［J］．法学论坛，2016（6）．

［69］齐爱民．个人信息开发利用与人格权保护之衡平：论我国个人信息保护法的宗旨［J］．社会科学家，2007（2）．

［70］齐爱民，盘佳．大数据安全法律保障机制研究［J］．重庆邮电大学学报（社会科学版），2015（3）．

［71］齐爱民．论大数据时代数据安全法律综合保护的完善：以《网络安全法》为视角［J］．东北师大学报（哲学社会科学版），2017（4）．

二、中文论文类

［1］卢雅昆．经营者集中行为性救济措施中欧比较研究［D］．南京：南

京大学，2018.

［2］童拿云．大数据时代的个人隐私保护［D］．上海：上海师范大学，2015.

［3］黄倩．网上银行安全保障义务研究［D］．重庆：西南政法大学，2017.

［4］刘力．金融消费者权益保护理论重述与裁判研究［D］．上海：华东政法大学，2012.

［5］丁世超．第三人介入情形下安全保障义务人侵权责任研究［D］．烟台：烟台大学，2013.

三、外文著作类

［1］MAYER-SCHONBERGER V，Cukier K. Big Data：A Revolution That Will Transform How We Live，Work，and Think［J］. Houghton Mifflin Harcourt，2014.

［2］ALLEN A L. An ethical duty to protect one's own information privacy?［J］. Alabama Law Review，2013，64（4）.

［3］SCHWARTZ PM. Beyond Lessing's Code for Internet Privacy：Cyberspace Filter，Privacy-Control，and Fair Information Practices［J］. Wisconsin Law Review，2000（746）.

［4］CHANDER A，UYÊN P L. Data Nationalism［J］. Emory Law Journal，2015（64）.

［5］CAPPELLI D M，MOORE A P，TRZECIAK R F，The CERT Guide to Insider Threats：How to Prevent，Detect，and Respond to Information Technology Crimes［M］. US：Addison-Wesley Professional，2012.

［6］NISSENBAUM H. Privacy in context：Technology，policy，and the integrity of social life［M］. Stanford，CA：Stanford University Press，2010.

［7］WHITMAN J Q. The Two Western Cultures of Privacy：Dignity Versus Liberty［J］. Yale Law Journal，2004（4）.

［8］KHOURY M J，IOANNIDIS J P A. Big data meets public health［J］.

Science, 2014 (346).

四、电子文献类

[1] BRYANT R, KATZ R, LAZOWSKA E. Big-data computing: creating revolutionary breakthroughs in commerce, Science and Society [EB/OL]. [2019 - 01 - 25]. https: //cra. org/ccc/wp-content/uploads/sites/2/2015/05/Big_ Data. pdf.

[2] OED Online. Big data [EB/OL]. [2019 - 01 - 25]. https: //en. oxforddictionaries. com/definition/big_ data.

[3] CAMBRIDGE DICTIONARY. Big data [EB/OL]. [2019 - 01 - 25]. https: //dictionary. cambridge. org/dictionary/english/big-data.

[4] Big data [EB/OL]. [2019 - 01 - 25]. https: //en. wikipedia. org/wiki/Big_ data.

[5] McKinsey Global Institute. Big data: the next frontier for innovation, competition, and productivity, 2011 [EB/OL]. [2019 - 01 - 25]. https: //www. mckinsey. com/business-functions/digital-mckinsey/our-insights/big-data-the-next-frontier-for-innovation.

[6] MAYER-SCHONBERGER V, Cukier k. Big data: a revolution that will transform how we live, work, and think [EB/OL]. [2019 - 01 - 25]. https: //watermark. silverchair. com/kwu085. pdf? token = AQECAHi208BE49-Ooan9kkhW _ Ercy7Dm3ZL _ 9Cf3qfKAc485ysgAAAjswggI3BgkqhkiG9w0B-BwagggIoMIICJAIBADCCAh0GCSqGSIb3DQEHATAeBglghkgBZQMEAS4wEQ-QMALecj17DtNRPscBjAgEQgIIB7r5nPiwpoCSw3qsUk6T2FWaFSqV88dT_ DRyC-eiAQyu5Q3GOY43KW2Q3yyF9Eb6k21mUJ53gKR1jd2Lal-c0UYghEc7TX8r-BN-8Twft91bgRmlvXb5OroEgl4k1tUPxYoGjHaGiWuH-p467428gzz34b5FzDHoGBi-PbFij5e _ _ Lpgz6q0ssjOyq9pMzJX5IljfTs06D-lzfnQO0AnKEHcXghsfO4K-Mj5rBoLDsOvP1DbERZ4 _ IvHqYMRHi3lniBua6hLCDKrD4QAVeqeXGI5ns _ k23nJ30J0uJoQli1d _ knB6XDkCbmduVPKPlIT8A2pN95HRpgr37YXdsZ8ssO-QeR7meKwWUnXPyUGlBY _ SaylAxHk94CLcbduHekUc-95omUvWMR _

EcP3w5TJoCL9I61TNv-_ f9KGGji_ zOmRW-hkE1wRaLF6ASXSM-Ef0eVHQ-8pRkfpTYTvo5OheHGpe5bWsPKTkEXUn58pUgSJWst3mxFKg4K0_ jplz5M6v-qYPGj7dePuQIeoAx8ki8Ybabh-073kDgmZxcjgmyY0spjlEakmjvyqE92SNMqrg0SoVvt-xmFAtv5jPjxExndvdVd11tOE8FMC0B4BjOsK3f4JOnRDWbywoB_ Zlx5xCCx-rZYd1JeAGxjKwSsfuEy34zI0.

[7] EINAV L, LEVIN J. The data revolution and economic analysis, working paper, No. 19035, National Bureau of Economic Research, 2013 [EB/OL]. [2019-01-25]. https://www.nber.org/papers/w19035.pdf.

[8] National Science Foundation. Solicitation 12-499: core techniques and technologies for advancing big data science & engineering (BIGDATA), 2012 [EB/OL]. [2019-01-25]. http://www.nsf.gov/pubs/2012/nsf-12499/nsf12499.pdf.

[9] Gartner IT glossary. Big data [EB/OL]. [2019-01-25]. http://www.gartner.com/it-glossary/big-data.

[10] WIGGINS. L. If big data and analytics exist in a silo, does the outcome matter? IBM Big Data and Analytics Hub [EB/OL]. [2019-01-25]. http://www.ibmbigdatahub.com/blog/if-big-data-and-analytics-exist-silo-doesoutcome-matter.

[11] Gil Press. 12 Big data definitions: what's yours? [EB/OL]. [2019-01-25]. https://www.forbes.com/sites/gilpress/2014/09/03/12-big-data-definitions-whats-yours/#57d6b6f513ae.

[12] SOUZA R, TROLLINGER R, KAESTNER C, et al. How to get started with big data, BCG perspectives, The Boston Consulting Group [EB/OL]. [2019-01-25]. https://www.bcg.com/publications/2013/advanced-analytics-how-get-started-big-data.aspx.

[13] IDC：全球数据存储量未来十年增长50倍 [EB/OL]. [2019-01-25]. https://www.doit.com.cn/p/80841.html.

[14] Information Commissioner's Office. Big data and data protection [EB/OL]. [2019-01-25]. https://rm.coe.int/big-data-and-data-protec-

tion-ico-information-commissioner-s-office/1680591220.

[15] HOPKINS B, EVELSON B. Expand your digital horizon with big data [EB/OL]. [2019-01-31]. http://www.asterdata.com/newsletter-images/30-04-2012/resources/forrester_ expand_ your_ digital_ horiz.pdf.

[16] DUHIGG C. How companies learn your secrets [EB/OL]. [2019-01-31]. https://www.nytimes.com/2012/02/19/magazine/shopping-habits.html.

[17] NISSENBAUM H. Privacy in context: technology, policy, and the integrity of social life [EB/OL]. https://crypto.stanford.edu/portia/papers/privacy_ in_ context.pdf.

[18] 法治周末．默认勾选行为遭用户起诉　支付宝称该收集信息功能已下线 [EB/OL]. (2018-04-02) [2019-01-28]. http://www.sohu.com/a/227016691_ 999.

[19] 郑末枝．大数据与健康管理的关系及实践．[EB/OL]. [2019-02-22]. http://www.chinaqking.com/yc/2017/948706.html.

[20] Su XM. Institutt for informatikkog e-læringved NTNU, Introduction to Big Data [EB/OL]. [2019-01-25]. https://www.ntnu.no/iie/fag/big/lessons/lesson2.pdf.

[21] 中国互联网法律政策研究报告（2014 年）[EB/OL]. (2015-09-06) [2019-01-28]. http://www.100ec.cn/detail--6275824.html.

[22] 方可成．搜索引擎百度已死 [EB/OL]. (2019-01-22) [2019-02-01]. https://www.toutiao.com/a6649300825724158477.

[23] “大数据杀熟”刷屏，一群网友亲测后气炸，你中招了吗？[EB/OL]. (2018-03-26) [2019-02-01]. http://www.sohu.com/a/226425596_ 99966586.

[24] 何可．消费者质疑滴滴出行存在“杀熟”现象 [EB/OL]. (2018-05-10) [2019-02-01]. http://www.cqn.com.cn/zgzlb/content/2018-05/10/content_ 5760131.htm.

[25] 南都大数据研究院反垄断课题组．南都发布《中国互联网行业竞争与垄断观察报告》[EB/OL]. (2018-12-26) [2019-02-01]. http://

news. southcn. com/nfdsb/content/2018 -12/26/content_ 184597496. htm.

［26］OECD. Big data: bringing competition policy to the digital era ［EB/OL］. ［2019 - 02 - 01］. https://one. oecd. org/document/DAF/COMP (2016) 14/en/pdf.

［27］什么是双边网络效应？［EB/OL］. ［2019 -02 -01］. https://www. zhihu. com/question/21314614/answer/93266854.

［28］互联网世界五大基本定律：边际成本［EB/OL］. (2018 -08 -02)［2019 -02 -01］. https://www. jianshu. com/p/f138674d357f.

［29］北大学者："滴滴优步合并案"反垄断调查的四个难点［EB/OL］. (2018 -12 -03)［2019 -02 -01］. http://www. sohu. com/a/279357936_ 115479.

［30］滴滴合并优步中国反垄断调查为何两年无果［EB/OL］. (2018 -08 -30)［2019 -02 -01］. https://auto. qq. com/a/20180830/049523. htm.

［31］朱永春，赖海燕，鲍抒，等. 跨境交易观察之反垄断申报实操指引［EB/OL］. (2018 -10 -10)［2019 -02 -01］. http://www. zhonglun. com/Content/2018/10 -10/1057134345. html.

［32］滴滴收购优步考验反垄断执法［EB/OL］. (2016 -08 -01)［2019 -02 -01］. http://www. legaldaily. com. cn/index/content/2016 -08/01/content_ 6744416. htm? node =20908.

［33］190 亿美元买下 4.5 亿用户，脸谱下血本收购 WhatsApp［EB/OL］. ［2019 -02 -01］. http://business. sohu. com/20140221/n395415286. shtml.

［34］WhatsApp 值 190 亿美元的五个主要原因［EB/OL］. ［2019 -02 -01］. http://3g. forbeschina. com/review/201402/0031348. shtml.

［35］Facebook 首次因数据泄密丑闻遭罚款：金额 66.4 万美元［EB/OL］. ［2019 -02 -01］. http://usstock. jrj. com. cn/2018/07/11222524801743. shtml.

［36］企业合并控制：并购交易背景下欧盟与德国反垄断申报的营业额标准［EB/OL］. ［2019 -02 -01］. https://blog. tsp-law. com/zh/企业合并控制% EF% BC% 9A 并购交易背景下欧盟与德国反垄断/.

［37］反垄断法实践面临数字经济的挑战：数字经济时代公平竞争与反垄断研讨会观点综述［EB/OL］. ［2019 -02 -01］. http://silkroad. news. cn/

2019/0109/127198. shtml.

［38］数据垄断案件的几个焦点问题［EB/OL］.［2019 - 02 - 01］. https://www. chinacourt. org/index. php/article/detail/2018/12/id/3598572. shtml.

［39］hiQ v. LinkedIn 数据争议案中的竞争法问题［EB/OL］.［2019 - 02 - 01］. https：//mp. weixin. qq. com/s? _ _ biz = MzA3NTMwMTkxNA%3D%3D&idx = 3&mid = 2656564795&sn = 1d05ed981c50d6d7be85155cd16decfb.

［40］百度搜索已死？暴露壁垒问题，专家称平台互相屏蔽已伤及用户利益［EB/OL］.［2019 - 02 - 01］. https：//rsstoutiao. oeeee. com/mp/toutiao/BAAFRD00002019012413380O. html? tt_ from = weixin&tt_ group_ id = 6649862198602498567.

［41］滴滴反垄断调查两年仍无结论［EB/OL］.［2019 - 02 - 01］. http：//tech. qq. com/a/20180828/015871. htm.

［42］OECD“算法与合谋”论坛摘要［EB/OL］.［2019 - 02 - 01］. http：//www. ctoutiao. com/1027031. html.

［43］习近平：把我国从网络大国建设成为网络强国［EB/OL］.［2019 - 02 - 01］. http：//www. cac. gov. cn/2014 - 04/24/c_ 126430399. htm.

［44］从“2018 全球供应链 25 强”看供应链安全［EB/OL］.［2019 - 02 - 01］. https：//mp. weixin. qq. com/s? _ _ biz = MjM5Njc3NjM4MA = = &mid = 2651079605&idx = 4&sn = 0c9ae76756dfc37000bc80ecab184fb3&chksm = bd14f3668a637a707e7f7cad11e5a5d760a997cd00f0492d02bb755dcdd0f0855e5ed-2ec0386&mpshare = 1&scene = 1&srcid = 0117N0dvcJrV2cTZW7lLPvGy#rd.

［45］Cybersecurity Insiders：2018 年网络内部安全威胁报告［EB/OL］.［2019 - 02 - 01］. http：//www. 199it. com/archives/757151. html.

［46］Tesla sues former employee for allegedly stealing gigabytes of data, making false claims to media［EB/OL］.［2019 - 02 - 01］. https：//www. cnbc. com/2018/06/20/tesla-sues-former-employee-for-allegedly-stealing-gigabytes-of-data-making-false-claims-to-media. html.

［47］利用访问数据特权骚扰女性：Facebook 一工程师被解雇［EB/OL］.［2019 - 02 - 01］. http：//tech. sina. com. cn/i/2018 - 05 - 03/doc-ifyuwqfa5478780. shtml.

［48］ Facebook's Double Standard on Privacy：Employees Vs. the Rest of Us［EB/OL］.［2019－02－01］. https：//www. wsj. com/articles/facebooks-double-standard-on-privacy-employees-vs-the-rest-of-us-1525383859.

［49］ 2018 可口可乐员工个人信息泄露事件介绍［EB/OL］.［2019－02－01］. https：//www. mrcjcn. com/n/272648. html.

［50］ 打开临床诊疗与医学科研"数据通路"：大数据于临床医学价值的全景剖析［EB/OL］.［2019－02－02］. https：//vcbeat. net/NDIzNmFkOTZmYzVmMjE0Y2IwMmMxOWIwYWFmMDA3MmU=.

［51］ 健康医疗大数据将带来哪些"健康红利"［EB/OL］.［2019－02－02］. https：//www. cn-healthcare. com/article/20160703/content-483934. html.

［52］ 从阿尔法狗元（AlphaGo Zero）的诞生看终极算法的可能性［EB/OL］.［2019－02－02］. https：//blog. csdn. net/dzjx2eotaa24adr/article/details/78315012.

［53］ 直击痛点，《国家健康医疗大数据标准、安全和服务管理办法（试行）》出台［EB/OL］.［2019－02－02］. https：//blog. csdn. net/enohtzvqijxo00atz3y8/article/details/82701034.

［54］ 春雨医生曾柏毅：互联网＋医疗健康大数据的机遇与挑战［EB/OL］.［2019－02－02］. http：//news. idcquan. com/scqb/142375. shtml.

［55］ 医疗大数据及 AI 在医疗行业的应用探讨［EB/OL］.［2019－02－02］. https：//www. iyiou. com/p/91132. html.

［56］ 人工智能（AI）诊断的法律规则：AI 诊断的主体是人还是机器［EB/OL］.［2019－02－02］. https：//www. sohu. com/a/162784137_ 426568.

［57］ 数据分析师告诉你：金融行业大佬如何应用大数据［EB/OL］.（2016－03－17）［2019－01－24］. https：//bbs. pinggu. org/thread－4474706－1－1. html.

［58］ 支付宝 9. 9 大数据精准营销：让生活更简单［EB/OL］.［2019－01－26］. http：//market. meihua. info/works/56843292.

［59］ 工行快捷支付存在漏洞，多名客户存款莫名消失［EB/OL］.

[2019 -01 -17]. http://finance. ifeng. com/a/20150719/13849270_ 0. shtml.

[60] 工行快捷支付曝重大漏洞，储户资金通过短信被盗刷 [EB/OL]. [2019 -01 -17]. http://365jia. cn/news/2015 -07 -21/F9CDD67B596C4C68_all. html.

[61] 银行行长泄露密码，257 万条银行个人信息被盗取 [EB/OL]. [2019 -01 -17]. http://news. sina. com. cn/s/wh/2016 -11 -05/doc-ifxxnety7421039. shtml.

[62] 泄露客户个人信息，中行支行员工被罚禁止终身从事银行业工作 [EB/OL]. [2019 -01 -17]. https://baijiahao. baidu. com/s? id = 1610129471955490036&wfr = spider&for = pc.

[63] 2018 年中国互联网保险规模持续增长 [EB/OL]. [2019 -01 -18]. http://www. chyxx. com/industry/201801/603718. html.

[64] 信诚人寿保险数十个服务器面临被攻陷，千万客户信息恐遭泄露 [EB/OL]. [2019 -01 -18]. http://www. cqn. com. cn/news/cjpd/1062485. html.

[65] 中国人寿泄密门 [EB/OL]. [2019 -01 -17]. http://finance. sina. com. cn/money/insurance/xiemi_ 2013/.

[66] 国寿保单春光乍泄引忧虑，第三方机构埋安全隐患 [EB/OL]. [2019 -01 -17]. http://finance. sina. com. cn/money/insurance/bxyx/20130306/163714740382. shtm.

[67] 保单泄露隐私致 8000 人被骗 3 亿 [EB/OL]. [2019 -01 -17]. http://www. sohu. com/a/231848327_ 698311.

[68] 病人信息被保险业务员泄露，家属愤怒，需要严惩 [EB/OL]. [2019 -01 -17]. https://baijiahao. baidu. com/s? id = 1583585767461832743&wfr = spider&for = pc.

[69] 内鬼作祟，防范不足，保险公司客户信息频遭泄露 [EB/OL]. [2019 -01 -18]. https://baijiahao. baidu. com/s? id = 16013079111825322308&wfr = spider&for = pc.

[70] 第三方支付公司千万别玩 P2P 网贷 [EB/OL]. [2019 -01 -19].

http：//m. jpm. cn/article – 1278 – 1. html.

［71］智融会等 P2P 网贷平台涉第三方支付［EB/OL］．［2019 – 01 – 20］．https：//www. docin. com/p – 1107794927. html.

［72］个人信息使用，支付公司“不可任性”［EB/OL］．［2019 – 01 – 20］．http：//m. hexun. com/iof/2015 – 10 – 21/179997276. html.

［73］紧急！查看支付宝年度账单前，请先看看这个［EB/OL］．［2019 – 01 – 18］．https：//baijiahao. baidu. com/s？id = 1588576626793566003&wfr = spider&for = pc.

［74］国家互联网信息办公室网络安全协调局约谈“支付宝年度账单事件”当事企业负责人［EB/OL］．［2019 – 01 – 18］．http：//www. cac. gov. cn/2018 – 01/10/c_ 1122234687. htm.

［75］某第三方支付平台 3 亿条个人信息被违法犯罪分子掌握，被层层贩卖［EB/OL］．［2019 – 01 – 19］．http：//www. lzkmt. com/jinrongxingqing/detail39083362. htm.

附录

隐私政策模板及编写要求(仅供参考)

隐私政策模板	编写要求
本政策仅适用于××××的××××产品或服务，包括…… 最近更新日期：××××年××月。 如果您有任何疑问、意见或建议，请通过以下联系方式与我们联系： 电子邮件： 电话： 传真：	该部分为适用范围。包含隐私政策所适用的产品或服务范围、所适用的用户类型、生效及更新时间等
本政策将帮助您了解以下内容： 1. 我们如何收集和使用您的个人信息。 2. 我们如何使用 Cookie 和同类技术。 3. 我们如何共享、转让、公开披露您的个人信息。 4. 我们如何保护您的个人信息。 5. 您的权利。 6. 我们如何处理儿童的个人信息。 7. 您的个人信息如何在全球范围转移。 8. 本政策如何更新。 9. 如何联系我们。 ××××深知个人信息对您的重要性，并会尽全力保护您的个人信息安全可靠。我们致力于维持您对我们的信任，恪守以下原则，保护您的个人信息：权责一致原则、目的明确原则、选择同意原则、最少够用原则、确保安全原则、主体参与原则、公开透明原则等。同时，××××承诺，我们将按业界成熟的安全标准，采取相应的安全保护措施来保护您的个人信息。 请在使用我们的产品（或服务）前，仔细阅读并了解本《隐私政策》。	该部分为隐私政策的重点说明，是隐私政策的一个要点摘录。目的是使个人信息主体快速了解隐私政策的主要组成部分、个人信息控制者所做声明的核心要旨

续表

隐私政策模板	编写要求
一、我们如何收集和使用您的个人信息 个人信息是指以电子或者其他方式记录的能够单独或者与其他信息结合识别特定自然人身份或者反映特定自然人活动情况的各种信息。 ××××仅会出于本政策所述的以下目的，收集和使用您的个人信息： （一）为您提供网上购物服务【注：示例】 1. 业务功能一：注册成为用户。 为完成创建账号，您需提供以下信息：您的姓名、电子邮箱地址、创建的用户名和密码…… 在注册过程中，如果您提供以下额外信息，将有助于我们给您提供更好的服务和体验：手机号、工作职位、公司、教育背景……但如果您不提供这些信息，将不会影响使用本服务的基本功能。 您提供的上述信息，将在您使用本服务期间持续授权我们使用。在您注销账号时，我们将停止使用并删除上述信息。 上述信息将存储于中华人民共和国境内。如需跨境传输，我们将会单独征得您的授权同意。 2. 业务功能二：商品展示、个性化推荐、发送促销营销信息。 （略） 3. 业务功能三：与卖家沟通交流。 （略） 4. 业务功能四：支付结算。 （略） （二）交付产品或服务【注：示例】 （略） （三）开展内部审计、数据分析和研究，改善我们的产品或服务【注：示例】 （略） （四）…… …… 当我们要将信息用于本政策未载明的其他用途时，会事先征求您的同意。 当我们要将基于特定目的收集而来的信息用于其他目的时，会事先征求您的同意。	1. 详细列举收集和使用个人信息的目的，不得使用概括性语言。 2. 根据目的对应的不同业务功能，详细列出收集的个人信息类型。 3. 明确描述哪些类型的个人信息属于特定业务功能所必需的。 4. 收集身份证、护照、驾照等法定证件信息和个人生物识别信息时，应专门提醒个人信息主体此次收集活动涉及的信息，并说明处理目的、处理规则。 5. 不得使用概括性语言综述所收集个人信息，如“我们收集您的身份等相关信息”此类描述，而应明确写明“我们收集您的姓名、电话号码、地址信息”。 6. 说明个人信息在使用过程中涉及的地理区域，如个人信息存储和备份的地域，个人信息传输过程中涉及的地域范围；如果个人信息存在跨境传输情况，需单独列出或重点标识。 7. 使用个人信息时，是否形成直接用户画像及其用途需要明确说明。 8. 根据个人信息的使用情况，注明不同类型个人信息预计的保留时间（例如，自收集日期开始5年内）以及需要删除或销毁的截止日期（例如，2019年12月31日或用户注销账户时）。 9. 确需改变信息收集和使用的目的，应当说明会征得用户的同意

续表

隐私政策模板	编写要求
二、我们如何使用 Cookie 和同类技术 (一) Cookie 为确保网站正常运转，我们会在您的计算机或移动设备上存储名为 Cookie 的小数据文件。Cookie 通常包含标识符、站点名称以及一些号码和字符。借助于 Cookie，网站能够存储您的偏好或购物篮内的商品等数据。 我们不会将 Cookie 用于本政策所述目的之外的任何用途。您可根据自己的偏好管理或删除 Cookie。有关详情，请参见 AboutCookies. org。您可以清除计算机上保存的所有 Cookie，大部分网络浏览器设有阻止 Cookie 的功能。但如果您这么做，则需要在每一次访问我们的网站时亲自更改用户设置。如需详细了解如何更改浏览器设置，请访问以下链接：……和…… (二) 网络信标和像素标签 除 Cookie 外，我们还会在网站上使用网络信标和像素标签等其他同类技术。例如，我们向您发送的电子邮件可能含有链接至我们网站内容的点击 URL。如果您点击该链接，我们则会跟踪此次点击，帮助我们了解您的产品或服务偏好并改善客户服务。网络信标通常是一种嵌入网站或电子邮件中的透明图像。借助于电子邮件中的像素标签，我们能够获知电子邮件是否被打开。如果您不希望自己的活动以这种方式被追踪，则可以随时从我们的寄信名单中退订。 (三) Do Not Track（请勿追踪） 很多网络浏览器均设有 Do Not Track 功能，该功能可向网站发布 Do Not Track 请求。目前，主要互联网标准组织尚未设立相关政策来规定网站应如何应对此类请求。但如果您的浏览器启用了 Do Not Track，那么我们的所有网站都会尊重您的选择。 (四) …… ……	1. 如果个人信息控制者或其授权第三方使用自动数据收集工具收集个人信息，则需要对使用的技术机制做详细描述。 2. 常见的自动数据收集工具有 Cookie、脚本、网络信标、Flash Cookie、内嵌 Web 链接、本地存储器等。 3. 说明使用自动工具收集个人信息的目的，并向用户提供限制自动工具进行数据收集的方法和详细的指导
三、我们如何共享、转让、公开披露您的个人信息 (一) 共享 我们不会与××××以外的任何公司、组织和个人分享您的个人信息，但以下情况除外： 1. 在获取明确同意的情况下共享：获得您的明确同意后，我们会与其他方共享您的个人信息。 2. 我们可能会根据法律法规规定，或按政府主管部门的强制性要求，对外共享您的个人信息。	1. 个人信息控制者说明是否需要共享、转让个人信息，并详细描述需要共享转让的个人信息类型、共享转让的原因、个人信息的接收方、对接收方的约束和管理准则、接收方使用个人信息的目的、个

续表

隐私政策模板	编写要求
3. 与我们的附属公司共享：您的个人信息可能会与×××的附属公司共享。我们只会共享必要的个人信息，且受本隐私政策中所声明目的的约束。附属公司如要改变个人信息的处理目的，将再次征求您的授权同意。 我们的附属公司包括：…… 4. 与授权合作伙伴共享：仅为实现本政策中声明的目的，我们的某些服务将由授权合作伙伴提供。我们可能会与合作伙伴共享您的某些个人信息，以提供更好的客户服务和用户体验。例如，在您上网购买我们的产品时，我们必须与物流服务提供商共享您的个人信息才能安排送货，或者安排合作伙伴提供服务。我们仅会出于合法、正当、必要、特定、明确的目的共享您的个人信息，并且只会共享提供服务所必要的个人信息。我们的合作伙伴无权将共享的个人信息用于任何其他用途。 目前，我们的授权合作伙伴包括以下×大类型： (1) 广告、分析服务类的授权合作伙伴。除非得到您的许可，否则我们不会将您的个人身份信息（指可以识别您身份的信息，如姓名或电子邮箱，通过这些信息可以联系到您或识别您的身份）与提供广告、分析服务的合作伙伴分享。我们会向这些合作伙伴提供有关其广告覆盖面和有效性的信息，而不会提供您的个人身份信息，或者我们将这些信息进行汇总，以便它不会识别您个人。例如，只有在广告主同意遵守我们的广告发布准则后，我们才可能告诉广告主他们广告的效果如何，或者有多少人看了他们广告或在看到广告后安装了应用，或者向这些合作伙伴提供不能识别个人身份的人口统计信息（如“位于北京的25岁男性，喜欢软件开发”），帮助他们了解其受众或顾客。 (2) 供应商、服务提供商和其他合作伙伴。我们将信息发送给在全球范围内支持我们业务的供应商、服务提供商和其他合作伙伴，这些支持包括提供技术基础设施服务、分析我们服务的使用方式、衡量广告和服务的有效性、提供客户服务、支付便利或进行学术研究和调查。 (3) …… 对我们与之共享个人信息的公司、组织和个人，我们会与其签署严格的保密协定，要求他们按照我们的说明、本隐私政策以及其他任何相关的保密和安全措施来处理个人信息。	人信息共享转让过程中的安全措施、共享转让个人信息是否对用户带来高危风险。 2. 个人信息控制者说明是否需要公开披露个人信息，并详细描述需要公开披露的个人信息类型、原因、是否对用户带来高危风险。 3. 说明何种情况下个人信息控制者会不经过用户同意，共享转让和公开披露数据，如响应执法机关和政府机构的要求、进行个人信息安全审计、保护用户免受欺诈和严重人身伤害等。 4. 平台服务相关责任说明。如果个人信息控制者提供的服务属于平台服务（如电商、社交、信息发布等），需要明确提醒用户其在上传、交流、发布共享个人信息时所面临的风险，并说明共享此类信息采取的安全措施

续表

隐私政策模板	编写要求
（二）转让 我们不会将您的个人信息转让给任何公司、组织和个人，但以下情况除外： 1. 在获取明确同意的情况下转让：获得您的明确同意后，我们会向其他方转让您的个人信息。 2. 在涉及合并、收购或破产清算时，如涉及个人信息转让，我们会要求新的持有您个人信息的公司、组织继续受此隐私政策的约束，否则我们将要求该公司、组织重新向您征求授权同意。 （三）公开披露 我们仅会在以下情况下，公开披露您的个人信息： 1. 获得您明确同意后。 2. 基于法律的披露：在法律、法律程序、诉讼或政府主管部门强制性要求的情况下，我们可能会公开披露您的个人信息。	
四、我们如何保护您的个人信息 （一）我们已使用符合业界标准的安全防护措施保护您提供的个人信息，防止数据遭到未经授权访问、公开披露、使用、修改、损坏或丢失。我们会采取一切合理可行的措施，保护您的个人信息。例如，在您的浏览器与“服务”之间交换数据（如信用卡信息）时受 SSL 加密保护；我们同时对××××网站提供 https 安全浏览方式；我们会使用加密技术确保数据的保密性；我们会使用受信赖的保护机制防止数据遭到恶意攻击；我们会部署访问控制机制，确保只有授权人员才可访问个人信息；以及我们会举办安全和隐私保护培训课程，加强员工对于保护个人信息重要性的认识。 （二）我们已经取得了以下认证：…… （三）我们的数据安全能力：…… （四）我们会采取一切合理可行的措施，确保未收集无关的个人信息。我们只会在达成本政策所述目的所需的期限内保留您的个人信息，除非需要延长保留期或受到法律的允许。 （五）互联网并非绝对安全的环境，而且电子邮件、即时通信及与其他××××用户的交流方式并未加密，我们强烈建议您不要通过此类方式发送个人信息。请使用复杂密码，协助我们保证您的账号安全。	1. 详细说明个人信息控制者对个人信息进行安全保护的措施。包括但不限于个人信息完整性保护措施，个人信息传输、存储和备份过程的加密措施，个人信息访问、使用的授权和审计机制，个人信息的保留和删除机制等。 2. 可根据 GB/T 35274—2017《信息安全技术　大数据服务安全能力要求》等国家标准确定自己的数据安全能力。 3. 目前遵循的个人信息安全协议和取得的认证。包含个人信息控制者目前主动遵循的国际或国内的个人信息安全法律、法规、标准、协议等，以及个人信息控制者目前已取得的与个人信息安全相关

续表

隐私政策模板	编写要求
（六）我们将定期更新并公开安全风险、个人信息安全影响评估等报告的有关内容。您可通过以下方式获得：…… （七）互联网环境并非百分之百安全，我们将尽力确保或担保您发送给我们的任何信息的安全性。如果我们的物理、技术或管理防护设施遭到破坏，导致信息被非授权访问、公开披露、篡改或毁坏，导致您的合法权益受损，我们将承担相应的法律责任。 （八）在不幸发生个人信息安全事件后，我们将按照法律法规的要求，及时向您告知：安全事件的基本情况和可能的影响、我们已采取或将要采取的处置措施、您可自主防范和降低风险的建议、对您的补救措施等。我们将及时将事件相关情况以邮件、信函、电话、推送通知等方式告知您，难以逐一告知个人信息主体时，我们会采取合理、有效的方式发布公告。 　　同时，我们还将按照监管部门要求，主动上报个人信息安全事件的处置情况。	的权威独立机构认证。 4. 可重点提醒公众如何在使用产品或服务时保护好个人信息。 5. 应描述提供个人信息后可能存在的安全风险。 6. 应表明在发生个人信息安全事件后，个人信息控制者将承担法律责任。 7. 应表明在发生个人信息安全事件后，将及时告知个人信息主体
五、您的权利 　　按照中国相关的法律、法规、标准，以及其他国家、地区的通行做法，我们保障您对自己的个人信息行使以下权利： （一）访问您的个人信息 　　您有权访问您的个人信息，法律法规规定的例外情况除外。 　　如果您想行使数据访问权，可以通过以下方式自行访问： 　　账户信息——如果您希望访问或编辑您的账户中的个人资料信息和支付信息、更改您的密码、添加安全信息或关闭您的账户等，您可以通过访问××××执行此类操作。 　　搜索信息——您可以在××××中访问或清除您的搜索历史记录、查看和修改兴趣以及管理其他数据。 　　…… 　　如果您无法通过上述链接访问这些个人信息，您可以随时使用我们的 Web 表单联系，或发送电子邮件至××××。 　　我们将在 30 天内回复您的访问请求。 　　对于您在使用我们的产品或服务过程中产生的其他个人信息，只要我们不需要过多投入，我们会向您提供。如果您想行使数据访问权，请发送电子邮件至××××。 （二）更正您的个人信息 　　当您发现我们处理的关于您的个人信息有错误时，您有权	1. 说明用户对其个人信息拥有何种权利，内容包括但不限于信息收集、使用和公开披露时允许用户选择的个人信息范围，用户所具备的访问、更正、删除、获取等控制权限，用户隐私偏好设置，用户可以选择的通信和广告偏好，用户不再使用服务后撤回同意和注销账号的渠道、用户进行维权的有效渠道等。 2. 对于需要自行配置或操作（如对所使用的软件、浏览器、移动终端等进行配置和操作）以达到访问、更正、删除、撤回同意等目的，个人信息控制者应对配置和操作的过

续表

隐私政策模板	编写要求
要求我们做出更正。您可以通过“（一）访问您的个人信息”中罗列的方式提出更正申请。 如果您无法通过上述链接更正这些个人信息，您可以随时使用我们的 Web 表单联系，或发送电子邮件至×××。我们将在 30 天内回复您的更正请求。 （三）删除您的个人信息 在以下情形中，您可以向我们提出删除个人信息的请求： 1. 如果我们处理个人信息的行为违反法律法规。 2. 如果我们收集、使用您的个人信息，却未征得您的同意。 3. 如果我们处理个人信息的行为违反了与您的约定。 4. 如果您不再使用我们的产品或服务，或您注销了账号。 5. 如果我们不再为您提供产品或服务。 若我们决定响应您的删除请求，我们还将同时通知通过我们获得您个人信息的其他第三方，要求其及时删除，除非法律法规另有规定，或这些实体获得您的独立授权。 当您从我们的服务中删除信息后，我们可能不会立即备份系统中删除相应的信息，但会在备份更新时删除这些信息。 （四）改变您授权同意的范围 每个业务功能需要一些基本的个人信息才能得以完成（见本政策第一部分）。对于额外收集的个人信息的收集和使用，您可以随时给予或收回您的授权同意。 您可以通过以下方式自行操作： …… 当您收回同意后，我们将不再处理相应的个人信息。但您收回同意的决定，不会影响此前基于您的授权而开展的个人信息处理。 如果您不想接受我们给您发送的商业广告，您随时可通过以下方式取消： …… （五）个人信息主体注销账户 您随时可注销此前注册的账户，您可以通过以下方式自行操作： …… 在注销账户之后，我们将停止为您提供产品或服务，并依据您的要求，删除您的个人信息，法律法规另有规定的除外。	程进行详细说明，说明方式易于用户理解，必要时提供技术支持的渠道（客服电话、在线客服等）。 3. 如果用户行使权利的过程产生费用，需明确说明收费的原因和依据。 4. 如果用户提出行使权利的需求后需要较长时间才能响应，需明确说明响应的时间节点，以及无法短时间内响应的原因。 5. 如果用户行使权利的过程需要再次验证身份，需明确说明验证身份的原因，并采取适当的控制措施，避免验证身份过程中造成的个人信息泄露。 6. 如果个人信息控制者拒绝用户对个人信息进行访问、更正、删除、撤回同意等的要求，需明确说明拒绝的原因和依据

续表

隐私政策模板	编写要求
（六）个人信息主体获取个人信息副本 　　您有权获取您的个人信息副本，您可以通过以下方式自行操作： 　　…… 　　在技术可行的前提下，例如数据接口匹配，我们还可按您的要求，直接将您的个人信息副本传输给您指定的第三方。 （七）约束信息系统自动决策 　　在某些业务功能中，我们可能仅依据信息系统、算法等在内的非人工自动决策机制做出决定。如果这些决定显著影响您的合法权益，您有权要求我们做出解释，我们也将提供适当的救济方式。 （八）响应您的上述请求 　　为保障安全，您可能需要提供书面请求，或以其他方式证明您的身份。我们可能会先要求您验证自己的身份，然后再处理您的请求。 　　我们将在 30 天内做出答复。如您不满意，还可以通过以下途径投诉： 　　…… 　　对于您合理的请求，我们原则上不收取费用，但对多次重复、超出合理限度的请求，我们将视情收取一定成本费用。对于那些无端重复、需要过多技术手段（例如，需要开发新系统或从根本上改变现行惯例）、给他人合法权益带来风险或者非常不切实际的请求（例如，涉及备份磁带上存放的信息），我们可能会予以拒绝。 　　在以下情形中，按照法律法规要求，我们将无法响应您的请求： 1. 与国家安全、国防安全直接相关的。 2. 与公共安全、公共卫生、重大公共利益直接相关的。 3. 与犯罪侦查、起诉、审判和判决执行等直接相关的。 4. 有充分证据表明您存在主观恶意或滥用权利的。 5. 响应您的请求将导致您或其他个人、组织的合法权益受到严重损害的。 6. 涉及商业秘密的。	
六、我们如何处理儿童的个人信息 　　我们的产品、网站和服务主要面向成人。如果没有父母或监护人的同意，儿童不得创建自己的用户账户。 　　对于经父母同意而收集儿童个人信息的情况，我们只会在	

续表

隐私政策模板	编写要求
受到法律允许、父母或监护人明确同意或者保护儿童所必要的情况下使用或公开披露此信息。 尽管当地法律和习俗对儿童的定义不同，但我们将不满 14 周岁的任何人均视为儿童。 如果我们发现自己在未事先获得可证实的父母同意的情况下收集了儿童的个人信息，则会设法尽快删除相关数据。	
七、您的个人信息如何在全球范围转移 原则上，我们在中华人民共和国境内收集和产生的个人信息，将存储在中华人民共和国境内。 由于我们通过遍布全球的资源和服务器提供产品或服务，这意味着，在获得您的授权同意后，您的个人信息可能会被转移到您使用产品或服务所在国家/地区的境外管辖区，或者受到来自这些管辖区的访问。 此类管辖区可能设有不同的数据保护法，甚至未设立相关法律。在此类情况下，我们会确保您的个人信息得到在中华人民共和国境内足够同等的保护。例如，我们会请求您对跨境转移个人信息的同意，或者在跨境数据转移之前实施数据去标识化等安全举措。	如果因业务需求、政府和司法监管要求存在跨境信息传输情况，需详细说明需要进行跨境传输的数据类型，以及跨境传输遵守的标准、协议和法律机制（合同等）
八、本政策如何更新 我们的隐私政策可能变更。 未经您明确同意，我们不会削减您按照本隐私政策所应享有的权利。我们会在本页面上发布对本政策所做的任何变更。对于重大变更，我们还会提供更为显著的通知（包括对于某些服务，我们会通过电子邮件发送通知，说明隐私政策的具体变更内容）。 本政策所指的重大变更包括但不限于： 1. 我们的服务模式发生重大变化。如处理个人信息的目的、处理的个人信息类型、个人信息的使用方式等。 2. 我们在所有权结构、组织架构等方面发生重大变化。如业务调整、破产并购等引起的所有者变更等。 3. 个人信息共享、转让或公开披露的主要对象发生变化。 4. 您参与个人信息处理方面的权利及其行使方式发生重大变化。 5. 我们负责处理个人信息安全的责任部门、联络方式及投诉渠道发生变化。 6. 个人信息安全影响评估报告表明存在高风险时。 我们还会将本政策的旧版本存档，供您查阅。	个人信息控制者在隐私政策发生重大变化时，需及时更新隐私政策，并说明使用何种方式及时通知用户。通常情况下采取的通知方式如：用户登录信息系统时、更新信息系统版本并在用户使用时弹出窗口、用户使用信息系统时直接向用户推送通知、向用户发送邮件、短信等

续表

隐私政策模板	编写要求
如果您对本隐私政策有任何疑问、意见或建议，通过以下方式与我们联系：…… 我们设立了个人信息保护专职部门（或个人信息保护专员），您可以通过以下方式与其联系：…… 一般情况下，我们将在 30 天内回复。 如果您对我们的回复不满意，特别是我们的个人信息处理行为损害了您的合法权益，您还可以通过以下外部途径寻求解决方案：……	1. 个人信息控制者需要明确给出处理个人信息安全问题相关反馈、投诉的渠道，如个人信息安全责任部门的联系方式、地址、电子邮箱、用户反馈问题的表单等，并明确用户可以收到回应的时间。 2. 个人信息控制者需给出外部争议解决机构及其联络方式，以应对与用户出现无法协商解决的争议和纠纷。外部争议解决机构通常为：个人信息控制者所在管辖区的法院、认证个人信息控制者隐私政策的独立机构、行业自律协会或政府相关管理机构等